원로 역사학자들의
학문과 기억

원로 역사학자들의
학문과 기억

반병률 기획·면담 | 이만열·박성래·박창희 구술

한울
아카데미

차례

박성래 I

박성래 II

박창희

책을 펴내며

　『원로 역사학자들의 학문과 기억』은 한국외국어대학교 디지털인문한국학연구소가 기획한 '인물 한국학 구술 콘텐츠 개발' 프로젝트의 결과물이다. 이 기획의 구상은 한국학중앙연구원의 주관으로 2009년부터 10년 동안 진행된 '현대한국 구술사 연구사업'의 하나로 한국외국어대학교(이하 한국외대) '경제외교' 분야 팀의 연구 책임자로서 활동한 경험에서 비롯되었다. '현대한국 구술사 연구사업'은 경제 분야 외에도 정치, 군, 경제, 종교 등 분야의 원로들의 구술 자료를 디지털화하는 사업이었다. 이 사업에 학술 분야가 빠져 있는 데 대해 아쉬움을 갖고 있어서 기회가 된다면 학계, 특히 역사학계 원로들의 구술을 정리할 필요가 있겠다고 생각했다.

　우선 예산은 '현대한국 구술사 연구사업'에서 파생된 간접비 중 디지털인문한국학연구소에 할당된 '연구소활성화지원비'로 충당하기로 했다. 적은 예산이지만 일단 이를 바탕으로 역사학계, 특히 한국사학계 원로 역사학자들의 구술 작업을 시작하기로 했다. 당초 계획은 한국외대의 내부와 외부의 원로분들을 같이 안배하고자 총 여섯 분의 원로 학자들을 염두에 두었지만, 예산 부족과 집행상의 복작함으로 일단 네 분으로 한정했다. 그리하여 외부 학자로, 역사학계는 물론이고 한국 사회의 원로 역사학자로서 폭넓게 존경받고 계신 이만열 교수님께 연락했더니 흔쾌히 응해주셨다. 한국외대에서는 사학과 은퇴 원로 교수인 박창희, 이은순, 박성래 세 분께 부탁을 드렸다.

주지하다시피 네 분은 한국사의 특정 분야에서 일가를 이루셨고, 사회적으로도 널리 알려진 역사학계의 원로 학자들이다. 이만열 선생님은 한국의 기독교사·사학사·독립운동사 분야에서, 이은순 선생님은 조선시대 당쟁사·여성사·일상생활사 분야에서, 박성래 선생님은 한국과학사 분야에서, 박창희 선생님은 고려시대사, 이규보 연구, 세종대『용비어천가』연구 등 여말선초 지성사 분야에서 업적을 남기셨다.

이 원로 학자들은 일제강점기인 1930년대(1932~1939)에 태어나, 그 이후 해방공간, 한국전쟁, 이승만 독재정권, 4·19혁명, 5·16쿠데타, 유신체제, 10·26, 전두환 신군부의 쿠데타, 광주민주항쟁, 87체제 이후의 제도적 민주화 등 격동의 현대사를 헤쳐 온 그야말로 한국 현대사의 산증인들이라 할 수 있다. 전공이 현대사는 아니지만, 현대사를 몸소 체험한 동시대인으로서 이분들이 남긴 구술 자료는 현대 한국 사회에 대한 생생한 증언 기록으로서 후대의 역사학자들에게 귀중한 사료로 활용될 것이다.

회상기에는 초등학교 시절을 보낸 일제강점기 경험에서부터 역사학자가 되기까지의 성장과정을 비롯해 교육자, 지성인으로서 몸소 겪었던 국내외의 여러 사건과 많은 관련 인물에 관한 다양한 이야기가 들어 있다. 여느 통상적인 역사서에서는 보기 어려운 새로운 내용을 담고 있어서 사건이나 인물 연구에서 희귀한 1차 사료가 되리라 기대한다.

인터뷰 방식은 이만열, 이은순, 박성래 세 분은 대담식으로, 박창희 선생님은 강의식으로 진행했다. 박성래 선생님의 경우는 인터뷰를 2회로 나누어 진행했고, 특히 필요한 부분에서는 사모님(이미혜 님)께서 보충해 주셨다. 필자는 이를 경험하며 단독 인터뷰 방식에 더해, 오랜 세월을 동고동락한 배우자와 함께 인터뷰하는 방식도 적극적으로 시도해야 한다는 생각을 하게 되었다.

당초에 선생님들의 인터뷰 자료는 영상 녹음 형태로만 보존할 계획이었다. 그러다가 후대를 위해 보관만 하기보다는 더 많은 일반 대중이 찾아볼 수 있게 하자는 의도에서 출간을 계획하게 되었다. 다만, 이은순 선생님의 경우 시간 관계상 만족할 만한 인터뷰가 되지 못해 유감스럽게도 이번 책에 실지 못했다. 추후 인터뷰를 보완하는 등 후속 작업을 통해 간행할 수 있기를 바란다.

출판 계획이 추후에 결정되면서 인터뷰 당시 선생님들께 양해를 구하지 못하고, 사후에야 출판 계획을 알려드렸다. 세 분 선생님께 원고 교정의 부담을 드려 참으로 죄송할 따름이다. 다시 한번 선생님들께 깊은 감사의 말씀을 올린다.

『원로 역사학자들의 학문과 기억』이 나오기까지 수고한 분들에게 감사의 마음을 전하고 싶다. 우선 디지털인문한국학연구소의 연구원으로 기획 행정을 맡아준 조석연 교수(경민대학교), 구술 작업을 위한 자료조사, 촬영, 검독, 교정 등 실무를 맡았던 한국외국어대학교 대학원 사학과의 주미희, 서상현, 이용석, 최형석, 그리고 녹취 작업을 한 이보라(정보기록학과), 홍지원(사학과) 등에게 고마운 마음을 전한다. 끝으로 시장성이 적은 데도 출판을 허락해 준 한울엠플러스(주)의 김종수 사장과 편집부에도 깊은 감사의 말씀을 드린다.

2021년 12월
반병률

| 이만열 |

숙명여자대학교 명예교수로, 마산고등학교를 졸업하고 서울대학교 사학과에서 학사 · 석사 · 박사 학위를 받았으며 합동신학대학원에서 공부했다.

숙명여자대학교 교수(1980~1984년 해직), 한국기독교역사연구소 소장 및 이사장, 한국기독자교수협의회 회장, 희년선교회 대표, 문화재 위원, 국사편찬위원회 위원장을 역임하고, 현재 상지대학교 이사장으로 있다.

저서로 『삼국시대사 강좌』(1976), 『한국 근대역사학의 이해』(1981), 『한국 기독교와 역사의식』(1989), 『단재 신채호의 역사학 연구』(1990), 『한국기독교수용사 연구』(1998), 『한국기독교와 민족통일운동』(2001), 『한국기독교 의료사』(2003), 『한국 근현대 역사학의 흐름』(2007) 등이 있으며, 산문집으로 『한 시골뜨기가 눈 떠가는 이야기』(1996), 『역사의 길, 현실의 길』(2021) 등이 있다.

구술자: **이만열**(전 국사편찬위원회 위원장)
면담자: **반병률**(한국외국어대학교 사학과 교수)
면담 날짜: 2018년 12월 3일 14시 30분
면담 장소: 구술자 자택

1. 시민단체 활동

반   본 면담은 한국외국어대학교 디지털인문한국학, 한국학연구소가 수행하는 인물한국학 구술콘텐츠 개발 사업의 일환으로 실시하는 면담입니다. 지금부터 이만열 숙명여자대학교 문과대학 인문학부 한국사학과 명예교수님의 구술채록을 시작하겠습니다. 일시는 2018년 12월 3일 오후 15시 30분부터이며, 장소는 이만열 선생님 자택입니다. 면담자는 한국외국어대학교 사학과의 반병률입니다. 선생님 요즘에 어떻게 지내시는지요? 요즘에는 상지대학교 이사장으로 학교와 관계를 맺고 계시죠?

이   네, 그렇습니다.

반   그리고 '한국기독교역사연구소'와도 관계가 있으시죠?

이   그렇습니다. 그리고 다른 시민단체 관계 일이 몇 개 있고요. 그다음에는 잡문 쓰는 게 많아가지고…….

반   고정적으로 쓰시는 것이요?

이   고정 칼럼도 있고 …… 잡문 쓰는 게 꽤 힘들어요.

반   그러시죠, 컴퓨터로 다 쓰셔야 하고?

이   네.

반   그리고 주로 외부 회의도 많으신 거죠?

이   네, 외부 회의도 있고.

반   시민단체도 챙기셔야 하고요.

이   시민단체는 한 서너 개 정도입니다.

반   선생님이 지금 참가하고 계신 단체는 '희년선교회'죠? 한국에 와 있는 외국인 근로자들을 도와주고 있는 시민단체요.

이   그거는 지난 2월에 끝냈습니다, 25년간 하고.

반   25년 되셨으니까.

이 그리고 지금은 고문으로 그냥 있습니다. 외국인 근로자들을 위해서 25년간 그들의 의료라든지 인권이라든지 이런 거를 돌봐주었는데 "이제 물러나겠다"고 하고 물러났습니다. 그게 펀드도 만들어야 되고 하는 게 힘들 때가 있어요. (웃음)

반 (웃으며) 고생하셨네요. 그리고 다른 시민단체는 뭐가 있나요?

이 한홍구 교수가 하는, 유신을 비롯한 '반헌법 행위자 열전' 만드는데 상임 공동대표인가 그걸로 돼 있고, 그다음에는 '남북역사문화교류협회'라고, 그러니까 북한의 역사학과 비교연구 하고, 또 북한과 역사 연구 교류를 위해서 만들었지요. 이런 시민단체 만들고 난 뒤에 다시 북한과 접촉을 시도하고 있습니다.

반 아, 계속하고 계시군요.

이 우리 민족사를 두고 남북의 이해가 너무 다르기 때문에 그런 걸 대화를 통해서 어느 정도 해소를 할 수 있을지 연구 논의하자는 것입니다. 그래서 합의된 부분만, 예를 들면 제일 쟁점이 적은 것이 중세사. 그다음에 중세 후기라 할 수 있는 조선시대. 이건 조금 쟁점이 적은데, 고대사와 현대사는 쟁점이 많으니까. 그런 거는 차차 토론을 하더라도 우선 가능한 부분이라도 접근하려고 하고 있고요, 그 밖에 제가 하고 있는 일은 기독교 관련 단체가 몇 개 있습니다. 역시 북한을 돕기 위한 단체로서 뉴코리아(New Korea)가 있는데, 여러 곳에 흩어져 있는 코리안 디아스포라(Korean Diaspora)들, 일본이나 중국 동북 3성, 연해주 이런 곳에 있는 동포들을 통해서 통일의 비전을 나눠 가질 뿐 아니라 북한의 어려움에 동참하자는 의지도 있어요.

반 재외(在外) 한인들을 통해서요?

이 네, 그런 셈입니다.

반 최근에 '뉴코리아'라는 단체와 관계를 맺으신 건가요?

이 그것도 한 3, 4년 됐는데⋯⋯.

반 그러니까 선생님께서는 지금도 시민단체에 여러 군데 참여하고 계시는군요.

이 네, 그런 셈입니다.

반　러시아 연해주 크라스키노[1]는 어떻게 다녀오셨는지요? 어떤 시민단체 통해서요?

이　그게 바로…….

반　뉴코리아와 함께하신 거군요.

이　뉴코리아에서 그곳에 일종의 센터인 덕암재(德巖齋)를 만들어놓고, 그걸 통해서 "연해주 쪽으로 들어가 보자"고 기획했습니다만, 아직까지는 이렇다 할 성과를 내지 못하고 있어요. 답사만 계속하고 있는 셈이지요.

반　크라스키노는 북한과 접경지에서 얼마 떨어지지 않은 곳이요?

이　네, 그렇지요. 한러 접경지역인데, 그곳에서 조금 더 두만강 쪽으로 가서 강 너머 북한 땅을 보기는 했는데 아직까지 그 이상은…….

반　두만강철교까지 가보셨어요?

이　네, 철교가 보이는 곳까지만. 그 이상은 들어가기가 힘들었어요.

반　하산[2]까지 가보신 거죠? 선생님.

이　하산은 여러 번 갔어요.

반　요즘에는 좀 통제가 강화됐다고 하던데요?

이　네, 그렇다고 그러더라고요. 국경지대니까 러시아 군인들이 지키고 있어요.

반　그 이전에는 크라스키노 정도만 가능했는데요.

이　하산에서 조금 더 남쪽의 산 쪽으로 비스듬히 오면, 철교가 바로 보여요. 북한으로 건너가는 두만강 철교지요. 산비탈까지 가서 사진 찍고 그리했는데…….

반　그다음으로 선생님께서는 종교단체라 할 김교신(金敎臣)[3] 선생 기념 사업회에 관여하고 있지요? 김교신 선생은 일반적으로 무교주의자라고 알려져 있는데, 이분이 한국 교회사에서 대단히 중요한 위치를 갖고 있잖아요? ≪성서조선≫[4]이라고 하는 잡지를 냈던 분이고…….

이　1927년부터 42년까지 그 잡지를 냈거든요……. 그런데 우리나라에서 해외 유학을 가서 신학을 공부하는 분들이 많이 있어요. 독일이나 미국이나 이런 데 가서 공부를 하다 보면, 그쪽 지도교수가 하는 말이 있어요. "한국 교회가 많이 번창했다 하는데 한국 교회의 특색을 나타낼 수 있는 그런 걸 테마로 해서 논문을 써보라"고 주문한다는 거예요. 그럴 때는 박사학위 하러 간 학생들이 콱 막힌다는 거예요. 그때 비로소 생각해 보는 게 뭐냐 하면, '과거 한국 교회사에서 조선적인 특색을 가진 신앙인들이 어떤 분이 있었는가, 조선적 교회, 조선적 신앙을 부르짖었던 사람이 어떤 분이 있었는가 하는 물음인 거죠.

반　김교신(金教臣), 함석헌(咸錫憲)[5] 같은 분들이 계시죠.

이　그러니까 김교신과 함석헌, 송두용(宋斗用)[6] 이런 사람들이거든요. 그래서 그때 조선적인 교회와 조선적인 신앙을 연구 테마로 하려면, 그제야 ≪성서조선≫이라고 하는 그 잡지를 구해가지고, 자기들 서가에 비치해 두고 연구를 하고 …….

반　네. 오히려 '조선적인 것'을 내세우는 이들이 학계에서 주목받게 된 거군요.

이　그렇지요, 김교신 선생도…….

반　선생님, 김교신 선생을 연구하고 또 김교신 선생의 기념사업회에 참가하게 된 특별한 계기는 있으신 거예요?

이　그럼요, 평소에 그분에 대한 관심은 갖고 있었는데. 그동안 여러 가지로 알아보니까, 그분을 위한 기념사업회 같은 게 없어요. 그래서 내가 좀 주도적으로 기념사업회를 조직하자고 했어요. 마침 그 막내 따님이 아직 생존해 계신데, 그분들하고 연락해 가지고 ……. 또 김교신 연구자들이 몇 사람 있어요. 그분들과 같이 상의해서 기념사업회를 만들고, 잘하면 올해(2018년) 아니면 내년(2019년) 초에 ≪성서조선≫ 영인본을 냅니다. 그동안에도 ≪성서조선≫ 영인본이 한두 차례 나온 적이 있어요. 있지만, 색인이 없었습니다. 이번에는 색인을 넣은 ≪성서조선≫ 영인본을 간행하고자 합니다. 그리고 더 준비하여 2021년, 2022년께부터는 '김교신 전집'을 간행하려고 해요. 김교신 선생이 글을 많이 썼거든요. 그걸 좀 모아서 김교신 전집도 만들어볼까 생각하고 있습니다.

반   (웃으며) 선생님, 일을 벌이시는데요.

이   그런데 이제 너무 힘들어서, 내년 초가 회장 임기가 끝나는 시기예요. 내년 초에 다른 분에게 넘겨주려고 그렇게 생각하고 있습니다. 그동안에 김교신 기념사업회를 만든 지 4년째 들어가는데, 해마다 두 번씩은 강연, 학술강연회를 가졌습니다. 4월하고 11월에 중요한 발표도 하고 그랬는데, 앞으로는 김교신 강좌 같은 걸 만들어가지고 매달 한 번씩 관심 있는 분들을 모아 정기 강좌를 할까 생각하고 있어요.

반   선생님. '한국기독교역사연구소' 쪽과 '김교신선생기념사업회'와는 전혀 별개로 진행하시는 건가요?

이   '한국기독교역사연구소' 멤버 중에서도 김교신 연구자들이 있어요.

반   연구소 멤버 중 일부 김교신 선생에 관심 있는 분들도 참여하는군요.

이   네, 김교신을 연구하는 학자 몇 분이 참여하고 있어요.

반   네, 잘됐네요.

이   그들과도 같이하는 거죠. 네.

반   그런 일을 이전에도 하셨지요? 그러니까 그동안 손양원(孫良源)[7] 목사님과 관계된 일도 하셨잖아요.

이   네.

반   손양원 목사님 기념사업회는 어떻게 된 건가요?

이   아, '손양원목사기념사업회'를 조직해 가지고 처음에는 이사, 회장, 이사장을 했지요. 처음 회장을 할 때는 시간도 많이 들여야 했습니다. 그래서 회장직은 다른 분에게 넘기고 그냥 이사장으로만 남았습니다. 그때 손양원 목사님의 고향인 경남 함안군 칠원면에 있는 그의 생가에다 기념관을 만들기로 했습니다.

반   그때 이태준 선생 일로 선생님하고 같이 함안에 내려갔을 때 공사를 하고 그러던 게 완공이 됐군요?

이   네. 재작년(2016년) 10월에 완공이 됐거든요. 완공되자 내가 이사장직을 내

났습니다.

반 왜요? 고생만 하시고 …….

이 그때 왜 사임했느냐 하면, 그때가 박근혜(朴槿惠) 정부 때였어요. 그때 국사 교과서 국정화 문제가 불거져 내가 거기에 반대해서 박근혜 정부와 사이가 좋지 않았어요.

반 아, 그때가 박근혜 정권 때였군요.

이 그렇죠. 박근혜 정권 때지요. 계속하다가는 기념관 운영을 위한 지방자치 단체의 예산도 잘 안 나올 것 같다고 생각한 거지요.

반 손양원 목사 기념사업회에 피해가 갈 것을 우려하신 거군요.

이 지금 그 기념관 운영은 함안군에서 예산을 지원합니다. 그런데 내가 계속 있다가는 도움이 안 되겠다 싶어서 기념관이 완공되자 그만뒀지요.

반 그리고 '이태준 선생 기념사업회'에서도 그의 고향인 함안군 군북면에 '이 태준 기념관'을 만드려고 하지 않습니까? 더구나 이태준 선생은 선생님 집안의 할아버지뻘 되는 어른이시기도 한 분이 아닙니까. 일이 많습니다. (웃음)

이 그런데 최근에 들으니까 함안군 자체 예산으로 기념관을 만들겠대요. 함안 군에서 예산을 세워 진행하면 내 역할이 별로 없지요. 만약 함안군에서 하지 않 고 '이태준 선생 기념사업회'에서 기념관을 건립하게 된다면 그 건립위원장인 내가 이쪽저쪽 뛰어가면서 모금도 하고 여러 가지 교섭을 해야 하는데, 함안군 에서 하겠다니 다행이지요…….

반 네, 그건 다행스러운 거죠.

이 그렇지요. 그러나 함안군에서 건립한다고 하면 국가 예산 같은 거는 별로 따질 못할 거예요. 기념사업회에서 하면 함안군 예산도 딸 수도 있고, 경상남도 와 국가 예산도 딸 수가 있는데 …… 여하튼 짐을 벗은 셈이지요.

반 함안군에서 한다니까 그렇다는 말씀이시죠?

이 네, 군에서 하면.

반　그건 함안군이 예산을 세워서 그 예산 범위 내에서 하는 거네요.

이　네, 그럴 경우 국가 예산은 도와달라는 소리를 못한다고 그래요.

반　함안군 예산 갖고 한다면, 주어진 범위 내에서…… 그건 좋지는 않네요, 선생님.

이　함안군에서는 자체적으로 문화 사업을 진행하고 싶으니까. 기념사업회에서 하도록 맡기지 않고 직접 하겠다고 하는 것이지요. 오히려 홀가분하게 되었지요. 나중에 건축을 어떤 형태로 할 거냐, 거기에 뭘 채울 거냐 그럴 적에는 우리 자문을 좀 구하게 되겠죠.

2. 상지대학교 이사장 재직과 칼럼 작성

반　시민단체는 그렇게 진행하고 계시군요. 그다음에 상지대학교 이사장 맡으신 것도 새로운 일이시네요?

이　아, 그건 뭐 별로 말할 것도…….

반　시민단체 때문에 바쁘시더니……. 상지대학교의 분규 관련 문제는 다 해결됐는지요?

이　문제가 다 해결됐다면서 날 오라고 그랬어요.

반　그러니까 골치 아픈 문제는 없으신 거네요.

이　네. 그러나 전 이사장 체제와의 갈등이랄까, 그거는 크지는 않지만, 아직도 정리 안 된 것들이 있어요. 가서 보니까 전 이사장 때 교육부로부터 시정 권고를 받았으나 이행하지 않았거나 부실하게 한 것들이 더러 있어요. 그런 것들 때문에 지금 새 이사장 체제가 되었는데도 교육부로부터 페널티(penalty)를 계속 받고 있어요.

반　전 이사회에서 교육부의 지침이나 권고 사항을 제대로 이행하지 않아서 페널티가 계속되고 있는 셈이네요. 그러니까 아직도 그런 거 뒤처리가 남아 있는 셈이네요.

이 이번에 왜 사립대학교 평가가 있었잖아요. 그 평가 때 이전의 페널티가 걸렸습니다. 또 우리는 우리대로, 정부가 잘못해서 그렇게 된 부분이 있으니까 일단 항의를 했지요. 이런 부분은 이사장 명의로 하는 것이지요. 그 외는 이사장 할 일이 특별히 있겠습니까? 이사회는 총장을 임명하고 총장이 일 잘하도록 뒷받침하는 것이 중요하지요.

반 그래도 이사장으로서 중심을 잡아주시는 거죠. 중심 잡아주시는 게 제일 큰일이죠.

이 상지대학교는 오늘, 내일, 모레 총장 선거를 합니다.

반 과도체제를 청산하는 거군요. 새로운 총장을 중심으로 새로 출발하는 거네요?

이 네, 이때까지는 정대화 총장 직무대행 체제였습니다. 이번에 총장 선거를 위해 선거제도를 새로 만들어보려고 노력했어요. 내가 꼭 한 건 아니지만, 교수협의회하고 직원 노조 그리고 학생회 등 세 주체가 의논, 선거제도를 만들어보려고 했는데요, 우선 선거배분율을 교수가 70%, 학생이 22%, 직원이 8% 이렇게 하기로 합의했어요. 나는 그때 한두 달 정도 여유만 있다면 동문들과 원주 시민단체들도 총장 선출에 일정 비율로 참여했으면 좋겠다고 생각하고 세 주체들에게 그렇게 말했습니다.

반 네. 그래도 교수 비율이 좀 높은 편인 것 같네요, 70%.

이 교수 비율을 낮추고 시민단체와 동문들을 넣겠다는 것이었어요.

반 원주시 시민단체요? 그렇죠, 동문도 넣어야죠.

이 네. 상지대학교 민주화 과정에서 원주 시민단체의 협력이 컸습니다. 나는 세 주체와 협의하면서 자주 언급했는데 우선 세 주체 간의 합의가 늦어지는 바람에 선거기간이 임박해 버렸어요, 방학이 되기 전에 선거를 치러야 하는데 …… 한 달도 채 남지 않았어요. 그 기간 가지고는 시민단체와 동문들과 협의하는 것이 매우 어려워진 것이지요.

반 일정이 촉박했네요.

이 그렇습니다. 시민단체를 참여시킨다고 할 적에는 '그럼 어떤 시민단체를 선택할 거냐' 하는 것에서부터 시작해 가지고 나름대로 규약을 만들어야 되는데, 그게 안 돼서 이번에는 빠졌습니다. 앞으로 4년 후 선거는 내가 그만둔 후에 하는 것이어서 내 뜻이 제대로 반영되기는 어려울 것 같아요. 이번에 상지대학교 총장 선거를 치르면서 나는 교수 대표들께 지금 한국에서 교수들이 차지하고 있는 게 거의 90%, 80%, 최소가 70%인데, 이제 "70% 벽을 깨야 한다. 69%라도 좋고 60%라도 좋다. 이게 '대학 민주화의 상징'이고 상지대학이 한국 사회에 던지는 메시지가 아니겠느냐'고 강조했지요.

반 네, 좋은 전례(前例)가 되니까요.

이 "교수의 비율을 낮추면 그만큼 직원들과 학생들 및 다른 주체들의 참여 비율이 높아질 거다"고 했지요. 그런데 상지대학이 상당히 '대학 민주화'에 앞장선다고 하면서도 교수들이 그 70%를 양보하지 않겠대요. 그래서 일단은 70%로 하는데 그렇게 했는데도 지금 한국 대학의 경우, 학생들의 배분율이 가장 높아졌습니다, 우리나라에서.

반 그러네요.

이 22% 같으면.

반 그건 직원들의 비율보다 많네요.

이 이화대학도 10% 안 돼요. 성신여대도 그렇고 다 그런데, 한신대학이 아직 실시는 안 했지만 모형을 만들어놓은 게 교수 70%, 학생 20%, 교직원 10%예요, 실제로 시행될지는 모르지만. 학생에게 22%를 준 상지대학의 이번 선거는 파격이라 할 수 있지요.

반 그러네요, 20%가 넘어가는데.

이 학생들 22% 가지고 갈 때 줄다리기를 했는데 그때 교직원들이 2%를 양보한 겁니다. 몇 주 동안 협상이 안 되니까 직원들이 그럼 "우리가 양보를 하겠다"고 한 겁니다.

반　오히려 직원들이 제너러스(generous)하게 나왔네요. 오히려 교수들이 그렇게 해야만 하는데 ……. 교수들의 투표권 비율이 너무 높아요.

이　그래서 내가 직원들께 굉장히 고맙다고 했어요. 또 내가 "세 주체가 투표권 비율을 많이 갖는 걸 자랑스럽게 생각하지 말고, 많이 양보하는 걸 자랑스럽게 생각해라"고 강조했지요. 그랬더니만 그 직원들 얘기는 "'이사장님이 많이 양보하는 걸 자랑으로 삼아라' 그래서 우리가 그렇게 양보했습니다"라고 농담 삼아 그 말을 합디다.

반　선생님, 이사장을 그만두신 뒤에는 말씀하신 투표안을 만드셔서 그 안을 다음 총장 뽑을 때 관철하시면 되죠.

이　네, 그렇게 했으면 좋겠지만……. 내가 8월 말에 취임을 하고 9월부터 바로 총장 선출 관련 얘기를 시작했는데, 실제로 선거 룰(Rule)이 정해진 게 10월 말이에요.

반　아이고, 그건 너무 촉박하군요.

이　10월 말까지 대화는 많이 했죠. 그때 교수들에게 "51% 정도가 이상적이지만, 한국 현실에서 60%만 가져도 되는 것 아니냐. 그러면 학생과 직원 그리고 동문들과 원주 시민단체들이 참여할 수 있게 된다"고 강조했지요. 그러나 교수들이…….

반　그렇죠. 60%만 하더라도 엄청난 건데.

이　교수가 60%를 갖는다고 할 때 학생들 20%, 직원들 10%, 나머지 10%는 원주 시민단체와 동문들에게 주자. 5%씩이지만 시민단체와 동문회가 참여할 수 있다면 이것은 한국 대학 사회에 굉장한 메시지를 주는 것이고 파급효과도 클 것이라고 했어요.

반　그렇게만 된다면 공영대학이 되는 거죠. 잘 관철하십시오, 선생님. 대학 구성원이나 단체들이 협동을 많이 하게요. 그다음에 글 쓰신 거 말씀하셨잖아요? 지금 고정적으로 칼럼을 쓰고 계시는 것들은 어떤 것들이 있나요?

이　아, 요새 ≪한겨레≫에 고정 칼럼 하나 있고. 그다음에 다산연구소에서 '실학 산책'이라는 고정 필자란이 있어요.

반 아, 저에게도 와서 가끔 선생님 칼럼을 읽습니다.

이 다산연구소에서 내는 칼럼은 페이퍼(paper)로 나오지 않고 온라인(online)으로만 보급하는데요, 구독자가 한 7만 명 된다고 그러네요.

반 많이 읽네요. 팔로워(follower)가 많은 것 같아요.

이 온라인 구독자가 7만 명일 뿐 아니라 광주의 어느 신문에서도 그걸 전재(轉載)한다고 하네요. 그다음에 페이스북에 가끔 한 번씩. 한 달에 한두 번씩. 전에는 일주일에 한 번씩 글을 썼는데, 요새는 좀…….

반 페이스북에요? 선생님은 팔로워가 죄송합니다만 몇 명이세요?

이 항상 5000명이지요. 나는 그런 걸 잘 모르는데 5000명으로 한정되어 있다는데요…….

반 네, 그러신가요?

이 그래서 팔로우 하려는 분들을 받아주려고 하면 "5000명이 넘었다"고 합디다.

반 아, 그렇습니까? (웃음)

이 신청하는 사람이 좀 있는 셈이지요…….

반 그 이상은 안 되는 거예요?

이 나는 그 사람들 모르니까 신청하는 사람 누르다 보면 한도에 차게 되는 것 같아요. 그중에는 이상한 사람들도 있겠지요. 그러나 내가 신원 조사해서 선별할 수도 없는 거고, 내 글을 읽겠다고 신청하는데 …….

반 그럼요. 뭐 악용하지만 않으면 뭐.

이 네. 그래서 5000명 넘으니까 "안 된다" 그런 안내 메시지가 나오면 할 수 없지요.

반 그러니까 《한겨레신문》 그리고 '실학 산책' 두 군데에 고정적으로 칼럼을 연재하시는 거죠?

이 그렇습니다. 《한겨레신문》과 '실학 산책' 그리고 페이스북에 한 번씩.

3. 군대 생활에 대한 추억

이 이번에 내가 58년 만에 내 군대 생활한 데를 갔다 왔어요.

반 어, 그렇습니까? 어디신데요?

이 강원도 화천군 사내면 사창리.

반 거기는 무슨 일로 찾으신 거예요?

이 1959년에 그곳에 6사단 공병대대가 있었는데, 내가 그 부대에서 근무했거든요.

반 그런데 갑자기 가신 이유는?

이 그 전부터 한번 가보려고 했어요. 왜 그 군대 생활에 대한 향수가 있잖아요.

반 선생님 청춘을 바친 데니까요. '그때는 그랬는데 ……' 하면서 생각이 나시겠지요.

이 네. 가보려고 몇 번 들먹거리다가, 내가 성격이 워낙 굼떠서…….

반 오히려 고생하신 거 생각하면 딱히 생각하고 싶지 않으실 거 같기도 한데…….

이 군대 생활 하면서 나 별로 고생 안 한 셈입니다.

반 그랬습니까?

이 전우 관계 그런 거 잘 모르겠군요.

반 잘 모르죠. 저는 미필이나 마찬가지예요. (웃음) 3주 예비군 훈련받고 끝내버렸죠.

이 나는 1957년에 대학 입학해서 그 2년 후인 59년에…….

반 선생님, 대학 재학 중에 가신 건가요?

이 그렇지요.

반 그럼 휴학하시고?

이 1959년 3월에 "입영하라"는 통지서를 받았어요. 고민하다가 3학년 진학 미루고 입영했지요. 가니까 입영한 지 얼마 안 된 3월 26일이 이승만 대통령 생일이었거든. 고깃국을 끓여주데요. 논산훈련소에서 전반기 한 3개월인가, 2개월 반인가 훈련받았어요. 후반기는 중화기를 다루는 훈련인데 그것은 지금 익산 미륵사지 있는 근처에서 받았어요.

반 아, 익산 쪽이요.

이 후반기 훈련 마치고 그다음에 주특기를 받았는데 한 중대에서 두 사람에게만 부여한다고 그래요. 그 뒤 들으니 군에서는 '힘센' 병과라고 들었어요.

반 군번이요?

이 군번 말고 주특기라고 하는데, 군에서도 아주 좋은 분야라고 하던데요.

반 좋은 데로 가신 거예요?

이 118이라고 하는 병과. 그게 뭔지 그때는 몰랐어요.

반 어, 특수부대인가요?

이 그게 정보부대인가 봐. 왜냐면 그때 한 중대에서 두 사람만 줬거든. 그래서 그걸 받았는데, 그 118을 소화할 수 있는 부대가 창설이 안 됐어요. 그러니까 논산 보충대에서 오랫동안 머무르게 되었어요. 그걸 "썩는다"고 그랬어요. 한 달 이상을 썩었어.

반 자대 배치를 기다리느라고요? 부대는 안 만들어지고 훈련은 끝나시고 …….

이 응. 그런데 그 당시에 박병권(朴炳權)이라고 하는, 논산훈련소장을 역임했고, 그다음에 육군본부로 올라간 사람이 있는데.

반 나중에 5·16 군사쿠데타 참여한 사람이죠, 박병권. 국방부 장관까지 했지요?

이 네. 박병권의 양아들이라는 사람이 역시 와가지고 118이라는 병과를 받았어.

반 네.

이 이 친구도 보충대에 며칠 있었지만 자대배치를 하지 않으니까 자기 아버지한테 얘기를 한 모양이야. 그러니까 감찰이 내려와 118 병과 받은 군인들을 그 병과와 관련 없이 분산 배치시켜 버리고 말았어요, 그때 나는 공병으로 되어…….

반　사창리 부대 쪽으로 가신 거군요.

이　(고개를 끄덕이며) 횡성에 가서 한달 동안 공병에 필요한 교육을 받고 춘천의 제3 보충대를 거쳐서…….

반　제가 군에 관해서 잘 모릅니다.

이　제3보충대를 거쳐서 6사단으로 배치되었죠. 당시 6사단은 화천군 사내면 사창리라고 하는 곳에 있었는데, 그러니까 6사단 공병대대로 배치된 셈이지요. 신병이 오면 신상조사를 먼저 해요, 그걸 보고 자기들 말로 쓸 만한 놈 있으면 행정 맡은 부서에서 먼저…….

반　뺏어가는 거예요?

이　뺏어가지.

반　스카우트네요, 스카우트.

이　그렇지. 그런데 마침 공병대대 1과(서무과)에 행정병 한 사람이 제대할 즈음이어서…….

반　아, 이제 자리가 비게 되는 거군요.

이　한 두서너 달 있으면 비게 되니까 그 후임을 하나……. 내가 거기에 차출이 된 셈이지.

반　스카우트된 거네요.

이　들어갔는데 그때 우리 막사 위에 대대장실이 있었어요. 그 대대장실의 당번병도 제대할 날이 가까웠어요. 그래서 지시에 따라 우리 서무과에서 사람을 하나 올려 보냈거든, 그런데 며칠 안 돼가지고 그 친구가 엉덩이를 걷어 채인 채 그냥 쫓겨 내려왔어.

반　무슨 일이 있었길래요?

이　그러면서 대대장이 허리춤에 두 손을 떡 얹은 채 군대 말로 "야, 누가 이런 놈을 올려 보냈어?" 이러는 거예요. 군대 무서워요.

반　(웃음)

이　그러니까 이미 군대 생활 경험이 있는 선임병들은 절절매는 거요. 그러면서 "이런 놈 올려 보낸 놈이 누군지, 그놈 이리로 올라와" 그러니까 그 병사를 올려 보낸 내 선임병이 올라가야 하는데 무서우니까 자기는 안 올라가고 나를 올려 보낸 거예요.

반　가서 맞을 거 같으니까, 선생님을 그냥 보냈군요.

이　"이 병사, 너 빨리 올라가" 그래서 내가 올라갔지. 뺨이라도 맞을 각오로 올라갔는데 대대장은 "다른 놈 올 때까지 네가 이 사무실 지켜" 이러는 거예요. 내가 가 있는 동안에 다른 병사를 찾아 올려 보내라는 거예요. 그런데 한 사흘 뒤 다른 병사를 뽑아 올려 보낸다는 보고가 올라오니까 대대장이 "야, 너 내려가지 말고 여기 있어"라는 거예요.

반　그대로 그냥 자리 잡게 되셨군요?

이　그렇게 해서 대대장실 당번병이 돼버린 거지, 거의 1년 동안······.

반　그건 잘된 건가요?

이　처음에는 무서웠는데 결과적으로는 잘된 거예요. 앞서 말한 1과에 아홉 명이 있었는데, 그 내무반 생활이 참 어려웠어요. 낮에는 사무실에 근무하니까 괜찮았는데, 저녁에 내무반에 들어가면 점호 마치고 자야 되는데. 그러지 못했어요. 우리 서무과 제일 선임병사, 이 사람이 제대를 앞두고 있었어요. 제대 말년이 돼서 그런지 저녁마다 주보(PX: 군부대 안에서 일용품을 판매하는 곳)에 가서 술을 마시고 돌아와요. 술이 거나한 채 늦게 돌아와서는 자기가 오기 전에 부대원들이 먼저 잔다고 해서 여덟 명을 다 깨워가지고 엎드려뻗쳐 시켜서는 야구방망이 같은 몽둥이로 엉덩이를 치는 거야. 자기가 먼저 치고는 그다음 계급의 병사에게 그 몽둥이를 주면서 밑에 있는 일곱 명을 때리게 하고, 또 그다음에 일곱 번째가 여섯 명 때리는 식으로 행패를 부렸어요. 이렇게 순번으로 내 앞의 여덟 사람이 차례로 치다 보면 제일 끝번에 있는 나는 맞기만 했지······.

반　계속 맞으신 거네요.

이   그러니까 매일 저녁은 아니지만 일주일에 몇 번은 그렇게 시달렸는데, 그게 힘들었어요. 그러다가 대대장실 당번병으로 갔는데, 대대장이 "야, 이 병사. 근무 마치고 대대장 숙소에 와서 자" 이러는 거예요. 그래서 대대장 퇴근 후 1시간쯤 뒤에 막사에서 1km 정도 떨어진 대대장 숙소에 가서 숙소 당번병과 함께 지내게 되었어요.

반   사택인 거죠?

이   그럼요. 거기를 가니까 또 아는 사람이 있어.

반   사택에요? 뭐 어떻게 되시는 분인데요?

이   대대장 처남 되는 사람인데, 그때 성균관대학교 교육학과를 졸업하고, 우리보다는 몇 년 위인데 그 사람이.

반   그 대대장이라는 분의 처남이요? 같이 사는 거예요?

이   대대장 처남이, 네. 어디 다른 데서 군대 생활 하고 있었는데, 대대장이 자기 부대에 데려다 놓았어요. 그 당시에는 그런 게 예사였거든. 이제 퇴근 후에는 대대장 숙소에 가서 얘기도 하고 ……. 그분은 제대한 후에 성균관대학교 교수로 대학원장도 하신 분이에요.

반   네, 그분이요.

이   그거 얘기하고 저녁에 가서 잠 잘 자고, 아침에 대대장 오기 전에 한 30분 전에 와서는 청소하고 대기하고 있으면 되지요.

반   내무반 생활을 전혀 안 하신 거네요?

이   안 했지요.

반   그러고 보니 완전히 특별 병사 출신이셨네요. (웃음)

이   어떻게 보면 군대 생활을 편히 한 셈이지요. 그러니까 거기에 대해서 향수가 …….

반   그래서 그 후에 어디로 가신 거예요? 그렇게 대대장실 당번병으로 근무하시다가요.

이 　거기 있다가 제대했지. 그때는 제대라기보다는 귀휴(歸休)라고 했지. 정식 제대는 그 6개월 후라고 했어요. 그러니까 공병부대에서는 한 1년 근무한 셈이지요.

반 　한군데만 계속 계시다가?

이 　왜냐하면 그 당시 학적보유자(學保)는 1년 반만 군대 생활 했어요.

반 　아, 그렇습니까?

이 　(19)59년 3월에 입대하여 1년 반 만에 돌아왔으니까 60년 9월에 귀가한 셈입니다.

반 　그러면 선생님 군 생활이 짧았네요. 그때 대학생들은 배려를 해준 거네요.

이 　당시 교사들은 교적보유자(敎保)라 해서 1년 복무했었지요. 나는 공병대대에 배치된 8월 말부터 공병대대에서 약 1년 근무한 셈이지요. 1년이 되자 대대장이 "야, 너 돌아가 공부해야지?" 그러다 9월이 되니까 "9월 초에 나가서, 등록에 늦지 않도록 해" 하면서 귀휴증명서를 발급받아 부대대장을 시켜 춘천까지 보내주었어요.

반 　아이고, 대대장이 대단히 괜찮은 분이었네요.

이 　그분이 강릉사범을 나온 분이에요, 김일기 중령이라고. 그 뒤 주월(駐越)사령부에 감찰부장을 지냈어요. 그러니까 그 당시 장교로서는 인텔리인 셈이지요.

반 　상당한 인텔리였네요.

이 　그렇지, 인텔리지. 주월사령관 채명신(蔡命新) 장군 밑에서 감찰부장을 지낸 분이었으니까……. 그래요, 군대 생활은 어렵잖게 한 셈이지요.

반 　고생하시지 않으셨네요. 초반에 조금 맞으신 거 빼놓고는.

이 　처음에는 좀 그랬죠. 공병대대장이 날 괜찮게 본 셈이지요. 겨울에는 당시 6사단장(이창정 장군)이 공병대대장을 불러 눈 덮인 산에서 같이 사냥을 나갔는데, 그때도 날 데리고 가곤 했지요.

4. 오랫동안 원했던 여행을 다녀온 이야기

반 그래서 이번에 군생활 하셨던 동네를 다녀오신 거네요? 가보시니까 어땠습니까?

이 어……, 그러니까 군대 생활을 마치고 난 뒤에.

반 가고 싶은 마음이 있으셨나요?

이 가고 싶었는데 가니까 영 달라졌어. 58년 만에 갔는데 많이 변해졌어요. 처음에는 도무지 못 알아볼 정도가 되었어요.

반 부대는 그대로 있고요?

이 그곳 동네 분들이 공병대가 계속 있었다는 곳이었다고 해서 찾았는데, 매우 서툴었어요. 그래 알아보니까 여기가 지금도 20몇 사단 공병대대가 주둔하고 있다고 해요. 그런데 내가 생활했던 위치도 그렇고 산을 깎아 병사들 막사를 만든 것도 (그렇고), 다 달라져 있었어요. 그리고 장교들 막사 비오큐(BOQ: bachelor officers quarters)도 아주 잘 지어놨고, 우리 아파트 모양으로 잘 지어놨어요. 그러니까 '아이고, 이게 옛날 우리 군대 생활 그것에 비하면 군대 생활도 아니다' 이런 생각이 들었어요. 옛날 그 모습이 그대로 있으리라고 생각한 것이 잘못이지만 하여튼 변화에 '실망'을 한 셈이지요.

반 잔뜩 기대를 하고 가셨다가?

이 실은 아내와 함께 가면서 부대에 들르면 내가 근무했던 대대장실도 들러보고 금일봉도 전하며 격려도 해야겠다고까지 생각하고 갔는데 너무 달라진 모습에 위병소에서 부대 정문 반대편 쪽을 향해 사진 한 장 찍고 그냥 황망히 떠나버렸습니다.

반 58년 전의 회포도 풀지 못하고 그냥 떠나셨어요?

이 '실망'을 하고……. 실은 '실망'이 아니지요. 그런 엄청난 변화는 우리 국력이 그만큼 신장되었다는 것을 의미하는 것이지요. 그래서 그냥 돌아가나 어쩌나 하고 생각하다가 마침 춘천 소양강댐 중상류 쪽의 청평사(淸平寺) 생각이 났어요. 소양호에서 물길 따라 북행하다 보면 중상류 좌측 선착장이 있고 거기에 오봉산(五峰山)이 높이 솟아 있지요. 그 아래에 청평사라는 고찰(古刹)이 있어요, 청평사. 거기가 내 직계는 아니지만 고려 중기 인천(인주) 이씨 선대(先代) 중 이자현(李資玄)[8]이라는 분이 세운 절이지요.

반   이자현, 네. 고려시대 때.

이   이자현. 이자겸(李資謙)의 형이에요, 이자겸의 형제가 여럿이거든. 맨 위 형인데 이자현이라고, 이분이 벼슬을 하다가 그만두고 거기에 가서 수련을 하고 수도를 쭉 했는데……. 거기에는 지금도 이자현이 청평산(淸平山) 문수원(文殊院)을 재건했다고 하는 내용을 실은 비가 있어요. '진락공중수청평산문수원기(眞樂公重修文殊院記)'라 하지요.

반   아, 그렇습니까.

이   있는데 그 비가 6·25 때 파괴가 돼가지고 그걸 다시 만들었어요. 그 전에 마침 탁본해 놓은 게 있어서 그 탁본에 의해서.

반   복원한 거군요.

이   글자를 다시 복원했죠. 그 비문을 쓴 사람이 누구냐 하면 탄연(坦然)[9]이에요.

반   탄연이란 분이 누굽니까?

이   탄연, 고려시대 명필로 유명한 분이지요. 신라시대는 김생(金生),[10] 고려시대는 탄연, 그다음 조선시대에 오면 이광사(李匡師)[11] 하면서 명필이 나왔잖아요. 그 탄연이 쓴 글씨예요.

반   그럼 군대에 있을 때는 모르셨나요?

이   몰랐죠. 나도 탄연이니 김생이니 하는 명필들에 대해서 깊은 관심을 갖지 못하고 있었는데, 이런 금석문(金石文)에 조예가 깊고 그 복원에 심혈을 기울여온 화곡동의 박영돈 선생께서 소개해 주셔서 오늘날 편린으로 남아 있는 명필들의 서체를 접하게 되었어요. 청평사는 소양호 중류 지역에 있어서 배편으로 가면 쉬운데 도로로 가면 한참 걸려요. 춘천에서 화천으로 가는 길목에서 한참 들어가 소양호 선착장이 있는 근처까지 내려와야 해요. 내가 군대 있을 적에는 그쪽이

복구도 제대로 안 됐던 것 같았어요, 6·25 때 완전히…….

반　아, 완전히 파괴되었군요.

이　전투로 파괴가 된 곳이니까. 지금도 그 절이 그렇게 화려하지는 않아요.

반　인주(인천) 이씨 종중 분들은 한번 가볼 만한 데군요.

이　그렇죠. 그 강원대학에 이애희 교수라는 분이 있는데, 철학과 교수로 조선후기 '인물성동이론(人物性同異論)'을 깊이 천착한 분이에요. 이 양반이 가까이 계시면서 선대 이자현의 이야기를 자주 해주었지요.

반　그분도 인천 이씨네요?

이　네, 인천 이씨인데 청평사 가까운 춘천에 계시니까 청평사에 자주 가봤던 모양이에요.

반　청평사에 들렀다가 어떻게 하셨어요, 그냥 서울 집으로 돌아오셨어요?

이　원래 집에서 출발할 때는 아내와 함께 공병부대를 들렀다가 그 근처에서 일박하고 느긋하게 귀가하려고 했었는데, 공병부대에 대한 회상이 물거품처럼 사라지니까 일박할 생각이 싹 사라졌어요. 그냥 대충 들렀다가 귀가하려고 했지요. 청평사를 관람하는 동안 다시 생각난 곳이 있었어요. 학생들 데리고 가끔 와봤던 양양군 진전사지(陳田寺址)이지요. 이곳에 들렀다가 귀가해야겠다고 생각하고 그곳으로 차를 몰았지요. 진전사는 신라 하대 선종(禪宗) 구산문(九山門)의 하나지요. 그러니까 신라의 불교를 오교구산(五敎九山)이라 부르는데, 다섯 개 파의 교종(敎宗)과 대비되는 선종 아홉 개 파를 9산문이라 했지요. 나는 학생들 데리고 답사를 갈 적에 자주 이 진전사 터가 있는 곳에 갔어요, 그때마다 '내가 은퇴하고 나면 이런 데 와서 살았으면 좋겠다' 하는 생각을 갖고 있었거든요. 진전사지에서 보면 그 앞 한 2, 3km 앞에는 동해 바다가 광활하게 펼쳐져 있어요. 참 좋아요. 요즘같이 미세먼지 같은 것도 걱정할 것이 없을 것 같아요. 태백산맥 동쪽이니까 이 해안 쪽은 다 깨끗하다는 느낌도 들었어요, 태백산맥 서쪽보다는…….

반　그래서 그쪽으로 이사 가려는 사람들이 많다고 해요.

이　아, 그래요?

반   저희 친구 중에서도 그쪽으로 이사 가려고 그러는 사람들이 있더라고요.

이   나는 답사 몇 번 다니면서, '그런 곳에 와서 말년에 살았으면 좋겠다'고 생각했었는데. 이번에 가서 보니까, 내가 다시 옮긴다는 것이 이제 너무 늦었다. 한 60대나 70대만 됐어도 그 생각을 실천할 수도 있었겠는데.

반   그렇죠.

이   그러니까 내가 향수로 생각했던 군대 생활한 곳이나 늘 그곳에 가서 말년을 보내고 싶다는 진전사……. 이번 여행은 그런 인연을 모두 끊는 그런 계기가 되었어요. 그날 집에서 출발해 늦게 다시 돌아오니 하루 동안에 471km나 운전을 했어요.

반   혼자 가신 거예요?

이   우리 집사람하고 같이 갔어요.

반   아, 사모님하고 두 분이 가셨군요.

이   네.

반   강행군하셨네요. 그래도 하루가 짧았겠네요, 중간에 쉬고 하려면요.

이   저녁에 늦으면 강원도 어디에서 자고 오려고 했는데, 양양 진전사까지 마치고 나니까 오후 4시 반~5시 정도 되었어요. "그냥 집에 가자" 하고 발동을 걸었지요.

반   도로가 요즘에 좋으니까요.

이   네. 저녁 늦게 집으로 돌아왔어요.

반   하여튼 오랫동안의 숙제를 푸신 거네요.

이   숙원은 풀었는데, 이때까지 향수처럼 늘 생각했던 것들이 다 달아나 버렸지요.

반   그러니까요. 청년 시절 때 기억을 추억으로 남겨두었어야 했는데 실망하셨겠네요.

이   맞아요. 오히려 거기 안 가보고 그냥 항상 머릿속에서 그랬더라면 더 나았을 텐데……. 하여튼 재미있게 하루를 보낸 셈입니다.

반   그럼 사모님도 좋아하셨겠네요. 선생님이 직접 운전하시고 다녀오셨으니까요. 선생님, 그런데 평소에 차를 운전 안 하시잖아요? 전철 주로 이용하시고, 대중교통 이용하시잖아요? 그런데 어떻게 운전을 하셨나요?

이   거의 일주일에 한 번 정도 교회 갈 적에 운전합니다.

반   아, 교회 갈 때는 차를 쓰시는구나.

이   그 교회가 지하철로 가기가 좀 불편해요.

반   선생님 혼자 다니실 때는 그냥 대중교통 이용하시고.

이   그렇지.

반   사모님하고 동행하실 때는 운전하고 가시는군요?

이   그렇지.

반   (웃으며) 모시고 가시는 거네요.

이   지난 4월 27일인가 판문점 남북 정상회담 했잖아요, 그걸 보고 너무 기뻐서……. 그게 4월 27일 맞지요?

반   평양에서 한 남북 정상회담이요?

이   아니, 문 대통령과 김 위원장 둘이서 다정하게 걸으면서 또 한적한 곳에서 대화한 것 있지 않아요……? 하여튼 그 일 있고 난 며칠 뒤에 기분이 너무 좋아서 우리 집사람과 함께 임진각(臨津閣)까지 드라이브하고 왔지요.

반   젊은 사람들 못지않게 열정적이시네요.

5. 군북교회에서 받은 영향

반   선생님, 어렸을 때 얘기를 좀 해주시죠. 예전에 한 인터뷰를 보니 군북교회[12]에 대해서 많이 말씀하셨던데요, 거기서 좋은 교육을 받으셨다고. 또 인재도 많이 났다고요?

이　(고개를 절레절레하며) 잘 기억이 안 나는데.

반　여기 보니까 인재가 엄청 많대요, 고신대 총장도 나오고 뭐 하여튼. 그렇게 선생님 다니실 때 이렇게 군북교회에 인재가 많았습니까?

이　나는 모르겠는데 군북교회 누가 나왔어요? 고신대 총장 누구?

반　김병원 목사님이요.

이　아, 김병원 총장이 군북교회 출신? 나는 잘 모르고 있어요. 아마 나보다 후배지요? 군북교회에서 목회하신 분들 중에는 꽤 이름 있는 분들이 있었어요. 내 삼촌 되시는 이홍식(李弘植) 목사가 1927년에 평양신학교를 졸업하고 목사가 되었는데 그 전에 그는 군북교회의 영수(領袖)와 장로를 거쳤고 담임 목사로도 계셨어요. 그 뒤에 오신 교역자로는 황철도·윤봉기·박손혁 목사 등이 있었는데 고신파(高神派) 교회의 지도자로 활동한 분들이었어요. 내 기억에 가장 남는 분은 유봉춘(劉鳳春) 목사라고, 우리나라에서 가장 먼저 『성구사전(聖句辭典)』을 편찬한 분이에요. 그가 군북교회 목사로 있던 1950년대 초에 그 책을 펴냈거든요. 시골 교회에 계시면서 어떻게 그런 작업을 하실 수 있었는지 참으로 고맙지요. 그 외에 배삼술 목사라는 분은 6·25 때 부산에서 양로원 경영으로 이름이 있지요.

반　그런데 선생님의 가족들이 그 교회 다니시게 된 것은 할머니의 영향이라고 이전에 인터뷰하셨네요. 완고한 인천 이씨 가문에서 예수를 받아들이게 된 것이 바로 할머니 때문이라고 하는데 어떻게 기독교 쪽에 믿음을 가지게 되셨어요?

이　그 이야기를 하자면 우리나라에 선교사가 어떻게 들어왔는지부터 이야기해야 할 것 같아요, 그러니까 경남 쪽에는 서울과는 달리 한말에 오스트레일리아(호주) 장로교회에서 선교사가 들어왔거든…….

반　지역에 따라 선교를 하면서 경남 쪽은 호주 선교회가 맡았군요?

이　그렇지. 그러니까 초기에 한국에 선교사를 파견한 여섯 개 큰 교단이 있어요. 장로회가 네 개 교단, 감리회가 두 개지요. 감리회는 미국 북감리회와 미국 남감리회, 장로회는 미국의 북장로회와 남장로회, 그리고 캐나다 장로회와 호주 장로회가 있었어요.

반　장로회로서는 미국 남·북 장로회와 캐나다 장로회, 호주 장로회, 네 교단이 되는군요.

이　네. 그 가운데 호주 장로회가 경남 일대를 맡아 선교를 했어요. 그때 아마 우리 할머니가 그들의 전도를 받았던 거 같아요. 할머니가 예수를 믿게 됐고, 그 뒤 1909년에 군북교회가 세워졌어요. 군북교회에서 할머니와 그 자녀들이 활동하게 되었어요. 군북교회 돌집 예배당 건립에도 우리 집안 식구들의 도움이 있었다고 해요. 그런데 일제 말기에는 내가 교회 다닌 기억이 안 나요. 내가 1938년생이니까 너무 어려서 그랬는지를 모르겠어요, 내가 여덟 살 되던 1945년에 해방이 되었어요. 그해 4월에 입학을 했는데, 그때 예배당에 다닌 기억은 안 나거든요. 아마도…….

반　그럼 해방 이후에 다니신 거네요.

이　해방 후에 "교회를 나가라" 해서 나갔던 것 같아요. 할머니는 1941년에 돌아가셨으니까 할머니의 권고를 받은 것은 아니고, 부모님의 권고를 받은 것이지요. 군북 예배당은 우리 집에서 한 3km 정도 떨어졌는데, 군북초등학교에서 얼마 떨어지지 않았어요. 그 교회에는 우리 할머니도 다녔고요. 할머니가 딸 하나와 아들 여섯을 두었는데, 삼촌들도 교회를 도왔던 것 같아요. 삼촌 중 한 분은 돌 교회당을 건립하는 데 물질과 시간을 많이 들였다고 해요. 군북 시내에서 약국과 이발관을 경영하고 계셨거든요.

반　할머니와 삼촌들이 오랫동안 헌신하신 곳이네요?

이　네. 군북교회는 우리 집안과 인연이 깊은, 시골치고는 참 아담했어요. 군북 예배당에서 얼마 안 되는 곳에 넓은 냇가가 있었는데, 냇가에 좋은 돌들이 많잖아요. 이걸 주워 옮겨 시멘트로 발라서 그렇게 아담한 건물을 만들었지요.

반　자연석을 활용한 거네요.

이　네. 겨울에도 굉장히 따뜻하고, 그런 교회였습니다. 초등학교 1학년 해방되고 난 뒤에 부모님께서 예배당에 가라고 해서 가게 되었지요. 그때부터『성경』을 배우게 되었고,『성경』공부에서는, 해방 분위기 때문이었는지 모르지만,

『구약성경』이야기를 많이 해줬어요. 애굽(이집트)에서 종노릇하던 이스라엘 백성을 모세가 이끌고 나와 사막을 거쳐 자유의 땅으로 가는 것이나, 요즘 말로 하면 팔레스타인일 텐데 필리스타 즉 블레셋으로 불리는 민족과 대결하는 삼손 이야기, 돌팔매 하나로 블레셋의 가드 장군 골리앗과 싸워 승리한 어린 다윗의 이야기 등. 당시 불레셋(필리스타)과 싸워 승리한 이야기가 왜 그렇게 신이 났을까요? 또 다니엘이 바빌론에 잡혀간 얘기 등. 이런 걸 「구약성경」에서 뽑아『성경』공부를 시켰어요. 그때 인상 깊은 선생님이 문성주라고 하는 분인데.

반 네, 문성주 선생님.

이 문성주 선생은 한쪽 팔이 온전하지 못했어요, (시늉하며) 이렇게. 그러니까 이게 (팔을) 펴지를 못 하는……. 그러나 (입담이 좋아서) 얘기를 정말 생생하게 했어요. 이스라엘 백성이 애굽에서 나와 홍해를 건넌다는 이야기를 할 때에는 우리가 홍해를 같이 건너는 것 같은 느낌을 주도록 했어요. 그 선생님이 정말 인상 깊어요.

반 이야, 얘기꾼이시네요.

이 나중에 그 교회 장로까지 되고 그랬는데, 그걸로 해서 나는 해방 후 진짜 '민족 교육'을 받은 셈이죠, 잘 받았고. 당시 '해방이 됐다' 했지만, 나는 일본이 우리를 지배했다던가 학정을 했다던가 하는 걸 잘 몰랐어요. 몰랐는데 해방되던 그 2, 3일 사이에 신사(神社) 마당에 많은 시골의 면민(面民)들이 모여가지고 기뻐하는 모습을 보았어요. 그런 후에 신사를 불태워 버렸어요. 그때가 한여름인데 모인 사람들이 그렇게 기뻐하는 모습은 제가 평생 기억할 수밖에 없는 그런 기쁜 순간일 거예요. 그 기뻐하는 면민들이 모여 막 얼싸안고 기뻐했던 모습은 평생 지워지지 않아요. 그런데도 나는 그 해방이란 게 무슨 의미를 가졌는지를 잘 몰랐어요. 그런데 교회 가서 『성경』공부를 하고 교육을 받는 동안에 '아, 우리가 마치 그 이스라엘 백성들이 애굽에서, 이집트에서 종노릇했듯이 우리도 일제의 종노릇했다' 하는 것을 알게 되었지요. 그러면서 비로소 민족의식이랄까 하는 감흥이 일어나게 되었죠. 뒤에 사람들이 "네가 왜 역사 공부를 하게 됐느

냐?"라고 할 적에 그 여러 가지 이유 가운데 하나는, 바로 어릴 때 교회를 통해서
배운 민족의식, 역사의식 이것이 역사를 공부하도록 하는 동인의 하나가 된 셈
이라고 생각해요. 미리 말한다면 내가 고등학교 3학년 졸업하고 대학 진학을 하
려고 할 적에 그때 주변에서 얘기해 준 사람들이 "너는 신학교 가라" 이랬거든
요? 물론 우리 다섯째 숙모 조점시(趙占時) 권사의 강력한 권고와 기도가 있어서
그랬지만요……

반   네.

이   그래서 나는 고등학교 시절 으레 신학교 가서 목사가 되는 걸로 생각했지
요. 그때 교회 선배들 가운데 강위영, 김영환 같은 선배들이 "신학교에 바로 가
지 말고, 대학을 일단 마치고 신학교에 진학하라"고 했습니다. 그 당시에는 고등
학교를 졸업하고 바로 신학교 갈 수도 있었어요. "신학교에 바로 가지 말고 대학
을 마치고 신학교를 가라"는 선배들의 말은 내게 새로운 과제를 안겨주었어요.
그래서 '대학을 가자면 무슨 과를 가야 하지?' 하는 숙제가 나오게 되었어요. 앞
으로 신학교 가기 위해 또 목사가 되기 위해 가장 필요한 공부가 뭐냐? 하는 생
각을 하게 됐어요. 그때 생각한 게 서울대학교에 갈 경우 문리과대학에 종교학
과, 철학과, 사학과 등 세 개 학과가 앞으로 신학 하는 것과 깊은 관련이 있을 것
같았어요. 그때 생각한 것이 '사학과에 가게 되면 종교학이나 철학도 조금씩 맛
을 볼 수 있겠다' 이런 생각으로 결국 사학과를 진학하게 되었어요. 사학과에 가
긴 했지만 사학과를 선택하게 된 데에는 신학교에 가기 위한 예비적인 공부라는
측면도 있었지만, 심층 내면에는 주일학교 때에 배운 역사에 대한 민족의식이랄
까 하는 것이 전제되어 있었다고 봐야겠지요. 이것은 바로 주일학교에서 배운 「구
약성경」에 대한 공부가 그 밑바탕에 깔려 있었던 것이지요.

반   「구약」의 사기를 공부해서 역사에 대한 흥미를 갖게 되신 거 아니에요? 주
일학교에서 「구약」은 역사로 가르치니까요.

이   (주일학교에서) 「구약」 얘기를 많이 들려줬어요.

반   그러니까 역사 쪽 하고 가까워지신 거 아니에요?

이   네. 바로 그「구약」의 역사는 이스라엘(Israel)의 역사 아닙니까?

반   그러니까 주일학교에서 배운「구약」의 이스라엘 역사에서 배운 것이 영향을 끼쳤네요.

이   네.『성경』에 나타난 이스라엘 역사를 통해 민족의식이랄까 하고 하는 것이 싹튼 데다 대학 진학 하려고 할 때 '신학 공부하고 목사가 되기 위해서 무슨 과가 필요하냐?' 할 적에 역사학은 종교학이나 철학과 함께 옵션 가운데 하나였지요. 이때 사학과로 선택한 것이지요. 그게 무엇보다 어릴 때 주일학교 교육에서 얻은 역사의식이라고 한다면 이런 점들이 연동이 되어 사학과로 간 게 아닌가, 저는 그렇게 생각하고 있어요.

반   그래서 평생의 전공이 되신 거네요.

이   네.

반   여차하면 목사님이 될 뻔하셨네요, 지금은 장로님이시지만.

이   아니 그거는 다 시간이 지났어. 나는 장로 은퇴 시기 전에 물러났어요.

6. 6·25 전쟁에 대한 기억

반   선생님, 한국전쟁은 선생님 연세로서는 언제 어디에서 맞으셨나요, 고향에서요?

이   고향에서 초등학교 6학년 때에 맞았어요. 6·25가 터진 때가 6월 25일이니까 방학 전 아니에요. "38선에서 전쟁이 터졌대, 북한 공산군이 쳐 내려왔다" 하는 소리가 들렸어요. 그런데도 학교에서는 맨날 교장 선생님이 학생들 모아놓고 하시는 말씀은 "지금 우리가 북으로 올라가고 있다. 승리하고 있다"는 것이었어요. 그런 줄만 알았지요. 방학 때 학교에서는 동(마을)별로 경쟁적으로 퇴비 증산 경쟁을 벌였습니다. 동네별로 학생들이 풀을 베어 초등학교 운동장 한구석에 산

덩이 모양으로 쌓는 거예요. 그러면 방학 끝날 적에 제일 큰 덩어리에 시상을 해줘요. 그때 우리 마을이 열심히 했지…….

반 아, 풀 많이 벤 학생들에게 상을 줬겠네요.

이 그때만 해도 비료가 흔치 않을 때니까 풀을 베어 썩히면 퇴비가 되는 거죠. 그때는 퇴비 증산 한다고 많이 그렇게 했어요. 우리는 개학하면 '1등상 받겠다' 이렇게 생각하고 있었지요. 그런데 하루는 우리 집 앞 진주(晉州)로 가는 도로에 이상한 일이 벌어졌어요. 우리 집 앞에는 남쪽에서 흘러오는 두 개의 개울물이 있는데 그것이 우리 동네 옆에서 합쳐졌어요. 진주로 가는 도로 가의 큰 개울에 미군(美軍)이 와서 포대를 쌓기 시작했어요. 방학 전에도 학교에서 별로 떨어지지 않은 곳에 위치한 군북역에는 진주행 기차에 타고 있는 미군들을 보았는데, 특히 시커먼(흑인) 군인들이 눈에 띄었어요. 화물칸에는 탱크와 대포 같은 것도 잔뜩 실었던 것도 보았지요. 우리 군북이라는 곳이 맑은 물이 있는 곳이에요. 그래서 증기기관차들이 군북역에서 물을 공급받았어요. 그러니까 증기기관차들은 군북역에서 보통 한 15분 내지 20분 동안은 정지를 하기 때문에 방학 전에 군북역에 가서 미군들의 모습을 본 적이 있어요.

반 물 채우고 떠나는 거지요?

이 네, 물 채우고 가는데……. 그러니까 자연히 정거장도 큰 셈이지요. 그런데 군인들도 태워 가고, 탱크(에) 대포 같은 것도 싣고 간단 말이에요. 그래서 의문이 들곤 했지요. 시커먼 군인들이 '왜 이쪽으로 가는가? 갈려면 저 서울 쪽으로 곧바로 가야 되는데 왜 이쪽으로 가는지 모르겠다' 하는 정도로 의문을 가지긴 했지만 그 이상은 생각하지 않았지요. 어른들이 모두 우리 국군이 지금쯤은 평양을 넘어섰을 것이라고 그러는 판이니……. 그런데 방학이 되고 난 뒤 열심히 퇴비 증산에 힘을 쓰고 결과를 기다리고 있는데, 하루는 우리 집 앞 시냇가에 포대를 설치하고 그 포대를 설치할 즈음에는 멀리서 "쿠웅 쿠웅" 하는 소리가 나는 거예요, 대포 소리지요. 그것도 진주 쪽에서. 진주에서는 철도로 우리 군북을 거쳐 마산으로 가는데 진주 쪽에서 대포 소리가 나고 우리 집 개울 앞에서는 미군들이 포대를 설치하는 등 부산하게 움직이고 있단 말이에요. 그러자 아버지께서 날 불러 "너 먼저 피난 가야겠다"면서 내 누이동생과 내 생질을 함께 딸려 보내주었어요. 우리 셋을 먼저 군북(텃골)에서 셋째 자형이 있는 의령으로 가라는 것이에요. 의령은 합천, 함양 등 지리산이 있는 쪽이에요. 우리는 몰랐지만 당시 북한군은 호남 쪽을 거쳐 그쪽으로도 남하하고 있었어요.

반   지리산 쪽으로 가는 거네요.

이   그러니까 북한군이 오는 쪽이에요. 군북에서 피난을 가려면 마산 쪽으로 가야 되는데, 그러지는 못하고 의령 쪽으로 갔지요. 의령에 셋째 자형 집이 있었어요. 그래서 애 둘 데리고 오후에 길을 떠났어요. 의령으로 가는 도로를 따라 가는데 아, 우리 국군 패잔병들을 만난 거예요. 나는 그들이 패잔병인지도 몰랐지요.

반   군복을 입고 총을 들고 있는 군인들이요?

이   총구를 아래로 내리고 어깨에 멘 것도 별로 없고 대오도 없이 한 두 사람이……

반   일종의 패잔병이네요, 패잔병의 모습으로 왔네요.

이   한두 사람씩 드문드문 우리와 반대 방향으로 오는데 그때 이들 패잔병들이 후퇴하면서 처량하게 불렀던 노래가 아, 「신라의 달밤」이었어요, 아마도 남인수가 불렀던 것이 아닌가 해요. 군인들이 군가는 안 부르고, 총을 거꾸로 해가지고 한두 사람씩 오는데 "아, 신라의 달밤이여" 하면서……. 그래도 전황이 어떻게 되는지도 모르고 의령으로 갔어요. 처음에는 그곳이 안심이 됐어요. 굉장한 골짜기에 있었기 때문에 안심했지요. 며칠 지나니 거기서도 밤이 되면 대포 소리가 들리고, 낮에는 그 근처에서 비행기 폭격하는 소리가 들리곤 했어요. 낮에는 산속에 들어가고, 밤에 들어와서 자고 했지요. 당시 셋째 자형은 초등학교 교사로 있다가 6·25가 나던 그해에 부산대학교 공과대학에 입학해서 공부를 하다가 방학을 맞아 집으로 돌아온 상태였어요. 그런데 그 자형께서 "여기도 위험하다"는 거예요. 그즈음에 근처에 있는 정암철교를 폭파했는데 그 폭발음이 어찌

나 요란스러운지, 그 동네에까지 하늘이 무너지는 듯한 굉음으로 들렸거든요, 그래서…….

반　또다시 피난을 가셨군요.

이　다시 합천 지리산 쪽으로 더 들어가기로 한 거지요. 완전히 거꾸로 간 피난이었어요…….

반　더 깊숙이 들어간 거네요.

이　우리 일행은 의령군 칠곡면 용동에 있는 자형의 자형 집으로 피난했어요. 밤에 5~60리 길을 움직였는데 그날 저녁의 달빛이 어찌도 교교(皎皎)한 지 지금도 뚜렷이 기억이 나는군요. 거기로 가서 소도 먹이며 시간을 보냈는데, 그곳에서 북한 인민군을 처음 보게 되었어요.

반　어, 북한군을 만나게 되었단 말이지요?

이　네. 처음엔 저녁에.

반　인민군한테 점령이 된 거네요, 그 지역이.

이　그렇죠.

반　합천과 의령 지역이.

이　내가 있었던 정확한 지명은 의령군 칠곡면 용동이었습니다. 그곳에 가서 며칠 지났는데 양식이 떨어져 갔어요. 그 집(내 자형의 자형 집)도 식구들이 많은 데다 외부에서 갑작스럽게 7~8명이 들이닥쳤거든요. 여름이니까 식량이 떨어질 거 아니에요. 그래서 어디 가서 양식을 구해 와야 하는데, 나도 남자라고 그날 저녁에 자형과 그 집 사람 그리고 나, 이렇게 세 사람이 같이 나갔어요.

반　식량을 확보하러 나가셨네요.

이　식량을 구하기 위해 다른 마을로 가야 했어요. 그 마을로 가는 빠른 길이 있는데 밤이어서 가기가 매우 험했어요. 그래서 동네 밖으로 나와서 큰 도로를 따라 두르는 길을 택했어요. 도로를 따라 합천 쪽으로 가는데 저 앞에서 '저벅저벅' 하는 대오에 맞춘 듯한 소리가 들렸어요. 조금 더 가보니까 야간에 행군을 하는 북한군이었어요.

반   야간인데 행군하고 있었군요.

이   저녁 껌껌한데. 낮에는 유엔군의 폭격 때문에 행군하기가 힘들어 저녁에 대오를 갖춰 행군하고 있었어요. 우리는 그걸 알 턱이 없었지요. 그들 중 책임자가 우리에게 다가와 "어디로 뭐 하려고 가느냐?" "양식 구하러 간다" "이 길은 위험하니 집으로 돌아가라"고 했어요. 그래 그날 저녁에는 돌아왔지요. 며칠 후 낮에 우리가 자형이랑 서너 명이 양식을 구하기 위해 산허리를 넘는 길로 갔댔어요. 오전에 출발하여 돌아와 보니 오후 좀 느지막한 시간이었어요. 내가 그때 그 집에서 소를 먹이러 다니는 일을 했거든. 그날도 좀 늦었지만 소를 몰고 앞서간 동네 친구들이 이미 간 곳으로 뒤따라가려고 했어요. 소를 끌고 그 동네 밖으로 나가려는데 그 동네 끝 집의 사랑채 마루에서 인민군 군관(장교)이 앉아 있다가 나를 불러요. "동무 이리 좀 오시오" 이랬나 봐. 그래서 가니까 이 소를 자기가 가져가야 한다는 거예요.

반   아, 그 꼴 먹이러 가던 소를 징발한다는 거군요.

이   그러니까 친구들하고 오후에 함께 소 먹이러 갔으면 안 걸렸을 텐데, 나 혼자 소를 몰고 가다 보니까 그냥 딱 걸린 거지. 아마 그 군관이 오후 그 시간쯤에 그 동네에 왔는지도 모를 일이죠. 이 소를 인민군대가 사용하겠다는 것이었어요. 그러면 뒷날 솟값은 다 갚아줄 터이니 걱정 말라는 말도 했어요.

반   그런데 그 소에 문제는 없었어요?

이   나나 우리 자형의 소가 아니니 당연히 문제가 있었지요. 그래서 "이 소는 우리 집 소도 아니고 내가 마음대로 못 한다"고 하니 집에 돌아가서 어른을 데려오라고 하더군요. 그래 집에 와서 자형께 말했지요. 자형도 나이가 한 스물 대여섯밖에 안 된 반듯한 분이었는데, 그 당시 잘못하면 그냥 의용군으로 잡아갈 수도 있는…….

반   징집당하죠.

이   지원병이란 이름으로 그냥 징집당할 수도 있겠죠. 그래 자형이 와서 따졌어요. "우리는 피난하러 이곳에 왔는데 이 소는 집주인의 소로 우리가 마음대로 할 수 없는 것"이라고 말했지요. 이렇게 한참 동안 설득, 실랑이를 벌이다가 군관은 "동무, 사상이 의심스럽소" 하고 말하는 거요. 아, 그런 상황에서 더 이상 어떻게 버텨요? 결국 그 소는 빼앗기고 말았지요.

반 그냥 징발된 거네요.

이 "나중에 우리 승리하고 나면 숫값 다 갚아준다"고 하고는 몰고 가버렸어. "그건 아마도 일선에서 싸우는 병사에게 소고기를 먹이려고 한 것이 아니겠나" 하고 그 동네 어른들이 말하더군요. 하여튼 피난 생활 하면서 그런 일을 당한 적이 있어요.

반 징발당했네요. 그리고 선생님이 장남이시잖아요.

이 네, 장남인데.

반 그 남은 형제는 어떻게 되었습니까? 선생님께서는 아들 중에선 장남이고 누나들은 일찍 결혼하시고.

이 우리 부모님은 내 앞에 누나 여섯을 두었어요. 둘째 누나가 다섯 살 때에 죽었다고 그래요. 그 나머지 다섯 누나가 있었는데, 당시 초등학교를 다 마치고 결혼을 했거든요. 그때 그 결혼한 누나들 가운데 셋째 누님이 의령으로 결혼을 했어요. 뒤에 그 자형은 부산에서 초등학교 교장으로 은퇴하셨지요.

반 셋째 누님?

이 소를 빼앗긴 일이 있고 나서 한 열흘 뒤에 어머님께서 우리를 찾으러 오셨어요.

반 선생님이 같이 데려간 동생과 조카도 함께 있었겠네요?

이 여자 동생 하나하고 큰누님의 아들인 조카가 같이 피난하고 있었지요.

반 그러니까 군북에서 세 분이 따로 된 거네요. 일부만 같이 간 거구요.

이 네. 그때 남동생 둘은 집에 부모님과 함께 있었지요. 군북 집에도 폭격이 하도 심하니까 일단 진양군 지수면 쪽으로 피난을 했지요. 그러자 먼저 피난 보낸 우리들을 생각하게 된 거지요. 하여튼 어머니께서 거기까지 물어물어 걸어서 우리를 찾아왔습니다. 먼저 자형 집(노촌, 盧村)으로 가니까 "이쪽으로 피난 갔다"

고 해서 또 칠곡 쪽으로 다시 물어 물어 오신 거예요.

반　본대는 진주로 가고, 분대는 이쪽 칠곡으로 가고. 이제사 둘이 합류를 했군요.

이　네. 합류를 했는데, 거기서는 우리 집하고 그렇게 거리가 멀지 않았어요. 집에 있는 양식을 가져다가 먹고 그렇게 지냈대요. 며칠 있다가 어머님과 함께 고향 집으로 가니까 우리 집이 미군 비행기의 폭격을 맞아 불타버렸어요. 그런 속에서 아버님이 혼자서 집을 지킨 거예요. 아버님께서 나를 보시더니 우시더군요, 평소에 그렇게 엄격하시기만 하던 분이……. 그때 철들고 난 뒤 아버지께서 나를 사랑한다는 처음 깨달았어요.

반　폭격을 맞았으니 곡식도 다 불타버렸겠네요?

이　불타버렸지. 아버지는 불타고 있는 양식을 끄집어내려고 했대요. 그중 덜 탄 거는 좀 먹을 만했어요. 화근내('탄내'의 방언)라고 불탄 곡식 냄새가 났어요. 꽁보리밥 먹을 적에 그런 냄새가 났거든…….

반　화약 냄새가 나는 거죠.

이　화기(火氣)라고 그러지요.

반　아, 불기운.

이　불기운 그 말 좋네요, 타다가 만. 그래서 불기운이 있는 걸 먹었지요. 우리 동네에 왔다가 양식을 가지고 되돌아가는 동안 며칠간 우리 동네에 머물렀어요. 그럴 때 낮에는 집에 있을 수가 없으니까 동네 옆의 바위산에서나 들판 건너 산 속에 가서 피난하곤 했지요, 비행기 폭격 때문에. 양식을 가지고 피난지인 진양군 지수면 동말이라는 곳에 가면 거기에는 폭격이 없었어요. 피난살이는 많이들 겪은 것이니까 우리라고 특별히 고생한 것 같지는 않지만 하여튼 형언하기가 힘들었어요.

반　선생님의 고향이 바로 전선이었군요?

이　네. 우리 동네에 있을 때는 4km 정도 떨어진 각데미산[艅航山]에서 유엔군과 북한군이 대치하면서 싸우고 있었어요. 그곳이 전투가 심했어요. 산 위 쪽에는 유엔군이 있고, 밑에서는 북한군이 공격하는 형태였어요. 저녁이나 새벽에 보면 예광탄(曳光彈) 같은 것을 띄우는 경우도 있는 것 같았어요. 멀리서도 보였거든요…….

반　거기가 전투가 치열했군요?

이　그때도 헬리콥터가 있었던 것 같아요. 헬리콥터를 이용하여 저녁에 보급품을 내리는 것이 아닌가 하는 것 같았어요……. 오랫동안 전선이 형성돼 있었던 곳이니까 그 주변의 동네는 거의 폭격을 다 해버렸어. 그러니까 우리 동네의 절반 이상이 불탔고, 우리 집도 그때 불타버렸으니까.

반　전라도 지역하고 경상도, 그쪽이니까 대구까지 전선이 올라갔죠. 대구는 점령이 안 됐잖아요, 그러니까 올라가고 내려오면서. 선생님 댁은 마산 쪽이니까, 전라도를 거쳐서 진격하는 인민군이 그곳을 장악한 형국이었군요.

이　그러니까 전라도에서 하동, 진주 쪽으로도 또 남원, 함양, 합천, 의령 쪽을 거쳐서 마산으로 진격하려고 한 것이지요. 마산으로 가는 데는 큰 산이 여럿 있습니다. 북한군이 그걸 넘지를 못했던 것 같았어요. 함안군은 마산하고 바로 붙어 있는 곳이거든요.

반　거기에서 전쟁이 교착상태로 계속된 거죠.

이　그래 교착상태야. 전쟁이 거기서 교착상태가 되어 한두 달을 지낸 거지…….

반　그런데 선생님 지금 말씀하신 것들을 들어보니 완전히 생활 터전을 버리고 부산이나 그런 곳으로 갔던 분들하고 비교해 보면 선생님은 그래도 조금 나으신 편 아니셨어요?

이　그 당시는 몰랐고, 지나놓고 보니 비록 전장에서 지냈지만, 나은 편이었다고 봐요, 완전히 생활 터전을 잃은 것은 아니었으니까.

반　그렇죠.

이　자기 집이 불탔지만 자기 동네, 자기 집 근처에서 있었으니까.

반　그렇죠. 그리고 피난하신 데도 자형과 관련된 곳이니까 연고도 있고요.

이　우리 동네에 가 있을 적에는 폭격이 아주 심했어요. 하루에 몇 번씩 정찰기가 빙빙 돌다 돌아가더니, 그 얼마 뒤에 전투기가 와서 폭격이 시작돼요. 한 번은 내가 우리 동네 옆 바위산의 여우 굴에 가서 동네를 내려다보며 하루 종일을 지냈는데 ……

반 폭격이라면 미군(유엔군)이죠?

이 그렇죠.

반 미군인데. 왜…… 아, 구분이 안 되니까 그냥 폭격을 해버렸군요.

이 동네가 있으면 그 동네 바로 옆이 바위산이에요. 워낙 오래된 바위산이고 보니 대나무가 무성하게 되었어요. 그 위에는 여우 굴이 있어요. 전쟁 전에는 여우들이 들락거리는 것을 아래에서 본 적도 있어요. 고향 마을에 와 있을 때는 아침에 일찍 보리밥 덩어리를 만들어 들판을 건너 야산 밑으로 가서 종일 피난을 했어요. 그런데 그날은 그리하지 않고 동네 옆 그 바위산 위로 올라가 여우 굴에 있게 되었어요. 아래 동네가 훤히 내려다보여요. 그날도 정찰기가 와서 오랫동안 우리 동네 주변을 빙빙 돌더니 사라졌어요. 웬걸 조금 있으니까 전투기가 득달같이 오더니 우리 동네 앞을 조준하여 사격을 시작했어요. 동네 앞개울 옆에 무엇을 본 모양이에요.

반 그러니까 사전 정찰을 해놓고 그다음에 와서 타깃을 정해서 사격을 해버리는 거군요.

이 전투기가 와서 막 사격을 하는데. 우리 동네 앞에 개울이 있고, 개울 한 켠에 보릿대로 덮은 인민군 차량이 있었어요. 나중에 보니 전투기가 그 목표물을 향해 계속 공중에서 하강하면서 사격을 가했어요. 나중에 정확하게 딱 맞춥디다. 산 위 바위굴에서 그걸 보고 정말 놀랐어요. 몇 번 하강 사격을 하더니 정확하게 그걸 맞춰 불태워 버리더군요……. 이런 생활을 했지만 부산이나 대구 같은 곳에 가서 피난했던 사람들에 비하면 우리는 동네 자기 집에 있었으니까 그런대로…….

반 그분들보다 선생님은 그래도 나은 편이시겠네요. 그리고 가족들이 그래도 흩어지지 않고 계셨으니까요, 상대적으로요.

이 우리가 진양군 지수면 동말에 피난했다고 했는데 그 동네는 남강변에 있어서 매우 평화롭게 보였어요. 그곳이 우리 사촌 누님이 시집간 곳이에요. 거기에 가보니까 우리 동네에서 다른 두 집도 피난 와 있었어요. 그러니까 같은 집에서 세 집이 피난을 한 셈인데 안타까운 건 먹을 게 적다는 것이지요. 그래서 안타까운 일도 보았어요. 우리 동네에 나 또래의 애와 그 동생이 엄마와 함께 피난 와 있었는데 그 형이 코를 자주 흘리는 편이에요. 밥을 먹다가 그 형이 콧물이 나오면 그 동생을 끌고 나갔어요. 코를 푸는 동안에 동생이 밥을 많이 먹을까 봐 그랬다는 거예요. 안타까운 현상이었어요.

반　네, 콧물이요?

이　코를 자주 풀어야 하는 애인데 자기가 코를 풀러 나간 사이에 동생이 밥을 더 많이 먹을까 봐 자기 코 푸는 데로 동생을 꼭 데리고 나가는 거예요. 자기 코 풀고 오는 동안에 그 음식을 다 먹어버릴 거 같아 걱정이 되어서 그랬다네요.

반　(웃으며) 동생이고 뭐고 그런 게 없네요.

이　하여튼 피난 생활의 일단이 그랬어요. 내게는 이게 피난 생활에서 경험한 굉장히 인상적인 기억이에요. 그러다가 몇 날 더 지나니 9월도 중순이 지났어요, 그때 되니까……

반　서울이 수복됐죠.

이　비행기에서 무슨 삐라[傳單] 같은 게 떨어지는 것을 보았어요. 삐라를 뿌릴 적에는 처음에는 뭉텅한 것이 내려오다가 공중에서 퍼지면서 수많은 종이들이 춤을 추는 듯하데요. 그날도 피난지 남강변에서 노닐며 땅콩 같은 것을 거두기도 했지요.

반　아, 그걸 풀어서 보는 거군요.

이　그게 내려오다가 중간에 풀어지더군요. 그 종이를 보니까 한국 지도를 그려놓고, 인천 쪽에서 한반도 중앙을 향해 가위로 싹둑 자르는 그런 그림이었어요……

반　그런 상징적인 그림을 그려놨군요?

이　네. 그리고 인천에 상륙작전이 성공했다고 해놓았더군요……

반　성공했다는 거죠?

이　'이제 남쪽에 있는 북한군들은 독 안에 든 쥐나 마찬가지다' 이런 뜻이었던 것 같아요. 그래도 당시엔 인천상륙작전 성공이 한국전쟁에서 무슨 의미를 갖는지 미처 몰랐지요. 모르고 있었는데, 며칠 후 국군이 들어옵니다. 저녁 무렵에야 들어와서 '아, 이제 인민군이 물러나는 모양이구나' 그렇게 알았지요. 그러고는 부랴부랴 피난지에서 동생들 데리고 우리 동네로 돌아왔어요. 우리 동네에는 당시에 집집마다 큰 감나무 한두 그루씩을 갖고 있었어요. 직접 보지는 않았지만, 인민군들이 감나무에 올라가 아직 익지도 않은 풋감을 따 먹다가 폭격 맞아 죽은 경우가 있었다고 그래요. 그러니까 인민군하고 대화는 안 했지만 그들과 같이 살았던 셈이에요……

반　상종은 안했지만, 같은 동네에 살고 그랬겠네요.

이　네. 아주 짧은 시간이지만 같이 생활한 거나 마찬가지죠. 에…… 피난 생활 그 정도로는 해야지요. (웃음)

반　(웃으며) 너무 재미있어 가지고 …….

이　이러다가는 오늘 예정한 구술 못 끝내겠는데요…….

7. 중고등학교 재학 시절

반　선생님, 그럼 학교는 마산고등학교를 가신 거죠?

이　네, 먼저 마산(서)중학교에 갔다가 마산고등학교로 갔지요.

반　마산고등학교 나오시고요. 그 동네에서는 보통 마산 중고등학교로 진학하나요? 그때는 중고등학교 같이 있었으니까요.

이　아닙니다, 저희 입학할 때는 중고등학교가 분리되어 있었어요.

반　따로입니까?

이　그 무렵에 중학교와 고등학교가 나눠졌습니다.

반　아, 시험을 보니까요.

이　6학년 때 시험을 치는데, 당시에는 전국적으로 국가고시를 쳤어요. 6·25가
발발한 해니까 전국적으로 같은 시험 문제를 가지고 시험 쳤어요. 함안군의 응
시자들은 가야(加耶)초등학교에 전부 모여 시험을 치렀어요. 함안군에서는 가야
가 중심지이기도 하고 가야초등학교가 규모도 대단히 컸습니다. 거기에 가서 시
험을 쳤어요. 시험을 쳤는데, 500점, 그러니까 250문제인가 그랬는데, 요즘 식
으로 말하면 멘탈 테스트(mental test)식의 시험이었어요. 그때 내 성적이 좀 좋
은 편이었습니다.

반　멘탈 테스트가 뭡니까?

이　왜 멘탈 테스트, 지능검사 할 때 사지선다형의 간단한 문제 있잖아요?

반　지능검사는 아니지요?

이　네. 주로 네 개 가운데 답 하나를 선택하라는 것으로 그냥 쭉쭉 내려가는 시
험이었어요. 문항은 250문제였어요.

반　시험문제로 하는 게 아니고요?

이　시험문제가 네 개 중에 하나를 선택하는 것이었어요.

반　학교는 전쟁 동안에는 안 다니신 거예요?

이　아니. 인민군 물러나고 난 뒤, 거의 10월 중순경에 등교하게 되었어요.

반　인민군이 물러간 다음에 학교는 계속 다니신 거고요?

이　그 10월 중순경부터는 계속 다닌 거지요. 10월 달 돼서 초등학교에 갔는데,
그곳이 바로 전투 지구였기 때문에 불발탄이나 지뢰 같은 것이 많을 거 아니에요.

반　네네. 아이고, 주변에.

이　저희 초등학교 주변에도 그게 많았어요. 학교 옆 동산에서 우리 후배 애들
너덧 명이 무슨 물건을 두드리다가 그게 폭발을 해버렸어.

반　죽은 사람들이 나왔구나.

이 한꺼번에 죽었지. 그런 일이 있자 아버지는 학교 가지 말래요.

반 학교 갔다가 또 비명횡사할 수 있으니까.

이 다친다고 걱정이 돼서 그랬던 것이지요. 그래 한 보름 정도는 이웃에 사는 사촌 형들과 먼 산에 나무하러 다니기도 했지요. 우리 동네에서 20리쯤 가면 먼 산나무하는 곳이 있었어요. 주로 갈비를 긁어 한 짐 지고 오는 것이지요. 한 보름 동안은 학교 가지 않고 나무하러 다녔지요. 그러다가 학교에서 "왜 안 보내느냐?" 연락이 오니까 아버지가 허락하셔서 등교했어요. 그런지 얼마 안 되어 전국적인 시험, 일종의 국가고시를 쳐서 그 점수로 중학교에 갔는데, 그때 전국적으로 1등 한 사람이 정근모(鄭根謨)[13] 박사예요.

반 아, 예전에 과기부 장관하셨던 분이군요.

이 네. 그런데 그때 이름을 기억했거든.

반 그분이 그쪽 출신이군요.

이 정근모 박사는 서울분이에요. 핵물리학을 전공한 후 우리나라 과학 입국에 혁혁한 공을 세웠지요. 과기부 장관을 두 번 한 사람이에요. 인품과 외모가 매우 깔끔한 분이에요. 그 뒤 도산안창호선생기념사업회를 같이하면서 물은 적이 있지요. "당신이 국가고시에서 1등 한 바로 그 정근모지?" 그러니까 웃기만 합디다.

반 아, 국가고시 수석.

이 그는 경기중고등학교를 거쳤는데 두 번이나 월반하여 서울대 문리대 물리학과에 들어갔지. 그리고 원자력 공학 해가지고 일찍 박사학위 받고. 박정희(朴正熙) 대통령께 카이스트(KAIST)인가 키스트인가 이거 건의해 가지고 만든 사람이거든.

반 선생님하고 동기이신 거구나.

이 그 뒤 마산에 삼촌이 두 분 계셔서 중학교는 마산 쪽으로 진학하기로 했지요.

반 그때 당시에 공부 잘하는 사람은 다들 마산으로 간 거죠.

이 제가 살았던 군북에서는 마산에도 가고 진주에도 갔어요.

반   아, 진주도요.

이   네. 저는 그때 마산서중이라고 하는 곳에 가서 3년을 공부했어요. 그게 지금은 마산중학교로 이름을 고쳤다고 하네요.

반   아, 마산서중이 마산중학교가 됐군요.

이   네. 그리고 그 서중 바로 위에 마산고등학교에요.

반   마산에서 마산서중 나오고 마산고등학교로 가셨군요.

이   중학교 동기 가운데는 마종기(馬鍾基)[14]라고 의사 겸 시인이 있어요.

반   마종기?

이   지금은 미국에 가 있는데 의사지요. 세브란스에 진학했지요. 의사인데도 시를 그렇게 잘 썼어요. 그런 친구들이 더러 있었는데 ……. 마산서중 졸업할 즈음에는 그다음 진로를 고민하지 않을 수 없었어요. 우리 동네에서는 진주사범학교를 많이 갔어요. '진사(晋師)'라 해서 거기를 나오면 교사로서 직장은 보장되는 것이지요. 어머님 늙으셨고 동생들 셋이나 있으니 그곳으로 가라는 권면을 많이 받았지요…….

반   교사 자리가 보장이 되니까요.

이   자리 보장이 되니까. 친척 중에서도 "진사를 가라" 그러기도 했고요. 고민하다가 교사보다는 다른 할일이 있지 않겠느냐는 생각도 들어서 마산고등학교로 진학했습니다. 마산에 진학하고 거기에서 고신(高神)의 신앙 훈련을 받았어요.

반   아, 고등학교 다니실 때 벌써 고신파 신앙을?

이   네.

반   그럼 고신파와 앞서 말했던 호주 장로교와 관련이 있나요?

이   네, 고신 쪽이 주로 경남을 중심으로 발전했어요. 호주 장로교의 선교 지역이 경남 쪽이었으니까 고신은 경남을 기반으로 했다는 점에서 호주장로교 쪽에도 관계있지요.

반   선생님은 그럼 자연스럽게 교파를 고신 쪽으로 가신 거네요? 다른 거는 생각도 못 했겠네요.

이 네, 그런 셈입니다. 선택의 여지가 특별히 있었던 건 아니에요. 고향인 군북교회도 고신이고.

반 고신이고 하니까.

이 마산에는 고신이 아닌 교회도 있었어요. 그랬었는데 우리 숙모가 고신 교회에 아주 열혈신도였어요.

반 숙모가요? 숙모도 열성적으로 신앙생활을 하셨으니까 할머니 영향이 집안에서 엄청나게 컸나 보네요.

이 그래서 이번에 우리 할머니 묘가 있는 군북면 모로실(慕老室)에다 할아버지 묘를 이장하여 합장(合葬)했는데요. 일찍 돌아가신 할아버지의 묘는 함안군 법수면 쪽에 있었어요. 두 분을 합장하는 것이 큰 숙제였는데 이번에 합장하게 되어 큰 숙제를 풀게 되었어요.

반 합장을 하는 거네요, 떨어져 계시니까.

이 네. 합장이 힘들었어요. 어머님이 생존해 계실 때도 그랬고 누나들이 살아 계실 때도 합장을 반대했어요. 기독교를 믿지 않는 누님 내외는 지금 집안이 평안한데 왜 이장을 하여 평지풍파를 일으키려 하느냐는 것이었어요. 지금 집안이 평안한데 왜 이장해…….

반 잘 있는데 괜히 옮긴다고 그랬겠죠. 시골에는 이장을 잘못하면 집안이 좋지 않게 된다는 이상한 풍설이 있어요.

이 네, 그래요. 누님과 자형이 작년에 다 돌아가셨어요. 반대할 분들이 돌아가셔서 기회를 봐 조카들과 함께 의논하고 이장을 단행했어요.

반 집안의 최고 어른이 되셨으니까요.

이 할머니 산소가 접근성이 좋아요. 조카들 동원해 가지고 할아버지 산소를 옮겼지요.

반 터가 좋은 거군요.

이　그 산소가 내 이름으로 등기되어 있는 토지지요. 그쪽으로 옮기면서 조그만 비를 하나 세우자 했어요. 할아버지 함자(衛字)가 이태선(李泰善)이고 할머니 호적명이 송평우(宋平于)인데 '이태선, 송평우의 묘'라고 하고 다음과 같이 몇 자 내력을 적었지요.

"이태선·송평우의 묘　여기 할아버지 이태선(1865.8.7~1917.9.28)과 할머니 송평우(1869.6.28~1941.10.7)님이 잠들어 계시다. 할아버지는 학인이었으나 가계 빈한하여 여러 곳을 떠나니며 배우고 가르쳤고, 할머니는 호주 선교사가 전하는 예수교를 받아들여 후손들에게 믿음의 길을 열었다. 두 분의 슬하에 1녀(희) 6남(인식·홍식·정식·규식·민식·형식)과 40여 명의 손아, 그 아래 수많은 증손·현손을 두었다. 원래 할아버지 묘소는 함안군 법수면 문중 선산에 있었으나, 이곳 할머니의 묘소와 합장하면서 이 비를 세운다. 2018년 11월 일, 손 만열이 짓고, 증손 성구·학규·기홍이 세운다〉"(모두 한글로 고침)

반　잘 쓰셨네요.

이　그쪽에 옮기면서 내가 글을 짓고 내 아들과 조카(당질[15]) 둘이 기금을 마련하여 세웠지요. 다시 마산 이야기로 돌아가면, 당시 마산에 계시는 숙모가 굉장히 날 아껴주셨어요. 그 숙모는 항상 나더러 하나님의 일을 해야 한다고 하면서 그러자면 신학교에 가서 목사가 되어야 한다는 것을 강조했어요. 그렇게 강조하시는 것이 싫지 않았어요.

반　그래서 조카를 목사 만드시려고 계속 말씀하셨네요. 그런데 선생님이 숙모님의 그 소원을 안 들어주신 거네요.

이　숙모님이 좋았고, 나도 '신학교 간다' 이렇게 생각하고 공부도 그렇게 했지요. 그다음에 신학교를 바로 갈 것인가 대학 공부를 마친 후에 신학 공부를 할 것인가 기로에 서기도 했는데 앞서 언급한 강위영, 김영환 선배들이 대학 공부를 마친 후에 신학을 하는 것이 좋겠다고 권고해 주셔서 그걸 따르기로 한 것이지요.

반　대학을 거친 다음에 신학대학원으로 가라고 조언을 해주셨군요.

이　그때가 고2 정도였을 때인데, 슈바이처(Albert Schweitzer)의 전기를 읽었습니다. 알베르(트) 슈바이처. 그는 의사, 음악가, 신학자였지요. 그런 명예와 기회를 버리고 아프리카 오지에 선교사로 가신 분 아닙니까? 슈바이처는 당시 울릉도에서 의료 선교를 하던 이일선 목사라는 분이 계셨는데 그분이 소개해 주셨어요.

반   울릉도에요?

이   울릉도에. 그분은 원래 신학을 하고 목사가 되신 분인데 다시 서울대 의대에 입학하여 의사가 돼 울릉도에 가서 의료 선교사업을 하고 있었어요. 물론 슈바이처를 한국에 소개한 분도 이일선 목사구요. 젊은 시절, 제게는 이 두 분의 영향이 컸어요. 그래서 처음에는 의학 공부를 하고 신학을 공부하면 어떨까 하는 생각을 했었지요. '의학 공부를 하면 슈바이처와 이일선의 길은 갈 수 있지 않을까' 이렇게 생각했었지요.

반   의학 쪽도 고려하셨네요, 그런데 왜? ……

이   고2 때에 학교에서 색약(色弱) 검사를 했어요. 지금은 눈 검사를 학교에서 안 하지만 그때는 1년에 거의 한 번씩 했어요. 색종이처럼 된 책에 여러 가지 색깔을 조합해 놓고 거기서 글자를 구분하도록 하는 것이지요.

반   아, 색맹 검사 말씀하시는군요.

이   그 검사를 하는데 옆에 섰던 친구들이 키득거려요. 내가 그 색종이를 보고 아주 엉뚱하게 말하니까 웃었어요. 그들이 볼 때에는 내가 엉터리로 말하거든요.

반   아, 그래요?

이   그러니까 판정이 '녹색 색약'.

반   적록색맹이요.

이   그때는 '색맹'이라고 했고, 그 뒤에 '색약'이라고도 하더군요.

반   선생님 적록색맹이세요?

이   네.

반   고추 딸 때 좀 문제가 있으셨겠네요.

이   평소 일상생활 할 때에는 별로 문제가 없어요.

반   선생님, 저도 적록색맹이거든요.

이   아, 그래요?

반   색맹 검사지로 볼 때는 전혀 구분이 안 되죠. 책으로는 구별하기가 정말 힘들어요.

이   색맹 검사지로는 구별하기가 정말 힘들어요.

반   제 경우는 신호 등은 구별이 되죠. 운전하는 데에는 지장은 없는데 ⋯⋯.

이   그건 저도 마찬가지지요.

반   그런데 고추 딸 때 꼭 푸른 고추를 따면 빨간 것도 아닌데 땄다고 야단맞고. 고추는 안 따보셨죠?

이   네, 저는 그 정도는 아닌 것 같아요.

반   전 고추가 구별이 잘 안 돼요. 아주 그냥 시뻘거면 괜찮은데 적당히 빨간 거는⋯⋯.

이   나는 그 정도까지는 아닌 것 같은데.

반   저는 그래서 고추를 못 땁니다, 막 따가지고는⋯⋯. 선생님께서는 적록을 구분하는 데에만 조금 약하신 것 같네요.

이   하여튼 색약이든 색맹이든 그거 있으면 의과대학 못 가거든요⋯⋯.

반   그래서 먼저 의과를 공부하려는 것은 포기하신 거군요.

이   색약이 있으면 이공계 중에서도 갈 수 있는 데가 수학과 정도였어요.

반   아, 수학과.

이   수학과 외에는 갈 수가 없어. 그래서 할 수 없이 문과로 돌리고.

반   그래서 문과 가신 거구나.

이   그다음에 어떤 분야를 선택하느냐 할 때 아까 얘기한 대로 사학과를 선택했지.

8. 국사를 공부하게 된 계기

반 그러니까 군대 나오시고 그다음에 3학년 복학하신 다음에 역사를 본격적으로 공부하신 거잖아요, 그렇지요?

이 복학해 가지고 역사 공부를 좀 본격화했지요.

반 그때는 언제인가요? 서울대학교에 한우근 교수님이 계셨던 것 같은데.

이 김철준 교수님도 막 전임으로 오셨어요.

반 김철준 선생님 계시고, 그다음에 한국사에는……

이 이병도 선생님이 버티고 계셨지요.

반 이병도 선생님께서 그때 생존해 계셨죠?

이 그 세 분에다 유홍렬 선생님이 계셨죠.

반 유홍렬 선생님.

이 그다음에 서양사는 전임이 없었던 것 같아요. 민석홍 선생은 그 뒤에 들어옵디다.

반 민석홍 선생님이 나중에.

이 그때는 연세대학교에 계시던 조의설 선생이 서양사 개설을 강의했어요.

반 조의설 선생?

이 연세대학교 문과대학 학장과 대학원장을 지낸 분이죠. 그다음에 미국사를 전공하신 이보형 교수가 계셨는데 이분은 야구광이라고 할 정도로 야구팬이었는데 시간 중에 야구 이야기를 곁들일 때에는 유명한 야구선수들의 이름들을 줄줄 꿰고 있었어요. 젠트리 논쟁을 자주 언급하신 길현모 교수도 계셨는데 이 두 분은 서강대학이 설립되자 그곳에 전임으로 가셨지요. 이때 내게 가장 인상적인 강의를 하신 분은 안정모 교수였어요. 아마도 '서양사학사'를 강의하신 것 같았는데, 당시 건강이 좋지 않아 깡마른 모습이었지만, 서양 역사학의 흐름을 그 시대상, 서양사상사의 흐름 및 과학사의 발전 등과 연관시켜 강의해 주셨는데 참으로 감명 깊었습니다. 더구나 신학 공부를 하려고 했던 내게는 안정모 교수의 강의가 "역사학이란 바로 이런 것이어야 하지 않나, 내가 사학과에 온 것도 이런 강의를 듣기 위함이다"라고 할 정도였습니다. 그러나 안 선생은 그 얼마 지나지 않아 지병으로 돌아가셨다고 들었습니다. 아까운 분이었어요…….

반 앞에 거론하신 분들은 강의만 나오신 거죠? 전임은 아니고.

이 그렇죠. 그리고 동양사에도 전임이 계셨어요. 동양사에는 김상기, 김상기 선생님…….

반 김상기 아, 그분이 계셨군요.

이 고병익 선생, 전해종 선생 이런 분들이 계셔서 우리를 지도하고. 그다음에 조교로 민두기 선생이 계셨어요. 정병학 선생이 강사로 나오셨구요.

반 민두기 선생님께서 그 당시에는 조교로 계셨군요.

이 차하순 선생이 서양사학과 조교로, 윤병석 선생이 국사학과 조교로 있었습니다.

반 차하순 선생님.

이 네. 그런데 사학과 와서 공부를 하는데, '나는 신학 공부를 할 거다' 이렇게 생각하고 신학과 관련 있다고 생각되는 서양사 강의를 많이 들었어요.

반 오히려 서양사 쪽으로 맞추셨네요.

이 서양사 강의와 종교학과에 가서 그쪽 강의도 좀 들었지요. 하르낙(Adolf von Harnack)[16]의 저술은 장병길 교수가 독일어 원문으로 강독해 주셔서 도움이 컸지요. 그러면서 언어학과에 있는 그리스어 강좌에도 참여했지요. 인상적인 강의의 하나는 당시 벨기에에서 막 돌아온 이기영(李箕永) 박사가 대승기신론을 강의했는데 아마도 원효(元曉)의 「대승기신론소(大乘起信論疏)」를 텍스트로 한 것 같아요. 그 강의를 들으면서 불교에 대한 이해를 넓혔지요.

반 방금 희랍어를 공부하셨다고 했는데, 어학 준비를 많이 하신 거네요.

이 그러니까 그 당시 신학을 위해서 희랍어와 히브리어는 공부를 좀…….

반   신학교 준비를 하면서 신학 공부하실 준비를 제대로 하시려고?

이   그런데 군대 가서 생각이 바뀌어진 거예요, 군대 가서. 아까 내가…….

반   앞서 대대장 당번병으로 근무하셨다고 했지요. 그런데 왜 생각을 바꾸신 거예요?

이   대대장실에 선(宣) 중위라는 통역 장교가 계셨어요. 대학 영문과 출신인데, 늘 사색하는 모습을 갖고 계신 분으로 때로는 신경질적인 아주 예민한 분이었어요.

반   공병부대에 통역이 왜 필요했나요?

이   왜냐하면 당시 사단에서 사용하는 휘발유, 목재, 시멘트 등 중요한 물품들은 당시만 해도 미국으로부터 지원을 받았고 그런 물품들은 공병부대가 관리했어요…….

반   그러니까 그걸 받아 오거나 사후 보고 하는 과정에서 통역이 필요한 거군요.

이   그래서 공병부대에서 통역이 꼭 필요했어요. 통역장교인 선 중위가 하루는 사단본부를 다녀온 후 나보고 "이 병사, 너 서울대 사학과 다니다 왔지?" 그러면서 자기가 오늘 사단에 가니 사단 정훈 교육을 맡겼는데, 그중 국사 과목을 맡았다고 하면서 나더러 국사 교안을 좀 만들어달라는 거예요.

반   제대로 걸렸네요.

이   나는 그때 2학년을 마치고 입대했는데 학교에서 국사 과목으로는 이병도 선생의 '국사개설' 정도 들은 상태이고 다른 과목은 거의 듣지 않았거든요, 신학교 간다는 핑계로 국사 공부에 큰 관심을 가질 수도 없었고.

반   이병도 선생이 쓰신 『국사대관』이라는 책이 있었죠?

이   이병도 선생의 '국사개론' 강의에서는 그가 심혈을 기울여 연구한 고대사와 관련해서 강의를 조금 들은 정도예요. 입대하기 전에 한국사 강의를 들은 것이 거의 없어요. 이렇게 아는 게 없으니까 선 중위에게 "나 그것 못하겠습니다"라고 솔직하게 말한 것이지요. 그 말을 듣자마자 막 욕을 하기 시작하는데.

반   그래도 명색이 사학과인데 …….

이   "이놈의 새끼, 사학과라고 한 놈이 이거 엉터리 아니냐?" 하면서 아이고, 그때.

반   구박을 받으신 거네요. 그러니까 그 통역장교한테요.

이   평생 듣도 보지도 못한 그런 쌍욕을 바가지로 얻어먹었어요…….

반   아까는 고생을 안 하셨다고 했는데 고생하셨네요, 마음고생을.

이   그때만 그런 수모를 당한 거지, 그때만. 그래도 내가 못하는 걸 어떻게 해, 책이 있나 아무것도 없는데. 그래서 못한다고 버텼지. 그런데 내가 욕을 바가지로 먹으면서 가만히 생각을 해보니, 그 말 가운데 "네가 뭐 신학교 공부한다, 그 때문에 국사공부를 안 했다고? 네가 목사가 돼도 한국 목사가 돼야 할 놈 아니야?" 이러면서 욕설을 퍼붓는데, 한참 듣고 곰곰이 생각해 보니 그 말이 모두 옳은 말이거든.

반   그러니까 막말을 던진 건데, 그중에 그 말이 탁 선생님한테 꽂힌 거네요.

이   그렇지요. 꽂혔지.

반   한국의 목사가 되려고 하면서 한국의 역사를 공부 안 해?

이   그래요, 정말 한국의 목사가 되려면 한국 역사를 알아야지. 서양 역사만 알아서 뭐하겠느냐 이거예요.

반   그럼요, 그럼요. 아, 그 사람이 정곡을 찔렀네요.

이   그때부터 역사 공부 방향에 대한 고민을 한 셈이에요. 제대를 하고 나와서 이제 국사 공부 해야 되겠다, 내가 아무리 신학을 공부하여 목사가 된다 하더라도 한국의 역사를 제대로 알아야 한국의 목사가 되는 거지…….그래서 제대하고 난 뒤 시간 좀 있을 적에 시골에 가서 먼저 한문을 가르쳐줄 만한 분을 찾아갔어요. 『논어』같은 거 읽고, 겨울방학 때 내려가서도 사서(四書) 등에 접근하게 되었지요.

반   그 선생님 고향에서요? 함안에서.

이   네, 고향에 조영제 선생이라는 분의 아버님이 시골에서는 학자라고 그랬어요. 거기 가서 공부를 좀 했지. 그리고 난 뒤에 올라와서는 국사 강의를 많이 들었습니다.

9. 고대사로 전공을 선택한 이유와 숙명여대 전임

이 국사 강의 많이 듣고 대학원 가려고 할 적에 이제 어디로 가야 하나? 이제 대학 졸업 했으니까 원래 목적한 대로 신학교에 가야 되는데 ·······.

반 결정을 하셔야 되는데.

이 내가 가야 할 교단신학교(고려신학교)는 부산에 있고, 어머님은 60이 넘으셨고 동생이 셋이었어요. 여동생 하나, 남동생 둘, 셋이 있었는데. 어머님은 내 대학 졸업만 바라보고 계시는데, 다시 신학교 간다 해가지고 설득이 되겠는가? 고민하다가 대학원 시험을 쳐버렸어요. 대학원에도 어떻게 합격이 된 거죠. 그다음에·······.

반 그런데 대학원 가면 뭐 혜택이 있었나요? 집안 생계 같은 거 걱정하신 거 아니에요? 그러면·······.

이 그래서 대학원 가기로 하고서는 직장을 구하기로 했지요.

반 직장을 갖고 일하면서 대학원 공부를 해야죠.

이 그래서 인천에 어느 학교가 소개되었어요.

반 신학대학원을 가면 생계 문제가 해결이 안 되니까.

이 신학대학원 가게 되면 교회 전도사를 단다든지 생계를 돕는 방안도 생각할 수 있고······.

반 교회 쪽에?

이 교회 봉사를 하게 되면 봉급이 조금 나오지요, 목사 되기까지는. 그렇다고 완전한 생활이 되는 건 아니고. 그래, 대학원 가고 그다음에 인천에 있는 그 학교로 가기로 했어요. 그때 서울대 문리대에서 신앙운동을 같이했던 선·후배들이 나를 그쪽으로 오라고 그랬어요. 그 학교에 문리대 출신들이 한 대여섯 명이 있었죠.

반 교사로요?

이 교사로. 그러니까 내가 졸업한다 하니까 오라고 끌어당기는 거예요. 교장한테도 얘기가 되었다면서 그 교장이 또 날 오라고 해요. 인천에서 일주일에 한두어 번 대학원에 와서 강의를 들었죠, 강의도 오후나 저녁에 했으니까. 그래가지고 겨우 마쳤죠.

반 조교 같은 건 안 하시고요?

이 학과 조교는 자리도 쉽지 않거니와 생활하기도 쉽지 않지요. 또 교사로 봉사하니까…….

반 벌이가 그게 더 낫겠네요.

이 그렇죠. 학교에서 담임도 맡았어요. 그래가지고 억지로 대학원 2년을 마쳤지요.

반 석사 전공을 고대사로 하셨잖아요? 그죠?

이 네, 그게…….

반 선생님 그 주제를 선택하신 거는 무슨 특별한 이유가 있으셨어요? 선생님 논문 제목이 「토테미즘과 한국 고대」로 되어 있는데 종교, 신학과 관련이 있으셨나요?

이 그 두 가지 이유가 있어요. 그러니까 토테미즘이 꼭 신학과 관련 있는 건 아니지요. 그런데 역사를 공부하면서 사료를 가지고 분석·연구·발표하는 그런 것에는 별로 흥미가 없었어요. 다시 말하면 역사학 본연의, 사실의 흐름을 밝히고 사건의 원인과 결과를 찾는 데에는 별로 관심이 없었어요. 신학과 관계시키려고 하니까 역사의 의미를 밝히는 쪽이나 사상사 쪽에 깊은 관심을 갖고 있었는데, 우리나라의 토착신앙은 아니지만 민족의 신앙 형성에 관계된 그런 걸 찾다 보니까 토테미즘에도 관심을 갖게 되었어요. 지금 생각하면 '그때부터 바로 불교로 들어갔으면 좋았을 텐데' 하는 생각을 하지만, 불교는 기독교인으로서 거부감이 있고, 또 유교도 거부감이 좀 있을 때니까 그건 안 되고. 그러다 보니 고대사 사료에서 토테미즘적인 요소가 상당히 보여서, 그래 석사학위 논문으로 한국 고대에 보이는 토테미즘적 요소에 관한 것을 썼지요.

반　선생님. 그런데 석사학위 취득이 상당히 늦으신 거 아니세요? 대학원을 (19)77년도에 졸업하신 거죠?

이　네.

반　그럼 7년 만에 쓰신 거네요?

이　63년에 학부를 졸업했어요. 57년에 입학해서 2년 동안 군 생활 했으니까 57년에 입학하여 63년에 대학을 졸업했죠.

반　그렇네요. 63년에 대학을 졸업했으니까 군대 생활 2년 합쳐서 전부 6년 걸린 거네요.

이　대학원 석사학위 과정은 늦은 셈이에요. 직장 생활을 하다 보니까 그렇게 늦은 거죠. 토테미즘에 관한 것을 쓰게 된 것도 유럽에서 귀국, 처음에는 서울대 사범대학 교수로, 그 뒤 인문대학 인류학과로 오신 이광규 교수가 계셨는데 이분이 토테미즘에 관한 학계의 최신 정보를 주셨어요.

반　이광규 선생님, 네.

이　그분이 오스트리아에서 학위 하고 왔어요. 그때 이분이 토테미즘과 관련된 독일어로 된 최신 논문을 갖고 있었어요. 이 교수님을 통해 그 논문을 구해가지고 논문을 쓰는 데에 큰 도움이 되었어요. 우리 고대사에 보이는 토템과 같은 자료들을 토테미즘 이론에 비춰보면서 정리, 논문을 작성한 것이지요.

반　그 독일 논문을 활용하신 거네요?

이　네. 그러니까 독일어를 그때는 조금 했지. 그래도 지인들의 도움을 받았고요. 뒷날 중앙대학 교수로 간 서울대 독문과 출신의 전영운 교수의 도움이 컸어요.

반　독일어를 조금 하셨군요. 고등학교 때 배우신 거 아니고요?

이　네, 고등학교에서 독일어를 제2 외국어로 공부했죠. 뒷날 대학에서도 가르친 조필대 선생님이란 분이 얼마나 열심히 가르치셨는지, 지금도 그분의 열정을 상기하곤 하지요.

반　네 그렇죠, 독일어나 프랑스어.

이 그때 열심히 공부했어요. 대학원 시험 칠 때 제2 외국어 시험은 사학과의 경우 대부분 한문으로 했는데 나는 독일어로 쳤어요.

반 지도 교수님은 김철준 선생님이셨나요?

이 그때 한우근 선생님이 지도교수로 되었던 것 같아요. 아마 김철준 선생님이 그때 해외 가셨던가 하는 일이 있었어요.

반 시대로 전공을 나눈다면 김철준 선생님이 맡으셔야 되는데 ……

이 네, 그때 안 계셔서 그렇게 됐고. 그다음 나중에 박사학위 논문은 김철준 선생님이 지도교수로 되셨어요.

반 김철준 선생님. 네.

이 그런데 그때 그 논문을 쓰고 난 뒤에 석사학위를 받고 한양대학의 이해남 (李海南) 박사 회갑논총인가에 발표했을 겁니다.

반 아, 그런 분이 있었어요?

이 한양대학에 계시던 정창렬 교수가 그 논문 좀 달라고 해서 그때 아마 발표하게 되었던 것 같아요. 오랜 기간에 걸쳐 대학원을 억지로 마치고 나니 그다음 신학교 갈 생각을 더 못하게 되었습니다.

반 그때는 이미 마음을 접다시피 하셨구나. 그다음에 박사과정 계속하시고?

이 네. 신학 할 생각은 계속 있었지만 상황은 더 어렵게 되었어요. 석사학위를 굉장히 늦게 한 셈이거든요. 진이 빠진 거지요…….

반 네. 석사는 67년에 하셨네요.

이 네. 그리하고 난 뒤에 68년에 결혼을 하고 70년에……

반 68년도에 결혼하신 거구나.

이 아, 68년에 결혼을 하고, 69년에 첫애가 나고, 70년 9월에. 그때는 석사학위만 가져도 대학으로 갈 수 있을 때였으니까……

반 대학으로 가신 거군요, 박사학위는 아직 안 끝내시고.

이 그래서 숙대(숙명여자대학교)로.

반 그럼 숙대로 가신 특별한 이유는 있으세요? 그때 자리가 나서 그냥 지원하신 거예요, 아니면 다른 이유가 있으셨나요?

이 자리도 있었고 또 이런저런 인연으로 해서, 그때 유원동 선생도 계셨고 …….

반 예전에 연세대학교에서 종교 쪽으로 연구하셨던 유동식 선생님과 교류는 없었습니까?

이 유동식 선생?

반 네.

이 개인적으로 잘 알기는 아는데 학문적으로 교류는 없었어요. 그분은 풍류…….

반 풍류 쪽이요.

이 그리고 샤머니즘 관계도 연구를 하셨지요?

반 기독교 연구도 하셨지만 풍류나 샤머니즘 쪽도 연구하셨던 분이니까 선생님 관심 분야하고 많이 겹치잖아요?

이 그렇죠. 그분이 또 '신학의 한국화'라고 하는 이런 걸 가지고 고민도 많이 하고, 지금도 생존해 계십니다.

반 아, 그렇습니까? 선생님께서는 숙대에 70년 2학기에 부임하셨지요?

이 네, 70년 9월에 숙대 전임으로 가게 됐죠.

반 그때는 선생님이 숙명여자대학교 사학과에 처음으로 가신 거예요? 선생님보다 연배가 높으신 분이 있었나요? 아까 유원동 선생님이 계셨다고 하셨지만…….

이 네, 당시 동양사에는 정세현·정병학 교수가 계셨고, 서양사 과목에는 윤혜원·임채원 두 분이 계셨지요. 그다음 한국사에는 유원동 선생 혼자뿐이었습니다. 그러니까 내가 전임이 됨으로써 밸런스가 맞게 되었지요.

반 그렇죠. 전임 수를 맞추고요.

이 　유원동 교수는 '조선 후기'를 전공하셨고 나는 한국 고대 토테미즘과 관련된 논문을 썼으니까, 고대사를 맡아가지고 강의하게 되었지요. 당시는 국사 과목이 교양 국사로 필수과목이어서 전교생이 다 들어야 했습니다. 그래서 숙대에 부임하자 『한국사 대요』라는 교재도 만들고 했지요. 그러다가…….

반 　『한국사 대요』. 그러니까 그 교재를 유원동 선생님하고 같이 만드신 거예요?

이 　네, 『한국사 대요』지요.

10. 근대사 및 기독교사에 관심을 갖게 된 계기

반 　그러다가 선생님께서 전공 분야를 근현대사로 옮기게 되었는데요. 특별한 이유가 있으셨나요? 박사학위 논문 주제가 신채호 선생이네요.

이 　그럴 계기가 있었어요. 신채호 선생을 발견했다는 것이 아마 중요한 요인이 되지 않을까 싶어요. 신채호 선생에 대해서 관심을 갖게 된 것은, 숙대 전임이 되고 난 뒤에 그 당시 ≪대한일보(大韓日報)≫[17]라고 하는 데서…….

반 　한양대학교의 김연준(金連俊) 총장이 경영하던 신문인데 나중에 사건이 있어서 폐간된 신문이었지요?

이 　폐간돼 버렸는데, 폐쇄되기 전에 '한국의 학보(學譜: 학문적 계보)'라는 것을 연재하고 있었습니다. 국문학을 비롯해서 여러 분야를 꽤 오랫동안 연재했어요. 그때 날더러 '한국의 역사학'을 써달라는 요청이 왔어요. 그 원고 청탁이 나한테 직접 온 게 아니고 김철준 선생에게 갔던 모양인데, 김철준 선생이 그걸 날더러 쓰라고 추천한 것을 알게 되었어요. 김철준 선생을 통해서 원고 청탁이 왔으니까 내가 거절할 형편이 못 되었지요.

반 　그러셨겠네요?

이 　당시 내가 그걸 쓸 형편이 되지 않았습니다. 그러나 써야 하니까 그때부터 사학사에 대한 걸 정리하지 않을 수 없게 되었어요. 사학사를 공부하다가 우리나라 근대 역사학에서 아주 독특한 분으로 신채호를 발견했어요. 신채호는 여러 가지 면에서 중요한 분이지만……. 그는 먼저 우리나라 역사학에서 김부식(金富軾) 이후의 역사 자료를 제대로 섭렵했던 분이었는데, 중요한 것은 그가 그런 한국사 자료를 한국의 전통적인 역사학 방법으로 해석하지 않았어요. 전통적인 역사학 해석 방식의 가장 큰 흐름은 유교적인 이해 방법이라고 할 수 있어요. 신채호는 이런 유교적인 역사학을 두고 사대주의에 찌든 것이라고 혹독하게 비판했어요. 신채호는 『삼국사기』 이후의 많은 역사 자료를 유교의 '사대주의적인 방식'이 아닌 다른 방식으로 독특하게 해석하려고 했어요. 그는 단군(檀君) 이래 우리의 고유한 전통 속에 흘러오는 '낭가(郞家) 사상'이라고 하는 주체적인 사상적 흐름이 있는데 그런 관점에서 우리 역사를 보려고 했어요. 여기에서 사대주의적인 역사학을 극복하고 주체적인 역사학을 건설할 수 있다고 보았던 것이지요.

반 우리의 고유한 전통과 정신이 있다는 거지요?

이 네, 이게 있다고 보는 거예요. 그게 문헌으로 남아 있는 건 없어. 그러니까 그런 정신을 가지고 김부식 이후에 남겨진 자료를 새롭게 해석해야 한다는 거예요. 그에 의하면 "김부식 같은 사람은 『삼국사기』를 남겼지만 역사를 보는 눈은 '중화(中華)주의'에 찌든 사대주의자"라는 거예요. 신채호는 김부식을 비판하면서도 그들이 남긴 『삼국사기』 등의 자료를 이용하여 역사적 사실을 재해석하고 새로운 안목으로 역사를 투시하는 거예요.

반 해석을 완전히 180도 다르게 했지요.

이 그 대표적인 예가 '조선 역사 일천년래……'.

반 「조선 역사상 일천년래 제일대사건」이라는 논문이 있죠.

이 네. 그 논문은 고려 중시 '묘청(妙淸)의 난'을 다룬 것인데, 그는 이 사건을 단군 이래 내려오는 국풍파(낭가사상파)와 사대주의자들 간의 싸움이라고 보았던 것이지요. 이 싸움에서 묘청을 중심으로 한 '국풍파·낭가사상파'가 김부식이 거느린 사대주의자들에게 패배함으로써 그 이후 한국의 역사는 사대주의 역사로 바뀌게 되었다는 것이지요. 그러니까 이 논문은 '묘청의 난'을 두고 종래와는 전혀 다르게 해석한 사례라고 할 수 있어요. 나는 이런 해석을 할 수 있는 신채호를 굉장히 독특하게 본 거예요. 신채호는 같은 역사 자료를 가지고도 자주적 낭가 사상적인 사고를 가지고 역사를 보니 우리 역사가 새롭게 보이더라는 것이지요. 신채호에게는 역사 정신 같은 게 굉장히 중요했던 거예요. 그런 측면이 원래 역사 공부를 하려던 나와도 좀 맞기도 했어요. 앞에서 언급했지만, 신채호가 고대사 연구에 많은 업적을 남겼는데 나 또한 고대사 공부부터 시작했어요. 그런데 신채호의 고대사를 이해하기 위해서는 "그가 살았던 시대에 대해서 연구하여 그가 어떤 환경에서 이런 독특한 역사 이해를 갖게 되었는가?" 하는 생각을 갖게 되었어요. 그러니까 신채호를 살펴보기 위해서는 자연히 그가 살았고 그가 영향을 받았던 한국 근현대에 대해 살펴보게 됐어요. 신채호는 고대사만 연구했죠. 고대사만 했는데, 나는 고대사 연구를 통해서 신채호와 연결이 되었고, 그다음 신채호를 공부하면서 근현대와 연결이 되었던 것이지요. 그래서 내가 근현대에도 관심을 갖게 되고 근현대사를 공부하게 된 것이지요. 이때쯤 되어서 내게는 과거의 역사를 정신사적으로만 이해해야 한다기보다는 이제는 정확한 사료를 가지고 연구하지 않으면 안 된다는 역사학 본래의 명제로 조금씩 넘어 오게 되지 않았나 생각합니다. 논문 주제도 조금씩 변화가 왔고요. 이렇게 신채호를 통해서, 신채호의 고대사를 통해서 신채호와 접촉이 됐고, 신채호가 산 시대를 얘기하자니까 근대로 넘어왔고. 그래서 근대 역사학에 대한 생각을 좀 더 정리를 하게 되면서 그때부터는 고대사에서는 점차 멀어지게 되었지요…….

반 선생님이 처음 단재(丹齋)의 역사학을 본격적으로 연구하신 거잖아요?

이 네. 그래서 박사학위 논문을 신채호의 역사학에 관해 쓰고, 그다음에 사학사도 근대사학사에 더 관심을 갖게 되면서 박은식(朴殷植)이라든지 정인보(鄭寅普)라든지 하는 분들에도 더 관심을 갖게 되었지요. 나아가 그들이 관심 가졌던 17, 8세기의 고대 사서에 관한 연구도 하게 되었지요…….

반 고대사를 다루었던 사서들 말이지요?

이 　네, ≪한국사연구≫에 「17, 8세기 사서와 고대사 인식」이라는 논문인데 그 당시로서는 조금 관심을 끌었어요. 지금 보면 별것 아닌 논문인데…….

반 　그 분야를 처음으로 다룬 논문이죠? 그게 74년입니다, 선생님.

이 　네. 어디더라? ≪중앙일보≫에선가 하는 데서 많이 다루어 주었어요. 기자 중에 서울대 철학과를 나온 공(孔) 모라는 기자가 있었는데 그 논문에 관심을 갖더군요.

반 　아, 인용이 많이 된 자료군요.

이 　지금에 와서는 별로 주목받을 수 없지만 그 당시로서는 관심을 끌었어요……. 선배들도 관심을 가져주고 기자들도 대단하게 봐주는 그랬던 논문이에요. 그 논문은 근대사로 넘어오는 중간 단계에서 단재 신채호가 관심 가졌던 우리나라 사학사(史學史)에 대한 관심의 일단을 그런 형태로 표출한 거죠. 또 하나 지적할 것은, 근현대사로 학문적 관심이 옮겨올 즈음에 소위 '10월 유신(維新)'이 오잖아요, 72년에요. 그게 다시 내 학문적 관심사에 큰 자극을 주게 되었지요, 유신이 되면서…….

반 　기독교 쪽에 대한 학문적 관심을 갖게 되시는 거지요?

이 　네, 기독교사에 대한 관심을 비로소 갖게 되었어요. 원래는 내가 기독교인이기 때문에 기독교사를 공부하면, 팔이 안으로 굽듯이 호교론(護敎論)적인, 말하자면 교회를 변호하려는 관점을 갖기 쉽다고 생각했어요. 그래서 기독교사에 대해서는 관심을 갖지 않으려고 했어요. 안 가졌는데, 72년 10월에 '유신'이 있었잖아요. '유신'은 내가 숙명여대에 간 지 불과 2년밖에 안 되는 시기에 터졌어요. 아직 젊은 때라서 '유신'에 침묵할 수는 없었어요. 그렇다고 대학에 간 지 얼마 안 된 상황에서 대놓고 반대에 나설 수도 없었어요. 아직 젊을 때니까 고민을 많이 했어요. 다들 '유신'에 박수를 치고 특히 기독교계에서 '유신'을 찬양하는 분위기도 있었어요. 특히 기독교 지도자들이 그랬지요. 나는 혼자 '유신'이 '한국의 민주주의를 굉장히 후퇴시키고 독재화로 나서는 것이 빤하게 보이는데 왜 저렇게 하는가? 내가 기독교인으로서 유신에 대해 비판하려면 신학적 관점에서 하는 게 가장 중요한데, 그 수준으로 신학 공부를 한 것도 아니고 ……. 그럼 이 시점에서 내가 할 수 있는 일은 무얼까, 그래도 역사를 공부했으니까 역사학을 가지고 간접적으로나마 유신에 대해서 비판하는 글이라도 쓰는 것이 좋겠다' 이런 생각을 하게 되었지요.

그러면 한국 기독교 역사에서 지금과 같은 변화와 난국을 맞았을 때 기독교인들이 어떤 자세를 가졌는가를 살펴보도록 하자, 그러면 오늘의 사태에 대해 기독교인이 어떤 자세를 가져야 할 것인가에 대한 암시 같은 것이라도 줄 수 있을 것이다……. 이렇게 생각한 것이지요. 그래서 생각한 게 처음에 1950년대, 60년대 이승만 치하에서 기독교인의 자세가 어땠는가를 살펴보려고 생각하다가 '유신'과 너무 가까운 시기여서 도저히 자신이 없더군요. 그래서 '유신' 시기와 멀찍이 떨어진 시기를 잡아 그때 민족적으로 어려움을 당했을 때 기독교인의 자세가 어땠는가를 살피려고 했지요. 하여튼 별로 용기가 없는 기독교인으로 그래도 '유신'을 비판하자니 좀 멀찍이 떨어진 시기의 기독교인의 자세를 살펴보려고 한 것이지요…….

반   그렇죠, 현대사니까.

이   그래서 저 뒤로 올라간 게 그게 한말 기독교인의…….

반   구한말로 올라가신 거네요?

이   「한말 기독교인의 민족의식 형성 과정」이라는 논문을 준비를 했지요. 그 논문도 당시 제법 자극을 준 논문입니다. 그 뒤 한국 크리스천 사학자들 중에서는 "이 논문을 읽고 기독교사에 관심을 가졌다"고 하는 젊은이들이 있었어요.

반   아, 영향력을 많이 줬네요. 그 74년 두 논문이요.

이   「한말 기독교인의 민족의식 형성 과정」은 서울대학교 ≪한국사론≫ 제1집에 수록되었어요.

반   ≪한국사론≫이요?

이   ≪한국사론≫ 1집에 그걸……. 그러니까 이게 한국 기독교사에 관해서는. 첫 논문인데 이 첫 논문 때문에 일약 기독교계에 알려지게 되었어요…….

반 스타(star)가 되신 셈이네요, 기독교사로……. 맞네요, 첫 논문이 바로 이거네요 선생님.

이 네.

반 그 두 번째가 '17, 8세기 사서' 관련 논문이구요.

이 그런데 기독교사에 관한 이 논문이 발표되고 난 뒤, 좀 과장하면 사방에서, 많지는 않았지만 그 논문 내용 가지고 강연해 달라는 거예요. 특히 진보적인 교회에서…….

반 그러니까 기독교인의 사회참여에 대해 평소 문제의식을 갖고 있던 분들이 잠재적인 상태에 있다가 선생님 논문을 보고서 좍 관심을 표한 거네요.

이 그런 셈이지요. 당시 교회에서는 '정교분리(政敎分離)'를 강조하고 그걸 당연시하면서 젊은 크리스천들의 사회참여에 대해서 못마땅하게 생각하고 있었거든요. '정교분리'란 정치와 종교는 분리, 서로 관여해서는 안 된다는 것이지요. 말하자면 이를 명분으로 의식 있는 크리스천들로 하여금 정치, 사회에 대한 비판에 올가미를 씌운 것이나 다름없었어요. 그런 형편에서 이 논문은 상당한 자극이 되었던 거예요. 그렇다고 그 논문이 '정교분리'를 타파하라는 그런 내용도 아니었는데…….

반 오히려 학계보다는 교계 쪽에 센세이션을 일으킨 거네요.

이 영향이 꽤 컸어요. 일반 학계에서도 이걸 인용하더군요.

반 아, 그래요?

이 이 논문으로 마치 한국 기독교사 연구에 조예가 깊은 것처럼 되었어요. 이곳저곳에서 강연을 부탁하더군요. 주로 진보적인 교회나 YMCA 같은 열린 기독교 단체들이지요. 앞서 얘기했지만 나는 장로회 '고신파'에 속했는데, '고신파'는 장로회 중에서도 일제 신사참배 반대의 전통을 이어받은 가장 보수적이라는 평가가 있었지요…….

반 그게 정확한 명칭이, 고려신학인가요? 고려신학이죠?

이 네, 고려신학교. 고려신학교파라는 의미에서 '고신파'라고 해왔지요.

반　고신파.

이　일제 때 신사참배를 거부한 순교자들 등의 전통을 잇는다고 했지요. 해방 후 수는 많지 않았지만 영향력이 컸던 교단이지요. '고신파' 하면 "아, 그래 고신파 말은 알아줘야지" 이렇게 말할 정도였어요. 지금도 그렇게 생각하는 사람들이 더러 있어요.

반　그렇죠. 확실하죠, 그게.

이　내가 가장 보수적인 고신파에 속했는데 가장 진보적인 데서 초청을 했어요. 지금 KBS 이사장으로 계시는 김상근 목사님이 사직공원 근처의 '수도교회'를 담임했는데 자기 교회 청년들을 위해 강연해 달라고 부탁을 해왔어요.

반　네. 김상근 목사님.

이　그 목사님이 우리나라에서 가장 진보적인 교단인 '한국기독교장로회'(기장)에 속해 있어요. 한국 민주화를 위해 헌신한 김관석, 박형규 목사나 강문규 총무 같은 분도…….

반　기독교장로회 쪽에.

이　하여튼 주로 진보적인 교회 쪽에서 초청을 많이 했구요. YMCA 이념과 직제위원회나 여름의 전국대회 같은 곳에도 초청이 있었어요. 기독교장로회에는 전국 목회자 대회 같은 데서 초청하여 토론도 많이 한 셈이에요.

반　선생님, 소장학자로서 엄청난 스포트라이트를 받으셨네요?

이　안병무 교수 같은 분은 '한국신학연구소'를 만들어 《현대신학》인가 하는 잡지를 냈는데 그 연구소의 토론에도 가끔 불러주셨어요…….

반　연구소에서요.

이　네, 연구소. 거기 와서 같이 토론해 보자……. 이 무렵 한국의 진보신학계는 '유신' 치하에서 '민중신학'을 태동하게 되는데 그런 토론에도 참여하게 되었어요…….

반　서남동, 안병무 이런 분들.

이 네. 서남동·안병무 목사를 비롯해서 민중신학에 관여한 서광선, 현영학, 김용복, 김창락 이런 분들과도 대화를 나누게 되고 토론에도 참여했지요. 특히 연세대학교의 서남동 목사가 날 좋아했어요, 무슨 일이 있으면 "이 선생, 와서 같이 토의해 보게". 민중신학에서는 민중들의 삶이 전제가 되어야 하니까 한국 사를 공부한 내게 도움을 청하곤 했지요. 하여튼 그 논문 하나로 당시 진보적인 크리스천들과 만나는 계기가 되었던 셈이지요.

반 그래도 워낙 새로운 관점이니까요. 기독교 쪽의 새로운 지평을 연 거죠.

이 하여튼 이 일을 계기로 이제는 억지로라도 기독교사에 대한 논문을 쓰지 않을 수가 없게 되었어요. 말하자면 한국 기독교사 연구에 첫발을 들이댄 후 거기에서 빠져 나올 수가 없게 되었어요. 그래서 한국기독교사 연구라는 수렁으로 점차 빨려들어 가게 되었어요. 그러나 70년대에는 한국 기독교사 논문이 많은 편은 아니에요.

반 그러니까 72년도의 유신을 계기로 해서 구한말의 기독교사와 관련한 이 주제를 생각하신 셈이네요. 그 전에 기독교사를 연구하신 분은 주로 백낙준 선생님이죠?

이 백낙준 박사에서 시작하여 민경배 교수도 활발하게 활동하고 있었지요.

반 그렇지만 관점이나 방법론에서 선생님은 그들과는 좀 새롭다고 할까 하는 것을 제시하신 것 아니에요?

이 백낙준 박사나 민경배 교수는 근대적인 학문 방법으로 한국 기독교사를 학문적인 지위에 올려놓은 훌륭한 학자들이에요. 조금 다른 것이 있다면 내 때로부터 국사학을 공부한 학인들이 역사학적인 방법론을 가지고 한국 기독교사를 연구하게 되었다는 것이겠지요. 그런 점에서 새로운 의미를 발견할 수도 있을 거예요.

반 선생님의 논문에서 '유신'을 간접적으로 비판한 셈인데 걱정할 일은 없었어요?

이 그때 그 논문을 서울대 ≪한국사론≫에 발표하고 난 뒤 한영우 교수나 몇 친구들은 "너 그런 것 쓰고도 괜찮겠나?" 하고 염려해 주기도 했어요.

반   위험하다고 그랬습니까?

이   네. 아마 그렇게 본 모양이에요, 잡혀갈까 봐. 그 논문의 내용 가운데는 1905년에서 1910년 사이에 매국 원흉들을 처단한 사례를 열거했는데, 나도 깜짝 놀랐습니다만, 그 거사들이 안중근을 제외하고는 대부분 개신교인들에 의해 이뤄졌다는 것이지요. 그러니 걱정할 수밖에……. 그런데 내가 용기가 있어 그런 걸 발표한 게 아니고 사료를 들춰보니 그렇게 되어 있었고 그걸 사실대로 정직하게 발표를 한 것이지요……. 그 논문이 원고용지로 약 400매 정도가 되었을 거예요.

반   아이고, 긴 논문이네요, 선생님.

이   네, 꽤 긴 논문이었어요.

11. 해직

이   네. 그래가지고 아마 저기에서 나타나는 어떤 분위기나, 또는 저걸로 인해서 진보권하고도 교제를 하게 되었죠.

반   선생님 인적인 교제 범위가 확 넓어지신 거네요. 이런 게 있어가지고 80년대 아마…….

이   해직과 관련되지 않았나?

반   그게 점점 커져서 해직까지 연결된 거죠.

이   글쎄요. 학교에서는 교수협의회 결성하는 데나 교수협의회 성명서 내는 데에 내가 좀 주도를 했어요. 교수들도 처음에는 대학 민주화라는 명분하에 모이다가 무슨 이유에서인지 요리조리 빠져버립디다. 처음에는 같이 의논하다가…….

반   아, 소장학자들도요?

이　아니. 내가 젊은 편이었으니까 내 선배 격인 교수들이지요.

반　유원동 선생님은 뭐라고 하셨나요?

이　유원동 선생은 대학 민주화 등에는 거의 관심이 없었어요.

반　관계없고 ……. 선생님 혼자 독립 선언을 하신 거네요. 그래도 선생님 스카
우트해 주신 분인데.

이　네. 학교 일뿐만 아니라 대외적으로도 당시 시국을 두고 칼럼 같은 것
도 하고 …….

반　활동이 확 넓어지셨네요.

이　CBS 기독교 방송의 칼럼을, 그때 신군부 들어서고 난 뒤에 일주일에 한
번씩…….

반　80년도에요?

이　네. 80년대 초, 내가 그때 쓴 게…….

반　그때 40대신데 …….

이　네, 40대 초지요. 방송 칼럼을 할 때는 꼭 원고를 써가지고 가서 방송을 하
거든. 말주변이 좋지 않은 데다 순발력이 없어서 꼭 미리 원고를 써서 방송에 출
연했지…….

반　선생님, 지금도 축사라든가 기념사 하실 때도 뭔가 항상 쓰시고 …….

이　원고를 항상 써가지고 가지. 지금도 거의 그래요.

반　좋은 버릇인 거 같아요, 그거는.

이　방송에서 시국을 두고 칼럼을 한 것, 아마 그런 게 거슬려서 학교에서 나가
라 그랬나.

반　그냥 리스트에 오른 거네요. 그때 뭐 성명서 발표 같은 거 하지 않으셨어요?

이　학교에서 성명서 했지.

반　그러니까 그런 거 다 참여하시니까 뭐…….

이　그렇죠. 성명서 주도하고 숙대 교수협의회 결성도 주도하고, 뭐 이런 게 걸

린 거죠. 그리고 학교와의 갈등도 좀 있었어요.

반 학교요? 재단하고요? 학교 재단.

이 그 당시 고려대학 교수 하다가 총장으로 오신 분이 있는데 …….

반 숙명여대에요?

이 이분이 와가지고 위에서 압력이 있어서 그런지는 모르겠지만, 학생들이 요구하는 퇴출자 명단에 오른 교수들을 퇴출시키겠다는 식으로 나왔어요. 당시 물리학과와 국문학과에 학생들의 배척을 받는 분들이 있었어요. 교수회의를 열어 학생들의 요구를 들어줘야 한다는 뉘앙스로 말했어요. 1980년대 초에 들어 학교마다 학생들의 요구가 아주 거칠었거든요.

반 교수들을 성토하는…….

이 성토당하는 이런 교수들에 대해서 그냥 사표를 받아야 된다는 뉘앙스로 총장이 얘기를 하고 그럽디다. 아마 학교가 시끄러우니까 학생들의 요구를 들어주라는 신군부의 압력이 있지 않았나 의심되는 대목이에요. 그래서 "그렇게 해서는 안 됩니다" 하고 교수회의에서 직접 총장하고 부딪친 거죠. "그래서는 안 된다. 우선 학생들을 설득시키는 것이 먼저다, 설득하고 이해를 시켜야지 학생들이 이런저런 요구를 한다고 해서 교수를 내보내는 것은 바람직하지 않다, 좀 더 좋은 방안을 찾아보자", 이렇게 주장했는데 여기서 학교 당국과 부딪친 셈이에요. 이런 점과 함께 교수협의회 성명도 있으며, 또 앞서 말한 방송 같은 데서 트집도 좀 잡을 수 있었고, 거기에다 논문도 있고…….

반 외부 압력이 많이 들어왔겠죠. 선생님 접촉하신 분들 가운데 정부에 비판적인 인사들도 있겠고…….

이 그런데 당시 다산(茶山) 정약용(丁若鏞)의 『목민심서(牧民心書)』를 번역하던, 대부분 서울 시내 대학교수들로 조직된 '다산연구회(茶山研究會)' 멤버들 중에 해직된 이들이 많았어요. 그러고 보니 올해가 『목민심서』 간행(1818) 200주년이 되는 해지요?

반 네, 그렇군요.

이 올해 『목민심서』가 나온 지 200주년 되는 해인데 올해 다시 『목민심서』 번역본을 수정하여 간행했습니다. 전에 『목민심서』 번역을 목적으로 서울 시내 교수들 몇몇이 모여 번역하기 시작하여 1978년에 첫 권을 내고, 1985년에 여섯 권 모두를 번역해 냈어요. 그때 간행된 것을 『목민심서』 간행 200주년을 맞아 임형택 교수가 다시 수정·보완하여 이번에도 '창비사'에서 간행하게 되었습니다.

반 다산연구회에서 아주 의미 깊은 학문적 업적을 남긴 셈이네요. 그럼 다산연구회의 멤버들은 어떤 분들이신가요?

이 주로 대학에서 역사나 한문학, 경제학, 사회학 등을 가르치는 학자들이에요. 성균관대학의 벽사(辟邪) 이우성 교수를 좌장 격으로 해서 강만길(고대), 이지형(성대), 성대경(성대), 김경태(이대), 정창렬(한양대), 김태영(경희대), 김진균(서울대), 안병직(서울대), 정윤형(홍익대), 이동환(고대), 박찬일(외대), 송재소(성대), 임형택(성대), 김시업(성대) 그리고 나도 말석을 차지했지요. 연구회 멤버들은 일주일에 한 번 정도 모여서 강독했는데, 이효우 선생의 '낙원표구사'의 공간을 빌려 자주 모였고 여름방학 때에는 집중적인 강독을 위해 밀양(密陽) 같은 곳에 가서 일주일씩 지내기도 했어요. 그래서 상당히 동지적인 결속도 있었던 셈이에요.[18]

반 네, 선생님하고 학번이 비슷한 분들인가요.

이 나보다 연세가 높은 분과 낮은 분들이 반반 정도 되었어요. 김시업 선생이 연세가 가장 낮았지요. 외국어대학의 박찬일 교수와 이화여대의 김경태 교수, 그리고 홍익대학의 정윤형 교수가 비교적 일찍 타계하셨지요.

반 김시업 선생님이라면 최근 은평구 소재 '한옥연구소(韓屋硏究所)' 소장으로 계시는 분 아니세요?

이 아마 그럴 거예요, 김시업 선생이……. 하여튼 신군부 등장 때 '다산연구회' 멤버들 중에서 해직된 분들이 많았어요.

반 그 멤버들 중에서요? 네.

이 이우성, 강만길, 김진균, 정창렬, 정윤형 그리고 내가 해직된 거지요. 그러니까 '다산연구회' 멤버들이 많이 해직된 것으로 보아 '연구회' 자체가 상당히 주목 대상이 된 거가 아니었나 하는 생각이지요. 그런데 그때의 해직이 내 생애에 결정적인 변화를 가져다주었어요. 해직 관련해서는 최근(2020년 말 현재)에 개정판을 낸 내 산문집 『한 시골뜨기가 눈 떠가는 이야기』(두레시대, 1996)[19]라고 하는 데서도 대강 밝혀놓았어요. (책을 가지러 서재로 가서 책을 가져와 손가락으로 가리키며) 이 책 두 번째 장이 해직 관련 내용이에요.

반 「쑥스러운 이야기」, 여기.

이 「쑥스러운 이야기」라고 한 부분이 내 해직 이야기를 쓴 것이에요……

반 해직당했던 시절 이야기군요.

이 이 해직 시절 이야기를 원고지로 한 100매 정도 쓴 것이지요.

반 '한 시골뜨기가 눈떠가는 이야기'라는 책 제목에 맞춰보면 이 해직 시절 이야기도 새롭게 눈떠가는 4년이 되겠네요……

이 그런 셈이지요, 4년 동안에 새로 눈을 떠간 셈이에요……

12. 해직 이후의 활동

반 미국에 가신 건 해직 이후지요?

이 네. 그러니까 내 생애에서 해직이 결정적인 변화를 주게 되었어요. 나는 신앙 양심에 비춰 그때 시국에 관련된 게 별로 없다고 생각하는데, 다른 사람이 보면 또 다르게 보는 모양이에요……

반 스스로 보시기에는 별로 한 게 없었다는 말씀이군요.

이 그렇지요, 내가 당시 반정부적이거나 반신군부적이 되어 적극 활동한 적이 없어요. '별로 없는데 왜 이렇게 됐는가'라고 생각할 적에, 내가 기독교 신자니까 그걸 '기독교적 섭리사(攝理史)'적으로 해석을 해보면 '아, 이거 하나님께는 다른 뜻이 있었던 게 아닐까' 이런 식으로 해석이 되는 거죠. 이런 섭리사적 해석 가운데는, 이걸 계기로 내가 결정적으로 '한국 기독교사 연구'에 관심을 두게 됐다는 거지요. 이때 한국 기독교사 자료 수집을 위해 미국에 가게 되었거든요.

반   해직이 선생님이 본격적으로 기독교사를 시작하시는 계기가 된 거군요.

이   그런 셈이지요.

반   그러니까 그 74년도 논문은 그냥 하나 던진 거고요.

이   네. 그거는 기독교사 연구에 입문한 거나 마찬가지고요…….

반   그게 계기가 되긴 했지만 본격적으로 한국 기독교사 연구에 집중하신 거는 해직 이후에 하셨고요?

이   네. 해직되고 난 뒤 1년 동안은 그냥 강연만 했지요, 그것도 거의 진보적인 교회에서요……. 보수 교회로는 외우 손봉호 교수가 관여하는 서울영동교회에서 초청했지요.

반   그런 데서 불러주니까, 그나마.

이   네, 와서 강연해 달라고 ……. 그런 식으로 겨우겨우 살아가도록 해주시더군요.

반   네. 그때가 제일 어려우셨겠네요, 선생님.

이   그런데 당시 하용조 목사님이 내게 연락을 주셨어요. 하 목사님은 뒷날 서빙고에서 온누리교회를 시작한 분이에요.

반   하용조 목사? 전부터 아시는 분이셨어요. 이분은 보수적인 분 아니세요?

이   네, 그 전부터 가까이 지낸 셈이지요. 보수적이면서도 '열린 보수'라고 할 수 있지요, 열린 보수.

반   네.

이   '열린 보수'를 당시 복음주의자라고도 했는데요, 하용조 목사와 그와 가까운 홍정길 목사, 옥한흠 목사 그리고 이동원 목사 같은 분들이 있었어요. 당시 한국 교회의 성향이 보수와 진보로 나눌 수 있다면, 나는 보수에도 '닫힌 보수'와

'열린 보수', 진보에도 '닫힌 진보'와 '열린 진보'가 있다고 보고, 한국 교회가 건전하게 되려면 '열린 보수'와 '열린 진보'가 손을 잡아야 한다고 주장했지요. 하용조 목사 같은 분들은 보수 측에 속하면서도 열려 있었고 이들을 '복음주의자'라고도 했어요. 뒤에 《빛과 소금》이라는 잡지를 낼 때에도 같이 의논하기도 하고 저의 집에도 들르곤 했지요. 해직된 그 이듬해에 하루는 내게 전화를 주셨어요, 자기가 어제 청와대의 어느 분을 만났는데 하면서……

반　선생님께서 해직된 그 이듬해라면 1981년도 말씀하시는 건가요?

이　네, 81년도예요. 하 목사는 그분에게 나를 들먹이면서 "왜 이 교수 같은 사람을 해직시켰느냐?"면서 자기가 아는 대로 내 설명을 했다는 거예요. 설명을 듣더니, 그 사람이 "내가 복직시킬 입장은 지금 못 돼 있다. 그러나 이 교수가 하려는 일을 도울 수 있는지 알아보겠다……"라고 했대요. 하용조 목사는 날 소개하면서 "이 교수가 한국 선교 100주년을 앞두고 한국 교회사 자료를 수집하기 위해 미국에 가야 할 사람인데 그 길까지 왜 막으려느냐?"고 한 모양이에요.

반　그건 무슨 말씀인가요?

이　아, 그걸 설명을 좀 더 하면 이렇지요. 1885년 4월 선교사 아펜젤러(H. G. Appenzeller)와 언더우드(H. G. Underwood)가 오지 않았어요? 1985년이면 한국이 선교사를 받아들인 지 100주년이 된다는 말이에요. 그때 나는 100주년을 맞아 한국 교회사를 제대로 쓰든지, 그럴 준비가 안 되었다면 해외에 사람을 파견해 한국 기독교사 자료라도 수집해 와야 한다고 주장했거든요. 그 무렵 프린스턴 신학교(Princeton Theological Seminary) 출신의 김용복(金容福) 박사를 중심으로 이 교수를 해외에 파견하여 사료를 수집케 하자는 논의도 일부 있었지요. 그걸 알고 하 목사가 그렇게 말한 모양이에요……

반　신군부가 들어서서는 여권을 안 내준 모양이죠? 선생님께서 해외에 나가시려고 해도……

이　그렇지요, 그런데 그 청와대 분이 하 목사에게 "이 교수가 나가겠다면 고려를 해보겠다"고 한 모양이에요. 그래서 하 목사는 전화로 "청와대에서 곧 연락이 갈 터이니 잘 협의하시기 바란다"고 했어요. 들어보셨는지 모르지만 그분이라는 사람이 이학봉 씨예요.

반 이학봉이라면 신군부 주역 중에 한 명이죠.

이 '민정수석'이었어요. 그러고 있는데 민정수석 밑의 어느 행정관이 나한테 전화를 했어요. "하 목사님으로부터 얘기를 들었다. 지금도 해외자료 수집할 생각이 있느냐?" 그래서 "기회가 주어지면 좋겠다. 그러나 조건이 하나 있다. 그것은 내 가족들과 함께 가도록 해주면 나가겠다"고 했지요. 며칠 지났는데 추진해보라는 연락이 왔어요. 추진하자면 먼저 저쪽의 초청장이 필요하니까, 다시 김용복 박사와 의논했지요. 그가 주선하여 프린스턴 신학교의 초청장을 받고 수속을 하게 되었지요. 81년 7월 말에 내가 먼저 출국하여 거처를 마련한 후에 우리 식구들이 한 달 후에 만나게 되었지요…….

반 같이 나가시지 않고요?

이 네. 출국할 때도 하용조 목사와 최순영 장로, 손봉호 교수와 장신대에 선교사로 와 있던 마삼락(馬三樂, Samuel Hugh Moffett) 박사가 노력해서 여비라든지 장학금, 체재비 일부를 마련해 주셨어요……. 참 고마운 분들이죠.

반 네, 고마운 분들이시네요.

이 네. 처음 프린스턴 신학교에 가서 강의실 분위기도 파악하고 강의도 들을 겸 대형 강의에 참석해 보았어요. 내 영어 실력 가지고서는 도저히 못 알아듣겠습디다. 책이나 글은 그래도 좀 보는 편이지만 (귀를 두드리며) 이건 뭐 안 돼요. 그래서 한 달쯤 지내다가 '내가 지금부터 영어 공부 해가지고 강의 듣기는 너무 늦은 거 같고, 그럼 내가 할 수 있는 걸 해보자'고 생각하고 그때 마침 나와 같은 시기에 한국에서 미국으로 온 마페트(마삼락) 박사를 만나 의논했지요.

반 그분이 평양 쪽에서 선교사 하셨던 분과 관계가 있지요?

이 네. 평양에서 선교사로 활동한 마포삼열(馬布三悅, Samuel Austin Moffet) 박사의 아들이에요.

반 아, 마포삼열 목사의…….

이 마삼락이라고 하는 그 아들이 그때 한국에 와서 선교하다가, 내가 들어갈 즈음에 나를 송별해 주고 자기도 프린스턴 신학교 교수로 왔어요. 그래 그 양반은 한국에 있을 때도 내가 가끔 그를 방문, 필요한 자료를 빌려보곤 했거든요. 그분한테 내 사정을 얘기하고, 프린스턴에서 고속도로로 한 시간 정도 걸리는 필라델피아 소재 장로교역사협회(PHS: Presbyterian Historical Society)에 가서 자료를 찾을 수 있도록 소개장을 받았지요.

반 맞아요, 그쪽에 역사 아카이브(archive)가 있죠.

이 PHS에는 미국 북장로회의 아카이브인 셈이지요. 미국 북장로회의 소속된 교회들의 자료들도 보관해 있고 선교사들이 수발(受發)한 문서도 거의 보관되어 있어요. 그래서 거기에 가서 내가 자료를 찾고 연구하도록 추천서를 써줘서 받아 갔지요. 추천서를 가지고 가서 일주일에 5일간, 석 달 동안을 차를 몰고 출퇴근을 한 셈이에요.

반 그럼 프린스턴 집에서 출퇴근하신 거예요, 아니면 거기 자리를 잡으신 거예요?

이 아니. 우리 집에서 출퇴근했어요. 우리 집이 프린스턴과 트렌턴(Trenton) 사이의 로렌스빌(Lawrenceville)의 어느 아파트에 자리 잡고 있었거든요…….

반 아, 집을 프린스턴의 아래쪽에다가 얻으셨구나?

이 네. PHS와는 고속도로로 한 시간 정도 걸리는 곳이에요.

반 아, 그렇죠. 아래쪽으로 그러니까 좀 시간이 절약됐네요.

이 프린스턴 신학교에서 우리 집까지 한 20분 걸려요. 그리고 우리 집에서 나와 얼마 안 가면 바로 고속도로가 연결되었지요.

반 아 네, 필라델피아 고속도로. 95번 도로인가요, 그게.

이 네, 95번 고속도로. 그래 잘 아시네. 그거 어떻게 알아요?

반 제가 거기 살았잖아요. 그래서 선생님 다녀가신 걸 제가 알았죠. PHS에서요.

이 아, 그래요?

반   그래서 선생님 처음 다녀가시고 나서 저도 PHS에서 자료를 보고 그랬지만, 그때 오래전에 선생님이 오셨었다는 얘기를 들었죠.

이   네, 그 석 달 동안……. 얼마 좀 지나니까, 내가 하루 종일 거기서 시간을 보내니까…….

반   그 5일 정도를 계속 가신 거네요?

이   그렇죠. 종일 가서 문서 뒤지고 하니까 아예 거기서 방을 내주었어요…….

반   아예 자리를 내주셨군요. (웃음)

이   (손짓하며) 그 넓이가 요 한 절반 정도 될까…….

반   거기에 사서들이 선생님 자리를 마련해 준 거네요?

이   네. 방을 하나 만들어줍디다. 그러면서 "당신이 필요한 문서 넘버만 알려주면 우리가 다……."

반   찾아서 갖다준다고요?

이   그래서 요구하기만 하면 캐리어에 실어가지고 내가 있는 방으로 날라다 주었어요. 그럼 거기에서 내 나름대로 넘버링을 하고, 그다음에 복사할 건 복사 신청을 하고. 그래서 굉장히 도움을 많이 받았죠. 그리고 또 선교사들의 자료를 내 나름대로 정리도 했습니다. 3개월 동안 지나니까 그쪽 분들과 매우 친숙하게 되었어요. 그곳에서 자료를 조사하면서 생각해 보니 약 60여 년 전에 이곳에 백낙준(白樂濬) 박사가 다녀가지 않았나 하는 생각이 들었어요. 백낙준 박사는 당시 복사기가 없는 상태에서 미국 안에 있는 장로회, 감리회의 여러 선교 본부를 찾아가 한국 현지의 선교사들과 주고받은 문서를 근거로 1927년 예일 대학교(Yale University)에서 한국 교회사 연구로 박사학위를 받으셨거든요. 그 어른은 발로 뛰고 손으로 그리는 아주 '미련한 방법'으로 자료 수집을 하셨어요. '미련한 방법'이란 게 나쁜 의미가 아니라 '고지식하고 끈기 있게' 발과 손으로 자료를 수집하여 그런 불후(不朽)의 대작(大作)을 남겼다는 의미지요. 내가 미국에 가게 되었다고 연세대학교 명예총장실로 인사를 하러 가니 백 박사가 "아, 이 교수 그래 가게 됐어, 내가 이 교수하고 1910년 이후의 한국 교회 역사를 같이 쓰려고 생각을 했는데" 하시더군요. 그러면서 당신이 도움을 받은 예일 대학교 '데이 미션 라이브러리(Day Mission Library)를 비롯한 몇몇 자료보관소를 말씀해 주시더군요.

반 아, 백낙준 교수님의 그 유명한 『한국기독교사』를 말씀하시는 건가요?

이 네. 『한국기독교(사)』가 1910년까지 그 양반이 썼거든. 어, (책을 가지러 가며) 내가 그 책도 좀 보여줄게.

반 네. 그게 1910년대에 끊나더군요. 원래는 영어로 되어 있죠?

이 (책을 가리키며) 이거는 번역한 거고, 원래는 영어로 된 게 이거.

반 이게 원본이군요? *The History of Protestant Missions in Korea 1932~1910*, 엘 조지 백(L. George Paik).

이 1910년까지인데 1929년인가 그때 한국에서 출판되었어요.

반 일제강점기에 쓴 거군요. 1929년에 평양신학교에서 나온 모양이네요, 선생님. 1974년에 번역서가 『한국개신교사』라는 이름으로 나왔고요.

이 네. 초판 인쇄는 아마 서울 YMCA로 되어 있지요? 백 박사로서는 이 책 이후의 한국 기독교회사는 자기가 쓴 게 없으니까 이 책 뒤의 역사를 나하고 같이 쓰고 싶었던 것이 아닌가 생각해요. 그런데 내가 미국으로 떠난다니까 내게 그런 말씀을 하신 것 같아요. 그러면서 미국에 가서 한국 기독교사 자료를 찾으려면 어디 어디에 가서 보는 것이 좋다고 당부하신 거지요.

반 아까 '데이 미션 라이브러리'라고 하셨던가요?

이 네, 백 박사가 언급한 것 가운데 하나가 그 예일 대학에 데이 미션 라이브러리이고요. 그건 예일 대학교 신과대학의 도서관인 셈이지요. 그가 또 '한국 독립운동 관련 자료'를 찾아보라고 부탁하셨는데, 그걸 찾아보려고 그 방대한 예일 대학 도서관과 그 일부분인 동양 서적 부분을 찾기도 했지요.

반 네, 그러셨군요?

이 그런데 백 박사님 말씀으로는 거기에 가면 자기가 공부할 적에 '한국 기독교와 민족 운동'에 관련된 걸 따로 모아놓은 것이 있다고 그렇게 말씀하셨어요.

반 아, 백 박사님께서 분류를 해놓으신 거군요.

이 그거를 꼭 찾아보라고 했는데, 그런데 찾아봐도 못 찾았어요.

반 아, 그러세요?

이 내가 데이 미션 라이브러리를 다 뒤졌거든.

반 그럼 행방불명이 된 거예요?

이 혹시 그것이 예일 대학 도서관으로 옮겼는지 알 수 없구요. 데이 미션 라이브러리는 단과대학 수준의 도서관이고, 또 다른 곳에 있던 것을 혼동할 수도 있겠고요…….

반 아, 옮겨졌을 수도 있겠군요.

이 네. 예일 대학교 도서관이 미국의 의회도서관 다음으로 큰 데라고 들었습니다.

반 아, 그렇습니까?

이 네. 커요, 거기 가니까 못 찾겠습디다. 동양 세션 중에 한국 세션이 조금 있는데 퀴퀴한 냄새도 나고 그냥 안 되겠어. 결국은 못 찾고 말았는데. 여하튼 그런 얘기까지 하시면서 날더러 크게 격려를 해주셨어요. 그래서 백낙준 박사가 미국 선교사의 원자료를 직접 찾으려고 한 이후에 제대로 접촉한 사람은 내가 두 번째가 아닌가 하는 생각도 들었지요.

반 그러네요.

이 백 박사 후에 미국에서 한국 교회사로 박사학위를 한 분으로 전성천(全聖天) 박사가 있어요. 4·19 혁명 전에 공보처 장관인가, 하여튼 이승만 대통령 밑에 있다가 4·19 이후에 그만둔 분이 있어요. 그 사람이 '한국 교회 분열'에 대해서 미국 프린스턴 신학교에서 박사학위를 받았는데, 그건 백 박사만큼 선교사 자료를 찾지 않았어요. 그래도 미국에서 학위논문으로 쓴 작은 책이긴 하지만 선교사 자료를 많이 섭렵하지 않아 아쉬운 측면이 있지요. 하여튼, 나로서는 그때 복사도 많이 했을 뿐만 아니라, 그다음에는 PHS에 있는 한국 선교 관련 자료를 마이크로필름으로 만들어왔어요.

반 아, 그러셨어요?

이 1910년까지는 PHS에서 마이크로필름을 복사해 달라고 요청했지요. 1910년 까지는 오래전에 미국 분들이 만들었는데 경험이 없어서 그런지, 마이크로필름을 만들고는 그 원자료는 전부 다 파기해 버렸대. 미국 사람들치고는 어이가 없는 짓을 한 거지요.

반 아, 마이크로필름으로 만들었으니까 원자료를 그냥 없애버린 거군요.

이 네, 그걸 없앴대. 왜 그걸 내가 알았느냐 하면, 그 마이크로필름 된 걸 가지고 읽으려 하면 어떤 것은 사이즈도 맞지 않고 촬영도 희미하게 되어 원본 확인이 필요한 것이 있어요. 그래서 원본 확인을 위해 원본을 좀 보여달라고 하니…….

반 그렇죠, 원본하고 비교해야 할 때가 있죠.

이 확인하기 위해 원본을 좀 보자고 하니까 없다고, 그때서야 원본을 없애버렸다고 해요…….

반 미국도 그런 엉터리가 있네요.

이 네, 그런 엉터리들이 있어요. 그 뒤 내가 가서 마이크로필름을 제작해 달라고 요청한 적이 있어요, 문서 중에서 비밀 연한이 풀린 것만 할 수 있었어요. 1981년에 가서는 마이크로필름을 복사만 해왔고 그 뒤에 가서 그 연한이 풀린 문서를 마이크로필름으로 제작해 달라고 했는데, 해방될 때까지는 거의 다 됐어요. 그리고 필라델피아뿐만 아니라 여러 군데 다녔습니다. 우선 캐나다로 갔지요, 캐나다 빅토리아 유니버시티(Victoria University)라고 해서…….

반 동부 쪽인가요?

이 네, 토론토에 있어요. 토론토 유니버시티(University of Toronto) 안에 빅토리아 유니버시티라고 있어요.

반 아, 그래요?

이 대학 체계가 이상한 것 같았어요. 보통 우리가 알기로는 칼리지를 모아 유니버시티를 형성하는 것으로 압니다만, 토론토 유니버시티 안에 빅토리아 유니버시티가 있어요.

반 이거 재밌네요, 단과대학도 아니고.

이 빅토리아 유니버시티는 뭐냐 하면 각 교단의 신학교들이 많잖아요. 단과대학급의 그 신학교들을 모아놓은 게 빅토리아 유니버시티예요. 그 빅토리아 유니버시티를 다시 토론토 유니버시티 안에 둔 거예요. 거기 가면 캐나다 장로회 및 캐나다 연합교회 자료들이 또 있어요.

반 아, 그렇습니까?

이 마침 내가 예일에 가서 보니, 최재건이라는 연세대학교 출신의 유학생 부부가 앞서 언급한 '데이 미션 라이브러리' 앞에 있는 기숙사에 계셨어요. 이분이 캐나다 장로회 및 연합교회의 한국 선교 관련 문서를 마이크로필름화하여 갖고 있었어요.

반 아, 만들어놨어요?

이 그래 나는 그걸 복사를 했어요. 복사를 하고 거기에 복사 안 된 걸 빅토리아 유니버시티에 가서 다시 찾았어요. 최재건 목사님은 그 뒤 하버드(Harvard University)에서 박사학위를 받고 책으로 출판했어요. 가장 뚝심 있게 연구한 분이지요. 토론토에 다녀온 후 하버드에 가서 며칠간 뒤졌는데 거긴 별로 한국 교회사 관련 자료는 없었어요. 그다음에 뉴욕 시립도서관에 소장되어 있는 알렌(Horace Allen) 문서를 뒤졌지요.

반 뉴욕시립도서관이라면 뉴욕 퍼블릭 라이브러리(New York Public Library) 말씀이지요?

이 네, 거기에 알렌 문서들이 있습니다.

반 알렌 문서.

이 그리고 뉴저지 매디슨(Madison) 소재 드루 대학(Drew University) 안에는 미국감리회 아카이브즈(archives)가 있습니다. 그리고 프린스턴 근처 뉴부른스윅(New Brunswick) 소재 뉴저지 주립대학인 '럿거스(Rutgers) 대학' 도서관에는 『은둔국 한국(Corea the Hermit Nation)』의 저자인 그리피스(W. E. Griffis)의 자료들이 있지요.

반 거의 다 하신 거네요, 동부 쪽은.

이 네. 여러 아카이브들이 있어서 자료들이 잘 보관되어 있어요. 그리고 프린스턴(Princeton University)에서 미국 남장로회(PCUS)의 아카이브스가 있는 노스캐롤라이나에도 꼬빡 이틀을 운전하여 갔던 적이 있지요.

반 남장로회.

이 노스캐롤라이나 블랙마운틴(Black Mountain)이라고 하는 곳인데요, 남장로회 선교사들 은퇴한 분들이 거기에 많습니다. 거기서 은퇴 선교사들도 좀 만나고 거기에 있는 히스토리컬 파운데이션(Historical Foundation)이라고 하는 곳에서 한 달 동안 자료 수집 작업을 했습니다. 그곳에는 종이 문서도 있었지만, 마이크로필름으로 되어 있는 문서들이 많았어요. 마이크로필름 문서 중에서 한국 파송 선교사들의 자료들을 찾았지요……

반 아유, 그거 보기가 무지하게 힘드셨겠네요. 기계도 안 좋았을 텐데요.

이 또 마이크로필름으로 된 것도 복사했는데. 복사비도 많이 들었어요. 내가 그 책임자 보고 "내가 이러이러하게 자료 수집하러 왔는데 좀 싸게 해줄 수 있겠느냐?"고 했지요. 그러니까……

반 그게 좀 비싸잖아요, 일반 인쇄보다 두세 배 더 비싼데.

이 그러니까 "그래? 그러면 매일매일 페이(pay) 하지 말고, 매일 복사한 분량을 적어두기만 하라는 거예요."

반 네. 선생님 말씀하시니까 생각나는데 제가 PHS에서 그 온누리교회에서 온 팀을 만났어요. 온누리교회에서 팀을 짜서 카메라맨들하고 왔더라고요. 그래서 "무얼 하시느냐?"고 그랬더니 지금 말씀하신 거 있잖아요. 미국 내에 선교사를 파송한 교단을 다 돈대요. 그래서 그 작업을, 사전조사 하러 왔다고 하더라고요. "그럼 앞으로 어찌하실 겁니까?" 그랬더니 자료 정리를 한다는 거예요. 그래서 "어디서 왔느냐?"고 그러니까 온누리교회에서 왔다는 거예요. 선생님 말씀을 듣고 보니 그분들이 하용조 목사하고 관련이 좀 있는 거 같아요, 선생님.

이　　그래 그분들은 아마도 하용조 목사님 돌아가시고 난 뒤에 갔던 것 같아요.

반　　제가 2014년도에 갔으니까 아마 그게 선생님 그 작업하신 거하고 관련이 있는 거 같아요. 다 정리한다고 그러던데요?

이　　어…….　자료 이야기는 내가 그분들께 해줬어요.

반　　그렇죠. 그러니까 그런 거 같아요.

이　　내가 미국 어디에 뭐가 있다는 걸 다 얘기했기 때문에…….

반　　네. 그러니까 다 알고 있더라고요.

이　　이거 좀, 조금 쉬었다 합시다.

반　　네 그러하세요, 선생님. 너무 강행군하십니다.

13. 한국기독교역사연구소가 만들어진 배경

이　　내가 실제 사료 조사를 했잖아요. 하고 난 뒤에 생각하니까…….

반　　대단한 작업을 하셨죠.

이　　'아, 백 박사의 한국 기독교 관계 첫 책은 발로 뛰어서 만든 책이다'는 느낌이 들었어요. 그때는 복사기가 없으니까, (쓰는 시늉을 하며) 전부 다 이렇게 일일이 베꼈지요. 아까 백낙준 박사가 내 도미(渡美) 전에 "같이 쓰고 싶었다. 그런데 당신이 가는구나"라고 말씀하시면서 연세대학교 명예 총장실에 있는 카드함을 보여주셨어요. (백 박사의 책을 두드리며) 카드함에 들어 있는 카드를 만들면서 그것을 일일이 베꼈거든요. 자료를 찾아 동분서주했던 그의 노력을 엿볼 수 있었어요. 그걸 보면서 백 박사께서 그의 책에 써놓은 풋노트(footnotes) 하나하나가 일일이 베껴 만들었다는 것을 생각하니 가슴 뭉클했어요. (그 책을 보며) 백 박사의 젊은 시절의 이런 자료 수집 노력을 상기했을 때 비로소 "이 책이 정말 굉장히 중요한 책이다"라는 것을 깨닫게 되었어요. 이것은 내가 직접 자료를 찾으러 다니면서 느낀 감동이라고 하겠지요.

반   요즘은 복사도 하고 스캔까지 다 되지요.

이   그때는 일일이 가서 확인하고 베껴야 했습니다. 선교 본부가 한 군데 있는 게 아니라 미국에만 네 개의 선교 본부와 캐나다 선교 본부 등을 일일이 찾아다녀야 했으니 그 고생이 얼마나 되었겠는가. 그래서 생각하게 된 건데요, 나의 해직이 이런 자료 접근을 강제했기 때문에 한국 기독교사에 대한 연구를 본격화시킨 계기가 된 거죠. 또 우리 동학(同學)들의 자료(수집)에 대한 강렬한 열망이 연구 모임 결성을 촉진하게 되었지요.

반   그럼 자연히 '한국기독교역사연구소' 이야기로 넘어가는데요, 처음에 연구회로 시작하신 거죠?

이   네, 처음에는 '한국기독교사연구회'라는 이름으로 출발했어요.

반   그러니까 선생님도 자료를 찾아오시고 다른 회원들도 자료를 공유하자는 논의들이 자연히 연구 모임을 갖게 되는 계기가 되었겠군요. 그래서…….

이   1982년에 '한국기독교사연구회'가 발족하게 되었지요.

반   선생님께서 한국으로 돌아오셔서요?

이   네, 앞서 말한 대로 '1985년'을 대비해야 한다는 소장 학인들의 논의가 있었어요. 당시까지는 대부분 신학하시는 분들이 한국 교회사 연구를 하고 있었어요. 그렇다고 학문적인 네트워크가 형성된 것은 아니었어요. 그런데 1980년대에 들어서서 앞서 말한 '1985년'을 대비해야 한다는 공감대가 형성되어 갔고 거기에다 이 학문적 유대를 가능하게 하는 계기들이 있었어요. 한영제(韓永濟) 장로가 대표로 있는 '기독교문사'가 한국 기독교 100주년을 기념하기 위해 『기독교 대백과사전』(16권)을 준비하고 있었는데, 46배판 각 권 1500페이지 내외의 방대한 분량 속에는 한국 기독교사에 관한 항목이 꽤 많았어요. 우선 거기에 집필진으로 참여한 분들의 인적 네트워크가 생기기 시작했지요. 이런 방대한 작업을 하자니 국내에서도 자료를 모으거나 교환하지 않을 수 없었어요. 국내의 이런 움직임에다 제가 1982년 8월경에 일단 귀국하게 되어 자연스럽게 환영회 비숫한 모임을 갖게 되었고 자료와 연구 정보를 공유하게 되면서 발표회도 갖게 되었어요. 가령 제가 귀국한 후 '해외 소재 한국 기독교사 자료'에 대한 보고를 하게 된 것도 이 그 하나지요. 이 무렵 일본에 있던 오윤태(吳允台) 목사가 오셔서 간담회도 갖게 되었어요. 이렇게 자주 모이게 되면서 동학(同學)들이 연구회를 만들자는 논의가 성숙하여, 1982년 9월 27일에 '한국기독교사연구회'를 정식으로 발족하게 되었어요. 9월 27일로 정한 것은 한국에서 최초의 조직교회인 '새문안교회'가 출발한 것이 1887년 9월 27일인데 그 날짜를 맞춘 것이에요. 이런 조직이 시작되니까 젊은 연구자들이나 관심 가진 이들이 한둘 모이기 시작했고, 그 힘을 모아 월례발표회도 갖고 연구회지도 내기 시작했어요. 한국 기독교사 연구가 백낙준 박사가 이것(*The history of Protestant Missions in Korea*)을 내고, 민경배 교수가 개인적으로 연구 결과를 내는 그런 단계를 넘어서지 못했는데, 연구회 결성으로 상황이 진전되게 되었어요. 연구회가 결성되고 난 뒤 회원들은 자료를 공개·공유하는 것이 자연스럽게 되었지요.

반   그렇죠.

이   뭐가 있으면 "이런 자료 발견했어, 자, 이건 너한테 필요할 거다" 하는 식으로 자료를 공유하게 되니까 회원 간에 친목도 잘 이뤄졌어요. 심지어는 한국에 유학 온 구라다(藏田雅彦) 선생도 참여하여 '연구회'가 8년간 지속되었어요. 이때만 해도 회원들의 동지의식과 기독교문사 한영제 장로의 지원이 계속되었는데 이를 기반으로 『한국기독교의 역사』(전 3권)를 기획하여 간행하기 시작했어요. 8년 동안의 일들을 여기서 다 나열할 수 힘든데 ……. 이 기간 동안에 동인들 간의 인간적·학문적·신앙적 유대가 아주 강화된 것만은 사실이에요. 그러나 연구회 상태로는 일회성 성격에 그치고 자료나 연구의 축적에 문제가 있다는 걸 깨닫게 되어 이런 문제를 해결하기 위해서는 "연구소를 만들자"고 의견을 모으게 되었어요. 그 과정에서 생각지 못한 어려움이 있었지만 잘 극복하게 되었어요. 고심 끝에 1990년에 숙대 앞에 20여 평 규모의 연구소를 마련하게 되었어요. 시작할 때 당장 필요한 게 건물 임대가 필요하잖아요…….

반   그렇죠.

이　그때 전세금 6000만 원이 필요했어요. 그런 돈은 당시로서는 큰 편이지요.

반　엄청난 돈이죠, 지금도 큰돈이지만.

이　연구소 출발할 때 앞서 언급한 복음주의권 몇몇 목사님들께 협조를 구했지요. 당장 전세금을 해결하기 위해 '사랑의 교회' 옥한흠(玉漢欽) 목사를 찾아갔지요. 옥 목사님은 즉석에서 두 사람을 소개했어요, 그분들을 찾아가 보라는 거예요. 첫째 분이 이랜드의 박성수 선생이었어요. 찾아가서 이야기를 오래 나누지도 않았어요. 박 사장은 자기는 "사람을 보고 돈을 드리지, 기관을 보고 돈을 내지 않는다"면서 "선생님을 믿고 요구하는 액수를 드리겠다"고 했어요. 그걸로 전세금으로 하게 되니 그 뒤의 일도 슬슬 풀리게 되었어요.

반　그러니까 이랜드에서 시드머니(seed money)를 주셨네요.

이　건물을 전세로 얻고 난 다음, 그 안에 컴퓨터니 뭐니 들어가야 하는데, 그것도 여러 곳에서 도와주셨어요. "내부 인테리어를 맡겠다", "컴퓨터 몇 개를 맡겠다" 등 도움을 받게 되었어요. 그때 할렐루야교회와 영락교회 분들이 많이 도와주었어요. 이런 준비를 갖춘 후에 1990년 9월 27일 숙대 앞에서 '한국기독교역사연구소'를 출범시키게 되었어요. 그리고 95년에 와서 '사단법인'으로 만들었는데, 그때 기증자의 양해를 얻은, 처음 전세금 6000만 원을 기본 재산에 편입시키게 되었어요. 그 연구소는 그 뒤 수서로 가서 자기 지분의 건물을 갖기 시작했고, 그 뒤 다시 지금의 망원동에 크지는 않지만 4층짜리 건물로 옮기게 되었어요.

반　지금은 건물을 단독으로 쓰고 있나요?

이　단독 건물로……

반　연구소 단독 건물이지요?

이　4층이라고 하지만 한 층 평수가 한 30평을 조금 넘는 정도밖에 되지 않아요. 그동안에 회원 여러분들과 기독교계에서 도와 여기까지 오게 되었으니 다행이지요.

반　네. 자료는 많이 수집이 된 거죠?

이　네. 그 뒤 본격적으로 기독교사 관계 자료를 수집하게 되었어요. 당연한 이야기지만 한국 기독교사 관련 국내외 관련 자료를 가장 많이 비치했고, 그동안 360여 회에 달하는 월례연구발표회를 가졌고 연 2회의 학술지 간행이 50회가 넘었고, 자료 및 연구 총서도 50여 권이 넘었죠.

반　그럼 이 기간에 선생님의 연구는 전적으로 기독교사 연구에만 전념하신 건 가요? 다른 국사학 연구에서 손을 놓으신 건 아니고 계속 일반 국사 쪽도 공부하셨죠?

이　네. 1980년대에 들어서 일반 국사학 관련 공부는 본격적으로 신채호와 박은식 등 한국 근대 사학사 분야에 관심을 쏟게 되었습니다. 사상사적인 것과 연관된다고 보았으니까. 그래서 『단재 신채호의 역사학 연구』 등 한국사 관련 책도 한두 권 냈습니다만 2000년대 이후엔 국사편찬위원회에 관여하게 되었고, 그 뒤에는 중국의 동북공정(東北工程)과 일제의 식민주의사관의 극복, 그리고 국정 역사교과서 문제 등에 휘말리게 되면서 한국 기독교사 연구 외에는 연구다운 연구를 남기지 못했어요.

14. 국사편찬위원회 위원장 재직 시절 외부 활동

반　제가 질문하기도 전에 선생님께서 먼저 말씀하시니까 자연스럽게 학교 은퇴하고 난 뒤 국사편찬위원회 활동으로 바로 넘어가도록 하겠습니다.

이　그러죠, 국사편찬위원회는 2003년에.

반　정년 은퇴에 앞서 국사편찬위원회로 가서서 활동하시게 되었지요. 그것도 말씀해 주시면 좋겠네요.

이　제 숙명여대 은퇴가 2003년 8월 말인데, 6월 달에 국사편찬위원회 발령을 받았습니다. 임명장을 받아 일을 시작하여 2006년 8월에 퇴임했으니까 3년 2개월 동안 일한 셈입니다. 그때 역점을 둔 게 몇 개 있는데 시기적으로 첫째가 임시

정부자료집을 정리·간행하는 것이었어요.

반　대한민국 임시정부자료집?

이　네. 대한민국 임시정부 자료집을 새롭게 정리·편찬했는데 처음부터 이걸 하려고 한 건 아니고, 그 전에 1999년부터 2001년까지 독립운동사연구소에서 하려고 했던…….

반　천안에 있는 '독립기념관 독립운동사연구소' 소장을 맡으셨죠?

이　네, 소장을 맡아 그때 생각한 게, 연구소에서 이것저것 많이 하는데 가장 중요한 것이 대한민국 임시정부 자료집을 제대로 만들고 한국독립운동사를 총정리하는 것이라고 보았지요. 특히 김대중 정권이 들어서면서 남북 왕래가 활성화되고 민족적 동질성 회복이 심화되는 상황에서 그렇게 되면 앞으로 통일의 가능성까지 염두에 둬야 하지 않나 이렇게 생각했지요, 그 당시로서는 그랬어요. 그래서 통일이 되면, 바람직한 건 아니지만 역사학자들은 분단되었을 시기의 남북한의 정통성 문제를 필연적으로 제기할 수도 있을 것이다. 다른 시기는 몰라도 20세기 들어서서 남북분단 시기에 대한 정통성 문제가…….

반　정통성 문제. 그렇게 부딪치게 되겠죠.

이　내가 조선 후기 사학사에서 정통성 문제를 다룬 적이 있거든요. 노론(老論)과 남인(南人) 사이에는 정치적 견해 차이뿐만 아니라 역사의식도 상당한 차이를 보였거든요. 특히 고대사 인식에서 그랬어요. 그래서 통일이 되면, 정통성 문제가 불거지지 않고 그 대신 역사 인식에서도 화해와 통합이 이뤄지면 좋겠지만, 그럼에도 불구하고 역사학계에서 분단 시기의 정통성 문제가 제기되지 않겠나 하는 생각이 들었어요. 분단 시대의 남북한을 두고 정통성 문제가 나온다면, 물론 그때 다른 요인을 가지고 정통성을 따질 수도 있겠지만, 결국 우리 헌법 전문에 나와 있는 '대한민국 임시정부 계승론'이 쟁점이 되지 않을 수 없을 것이라고 보았지요. 이와 관련, 일제 강점기의 독립운동의 정신을 누가 더 계승했는가, 그 외에 누가 더 인민을 위한 민주주의를 실현해 왔는가 하는 그런 의제들이 나올 것이라고 생각했었지요. 그런데 북한은 해방되고 난 뒤에 1948년 조선민주주의인민공화국을 수립할 때에 자기들의 무장 항일운동, 특히 만주에서 행한 게릴라 활동을 정통으로 해서 국가 건립까지 이룩하여 나름대로 역사 정리를 해놨어요. 그런데 대한민국에서는 제헌헌법 전문에 한 줄 명시한 것 외에는 정통론에 대처할 아무런 준비가 되어 있지 않았어요.

반 네. 제헌헌법 전문에는 그렇게 나와 있지만 실질적으로 그것을 뒷받침하는 자료나 연구가 부족한 편이었죠.

이 실질적으로는 아무것도 뒷받침한 게 없다는 것이 제 판단이었어요. 그래서 독립기념관 '한국독립운동사연구소' 소장으로 있으면서 앞에 언급한 두 가지를 해야 되겠다고 생각했었지요. 하나는 한국 독립운동사를 체계적으로 만들어야겠다는 것이지요. (『한국독립운동의 역사』 60권을 보이며) 그런 구상이 뒤에 이걸로 나온 셈이지요.

반 『한국독립운동의 역사』 편찬 때에 제가 또 선생님 애를 먹였죠. 고생 많으셨죠? '한국독립운동연구소 소장' 하면서 만드신 건가요? 소장을 마치시고 난 이후 아닌가요?

이 독립운동사연구소 소장으로 있을 때 기획을 하고 예산까지 마련했어요.

반 아, 그때는 기획하신 거고. 국편(국사편찬위원회) 위원장 하시면서는 그 기획을 실제로 진행하셨군요.

이 네. 그런데 '한국독립운동사연구소' 소장이었을 때 정부의 예산 담당 부처와 국회를 움직여 앞의 두 프로젝트를 할 수 있는 예산을 만들었지요. 첫해에 배정된 예산으로 시작은 할 수 있었는데, 그때 박유철 관장이 임기가 끝나고 다른 분이 관장으로 오게 되는 바람에…….

반 이문원 선생님. 독립기념관 관장을 하셨죠.

이 그분이 관장으로 올 즈음에 나는 임기가 끝났어요. 연임이 안 되니까 그 돈을 원래 세운 목적 사업에 쓰지 못했어요. 예산까지 받아서 일을 못했으니 나로서는 안타깝게 생각했지요. 2년 후에 국사편찬위원장으로 임명받았어요. 그때 중앙대학교의 김호일 교수가 독립운동사연구소 소장을 계셨는데, 김 교수를 만이 "내가 그때 두 가지를 하려다가 못하고 왔는데, 그 두 가지는 어느 기관보다도 한국독립운동사연구소에서 하는 것이 적합할 거다. 그러니까 당신이 그걸 꼭 해주었으면 좋겠다. 국사편찬위원회에서도 도울 수 있으면 돕겠다" 이랬거든요. "만약 그걸 못하겠다면 내게 말해달라……." 한 3개월 후에 답이 왔어요. "우리(한국독립운동사연구소)는 이 인원 가지고 도저히 못 하겠다"는 것이었어요. 그래서 내가 확답을 요구했지요. "지금 내가 생각하기로는 이 일은 국가적으로 꼭 해야 할 일인데 한국독립운동사연구소에서 그걸 못 하겠다면 국사편찬위원회에서 해도 되겠느냐?"고 다짐을 받았지요. 얼마 후에 다시 "그러면 국사편찬위원회에서 하십시오". (『대한민국 임시정부자료집』을 가리키며) 그때 국사편찬위원회가 편찬하겠다고 한 책이 바로 이거예요.

반 음, 임시정부자료집.

이 네, 『대한민국임시정부 자료집』.

반 그래서 국사편찬위원회에서 저걸 맡게 된 거군요.

이 네. 저 자료집을 국사편찬위원회에서 내기로 하고 김희곤 교수 등 몇 분과 의논, 『대한민국임시정부 자료집』을 편찬하기 위한 독립된 '위원회'를 만들기로 하고 전문가들을 모셨지요. 반 교수님도 위원 중 한 분이 아니셨던가요?

반 저도 위원회에 들어갔습니다. 나중에 들어갔어요.

이 네, 그래요. 위원회가 처음 모였을 때 국사편찬위원회 위원장으로서 부탁했어요. "위원회에서 하는 거, 간섭하지 않겠다. 예산과 실무 요원을 뒷받침하겠다. 위원회에서 독자적인 최선의 방안을 강구해 달라, 내가 원하는 건 하나다. 60권을 만들어달라는 것이다. 왜? 곧 해방 60주년이 되는데, 이 편찬은 해방 60주년을 기념하는 의미도 있다. 충분히 60권 만들 수 있을 것으로 본다." 그런 부탁을 하고 전적으로 맡겼어요. 그리고 예산과 실무 요원을 배정했어요.

반 실무 요원이 전담을 했죠.

이 네. 전담을 시키고, 예산 지원하고. 그래서 편찬토록 했어요. 내가 처음 만들 적에 10권 정도는 금박으로 만들도록 했습니다. 국가 중요 기관에 특별히 비치토록 하기 위해서였지요.

반　아, 그랬습니까? 금박으로요?

이　네, 그거는 보관을 해야 되니까.

반　아, 보관용. 옛날에『조선왕조실록』처럼요.

이　그러니까 금박 된 것은 국회와 청와대, 국가기록원과 국립도서관 등에 보관시키려고 한 것이지요. 그러면서 출판하는 사람들한테 "그게 돈이 좀 부담되겠지만, 역사에 남을 보배가 될 것이라"고 말했지요. 제가 국편에 있을 때 전체 60권 중 20권도 채 못 나왔지만 전체적으로 쉰한(51) 권인가 그 정도로 나왔다고 들었지요.

반　내용이 좀 빠졌죠. 아직 부족하죠.

이　그때도 사료 수집을 위해서 예산에 신경을 많이 썼지만 뜻대로 되지는 않았어요. 최근 새로 임명된 조광(趙珖) 국편 위원장에게 그 자료집의 완성을 위해 부탁도 드렸지요.

반　올해는 3·1운동 100주년, 상해 임시정부 수립 100주년이지요.

이　"100주년 앞두고 어떻게 했으면 좋겠느냐?" 해서 "저 자료집 60권 이상 만들어야 한다"고 했지요.

반　채워야죠.

이　지금 제대로 채우지 못한 자료는 프랑스 자료예요. '대한민국 임시정부'가 상해 프랑스 조계지에서 출발했지요. 그러면 프랑스는 자기 조계지에서 일어날 일을 매번 보고했을 것이에요. 조계 관리소에서는 북경에 있는 프랑스 공사관으로 보고하고 다시 본국으로 보고되었을 것이에요. 그 보고된 고문서가 프랑스 낭트 소재 고문서관에 보관되어 있다고 해요. 그 문서 중 임정 관계를 찾고 복사·번역하는 예산 신청을 몇 번 했습니다. "낭트에 보관 중인 임시정부 자료를 찾아 번역을 하자면 그게 단기간에 이뤄질 수는 없을 것, 그럼 거기에 전문가를 파견해야 하는데, 파견 여비와 상주 여비, 또 번역비 등을 예산으로 마련해 달라"고 한 것이지요, 제가 있을 때도 그런 예산을 확보하지 못했어요. 신임 위원장 조광 교수께도 예산 확보하여 그 일을 완료해야 한다고 강조했지만, 올해도 예산을 확보하지 못했다고 그래요.

반   아, 그런 거군요.

이   지난번에 조 위원장께 다시 물어보니까 안 됐다고 그래요. 앞서 정통성 문제를 언급했는데, 우리가 그런 자료집을 제대로 갖춰야 하는 것은 독립운동사를 제대로 정리한다는 차원에서도 중요하지만 혹시 뒷날 있을지도 모르는 '남북의 정통성 문제를 따질 때 대한민국 임시정부 자료가 굉장히 중요한 역할을 할 것' 이라고 생각해요. 그리고 앞서 이야기하다가 말았는데, 한국 독립운동사가 아직 체계적으로 정리되지 않았다는 문제가 있다고 했는데, 내가 국편에 있을 때 해방 60주년을 맞게 되어 그런 문제가 자연스럽게 대두되었습니다. 그러니까 2005년이 해방 60주년이요, 2008년이 정부수립 60주년이 된단 말이에요. 이런 기회에 그 사업의 하나로 이 문제가 대두되었어요. 정부에서는 이때를 맞아 기념사업을 하도록 계획을 세우고 …….

반   공모를 한 거네요.

이   네. 독립기념관에서 김희곤 교수가 연구소장으로 있을 때인데 …….

반   그러니까 김희곤 교수가 공모에 신청했나 보네요.

이   김 교수는 내가 연구소장 할 적에 한국 독립운동사를 정리해야겠다는 것을 알고 있었고, 그때 예산이 마련되었지만 일을 하지 못했다는 것을 알고 있었어요. 그때 하려다가 못 한 것인데 이때 신청하여 상당한 예산을 받아 시행하게 되었어요.

반   아, 그렇게 해서 『한국 독립운동의 역사』를 편찬하게 되었군요.

이   네. 그러고는 '한국독립운동사편찬위원회'를 만들게 되었는데, 오래전에 내가 발의를 했으니까.

반   그래서 위원장 맡으신 거군요.

이   네. 그 자리에 윤병석, 조동걸 선생과 신용하 교수 다 있었는데, 당시 한국 독립운동사연구소 소장인 김희곤 교수는 그분들에게 양해를 구하듯, 전에 내가 연구소장 할 때에 '한국 독립운동사'를 정리하려다가 못한 것을 상기시키면서 날보고 "선생님께서 이 일을 맡으시는 것이 좋겠습니다"라고 했어요. 그런 연유로 그 위원장을 맡게 되었어요. 그 뒤 논의 과정에서 "아예 60주년을 기념하는 의미에서 60권으로 만들자"고 했지요. 몇 년 전에 내가 연구소장으로 있을 때에 계획한 것은 '일제 강점 36년'과 관련시켜 36권으로 하려고 했었는데, 해방 및 정부수립 60주년을 기념하는 의미도 있고 해서 60권으로 하기로 했어요. 그리고 한 권을 쓰는 데에 원고료로만 2000만 원을 책정했어요. 그렇게 해도 원고료는 전체 예산의 3분의 1을 약간 상회하는 정도밖에 되지 않았어요.

반   원고료가요?

이   네. 권당 원고료로 그렇게 정했는데 당시 다른 곳에서도 권당 그렇게 책정된 곳이 있었어요.

반   그때 원고료로만 권당 2000만 원이라면 좀 센 편 아닌가요?

이   그런 셈이죠. 그러나 당시 연구 프로젝트에 따라서는 2000만 원이 넘는 곳도 있었어요.

반   맞아요, 그건 맞습니다. 저도 원고료를 많이 받았어요, 그때. 그러니까 선생님께서 고생하셨지요. 하여튼 고생하셨죠, 뭐. (웃음)

이   그래도 (60권을 보여주면서) 이렇게 독립운동사를 총정리하여 만들었으니까.

반   그렇죠. 지금 학자들이 글 쓸 때 이 책을 많이 인용들 해요. 지금 정리되어 있는 게 이거밖에 없으니까요.

이   이거는 그러니까 내가 국편 위원장으로서 한 건 아니고 한국독립운동사연구소 소장 때에 독립기념관에서 구상했던 것을 실현한 셈이에요.

반   그렇죠.

이   독립기념관에서 한 거죠. 그다음에 국편 위원장으로서 한 거는 아까 임시정부 자료집과 그다음에 중요한 게 『조선왕조실록』의 원본과 한문 타자본 그리고 번역본을 전부 다 웹(web)에다가 올린 거예요. 이게 엄청나게 중요한 거라고 생각해요. 그게 이뤄진 경위는 2004년 6월 6일 현충일 날에 국편 위원장으로서 동작동 국립현충원에 참석하게 되었어요, 그날따라 내 옆에 한덕수 장관이 앉았어요.

반 한덕수 씨가 그때에 부총리였나요? 김대중 정권 때죠, 선생님?

이 아니, 노무현 정권 때였어요. 그는 그 뒤 총리가 되었지만, 저를 만난 때는 총리실 산하의 장관급인 국무조정실장으로 계셨어요. 내가 국편에 있다고 하니 한덕수 실장이 로또(lotto) 기금 이야기를 해요. 왜 로또 있잖아요…….

반 네.

이 그걸 정부에서 주관하는데 기금이 많이 축적되었대요. 그러면서 이걸 가지고 정부 예산 밖에서 문화사업 같은 것을 하겠다고 하면서 "국사편찬위원회에서 국민 전체를 위해 할 수 있는 일이 없겠느냐?"는 것이에요. 초면에 내가 묻지도 않았는데 그런 말씀을 하신단 말이에요. 왜 그분이 외모도 깔끔하고 신중한 모습을 보이고 있잖아요.

반 예산이 얼마 정도 되었나요?

이 그래서 내가 물었지요. 액수가 어느 정도냐고. "한 20억 정도"는 가능하다는 거예요. "그래요? 그러면 우리가 하겠습니다." 그러고는 국편에 와서 한덕수 장관과의 대화를 전하고 국민 전체를 위해 할 수 있는 사업을 논의했지요. 결론은 "저걸(『조선왕조실록』) 웹에다가 올리자"는 것이었어요. 그러고는 일을 추진했어요. 그 과정의 복잡한 것은 생략하고 다만 당시 문화재청장 유홍준 교수의 도움이 컸다는 것을 말하지 않을 수 없네요. 일을 진행하면서 알게 된 것은 국편이 로또 기금을 사용할 수 있는 기관이 아니라는 거예요. 그래서 그 기금을 이용할 수 있는 기관인 문화재청에 도움을 요청했지요. 유 (문화재청) 청장이 로또 기금을 문화재청 명의로 수령하여 그 사업을 국편이 그 사업을 시행할 수 있도록 도와주었지요. 웹에 올린 『조선왕조실록』은 원본 이미지와, 한문 원문을 일일이 타자로 쳐서 올린 것, 그리고 실록을 번역한 것, 이 세 가지를 올렸어요. 여기서 중요한 것은 『조선왕조실록』의 한자를 일일이 타자로 쳐서 올리는 것이었어요. 그렇게 해야만 검색이 가능하게 돼요. 당시 국편은 옛날 『조선왕조실록』 전체를 영인본으로 만든 경험이 있고, 그 밖에 번역의 일부를 해놓은 것이 있었어요. 이 세 가지를 한꺼번에 올리자면 번역 등 민간단체가 갖고 있는 판권을 전부 사들여 웹에 올려야만 했어요. 그 고충이 이루 말할 수 없었어요. 그러나 민간단체들이『조선왕조실록』을 일괄로 한국과 세계의 수요자들에게 웹을 통해 활용토록 하겠다는 취지에 공감하여 적극 협조해 주셨어요.

반 아, 그렇죠. 판권을 가지고 있는 쪽에 요청해야지요. 민간단체라면 '민족문화추진위원회' 이런 곳이죠.

이 '민족문화추진회', '세종대왕기념사업회'. 그다음에 한자를 타자로 친 것은 그때 한국에서 세계 최초로 한자 타자기를 개발한 분이 있었어요.

반 아, 그래요?

이 그때『조선왕조실록』의 한자를 타자 치는 데에 가봤어요. 한자 타자수들은 한자를 모르는 사람들이에요. 그런데도 한자의 부수와 '획'을 가지고 타자를 치는데, '타다닥 타다닥' 그냥 쳐나가는데, 그때 보니 우리 한글 치는 것보다 더 빠른 것 같아요. 놀랐습니다.

반 이야, 희한하네요.

이 그걸 우리나라 사람이 발명했어요. 그 회사는 처음에 '서울시스템'이라고 했고 뒤에 '동방미디어'라고 했지요. 이를 이끈 분은 이웅근(李雄根) 회장이라고 경제학 교수를 역임한, 뜻이 아주 큰 분인데, 그는 늘 동양 삼국에서 한국의 역할을 강조한 분이었어요.

반 그거 신기하네요, 자판의 알파벳을 치면 단어가 되는 것처럼 한자도 그런 식으로 친다는 거 아네요, 획만 순서대로 치면.

이 그렇죠. 한자로 입력해 놓은 것도 다 사들였어요. 사가지고 웹에 올린 거예요. 올리면서 독자들에게 오류가 있으면 언제든지 알려달라고 했지요.『조선왕조실록』전체의 이미지를 올려놓았기 때문에 대조해 보면 한자나 번역상의 오류를 발견할 수 있는 거지요. 오류에 대한 건의가 있으면 검토하여 일주일에 한 번씩 그걸 수정해 나갔지요.

반 아, 항의가 들어오면 요청 사항을 받아서 계속 수정한 거군요.

이 네, 웹에 올려놓으니까 오류 및 정정 신고가 계속 들어왔어요. 그런 과정을 통해 온라인『조선왕조실록』이 완벽하게 돼갔어요. 이 과정이 참 좋은 방법이었어요. 한자나 전문 지식을 가진 이들이 모두 온라인『조선왕조실록』의 동참자가 되어갔어요. 당시 얼마나 국민적 관심을 끌었느냐 하면 초기에는 하루 평균 3000명씩 들어왔어요.

반 『조선왕조실록』이 온라인상으로 공개되니까 엄청난 파장이 왔지요. 특히 학자들이 이를 활용하여 논문과 저술을 열심히 남기게 되었죠…….

이 네. 학자들뿐만 아니라 일반 국민들도 자기 가문이나 조상들의 이름을 찾는 이들도 많았어요. 그러니까 온라인『조선왕조실록』은 국민들을 상대로 국사 교육을 시키는 도장처럼 되었어요. 이전에 'CD 조선왕조실록'이 있었는데 처음에 500만 원에 판매되다가 차차 값이 내려갔지요. 그래서 제가 농담 삼아 그런 말을 했어요. 국편이 '온라인 조선왕조실록'을 통해 온 국민에게 수백만 원씩 안겨줬다고요(웃음). 이런 사업 뒤에는 수고한 분들이 있기 마련이지요. 국편 사람들 중에는 박한남, 임천환 두 분의 수고가 특히 많았다는 것을 기억하고 싶어요.

반 아 참, 국민들을 상대로 하여 국사 교육을 시켰다는 이야기가 나왔으니 더 여쭤보겠습니다. 왜, '한국사능력검정시험' 있잖아요. 그것은 선생님 때에 시작한 건 아닌가요?

이 아, 그건 제가 있을 때에 장득진 연구관이 당시 국편에 파견 나온 중고등학교 역사 선생님들과 1년간 준비한 것이에요. 그것은 내가 물러난 뒤에 처음 시행하게 되었어요. 지금도 국편에서 시행하고 있는 그 '한국사능력검정시험' 말이에요…….

반 기획은 하시고?

이 네, 1년 동안 기획을 했죠. 처음 기획할 때 호응도를 높이기 위해 몇몇 기업체에 협조를 구했지요. 그 기업체에 입사 원서를 낼 때에 국편에서 시행하는 '한국사능력시험' 몇 급 혹은 몇 점 이상이라야 원서 접수가 가능하도록 하자는 것이었어요, 당시 한참 중국의 '동북공정'이다, 일본의 '역사 교과서 왜곡이다' 하면서 한국사에 대한 관심이 고조되고 국사 교육이 강조되고 있어서 몇몇 기업에서 관심을 표명해 주었어요. 제가 2006년 8월에 국편에서 물러났는데 10월 달에 그걸 시행했거든요……. 그때 제 생각은 '국사 교육이 꼭 학교에서 국사 교과서를 통해서만 가르치는 것에는 한계가 있다. 온 국민이 국사 공부를 할 방법이 없는가' 이렇게 생각하다가 '한국사능력검정시험' 아이디어를 채택하게 되었어요. '이거 잘 디자인하게 되면 아버지와 아들, 어머니와 딸, 부부끼리, 친구들끼리도 시험 삼아 능력 시험에 응시하겠구나' 하는 생각도 갖고 있었지요. 이 '한국사능력검정시험'은 그 뒤 정부의 협조로 각급 공무원 시험에서 국사 과목 시험을 대행하는 경우도 있게 되었다고 들었어요. 아마 지금까지 잘되고 있다고 들었어요.

반 '한국사능력검정시험'도 말하자면 국민들의 역사의식을 끌어올리기 위한 것이라고 할 수 있지요, 그런데 선생님께서 국사교육 강화를 위해 노력하신 것이 또 있지요?

이 네, 그다음에 국사 교육 강화를 위한 국편의 노력을 설명할게요. 우선 입학 시험에서 국사 과목을 필수로 하자는 것을 강조했지요. 사립대학에까지는 강요할 수 없으니 일차적으로 국비의 지원을 받는 학교, 국립대학이나 육군사관학교 등 3군 사관학교와 간호사관학교, 경찰대학 등에 대해서는 의무적으로 국사를 시험 과목으로 하도록 하자. 그건 말이 되잖아요, 국가 예산으로 운영하기 때문에. 그래서 그 당시 국방부를 통해 3군 사관학교와 간호사관학교는 허락을 받았어요. 그리고 국립대학, 그 당시에 16개였는데, 16개 대학 총장을 일일이 만나서 설득하려고 했지요. 결국 총장 두 사람 만나고 국편에서 물러나게 되어 그것은 이루지 못한 셈이지요. 잘되어 국립대학 총장들이 합의만 하면 고등학교 국사 교육이 자연스럽게 강화되지 않을까 하는 생각이었어요. 여기까지만 해놓으면 사립대학도 자연히 호응하게 될 것으로 보았지요. 국방부는 그렇게 하기로 했지만, 다른 국립대학은 총장 두 분 만나고 내가 물러나는 바람에 효과는 거두지 못했지요. 이런 것도 국편 위원장 시절의 업적이라고 할 수 있겠는지…….

반 임기가 상당히 짧았던 것 같네요. 그다음 사료 수집이나 국편의 대외 협력 같은 것은 어땠나요.

이 당시 인상적인 것의 하나는 그 전부터 해온 것이기는 하지만, 북한의 '당사 (黨史)연구소'와의 교류를 활성화시키려고 했다는 것이지요. 중국 '흑룡강성 사회과학원'을 매개로 해서 해마다 세 주체가 모여 중국 동북 지역에서 며칠간 학술 발표를 했던 거지요. 북한에서는 당사연구소 부소장이 학자들과 함께 나와 토론에 임했지요. 주제는 주로 동북 지역에서의 항일운동과 관련된 것이었어요. 북한 '당사연구소' 및 '흑룡강성 사회과학원'과의 학술회의는 김광운(金光運) 박사가 많이 수고하셨어요. 또 국편은 그 전부터 해오던 한국 내의 지방 사료 수집은 지방 사료 위원을 임명하여 수집하고 있었지요. 내 임기 때 기획한 것으로는 재외동포사 편찬과 그 사료 수집이 있었다고 하겠네요.

반 아, 재외동포사를 그때 하셨군요.

이 네. 재외동포사를 해야 된다고 강조해도 당시 국편 관리들이 말 안 들어요. 여러 번 강조하고 예산 배정까지 했는데도 잘 안 돼요. 하기 싫다는 거지요. 그전에 내가 해외 여러 곳을 다녀본 경험에 의하면 재외동포사의 필요성이 많았어요. 그래서 그걸 강조해도 당시 국편 관리들이 말을 잘 듣지 않아 10몇 권인가 하는 재외동포사로 끝나고 만 것 같아요. 관리들의 안이한 생각들 때문이라고 봐요.

반 해외동포총서가 조금 나오다가 제대로 완벽하게 나오지는 않았죠.

이 그랬는데 나는 그걸 통해서 더 멀고 넓은 것을 보았거든요, 해외 동포들이 갖고 있는 많은 자료들이에요. 그걸 그냥 두면 망실되어 버리고 말아요, 이런 점을 강조했는데도……

반 네, 재외동포들이 가진 자료들이 엄청나죠.

이 현지에 가보면요, 재외동포사 만든다 하면 협조할 분들이 많아요. 자료들도 꽤 많아요. 그분들이 그곳에 정착하게 된 사연들을 들어보면 우리 민족의 애환을 글로 사진으로 남긴 것이 많아요. 그런 자료들을 명분 없이 수집할 수가 없

어요. 국편 같은 공신력이 있는 기관에서 재외동포사 편찬을 위해 자료 수집까
지 한다면 협조를 꽤 받을 수 있는데, 국편에는 그런 필요성을 절감하는 이들이
거의 없었어요. 담당자를 불러 여러 번 강조했지만 여의치 않았어요. 실망
했지요.

15. 국사편찬위원회 위원장 재직 시절 내부 개혁

반 선생님의 국사편찬위원회에 재직하시면서 내부 행정적으로 개혁하신 것
은 없으신가요? 개혁이 아니더라도 인사 문제 등에 변화를 주었다든가……

이 국편에는 중앙 부처의 과장급에 해당하는 직급으로 '실장'이란 자리가 네
개 있었어요. 그 실장 자리를 '순환 보직'으로 만들었어요.

반 아, 그래서 실장이 지원직(志願職)으로 변한 거군요. 그런 인사 체계를 선생
님께서 만드신 거네요.

이 반대가 많았지요. 가서 보니 실장(과장)에 한번 오르면 은퇴할 때까지 그냥
눌러 있어요. 그거 곤란하잖아요. 국편 연구직에는, 중앙 부처 5급 이상에 해당
하는 '편사연구관'이 있고, 6급 이하는 '편사연구사'라고 했어요. 편사연구관이
면 평직원이기도 하지만 실장이 될 수 있는 자격이 있어요. 자격 있는 사람이 여
럿 있는데 실장 자리는 당시 네 자리밖에 없었어요. 그런데 한 분이 실장에 오르
면 은퇴할 때까지 눌러앉아 있어요. 보직 순환이 안 되고 타성에 젖어버려요. 그
래서 그 개혁을 추진하게 됐지요.

반 그건 환영받았겠네요, 보직을 받지 않은 일반 편사연구관들에게는.

이 아, 그러나 '실장' 자리에 현직으로 있는 분들은 반대가 심했지요.

반 연구관들이요? 실장은 한 명이잖아요?

이 아니, 내가 재직할 당시에는 국편에 중앙 부처의 '과'에 해당하는 '실(室)'이

네 개 있었어요. 편사연구관은 20여 명에 가까운 숫자였구요. 반 교수가 말하는 '한 명'이란 것은 중앙 부처의 국장급에 해당하는 '편사부장' 한 자리가 있었어요.

반 아, 그러니까 현직 '실장' 자리에 있는 분들이 반대한 셈이군요. '실장' 자리를 순환 보직을 단행함으로 조직에 활력을 불어넣었겠는데요, 여러 사람에게 기회도 부여되고 …….

이 네, 반대가 좀 있었지요. 그러나 명분이 뚜렷한 것이니까 조직적인 저항은 할 수 없었지요. 지금도 그렇게 돌아가고 있는지 모르겠습니다. 당시 '순환 보직제'를 도입하기 위해서 '상대평가'라는 걸 도입했어요.

반 그러니까 서로 평가하죠.

이 네. 한 사람을 두고 상하좌우에서 평가하게 되었지요. 이 제도는 노무현 대통령 때에 도입한 '고과(考課)' 제도의 하나였지요. 공정한 평가에는 접근한다 하더라도 서로가 서로를 감시하는 듯한 느낌을 주어서 썩 바람직한 것은 아니라고 할 수 있지요.

반 근무제도도 바꾸시지 않으셨어요, 선생님? 근무시간을 바꾸셨죠.

이 근무시간? 출퇴근 시간 같은 것은 바꾼 것은 없고 다만 국편 직원으로서 외부에 강의를 정기적으로 나간다고 할 때 주 몇 회, 몇 시간으로 한정하자고 했지요. 중요한 것은 우리가 기록을 다루는 기관인데 내가 가보니 국편에 '국편일지'가 없어요. 그걸 개인과 국편 전체가 갖도록 했지요.

반 국사편찬위원회의 내부 일지를 말씀하시는 거죠? 그러네요. 『승정원일기』처럼 기록하는 문건이 없네요.

이 총무과에서 국편의 전체적인 일지를 기록하도록 하고, 편사연구관과 편사연구사에게는 매일 개인적인 '일지'를 쓰라고 했지요. 사실 연구관이나 연구사는 연말에 그 결과물을 내놓긴 하지만, 매일 자기 방에서 무엇을 하는지 몰라요. 그래서 매일 자기 일지를 적도록 했지요. 그러니까 또 반발이 심했어요. 개인이 매일 쓰라고 하니까 그게 귀찮았겠지요. 개중에는 하루 종일 의미 없이 시간 보내다가 돌아가는 경우도 없지 않았는데 일지를 쓰라고 하니 매일 같은 것으로 채울 수도 없고 ……. 그래서 내가 원망을 좀 받긴 했어요. 그러나 '기록을 다루는 기관에서 당연한 것 아닌가' 그런 명분이 일을 추진하는 동력이 된 것이지요, 그리고 …….

반　그게 당장은 귀찮고 불만이 좀 있어도 그건 바람직한 일이 아니에요?

이　그다음에 식당 개혁이 있었어요. 처음에 부임하니까 우리 직원들조차 국편 식당에 가서 식사를 잘 하지 않아요.

반　좀 부실했군요.

이　그래서 운영을 자치제로 하기로 하고 개선에 나섰지요. 먼저 내가 외부에 나가 식사하지 않고 국편 식당에서 거의 매끼 점심식사를 했어요. 그것도 식사시간이 시작될 때 가서 먼저 하지 않고, 점심시간이 되면 먼저 옆 산으로 산보에 나서지요. 식사시간이 끝나기 10분 전쯤에 돌아와 식사를 해요. 왜 그랬는지 아시겠지요? 이런 식으로 식당을 직원 자율로 운영하게 되니 달라지기 시작하더군요. 저렴하지만 식단 내용도 풍부해지고 분위기도 달라지고. 그래서 국편 근처에 있는 국가기관의 직원들, 예를 들면 (중앙)선거관리위원회라든지 (국가)기술표준원 같은 기관에서도 국편 식당에 와서 식사하는 거예요. 자율적으로 하는 데다 '위원장이 매번 식사를 한다 하니까' 그렇게 달라지데요. 이때 식당 관리를 잘하신 분이 총무과 소속의, 지금은 부산대학교에 가 계시는 '김동례' 사무관이었어요.

반　선생님께서 식단까지 신경 쓰시고. 그 짧은 기간에 제가 모르는 것도 많이 하셨네요. 내부 쪽에 신경 많이 쓰셨네요.

이　네. 그런 정도인데 내가 개혁하겠다고 의도한 것은 아니었어요…….

반　그래도 생각하신 대로 개혁하셨네요. 국편과 관련해서 또 뭐 기억나는 것 없으세요?

이　간단히 한두 개 더 소개하지요. 국편이 연구기관처럼 되어 있어서 일반 행정 팀이 소홀히 대접받을 수가 있어요. 내가 부임하여 각 실, 과별로 보고를 받는데 총무과도 직원 전체와 함께 보고를 하게 되었어요. 그때 건의 사항 가운데,

국편의 연구관이나 연구사들은 해외에 나갈 기회가 있으나 총무과 소속의 직원들은 해외 연구의 기회가 없다는 거예요. 자기들에게도 그런 기회를 주었으면 좋겠다고 해요. 그걸 듣는 자리에서 그러자면 예산을 얼마 정도 세우면 되겠느냐고 물었지요. 처음에는 약 1000만 원 정도면 세 사람 정도가 가까운 나라에 연수 나갈 수 있다고 해요. 곧 예산을 세우도록 했지요.

반 그래, 행정 직원들의 해외 연수를 곧바로 시행하셨어요?

이 예산이 확보되는 대로 시행하자고 했지요. 해외 연수 나갈 명단이 처음에 올라왔어요. 상위 직급부터 나열이 되어 있었어요. 나는 이를 반환하고 총무과장을 불러 "순서를 그렇게 정한 것을 이해는 하겠는데 내 생각과는 다르다. 국편에서 제일 허드렛일을 하시는 분들부터 먼저 해외 연수를 하도록" 지시했지요. 그래서 정문에서 지키는 방호원들부터 시작하여 직급이 높은 사람은 맨 나중에 가게 되었어요. 일종의 '하후상박(下厚上薄)'이라고 할 수 있을까요. 상위 직급에 있는 분들이 불만이 있었지만, 위원장의 진의를 알고 난 뒤에는 이 프로그램도 잘 진행되었어요. 국편의 직원들이 해외 연수 나갈 때마다 몇 푼을 꼭 쥐어주고 격려했지요. 어떤 직원은 내가 재직한 3년 동안에 퇴직 공로 연수까지 세 번을 다녀왔다고 고마워하더군요. 또 직원 생일을 맞으면 잊지 않고 축하해 주었어요. 그리고 해마다 직원들이 남긴 논문이나 저서는 상금과 함께 표창을 했지요. 국편 위원장으로 있을 때 받은 상금을 국편 연구기금으로 드려 시드머니를 만들었지요. 이렇게 공직자로서 부끄럽지 않게 생활하려고 한 것은 1970년대 중반부터 참여한 『목민심서』 번역을 통해 얻은 교훈도 한몫을 했다고 생각해요.

16. 연구 업적 중 소개하고 싶은 분야

반 국편 위원장 시절 이야기에 이어 선생님의 학문적 업적과 관련된 이야기를 더 들었으면 해요. 앞에서도 언급된 것이 있습니다만, 선생님의 저술이나 연구

주제 중에서, 선생님이 아끼시거나 특별히 관심이 있는 게 뭘까요?

이 저, 앞에서 언급한 『단재 신채호의 역사학 연구』(1990)가 있는데 이것은 제 박사학위 논문을 정리한 것이고요, 『우리 역사 오천년을 어떻게 볼 것인가』(2000)는 어느 잡지에 격월간으로 수년 동안 연재한 것을 묶은 것인데, 한국사를 시대별로 보는 관점을 정리했지요. 1000여 페이지나 되는 『한국 기독교 의료사』(2003)는 후배들의 도움을 받아 해방 때까지의 한국 기독교 의료, 즉 '기독교 의료 선교사'를 정리한 것이나 다름없고요. 기독교사와 관련해서는 『한국기독교 수용사 연구』(1998)라는 책은 내 스스로 환갑을 자축하는 의미로 펴냈어요. 여기에는 새로 발굴한 자료들이 좀 들어 있습니다.

반 1998년도 책이네요.

이 내가 미국만 다닌 게 아니라 영국에도 다녀왔어요. '영국성서공회'(대영성서공회, BFBS)라고 하는 곳인데, 우리나라 성서공회하고 관련이 깊어요. 세계에서 기독교 전파에 결정적인 역할을 한 기관인데, 거기에서 한국 기독교 초기와 관련된 자료를 많이 발굴했습니다. 보통 1885년 4월 5일 아펜젤러와 언더우드 선교사를 받아들인 데서부터 한국 기독교가 시작된 것처럼 돼 있는데, 내가 새로 찾은 자료에 의하면 성경(누가·요한 복음)이 1882년 전반기부터 존 로스(John Ross, 羅約翰)라는 분에 의해 만주에서 번역·출판돼 가지고, 그 일부가 압록강 북쪽 만주 땅에 거주하고 있는 약 3만 명의 한국인들에게 전파되어 1885년까지는 무려 100명이 넘는 수세자(受洗者)가 나타나게 되었어요. 그 성경은 압록강 남쪽의 평안도 측에도 전해져 자발적으로 신자들이 나타나게 되지요……

반 네, 그건 처음 듣는 이야기네요.

이 존 로스와 함께 성경을 번역·출판한 한국 사람 중 서상륜(徐相崙)이라는 분이 있어요. 그는 1882년 10월 6일 번역된 성경을 가지고 선양(沈陽)에서 서울로 와 성경을 퍼뜨려요. 한글 성경입니다. 그가 선양으로 다시 돌아간 게 85년 초인데, 존 로스는 서상륜의 현지 보고를 토대로 '영국성서공회'에 이를 보고해요. 1885년 3월 8일 자로 쓴 그 보고서에서 존 로스는 서상륜이 서울에 가서 전도한 결과를 보고해요. 그 보고서에 "서울에만도 예수 믿는 사람이 70명이 있고, 서울에서 좀 서쪽으로 떨어진 곳에 20명, 서울의 남쪽에 또 20명이 있다"고 했어요. 그 보고서를 쓴 날짜가 1885년 3월 8일이라는 것을 감안한다면, 그 한 달 뒤인 1885년 4월 5일에야 복음 선교사 언더우드, 아펜젤러가 한국에 도착하거든요. 이런 사실을 몰랐기 때문에 지금까지 우리는 언더우드, 아펜젤러가 한국에 도착한 때부터 한국 기독교가 시작된 거처럼 말하고 있어요. 수정해야지요.

반 더 앞당겨야 한다는 말씀이시죠?

이 네. 1882년에 이미 선양에서 「누가복음」과 「요한복음」이 순 한글로 출판되었고, 그게 압록강 북쪽에 있는 3만 명의 한국 교민들에게 전해져 세례받은 사람이 나오게 되었고, 그 뒤 그『성경』일부를 가지고 와서 서울과 그 인근에 퍼뜨린 결과, 1885년 3월 8일 자 로스의 편지에 앞서 언급한 결과들이 나타나고 있었거든요. 이런 내용들을 가지고 한국 기독교는 전파된 것이라기보다는 '수용되었다'고 보는 거지요, 제 수용사 연구는 이런 관점에서 쓰여진 것이지요.

반 새로운 학설이네요.

이 이게 (책을 가지고 와서) 그 책이고, 이쪽의 책도 제가 쓴『한국기독교의료사』(2003)이지요…….

반 그러니까 의료사 쪽으로도 책을 새로 또 만드신 거죠? 새로운 분야네요.

이 이게, 물론 후배들의 도움을 받아 출판한 것이지만, 말하자면 한국 의료사의 중요한 부분을 차지하는 '한국 기독교 의료의 역사'인 셈입니다. 제중원에서부터 시작해서 한말 일제강점기에 기독교 의료가 전국적으로 보급되는 과정을 다루었어요.

반 선교사들 열전 쓰신 것도 있잖아요?

이 선교사 열전은 직접 쓴 것이 아니고 아펜젤러와 언더우드의 영어판 전기를 그들이 내한한 100주년을 맞아 번역해 낸 것이지요…….

반 번역을 하신 거군요.

이 『한국에 온 첫 선교사 아펜젤러』와『언더우드』인데 두 개 다 번역서이지요, 그것들은 1985년. 두 분 선교사가 내한한 지 100주년 되는 해에 냈어요. 100주년이 되는데 한국 교회에서는 아무런 준비가 없었어요. 그래서 부랴부랴 그 번역서를 내게 되었어요. 그때 낸 걸 지난 2015년에 번역을 수정·보완하여 다시 출판했습니다. 요즘 다른 기독교 역사학자들이 연구 많이 하고 책도 많이 내지만 이제 저는 별로 학문적 성과를 못 내고 있어요. 그저 기독교사 관계 조금, 그리고 한국 사학사 관계 조금 공부한 정도지요.

17. 앞으로 연구하고 싶은 분야

반 선생님, 지금까지 공부하신 분야나 주제 중에서 앞으로 선생님께서 계속하실 것도 있겠지만, 공부를 하지 못한 부분이나 새로이 하고 싶은 분야나 주제로는 뭐가 있을까요?

이 좀 하고 싶은 게 있는데, 예를 들면 '기독교사를 그냥 기독교사로만 이해할 게 아니라 한국사와 기독교사를 같이 병행해서 보는 그런 걸 하나 만들었으면 좋겠다' 하는 것하고요, 그다음에 신채호에 대한 빚을 항상 갖고 있어요. 신채호 선생 연구를 좀 더 심화시키고 또 손양원 목사에 대한 글도 좀 써봤으면 해요.

반 이번에 내신 자료집이 손양원 목사에 관한 것이지요?

이 네, 그 자료집만.

반 간단하게 논문 같은 건 안 쓰셨습니까?

이 논문은 간단하게 한두 편 썼지요. 책으로는 이 자료집을 냈습니다.

반 네, 자료집을 내셨군요. 그럼 김교신 선생과 관련해서는요?

이 김교신 평전 그거는 아직까지……. 평전을 쓰려면 김교신 전집이 먼저 나와야…….

반 전집을 먼저 낸 후에 평전을 내신다는 거군요.

이 　네, 그렇다는 것이지요. 손양원 목사 자료의 경우 『산돌 손양원 목사 자료
선집』이라 한 것은 '선집(選集)'이라서 선집이 아니라 아직까지 발굴하지 못한 자
료가 있고, 발굴된 것 중에서도 제대로 해독하지 못한 것이 있기 때문에 그렇게
이름 붙인 거예요.

반 　아, 그렇습니까?

이 　'전집'이라고 하면 전체가 다 들어 있는 줄 알 것 아니에요. 그래서 고심하
다가 '선집'이라는 이름을 붙이고 간행했어요.

반 　교정본이시구나. (웃음)

이 　이걸 냈으니까 '전기'나 '평전'을 하나 썼으면…….

반 　그렇죠.

이 　나도 꽤 자료를 본 셈이거든요.

반 　선생님께서 지도하신 학생들의 주제는 선생님이 보시기에는 다양하죠? 선
생님의 제자들이요?

이 　숙대 제자들 가운데서는 주로 현대사를 많이 했어요.

반 　현대사 쪽 많나요? 일제강점기를 좀 했나요?

이 　네, 일제시대.

반 　고대사 쪽은 없나요?

이 　있긴 한데, 고대사 쪽은 내가 지도를 하지 않았어요.

반 　오히려 근현대사 쪽.

이 　예, 그 방면에서 한 10여 명 정도가 되네요.

반 　생각보다 많지는 않네요. 많은 건가요?

이 　숙대치고는 많은 편이죠.

반 　그렇군요.

이 　그 전에는 나를 지도교수로 한 학생이 거의 없었어요. 내가 은퇴하기 얼마
전부터 여덟 학생이 박사과정을 새로 시작했어요. 숙대에서는 은퇴 후에도 지도

교수를 할 수 있거든요…….

반　선생님도 학교에 계실 때 4년의 공백이 있었으니까요.

이　네, 그것도 있고. 그 숙대 제자들보다는 기독교사를 연구하는 후배들이 많지요.

반　오히려 그쪽에 선생님 영향받은 제자들이 더 많겠네요.

이　네. 옥성득(玉聖得) 박사라고 들어봤나요?

반　옥성득? 선생님이 한번 말씀하셨죠. 목사님인가요?

이　옥성득 박사가 내 연구실에서 오랫동안 같이 공부했지요.

반　선생님께서 장학금을 주셔서 공부한 사람들이 있죠.

이　네, 해외에서 공부할 때 거의 4년간 장학금을 받은 분들이 몇 분 있어요. 옥성득 박사의 경우 대학 1학년 2학기 때부터 저녁에 내 숙대 연구실에 나와 같이 공부했으니까. 그때 나는 복직이 돼가지고 해외에서 자료들을 많이 수집해 왔거든요. 당시 옥 박사는 서울대 영문과 재학 중이었어요. 그래서 영문 자료들을 읽히면서 정리하도록 해서 처음 『대한성서공회사』 1권을 같이 썼지요. 현재 UCLA에서 석좌교수로 있으면서 한국 교회사 관련해서 세계적인 학자로 활동하고 있지요.

반　그렇죠.

이　그다음에 한동대학에 류대영 교수라는 분이 있어요.

반　류대영 교수요?

이　네. 그분도 같은 영문과 동기인데 내 연구실에 출입했지요. 『대한성서공회사』 2권을 쓸 때 동참했고, 그 뒤 미국에 가서 교회사를 공부하게 되면서 자연스럽게 한국 기독교사 연구자가 되었지요. 그도 한국 기독교사에 관한 논문과 저술을 많이 남겼어요.

반　1960년대에 주로 선생님 연배의 학자들이 주로 '식민주의사관' 극복을 위해 조선 후기 경제사를 많이 하셨잖아요? 자본주의 맹아론 같은 것들이요.

이   네.

반   선생님은 조선 후기를 배경으로 앞서 '사서(史書) 문제'와 관련한 논문을 내
시고, 조선 후기 쪽에는 연구를 많이 하시지는 않으셨네요. '식민사관'과 관련해
서는 사학사를 연구하시면서 신채호를 다루셨지만······.

이   네, 식민주의사관과 관련하여 좀 쓰기는 했어요. 식민주의사관 극복이라
고 하는 그런 측면에서······.

반   주로 사회경제사 쪽에서 식민사관 극복 시도를 많이 했잖아요?

이   나는 처음부터 사상사 방면에 관심이 컸기 때문에 '사회경제사'에는 크게
관심을 두지 않았어요. '사회경제사'가 역사 연구에서 중요하다는 것은 한참 뒤
에 깨달았지요······.

반   당시 유행과는 거리를 두셨던 거 같아요.

이   네.

18. 해직 이후 연구에 몰두하게 된 이야기

반   그리고 선생님께서 대중 활동에 대해 말씀하실 때 칼럼 말씀하셨는데, 요
즘에 역사학이 재미도 없고 전문 역사학자들보다도 강의 잘하는 사람들이 TV에
나오잖아요. 역사의 대중화에 대해 선생님의 생각은 어떠신가요? 선생님께서는
다른 선생님들에 비해 대중적으로 많이 활동하시는 편인데요, 대중하고 접촉이
많으시고요.

이   칼럼들을 모은 일종의 산문집, 이런 걸 네 권 냈나 그럴 거예요. 비교적 많
이 팔렸어요. 세계여행 일기 두 권도 냈는데 그것도 일종의 산문집이라고 할 수
있겠지요.

반   오히려 이런 책들이 전문 서적보다 많이 팔리죠?

이   판매되는 거는 그렇고, 아까 말한 그 해직 시절 얘기 같은 거는······.

반 산문집에만 쓰신 거예요?

이 원래 그걸 쓰게 된 계기가 있어요. 김찬국 교수라고.

반 김찬국 교수요? 연세대학교 신학과에 계셨던 분이요?

이 연세대학교 신과대학 교수로 계셨고, 나중에 상지대학교 총장으로 가셨는데, 이 어른이 은퇴할 때가 됐거든.

반 네.

이 이분도 같이 해직 교수예요. 그러니까 당시 연세대에서도 해직 교수 동료들이 몇 분 있었지요, 서남동, 김동길, 이선영 이런 분들······.

반 네, 김찬국 교수님이요.

이 김찬국 교수께서 정년 은퇴를 앞두고 "은퇴 문집을 만들겠다" 이러면서 주로 해직 교수들한테 "당신들 해직 시절에 뭐 했는지 좀 써달라. 내 은퇴 문집은 '해직 교수 이야기'로 채우겠다"고 하셨어요. 내게도 그런 연락이 왔기에 사양할 처지도 아니고 해서 '쑥스러운 이야기'라는 제목으로 내 해직 이야기를 쓰게 된 거예요.

반 아이디어가 좋았네요, 선생님.

이 김찬국 교수님은 유머가 넘치고 아이디어가 풍부한 분이에요. 그런 분이시니까 그런 아이디어가 나오신 거지요. 김 교수님이 부탁을 해와서 써드렸지요. 한참 후에 문제가 생겨서 은퇴 문집을 발간하지 못했대요. 내 원고는 그때 마침 타자를 쳐놓았기 때문에 보관이 될 수 있었어요······.

반 저장을 해놓으셨군요, 수기(手記)로 써놓았으면 원고를 잃어버리셨을 텐데.

이 그 뒤 '해직 이야기' 원고가 있다는 것이 알려졌지요. 손봉호 교수가 주도하는 '기윤실'(기독교윤리실천운동)의 유해신 총무(현재 목사)가 그 원고와 내 글을 모아 책을 내자고 하더라구요. 유해신 총무는 서울대 국사과 출신으로 내게 방송 칼럼 원고가 많다는 것도 알고 있었거든요. 그런데 거기서도 출판이 여의치 않았어요. 그러다가 '두레시대'라는 출판사가 그걸 알고 산문집을 출간하게 되었어요.

반 (책 표지를 가리키며) 이 표지의 인물이 선생님이신가요? 젊었을 때, 1980년대 사진인지요? 책 제목을 『한 시골뜨기가 눈떠가는 이야기』라고 하셨는데, 자칭 '시골뜨기'…….

이 시골에서 소나 먹이고 있던 애가, 기차 한번 탔으면 소원이 없겠다 하던 그런 사람이 그래도 기차를 타고 마산까지 갔고, 그다음에 또 어떻게 어떻게 해가지고 서울까지 오면서 역사와 세계에 대해서 눈을 떠가는 그런 과정이다…… 처음 책 제목을 붙이려고 할 때에 생각한 거예요.

반 그러니까 선생님께서 해직되셨을 때가 제일 힘든 시기셨지만, 그래도 인생 전체적인 측면에서 보면 제일 큰 영향을 줬던, 내 인생의 전환기라 할 수 있는 시기네요. 만약에 해직이 안 되고 그냥 조용하게 학교에만 계셨으면…….

이 네 우물 안 개구리 그대로 있었겠지요, 해외에 나갈 생각도 못 했을 거고. 해외 나갈 필요도 느끼지 않았을 테고. 그런데 해직으로 인해 미국에 가게 됐고, 그걸 계기로 세계를……. 그러고 보니 국사 공부한 사람치고 나만큼 여행을 많이 한 사람도 많지 않을 거예요. 이번에도 유럽을 다녀왔는데 유럽만 하더라도 한 대여섯 번 넘지. 러시아만 하더라도 연해주까지 합치면 10번 정도는 다녀왔고, 성지순례도 몇 번 다녀왔지요. 미국은 10번이 넘을 거예요. 하여튼 내가 그렇게 많이 해외에 갈 수 있었던 것도 해직이 계기가 된 거거든.

반 그렇죠.

이 안 그러면…… 지금까지도 국사 공부한 사람들 가운데 미국이나 유럽을 못 가본 분들이 계시더라구요.

반 그렇습니까? 제가 유학할 때 보니까, 사회과학 하는 양반들은 방문하는 손님 맞으러 공항에 열심히 나가고 자주 나가는데, 그런데 저같이 한국사 전공하는 사람들은 공항에 덜 나가고 그나마 늦게 나가곤 했지요. 한국사 전공한 분들은 그만큼 안 돌아다니니까.

이 그래, 인생이 그러니까……. 그 글 맨 끝에다 한마디 남겼어요.

반 뭐라고 쓰셨는데요.

이 "감사한다" 하는 얘기를.

반 전두환(全斗煥)한테 감사하신 거 아니에요?

이 전두환한테도 감사해야겠지요, 그런 의미에서는…….

반 아, 그렇죠. 하느님의 섭리에 의하면, 시련을 줘서 단련을 시킨 거죠.

이 그렇죠, 시련을 통해서.

반 그러니까 더 눈을 뜨게 만들고.

이 '해직 4년 1개월'을 언급하면서, 여기 보면 하여튼 감사한다 하는 말이 좀 들어 있어요.

반 물론 손해 보신 건 있죠. 해직되시면서 재임 기간이 단축돼서 연금이나 월급을 손해 보신 게 있잖아요.

이 어, 연금 문제는 잘 해결했어. 4년 동안 공백기 아니에요. 공백기지만 그 기간의 불입금을 납입하면 연금공단에서 그거 해직 기간을 근무 기간으로 인정을 해주겠다고 했어요.

반 아, 인정을 해줬습니까? 그거 잘됐네요, 선생님.

이 학문의 길은 왕도가 없다고 그러던데, 우리는 이때 조금 시련을 겪었지만, 내가 갖고 있는 지능이나 노력보다는 훨씬 더 많은 일을 남기게 되었다고 생각해요.

반 선생님, 해직 전후를 비교하면 역시 해직 후에 일을 많이 하셨던 거죠?

이 그렇죠.

반 책도 그렇고, 활동도 그렇고.

이 그렇지. 내가 해직된 게 마흔세 살인가 그러거든. 마흔세 살에 해직됐으니까 4년을 하면 47세가 되고 그 47세 이후가 연구실에도 늦게까지 앉아 있게 되었고……. 그래서 그때 몇 가지 괄목할 만한 논문들이 나왔어요. 특히 기독교사 관계 논문들이 많이 나왔어요. 그때 1, 2년 동안 논문을 쓰면 그걸 모아가지고 책으로 내고, 책도 뭐 10몇 권인가 그렇게 된 셈이지요. 하여튼 해직 이후에는,

'내가 해직 시절, 빈 시간 동안에 못 했던 걸 좀 채워야 되지 않느냐?' 하는 생각을 가지고 열심히 한 셈이에요.

반   사모님께서나 가족들은 해직 기간에 마음고생을 하셨겠지만, 그래도.

이   듣기 이상하게 들릴는지 모르지만, 난 결혼하고 난 뒤에는 모든 걸 다 맡겨 버렸어요. 그러니까 월급도 내가 얼마 받는지 정확한 액수는 모르고, 지금도 연금이 나와도 얼마 나오는지 정확히는 몰라요.

반   (웃음)

이   강연해도 강연료도 그냥 다 줘버려요.

반   선생님 댁 명의도 다 사모님 명의로 되어 있는 거 아닌가요?

이   '사모님'하고 반씩 해놨는데. 이곳으로 이사 오면서 반씩 만들자 그랬어.

반   아, 선생님 제안으로요?

이   이젠 죽을 날을 대비해야겠다는 생각도 들더군요. 반반씩의 명의로 해두면 편리한 것도 있다고 하더군요. 해직되었을 적에도 4년 동안 별로 걱정하지 않았어요, 자기가 알아서 다 했지. 살림살이는 물론 애들 키우는 것도 다 알아서 한 셈이지요…….

반   선생님 인세는 누가 관리하세요? 사모님께서?

이   인세? 별로 없어. 아예 모든 게 오면 다 줘버리지. 내 명의의 통장도 내가 관리를 하지 않아요. 그러니 현대인으로서는 좀 서툴지요.

19. 평생 글을 쓴 원동력과 기억에 남는 활동

반   아이고, 선생님 너무 피곤하실 거 같은데 일단은 마무리 좀 지어야겠습니다. 선생님께서는 스스로는 별로 많이 안 하셨다, 별로 뭐 글을 많이 못썼다고 하시는데…….

이 진짜로 한 게 별로 없어요.

반 제가 사전조사를 했었는데, 엄청나게 많은 글이 계속 나오더라고요. 그래서 아까도 뭐 잠깐씩 언급을 하셨지만, 평생 연구를 쭉 지속하실 수 있었던 원동력 같은 게 뭐가 있을까 해서요.

이 어, 그런데 문헌상 나타나지 않지만 인간적으로 실수도 많이 했어요. 그런데 그런 것은 잘 드러나지 않아서 그런 거죠. 나한테 뭐 있다면, 실수하는 중에서도 신앙생활을 통해 규칙적인 생활을 했다는 거. 그러니까 다른 분들을 보면 폭음을 하고 며칠 동안 드러누워 있고 그런 거 있대요. 그런데 그런 일이 거의 없었고, 술이나 유흥 같은 것도 별로 없었으니까.

반 맞아요, 거기서 시간과 체력을 많이 버신 거죠.

이 네, 다른 사람보다는 그런 데서 시간을 많이 벌었고.

반 성실하게, 낭비가 없고.

이 그다음에 신앙생활을 한다는 게, 자기 절제라든지 이걸 굉장히 강조를 하기 때문에. 물론 내가 실수가 없다는 건 아니에요. 자기 절제를 잃고 실수한 것도 있지만. 평소 더 절제하라고 스스로 강조하면서 생활하니까. 그런 데서 시간과 정신력이 축적되지 않았는가. 그리고 또 교회 같은 데서 대학생들을 지도할 적에는 대학생들 보고 "하루에 네 시간 이상 자지 말아라" 그런 말을 많이 했어요. 내가 네 시간 이상 자면서 애들보고 네 시간 이상 자지 말라 소리 할 수 없잖아요. 지금은 많이 자려고 노력해요, 그때보다는 많이 자지만은.

반 젊으셨을 때도 네 시간밖에 안 주무셨어요?

이 네 시간밖에는 아니지만, 하여튼 그런 생각을 가지고 생활하고 또 그렇게 강조도 했지요. 그러니까 그거를…… 애들보고 교회 대학부에서 그런 걸 강조하니까 애들이 자기 엄마한테 가서 얘기했대요. 교회의 어느 엄마가 나한테 와서 "아이고, 우리 애는 네 시간 자서는 안 됩니다" 그런 호소도 하더군요…….

반 항의성 발언을.

이 그렇지요. 그런데 교회에서 그렇게 교육받은 애들이 다 유학도 하고, 더러는 마음먹고 고시도 하면서 제 갈 길을 착실하게 가는 것 같더군요. 요즘도 그때 학생들로부터 1년에 한두 차례씩 식사 대접도 받고 그렇게 지내고 있어요. 젊은 시절 시간을 아끼는 방법이 다른 게 없어요. 결국은 자기 절제고, 더 자야 될 때 조금 덜 자야 되는 거고, 그거 아니면 다른 방법이 없어요. 인생의 시간은 한정되어 있다고 생각하니까요.

반 역사 쪽 사람들이 술을 참 많이 마시는데 선생님은 독특하시네요.

이 그런데 우리 반 교수도 전에는 술을 좀 하셨지요…….

반 네, 해도 너무 많이 했죠, 선생님. 그래서 낭비도 많고, 아까 말씀하신 폭음하고 그다음 날 날아가고 그런 일이 많았죠.

이 네. 왜 그런 경우가 없지 않겠어요?

반 낭비가 엄청 심했죠. 다른 질문 드릴게요. 요새도 시민단체들과 여러 활동을 많이 하시는데, 기억에 가장 남는 활동이나 단체가 있으신지요?

이 아까 내가 얘기하다가 그만뒀는데, 1993년부터 올해(2018)까지, 아까 얘기한 대로 외국인 근로자를 돕는 일을 했어요. 88년에 서울올림픽이 있었잖아요, 그때 그 광경이 TV를 통해 세계에 알려지자, 중남아(中南亞) 젊은이들이 우리나라에 몰려오기 시작했어요. 당시 말로는 '코리안 드림'을 실현하려고 굉장히 많이 왔어요. 그 무렵 우리 단체에서 조사를 해보니까, 65%가 자기 나라에서 대학을 다녔거나 대학을 졸업한 분들이에요. 아주 고급 인력인 셈이지요. 그들이 꿈을 가지고 왔는데, 우리나라에서는 3D, 더티(dirty), 데인저러스(dangerous), 디피컬티(difficulty)한 업종에 그들을 투입시켰지요. 그런 상황에서 또 인권을 유린당하고 부상자들이 속출했어요. 당시에 어떤 경우는 팔과 다리가 잘리는 데다 그들이 병이 들면 갈 곳이 없었어요……. 그런 때에 내가 '희년선교회(禧年宣教會)'를 시작, 외국인 근로자들을 돕는 일을 했어요. 그게 '참 보람되다'고 생각해요. 『구약성서』에서 '희년(禧年, Jubillee)'은 굉장히 중요한 의미를 갖고 있어요. 외국인 근로자들에게 그 희년 정신을 구현하자는 것이지요. 그때 우리 직원들에게 강조했어요. "우리가 일제 강점하에서 사람 취급을 제대로 못 받았다. 그런데 지금 우리가 해외에서 온 근로자들에게, 일본이 우리를 취급했던 것과 똑같이 그들을 멸시·천대하면서 우리가 그 일본인이 되어가고 있다. 역사적 경험을 통해 교훈을 받은 우리가 그렇게 해서는 안 된다." 그러면서 그들의 의료, 인권 등을 돌보는 데에 힘을 썼지요. 그러다가 25년간 봉사하고 올해 그만두기로 했어요. 그게 하나고요……

반 선생님, 북한에 다녀오시기도 하셨잖아요?

이 네, 또 하나는 '남북나눔운동'에 관여하면서 여러 학자들과 통일 문제를 고민하고 때로는 북한을 다녀온 일이 있었지요. 기독교계에서 북한과 서로 나누기 위해 '남북나눔운동'이란 기구를 조직한 것은 역시 1993년이에요. 명칭은 북한과 나누자는 것이었지만, 실제로는 북한을 돕자는 취지도 있었지요. 그 덕분에 개성에 한 번, 평양에 다섯 번 다녀올 수 있었지요. '남북나눔운동'은 기독교계에서 북한을 돕는 데에 선도적 역할을 해왔다고 할 수 있는데 중요한 것은 남북 화해에 힘쓴 것이지요. 2008년까지 그걸 했으니까, 이명박(李明博) 정권이 들어서면서 교류는 결국 끝나버린 셈이에요. '남북나눔운동'에는 15명 정도로 구성된 연구위원회가 있었는데 그 위원장을 맡아 남북화해와 통일의 문제를 두고 연구하고 발표, 출판, 강연, 답사 등의 활동을 했어요. 그걸 통해서 한국 교회에 남북 화해 의식, 통일 의식을 보급하는 데에 일정하게 기여했어요. 그 뒤 '연구위원회'만 떼어가지고 따로 연구기관을 만들었는데 그게 '한반도평화연구원'이에요. 지금도 활발하게 '기독교적 관점에서 통일을 연구하고 정책을 세우는 일에 힘을 기울이고 있어요. 그 기관에서는 그동안에 책도 많이 냈고 베트남, 독일의 통일 문제와 중국의 양안 관계를 답사하는 일도 했지요. 내가 위원장을 할 때 부위원장으로 활동하다 '한반도평화연구원'을 발족시킨 분이 서울대학교의 윤영관 교수였어요.

반 아, 노무현 정권 때 초대 외교부 장관을 하신 윤영관 교수님?

이 '한반도평화연구원'이 발족해서는 나는 고문으로 관계했어요. 윤영관 교수는 학자요 신앙인으로서 학계와 기독교계에 남북 화해를 위해 많은 노력을 기울였어요. 또 내가 관여하는 것이 '함석헌학회'와 '김교신선생기념사업회'이지요.

'함석헌학회'는 학문적으로 함석헌에 접근하기 위해 조직한 단체지요. '김교신 선생기념사업회'는 그가 간행한 『성서조선(聖書朝鮮)』 영인본 제작과 '김교신 전집' 간행을 위해 노력하고 있지요…….

반　교회에서 특별히 지금 맡으신 거는 없나요?

이　없어요. 70년대 후반에 직임을 받았던 장로직은 오래전에 사임했어요. 해직 시절에 신학을 공부하긴 했지만 그것으로 현재 교회를 돕고 있진 않아요.

반　그렇습니까? 마침내 신학 공부를 하셨네요. 그럼, 프린스턴 신학교에 가셨을 때 하신 건가요?

이　아니요, 가기 전이지요. 우리 집이 ○○아파트에 있었을 때 우리 집 근처에 남서울교회(홍정길 목사 담임)에서 '합동신학교'가 시작되었어요. 내가 존경하는 박윤선 박사님을 중심으로 해서 시작되었지요. 그런데 하루는 날더러 한국 교회사 강의를 맡아달래요. 그래서 조건을 달았지요. "날 학생으로 받아주면 강의를 하겠다"고요. 그때 나는 해직 상태에 있었거든요. 그래서 학생으로 받아들여지고 강의를 했지요. 1년 반 동안 미국 갔다 돌아와서 다시 강의를 하고 졸업도 했지요.

반　그럼 졸업장도 받으신 거예요?

이　네, 1986년인가 아마 그땔 거예요.

반　그럼 소싯적에 담아두셨던 소원을 푸신 거네요.

이　그러니까 신학 공부를 한 거는 풀었죠. 그러나 목사의 길은 가지 않았어요. 그 신학교가 지금은 수원 광교 지역에 있어요. '합동신학교'라고 이제는 꽤 규모가 큰 신학교가 됐어요.

반　그럼 지금은 어느 교회에 나가고 계세요?

이　네. 얼마 전부터 금천구에 '탈북자'들이 모이는 '본향교회'에 출석하며 그들과 교제하고 있어요. 전에는 그 교회 이름을 '하나로교회'라고 했어요.

반　원래 그 선생님 다니시던 교회는 없으세요?

이　네, 종로 4가에 종묘 담하고 붙어 있는 '서울중앙교회'라고 있어요.

반 네, 거기 쭉 다니신 거네요.

이 1968년 이래 그 교회에 출석하며 대학생들을 가르치고 장로도 되었지요, 그 뒤 탈북자들이 세운 교회를 좀 돕기 위해서…….

반 일부러 그 교회에 다니신 건가요?

이 요새는 열심히는 못 나가는데 그래도…….

반 일부러 나가신 거군요. 사모님도 같이 나가세요?

이 우리 집사람은 또 요즘 새로 시작한 교회가 있다고 해서 거길 돕고 있어요. 강서구에 있는 '마곡교회'라고 ……. 그러나 다시 본교회인 서울중앙교회로 돌아갈 거예요.

반 따로따로 가시는구나.

이 네, 그런 셈이지요.

반 자, 하여튼 선생님 저희가 지금 3시간 정도 했는데요.

이 그런데 시간은 많이 잡아먹었는데 내용이 없어서…….

반 아니 무슨 말씀을요……, 굉장히 재미있는 이야기인데. 하여튼 선생님 고생하셨습니다.

이 네, 고맙습니다.

반 시간 내주셔서, 진짜 바쁘신 데 시간 내주셔서 고맙습니다.

주

1 크라스키노(Краскино)는 러시아 프리모르스키(Примо́рский) 지방 하산스키(Хасанский)
   의 마을이다. '연추' 지역이라 불렸으며, 고구려와 발해의 성인 크라스키노 토성이 남아 있다.

2 하산(Хасан)은 러시아 프리모르스키 지방 하산스키의 작은 도시로, 블라디보스토크와 철
   도로 연결되어 있으며 두만강을 경계로 북한과 접하는 국경 도시다.

3 김교신(金敎臣, 1901~1945)은 한국의 종교인이자 교육가다. 그는 교육가로서 민족주의 교
   육과 국적 있는 역사교육을 통해 독립정신을 고취했고, 종교인으로서는 ≪성서조선(聖書朝
   鮮)≫을 창간해 교리 전파에 심혈을 기울였다.

4 1927년 7월 창간한 동인지다. 우치무라 간조(內村鑑三)에 감화된 김교신을 비롯해 함석헌,
   정상훈, 송두용, 양인성, 유석동 등 6인이 창간했다. 민족의 시련을 『성경』 연구 중심의 순수
   기독교 신앙으로 극복해 나갈 것을 주장하고 기성 교회의 비리를 비판하면서, 민중 속에 파
   고들 것을 강조했다. 1942년 3월 호 권두언 「조와(吊蛙)」를 통해 민족의 소생을 주장했다는
   구실로 폐간되었다. 김교신 등 18명은 서대문형무소에 투옥되었으며, 고정 독자들까지 가
   택 수색을 해 책을 소각했다. 이 동인지는 1982년 5월에 전 158권의 영인본(影印本)이 간행
   되었다.

5 함석헌(咸錫憲, 1901~1989)은 독립운동가, 사상가, 언론인, 민중운동가다. '씨올' 사상을 주
   장하여 주체성, 근본성, 순수성, 생동성, 관계성을 강조했다.

6 송두용(宋斗用, 1904~1906)은 한국의 기독교 사상가, 출판인, 교육자, 독립운동가다. 그의
   신앙은 '신앙만의 신앙'으로 평가받으며, 기독교적 사랑의 실천을 실현하기 위해 노력했다.

7 손양원(孫良源, 1902~1950)은 한국의 장로교 목사다. 신사참배를 거부하다가 옥살이를 했
   으며, 두 아들을 죽인 안재선을 자기 호적에 입적해 가족으로 살게 하고, 한국전쟁 중에도
   나병환자를 돌보다가 포로로 잡혀 사망했다. 이렇듯 기독교적 사랑과 용서의 정신을 보인
   인물이다.

8 이자현(李資玄, 1061~1125)은 고려 중기의 학자로, 자는 진정(眞靖), 호는 식암(息庵)·청평
   거사(淸平居士)·희이자(希夷子)다. 과거에 급제했으나, 관직을 버리고 춘천 청평산에 들어
   가 나물밥과 베옷으로 생활하며 선(禪)을 즐겼다. 예종이 여러 번 불렀으나 사양하고 평생을
   은거하며 수도 생활을 했다.

9 탄연(坦然, 1070~1159)은 고려 중기 승려로, 호는 묵암(默庵)이다. 김생(金生, 711~?), 최
   우(崔瑀, ?~1249), 유신(柳伸, ?~1104)과 함께 신품사현으로 불렸다. 선문을 중흥시켰으
   며, 필법으로 이름이 높았다.

10 김생(金生, 711~?)은 통일신라시대 서예가다. 고려시대 문인들에게 "해동제일(海東第一)

의 서예가"라고 평가받았고, 이규보(李奎報, 1168~1241)는 『동국이상국집(東國李相國集)』에서 김생을 신품제일(新品第一)로 평했다.

11   이광사(李匡師, 1705~1777)는 조선 후기 문인이자 서화가다. 자는 도보(道甫), 호는 원교(圓嶠)·수북(壽北)이다. 양명학자이며, 서예에도 능해 동국진체를 완성했다.

12   군북교회는 경상남도 함안군 군북면 덕대리에 있는 대한예수교장로회 고신 소속 교회다.

13   정근모(鄭根謨, 1939~)는 물리학자, 원자력 전문가, 과학기술 행정가로, 과학기술처 장관을 두 차례 지냈다.

14   마종기(馬鍾基, 1939~)는 한국의 시인이자 소설가, 의사다. 일본에서 태어나 의사로 활동하면서 1959년 등단했다. 작품의 모티브는 의사의 체험과 외국 생활이다.

15   당질은 사촌 형제의 아들이다.

16   아돌프 폰 하르낙(Adolf von Harnack, 1851~1930)은 독일의 개신교 신학자이자 교회사가다. 신학뿐만 아니라 독일문화의 중심인물이다. 그리스도교를 학문적으로 연구할 뿐만 아니라, 근대문화와 그리스도교와의 통일을 지향했다.

17   《대한일보(大韓日報)》는 1961년 창간된 신문으로, 1961년 5월 20일 사전검열 없이 내보낸 혁명위원회 관련 기사가 문제되어, 필화를 당하기도 했다.

18   『목민심서』 역주 과정에 대해서는 전면개정판 『역주 목민심서』 6권(창비사, 2018)에 자세히 써놓았다고 한다.

19   1996년 두레시대에서 초판을 낸 이 책은 수정·보완하여 2000년에 새물결플러스에서 다시 간행했다.

|박성래 I |

한국외국어대학교 사학과 명예교수다. 공주고등학교를 2년 만에 수료하고 서울대
학교 물리학과에서 학사를, 캔자스 대학교 사학과에서 석사학위를, 하와이 대학교
사학과에서 박사학위를 받았다.

조선일보 · 중앙일보 기자를 지냈으며, 한국외국어대학교 사학과 교수, 과학기술처
정책자문위원, 유네스코 한국위원회 위원, 문화부 문화재 전문위원 겸 박물관 분과
전문위원, 한국과학기술단체총연합회 이사, 국사편찬위원회 위원, 한국과학사학회
회장, 한국외국어대학교 부총장을 역임했다.

저서로 『과학사 서설』(1979), 『한국 과학사』(1982), 『한국인의 과학정신』(1993),
『한국사에도 과학이 있는가』(1998), *Portent and Politics in Korean History*
(1998) 등이 있다.

구술자 1: **박성래**(한국외국어대학교 사학과 명예교수)
구술자 2: **이미혜**(박성래 교수 부인)
면담자: **반병률**(한국외국어대학교 사학과 교수)
면담 날짜: 2019년 6월 20일 13시 10분
면담 장소: 구술자 자택

1. 최근 근황

반   본 면담은 한국외국어대학교 디지털인문한국학, 한국학연구소가 수행하는 인물한국학 구술콘텐츠 개발 사업의 일환으로 실시하는 면담입니다. 지금부터 박성래 한국외국어대학교 인문대학 사학과 명예교수님의 구술 채록을 시작하도록 하겠습니다. 일시는 2019년 6월 20일 1시 10분이며, 장소는 박성래 선생님의 자택입니다. 이번 구술의 면담자는 한국외국어대학교 디지털인문학연구소 반병률입니다. 선생님, 편하게 말씀하시면 좋을 거 같습니다.

박   네.

반   최근에 어떻게 지내십니까? 은퇴하시고 참 오래되셨는데 선생님 근황을 말씀해 주시죠.

박   근황은 아주 조용히 지냅니다. 할 일이 완전히 떨어져서, 누가 해달라는 일도 없고. 그것이 작년까지는 주문이 좀 있었는데 금년(2019)에는 정말로 한 건도 없어요. 그래서 팔십병인가, 팔순이 지나니까 그런 건가 이런 생각도 들고 …….

반   그런데 은퇴하시고 나면 대개는 특강이나 외부 강연 같은 것들을 좀 끊으시잖아요? 끊으시고 일부러 안 하시는 거 아닌가요?

박   그거는 제가 어디다가 그랬더라? 공개적으로 공부를 안 하겠다고 선언했던 일이 있지요.

반   공부를 안 하겠다고요?

박   그러니까 "시리어스(serious)한 연구 같은 거는 안 하겠다" 그런 선언을 이미 했어요. 그것이 아마 은퇴하는 그때쯤인데, ≪한국일보≫에 낸 글에서 그랬던가? 좌우간 그랬는데. 재밌는 것은 내가 텔레비전 안 나가겠다, 그러니까 방송에는 안 나가겠다고 공식적인 얘기를 했지 강의 안 나가겠다고 한 적은 없는데 이게 덩달아 안 오더라고요.

반   (웃으며) 그렇죠, 특강하고 같이.

박   그래서 특강 요청조차 점점 줄어들어서 작년에, 그러니까 2018년 4월인가 마지막으로 강의 부탁 있어서 한 번 하고는 지금까지 1년 2개월 동안에는 아무런 특강 요청이 없어요.

반   그거를 사람들이 구별해서 이해를 해야 했는데. 은퇴하신 지 13년이 되셨잖아요.

박   아니지, 13년이 넘었을 거예요. 14년?

반   14년 정도, 벌써 그렇게 됐나요?

박   사실은 실제로 은퇴한 건 이미 앞서서 12월에 그만둔 셈이니까.

반   그렇죠. 2005년 2월까지 계산하면 13년 이렇게 되네요.

박   2004년 12월부터는 실제로 학교 강의를 안 한 거죠, 그때부터.

반   그러셨죠, 마지막 강의하신 게 12월 2일. 그리고 과학사학회 50년이 2010년 11월 5일입니다.

박   전주에서. 그거는 전주에서 한 강의예요. 또 어느 면에선 중요한 거죠. 왜냐하면 과학사학회라는 것이 한국에서 만들어진 게 그러니까 1960년에 만들어졌던가, 그럴 거예요. 50년이면 2010년이죠, 11월 5일에 전주 전북대학교 어느 강당인가에서.

반   그럼 학회 창립 50주년 정도 된 거네요.

박   기념행사를 했어요. 학회에서 뭐 중요하다면 중요한 사람이었기 때문에, 게다가 내가 은퇴를 좀 전에 했고. 그러니까 나보고 기조 강연 같은 거를 하라고 해서 그때 강의한 원고를 제가 보내드린 그것이고, 네. 그거는 어디에 인쇄된 일은 없어요.

반   아, ≪한국과학사학회지≫에도 실리지 않았나요?

박   네, 그거 안 나왔는데.

반   아주 자세하게 쓰셨는데.

박   네. 그거 아주 자세하게 썼는데, 그거를 그때 강의를 들은 사람이, 물론 한

참 후배들이지. 그 직전인가에 한 2, 3년 전부터 영문으로 ≪한국과학사회지≫가 나오기 시작을 했어요. 영어로 ≪코리아 저널 포 더 히스토리 오브 사이언스 (The Korean Journal for the History of Science)≫라는 학회지를 내기 시작했어요. 시작한 지 몇 년이 안 됐을 거예요. 그래서 영어로 이걸 번역해 내겠다고 자기들이 그러더라고. 그러기에 내가 좀, 노파심이 많아가지고 내 글을 남이 번역하는 거를 믿을 수가 없어요. 그래서 생각 끝에 "내가 차라리 번역해 주겠다" 했죠. 그래서 번역을 해서 줬어요. 그래서 영어로는 나와 있어요, 영어 버전(version)이.

반　오히려 영어 버전이?

박　네. 우리 말 버전은 없는데, 인쇄된 게. (책자를 주며) 영어 버전 번역된 게 있어서 마침 몇 부 있길래, 한 부씩 받아보시라고 …….

반　그러니까 그거는 강연하신 거를 번역을 하신 거예요?

박　제가 학회 50주년 기념식에서 한 강연을 그대로 영어로 번역했어요.

반　그대로 하신 거예요?

박　네, 한글과 비교해 보면 내 영어 실력이 얼마나 시원찮은가 혹은 괜찮은가 판단도 할 수 있겠고, 재미있을 거예요. 심심하면 한글로 쓴 글하고 그걸 보고 영어로 번역한 거하고 비교해 보는 것도 재미있을 거예요.

반　초반부는 빌 클린턴(Bill Clinton) 대통령을 인용하신 건데.

박　네, 클린턴(Bill Clinton) 대통령 인용서부터 시작해요.

반　한글본에도 이게 영어로 되어 있던데.

박　네, 한글도 그렇고 그 부분은 인터넷에서 취재한 걸 그대로 쓴 거니까 원래 영어 그대로죠.

반　네 그렇죠, 원문을 인용하신 거니까.

박　좌우간 그런 재미있는 일도 있어요.

2. 사학과의 초창기 기억

반 처음 준비했던 질문지에는 한국외국어대학교 인문대학 얘기가 나오는데, 선생님이 인문대를 만드셨잖아요. 그거 기억나시는 대로 말씀을 해주시죠.

박 그런데 사학과를 만든 거는 사실 나라고 하기는 좀 그렇고……

반 네.

박 우리 학교에 인문대학 그런 게 없었으니까. 종합대학을 만들라고 그러면 이공계도 있어야 하고, 그런 몇 가지가 요건이 있나 봐요. 교육부에서 요구하는 거죠. 그런데 학교에서는 우리 학교가 꽤 오래된 학교니까 학교 이사장이나 이런 경영진 측에서는 우리 학교를 종합대학으로 만들고 싶어서 아마 안달을 했을 거예요. 그때 종합대학을 만들 기회가 있으니까 "그걸 하겠다" 해가지고 나섰는데 그러다 보니까 인문 사회 계열 학과를 만들어서, 포멀(formal)한 유니버시티(university)로 만들어야 할 거 같으니까 그런 노력으로 이공계도 만들겠다. 그래서 기획을 한 거죠. 그 기획을 하다 보니까 인문학부가 전혀 없었으니까 우리도 인문학의 대표라고 할 수 있는 역사와 철학이 있어야겠다. 그래서 철학과를 먼저 만들어놓고.

반 네, 철학과 먼저.

박 사학과도 만들고 이렇게 된 거예요. 그래서 그건 저절로 학교가 위에서 만들어진 거지 누가 나서서 만드는 일은 없어요. 다만 거기에 역사학과가 필요하다고 생각해서 만들게 되니까 그것에 대해서 관심을 가진 사람이 있었죠, 당연히. 제일 관심이 있던 사람이 내가 기억하기로는 박창희 선생이었을 거 같기도 해요. 박창희 선생님 알죠?

반 네.

박 박창희 교수가.

반 고려시대 연구하신……

박 네. 박창희 교수가 그때 외대 전임교수로 채용된 지가 얼마 안 됐었지. 내가 전임교수로 외대 온 게 77년이에요. 77년에 온 게 사실은 76년에 전임이 되기로 되어 있었는데 내가 오지를 않았기 때문이었죠.

반　논문이 아직 안 끝나서 학위논문 끝내고 오시겠다고 한 거죠?

박　네. 논문 끝내고 오겠다고 했는데, 그게 내 실수였다고도 할 수 있지요. 하여간 1976년에 귀국해서 가르치다가.

반　논문은 나중에 쓰셔도 되셨을 텐데요.

박　네. 나중에 해도 되는데 그걸 그 시절에는 몰랐지요. 그래가지고 "1년 뒤에 가자" 그랬더니 당시 김학수라고 러시아어과 교수인데 그 양반이 외대 교무처장이었는데, 총장하고 상의하더니, 총장이 아니지, 그 당시에는 학장이지. 박술음 학장하고 상의해 가지고 그러라고 흔쾌히 "그럼 다음에 오시는 걸로 알고 있겠다"고 편지를 나한테 보냈죠. 그래서 안심하고 1년 뒤 1977년 2월에 온 거죠. 좌우간 그래서 그랬는데. 그 후에 한두 해 뒤에 박창희 교수가 전임이 됐을 거예요. 아마 박창희 선생이 좀 노력을 해서 외대에 전임 자리를 얻었을 거예요. 이대에서 무슨 일이 있었는지 이대를 물러나서 부산에 가 잠깐 있다가 외대로 오신 거로 들었는데, 외대 와서는 교양과목으로 한국사를 가르치고 있었으니까 역사에는 관심이 많았고, 역사과가 만들어진다고 하자 이 양반이 적극 나서가지고 자기를 "학과장을 시켜달라" 하고 운동을, 학장한테도 찾아가고 그랬어요. 그런데 그때 한편에서는 우리 학교에 사학과가 필요하다고 관심 있어 하는 사람이 뜻밖에 경제학과에도 있었어요. 박찬일 교수라고 ……, 그건 모르시지, 전혀?

반　경제사 연구하시는 분 아닌가요?

박　경제사 하는.

반　네, 유명한 분인데.

박　성함은 압니다. 네, 활동을 많이 했죠.

반　네.

박　서울 상대 나온 양반인데 그분이 나보고 자꾸 뒤를 쑤셔. 그래가지고 "박선생! 사학과 만들면, 사학연구소 같은 것도 하나 만들자"고 말이에요. 자기가 관심 많다고. 그래서 역사연구소 같은 걸 만드는 게 좋다고 이왕 사학과도 생긴다니까. 그래가지고 그 양반 얘기도 뭐, 그럴싸하고 경제사를 전공으로 하는 분들도 여럿 나오던 시절이었으니까요…….

반　경제사니까 역사와 당연히 관련이 있지요.

박　박찬일 교수가 열성적이었어요.

반　안타깝게도 일찍 세상을 떠나셨죠?

박　네, 그 양반이 일찍 가버렸어요. 외대에 사학과가 생긴 지 몇 년도 가기 전이었던 것 같아요.

반　젊은 나이 아니셨나요?

박　나보다 한 2년이나 뒤에 상대를 나왔으니까, 서울대학으로 치면 2, 3년 후배인데.

반　네, 맞습니다.

박　2년쯤 후배예요. 후배인데 그 사람이 열심히 나서서 그런 얘기를 하길래, 그럴싸해 가지고 학교 간부들하고 얘기할 때 기회 있으면 "아, 연구소도 하나 만듭시다" 그랬더니 또 그럴싸하게 여겨서 연구소도 만들자고 그래서 사학연구소하고 사학과하고 함께 만들다시피 된 거예요. 그게 지금도 무슨 연구소라고 하죠?

반　지금 역사문화연구소.

박　역사문화연구소인가? 네, 역사문화연구소가 사학과와 함께 생기게 되죠.

반　오랫동안 사학연구소로 하다가 역사문화연구소로 바꾼 거죠.

박　그 이름을 바꾼 거는 임영상 교수 때인가?

반　그럴 겁니다.

박　누가 바꾼 거 같은데. 내가 물러난 직후쯤 이름을 약간 바꾼 거 같은데. 그래서 역사, 사학연구소라고, 외대 사학연구소인가 뭐, 이렇게 이름을 붙여가지고 그걸 했어요. 그때도 재미있는 에피소드(episode)가 있는 게, 원래는 내가 사학과 학과장으로 발령이 나기로 되어 있었어요.

반   아, 초대 사학과장으로요?

박   네, 초대 학과장으로 교무처에서는 나를 지목을 했는데.

반   네, 내정한 상태인 거죠.

박   그런데 박창희 교수가 당시 학장에게 항의도 하고 그랬대요. 그래가지고서
는 결국은 학과장은 그 양반이 하고, 나는 연구소장을 했죠.

반   아, 서로 나눠서.

박   둘이서 나눠서 하게 된 셈입니다. 나는 아무 관심이 없었어요. 학과장이건
연구소장이건. 그런데 연구소장이라도 또 나더러 하라기에 뭐, 박찬일 교수 생
각도 나고 해서……

반   박찬일 교수님이, 네.

박   그 양반이 더구나 이런 데 관심도 있고 그러니까 "그럼 같이 협조해서 뭘 해
봅시다" 하고 그래서 내가 사학연구소장을 하고, 이 박창희 선생이 학과장을 맡
기로 이렇게 해서 시작을 했죠.

반   그래가지고 그 이후에 선생님 그렇게 사학과 시작을 해가지고 나중에 또
들어오신 분들이 이은순 선생님, 그다음에 임영상 선생님.

박   사학과는. 그러다 보니까, 철학과는 서울에서.

반   철학과는 서울에 있다가 내려오고.

박   네. 서울에 잠깐 있다가 1년인가 뭐 있다가 내려오고, 그 용인에서 우리는 아
예 뽑아가지고 시작을 해가지고 그 갈등이, 그때가 학생들 데모(demonstration)가
무지무지하게 심할 그런 때고 최루탄이 막 내가 교무처장 할 때는 그건 (19)85년
서부터 했나? 87년까지 했나? 교무처장 할 때는 서울에 교무처장 방에 그 최루
탄이 한번 들어와서 터졌나 뭐, 이럴 정도로 심할 때죠.

반   1985년으로 되어 있죠? 교무처장은 85년부터 ……

박   85년부터 87년 까지 한 거 같은데. 좌우간 그런, 그런 시절이니까.

3. 사학과에 오게 된 계기

반   그럼 선생님 사학과를 앞으로 어떻게 만들어야겠다, 그런 생각을 갖고 계셨나요?

박   그런 생각, 나는 솔직히 없었어요. 사학과 만들면, 사학과 교수로 되는 거는 좋은데 그건 내가 환영이었지만 그래서 사실은 외대, 사학과도 없는 외대 온다고 그러니까 반대라고 그럴까? 그런 사람들이 좀 있었어요.

반   아, 선생님이 이쪽으로 오신다고 그러니까요?

박   네. 그래서 나는 그 외대 사학과로, 외대 교수로 손이 닿은 것은, 그 서울대학교 철학과 김준섭(金俊燮, 1913~1998) 교수님이 하와이 대학(University of Hawaii)의 서점에서, 서점을 구경하시고 올라오다가, 어, 그 양반이 보이더라고요. 그래서 난 엉겁결에 반사적으로 일어나서 인사를 했을 거 아니에요, 아는 분이니까. 반사적으로 인사를 했더니 "누구냐?"고. 당연히 그 양반이야 나를 모르지. "선생님 강의를 들은 문리대 졸업생"이라고, "물리학과 졸업생"이라고 그랬더니 "아, 그러냐?"고 그러면서 거기서 잠깐 벤치인가에서 둘이 앉아서 몇 마디하고 나서는 "내가 오늘 저녁에 심광웅(沈光雄)이네 집에서 저녁을 먹을 텐데", 심광웅이 아나요?

반   네네, 말씀 들었습니다.

박   심재룡(沈在龍, 1943~2004)이라고 나중에 이름을 고쳤지요.

반   네, 심재룡. 철학과 분이시죠?

박   심광웅 군한테 가서 저녁을 먹기로 되어 있는데.

반   심광웅 선생님이 그 당시 선생님과 같이 유학 생활을 하셨죠?

박   저하고 같이. 네, 그 심재룡은 나보다 한 3년쯤 후배일 거 같은데, 그는 서울대 문리대 철학과를 나왔으니 김준섭 교수의 바로 제자가 되지요. 그 사람 집에서 김 선생님이 그날 저녁을 드시게 되었다고 그래서 "제가 그 바로 그 근처에 삽니다"라고 대답했지요. 대학에서 가까운 아파트 지역으로 한국 유학생이 많이 살았던 팔롤로(Palolo)라는 단지에 함께 살았으니까요.

반 팔롤로, 네.

박 심광웅은 언덕 위에 전망도 좋은 데 살고, 나는 아주 제일 밑에 살긴 했지만. 아주 가까이 살았던 것은 사실이지요.

반 임대료가 좀 더 저렴했나요?

박 마찬가지야. 집세는 마찬가지였을 거예요.

반 아, 그렇습니까?

박 네. 그런데 위치가 좀, 그 친구는 그 길에서 이렇게 보이니까 지나가는 차가 밑으로 보이고 우리는 차는 안 보이는데 살고 그러는 차이가 있었지. 좌우간 그래가지고, "취직은 안 하냐?"고 그러시더라고, 그 김 선생님이. "아, 취직을 해야 뭐, 어디 제가 뭐, 아는 것도 없고 어떻게 취직이 되는지 모르겠다"고 그렇게 얘기했죠. 그랬더니 그 김 교수님이 나보고 "저녁에 이력서 간단히 써서 좀 가져오라", 그래서 갖다드렸더니 아, 한두 달 뒤에 그 외대 교무처장이 저, "외대에서 채용하기로 했으니까 오라"고.

반 아까 러시아학과의 김 교수님이.

박 같은 사람일 거예요.

반 교무처장.

박 교무처장 김학수(金鶴秀, 1931~1989).

반 김학수, 네.

박 그분도 일찍 돌아가셨어요.

반 『러·한 사전』 만드신 분이시죠?

박 네, 맞아요. 그 김학수 교수가 아마 그때 당시에도 교무처장이었지? 그래서 연락을 받고 답장만 해서 그 "1년 후면은 아마 논문을 쓸 수 있을 거 같으니까 1년 이내에 쓰고 그 논문 통과된 다음에 가기로 하는 게 어떠냐?" 했더니 오케이해서 늦게 온 거죠.

반 학교에서 기다려준 거네요.

박 그렇죠, 그 당시는.

반 그 당시는 고지식한 결정인데.

박 사실은 그랬죠.

반 그때 안 왔으면 자리가 없어질 수도 있는데.

박 네. 잘못된 결정인데, 내가.

반 그래도 그때는 이렇게 학교에서 재량을 갖고 뽑고 이랬던 거 같아요.

박 아니. 그것도 그렇고 미국에서 학위를 한 사람이 많지 않을 때예요.

반 그렇죠.

박 그래서 그나마 유리했고 그 외대에서는 마침 자연과학 가르칠 전임을 찾고 있었어요. 그러니까 김준섭 교수는 내가 물리학과 출신이라니까, 자연과학 쪽의 전임교수로서 나를 추천한 거예요, 말하자면.

반 자연과학 쪽.

박 그래서 과학사를 한다니까 그러니까, 어떻게 보면 맞는 자리에 온 거고 어떻게 보면 약간 좀 그 뭐랄까? 호의적으로 처리해 줬다고도 볼 수 있고, 그래서 왔는데 올 때, 오기 전에 나부터도 그 사학과도 없고 이런 데 가서 역사를 내가 결국 연구하고 공부할 건데, 배가 부르니까 좀 이런저런 걱정도 생길 거 아니에요? 그래서 사실은 처음 생각나니까 하는 얘기인데, 사실은 내가 구직 편지를 썼던 일도 있어요, 홍익대학에.

반 네.

박 홍익대학 사학과에서 교수를 채용한다는 걸 광고 같은 거를 보고. 홍익대학에 내가 지원 비슷한 거를 편지로만 했던 거 같아요. 그런데 아무 대답도 받은 기억이 없어요.

반 홍익대학 측에서요?

박 네. 학교 측에서, 홍대 측에서. 홍대에서 아주 귀중한 실수를 했죠.

반　그 말씀은 처음 하시는 거 같은데요?

박　처음이에요.

반　다른 기록에도 없는 거 같은데?

박　다른 기록에도 없어요, 네.

반　바로 외대에 오시고 다른 데는 염두에도 안 두신 줄 알았는데요.

박　아니에요, 아니에요. 그렇지가 않았어요.

반　홍익대에도 마음이 조금 있으셨군요?

박　내가 처음 하는 얘기 같은데, 홍대에 사학과가 있었어요. 사대 사학과일 거예요, 아마. 사대 교육, 역사교육과일 거예요. 그런데 그런 게 있어서 거기서 광고를.

반　선생님께서 직접 보시고요?

박　그러니까 정식 광고인지 아니면 신문에 그냥 기사로 난 건지는 기억을 못 하겠는데 그래서 내가 편지를 낸 기억은 있어요. 그런데 아무 대답을 못 받았어요. 그 사람들 실수했지. 날 데려가지. (웃음)

반　(웃으며) 그렇죠.

박　그런 재미있는 에피소드가 있다면 있고.

반　이게 처음 말씀하신 건데요, 오늘.

박　그리고 77년에 돌아오자 그 조금 전부터 과학사 하는 우리 송상용 교수라고.

반　송상용 교수님, 네.

박　내가 평생 친하게 지낸 셈인데. 그 양반이 대학 2년 선배인데 미국에 공부하러 갔다가 먼저 돌아와서 고생을 많이 한 양반이거든요? 과학사 보급을 위해서 많은 활동을 했어요. 그런데 송상용 교수는 내가 미국에 있을 때 처음으로 나한테 편지를 해서 알기 시작해서 교류했지요. 1977년 2월에 내가 꼭 10년 만에 귀국을 했는데, 바로 송 교수를 이튿날인가 만났을 거예요. 돌아오자마자 처음 학계 사람 만난 게 송상용 교수일 거예요.

반   송상용 교수님.

박   그래서 송 교수가 당장 그 외대에는 역사학과도 없고 하니까 학과 있는 데를 좀 알아보자고 했어요. 그 양반 발이 굉장히 넓은 양반이거든요. 나는 전혀 반대라고 할 수 있고요. 그 양반하고 나하고는 평생 우정이 계속됐는데, 그런 특징이 서로 도움을 주는 거 같은 생각이 평생 들어요. 그러니까 그 양반처럼 그 외향적이고, 나는 뭐, 외향적이라고 할 수 없거든, 정말. 그냥 혼자서만 그냥 끙끙 앓고 있지. 밖에 나가 무슨 일을 적극적으로 하려고도 안 하고 그런 사람이니까. 그게 오히려 조화를 이뤄서…….

반   네.

박   그리고 나를 도와준 측면이 많았고, 그래서 아마 우정이 계속된 걸로 생각을 하는데. 좌우간 그 양반이 사실은 중앙대학교에서 누굴 만났다고 그랬어요. 중앙대 사학과에 누구를 만난 것인지…….그런데 그게 "알아봤다"고만 했지, 누구와 무슨 얘기를 했는지 내게 알려준 기억은 없어요. 그리고 나선 이미 외대에서 근무할 때인가, 사실은 윤병석(尹炳奭, 1930~2020) 교수도 나섰어요. 나를 자기가 근무하는 인하대학에 어떻게 좀 하겠다며…….

반   아, 그럼 인하대학으로 가실 수도 있었네요.

박   나를 어떻게 해보려고. 그런데 인하대학에서 아마 마땅치 않게 결론이 났던 거 같아요, 사학과에서. 그런데 나중에 생각해 보면 사실은 과학사는 인하대학 같은 데 갔으면 더 좋았을 수도 있었겠죠.

반   그렇죠, 공대부터 시작했으니까.

박   인하대학도 날 데려갔으면 해롭지 않았을 거 같기도 하고.

반   네. 그렇죠, 그렇죠.

박   그런 느낌은 사실 있어요. 선생님이 "외대 사학과 만들면서 무슨 원대한 플랜(plan) 같은 거 있냐? 가지셨느냐?" 이런 질문을 하니까. 그런데 플랜이라는 건 없었고. 개인적으로 외대 사학과를 만들었으니까 사학과에 소속된 거로서, '그 프로페서(professor)로서 교수 생활을 하겠구나'라는 정도의 생각이었지, 내가 뭐, 어떻게 해보겠다는 생각도 없었어요.

반　그래도 선생님이 마음속으로는 과학과를 만들고 외대에다 하셨고 그다음에 대학원 과정에도 선생님이 노력을 하셨잖아요?

박　아, 그거는.

반　그러니까 그런 부분이 조금 아쉬운 부분이 있으실 거 같은데.

박　네. 그거 왜 그런가 하면 1983년인가에 교육부에서 과학학과라는 걸 신청하도록.

반　과학학과?

박　전국 대학교에 공문을 보냈어요. 과학학과라는 건 과학에 관련된 학문. 그러니까 과학사가 대표적이죠.

반　네, 그렇죠.

박　과학사, 과학철학, 과학사회학. 요즘은 그런 학문 분야가 다 인정된 세상이 됐잖아요. 그런데 83년, 82년 이때는 그런 게 아직 없을 때니까 그런 운동을 처음 시작한 사람들이 과학사 하는 사람들이었어요, 사실은.

반　인문학하고 자연과학하고 이렇게 결합시킬 수 있는 거죠.

박　네, 결합되는 거죠. 그 송상용 교수가 대표적으로 열심히 그런 소리를 하고 다니기도 했고 그래서 나도 그런 소리는 물론 했고, 그래서 그런 의견을 가진 사람들이 여기저기 몇 명이 있었고. 그러자 교육부에서 무슨 생각이 들었는지 그런 학과를 대학에 만드는 것도 좀 필요하겠다 해서 몇 군데라도 신청을 받아서, 심사해서 인가해 주려고 그래서 공고를 했죠. 그랬는데.

반　외대에서?

박　그때 신청한 데가 전북대학교.

반　네, 전북대.

박　서울대학교, 고려대학교, 중앙대학교 그 정도에, 한두 군데 또 더 있었을 거예요. 그런 데서 신청을 했는데 외대는 신청을 못 했어요. 못 한 게, 그때 마침 안병만(安秉萬) 교수가 총장 했던가? 그랬을 거 같은데 안병만 씨가 언제 총장 했나?

반 한참 뒤에.

박 총장 할 때 같은데, 좌우간에.

반 네.

박 좌우간에 당시에 학교 입장은, 안병만 씨만이 아니라 누구라도 뭐, 당연하다면 당연한데 저 이과를 좀 확충해야 외대가 종합대학으로서의 명맥을 유지하는 데 도움이 되지 않겠나? 이런 생각이었기 때문에 이공계를 강화할 생각만 했지 과학사학과나 어정쩡한 학과 이거 만들고 싶은 생각은 없었죠, 당연히. 이해할 만해요, 어떻게 보면. 내가 학교 경영자라도 …….

반 그런데 이공계 쪽에다 사실 그 과학학과가 만들어지면 지금 인문학적인 소양이 막 공대나 자연과학 하는 분들이 약하잖아요. 그러니까 오히려 양쪽 인문학적 소양이나 이런 거를 참, 이해가 되는데.

박 글쎄요. 요즘 같으면 좀 얘기가 다를지 모르는데 그 당시 총장은 과학사 같은 거는 조금 좀.

반 학교 측에서 보면 관심 없죠.

박 좀 약했죠. 그래서 나는 신청할 생각도 못 하고 넘어갔고, 그 결과로 인가를 받은 데가 전북대학교하고.

반 전북대하고?

박 그다음에 서울대학교 하고 이렇게 둘이 인가를 맡았다고 할 수 있죠. 그런데 그 학부로서 인가받은 건 전북대학교뿐이고, 아마 전국에서 하나뿐일걸? 전북대학교, 전주에.

반 그렇죠, 그렇죠.

박 거기는 오진곤(吳鎭坤, 1935~2015) 교수라고 …….

반 오진곤.

박 3년 전에 작고했는데 이 양반이 나보다 나이가 세 살 많을 거예요. 그 오진 곤 교수 하고 평생 같이 잘 지냈는데, 오진곤 교수가 적극적으로 나서가지고. 그 양반도 전북대 출신이고. 그리고 평생 과학사 보급에 애를 쓴 사람이고. 그래서 그 사람이 나서서 하자 지방대학을 하나 뽑겠다는 의미도 있었겠죠. 그다음에 서울대학은 학부를 신청한 게 아니라 대학원을 신청했죠. 그래서 대학원에 과학 사·과학철학 협동 과정이 만들어져 가지고 지금은 완전히 자리를 잡았지요.

4. 고향과 학창 시절

반 네. 그건 조금 더 이따가 보충해 주시면 좋을 거 같고요, 선생님 어린 시절 에 대해 좀 말씀해 주시죠. 고향 얘기 좀 해주세요. 공주에서 나셔서가지고 고향 충청남도에 대해 어릴 적 기억 같은 게 있으면 좀 말씀을 해주시죠. 부모님이라 든가, 고등학교에 들어가면서 고향을 떠나신 이야기라든가?

박 일찍, 고등학교 2학년 때, 2학년 마치고 서울로.

반 공주고등학교에서 검정고시를 거쳐 바로 대학을 갔으니까.

박 공주에서, 제 집안은 아버님이 일찍 조실부모하시고, 그러니까 아주 가난 하면서 아무 뭐가 없다면 아무것도 없는 상황 속에서 고아처럼 거의 자랐어요. 그래서 실제로 우리는 족보가 없습니다. 족보도 없고 내가 이상한 고집이 있어 가지고 족보를 만들려고 안 했어요. 대체로 족보가 없으면 가짜 족보를 만들거 든요.

반 그렇죠.

박 이런저런 연고를 따져서 만들 수가 있으니까, 쉽게. 그것도 장사하는 사람 들이 많이 있으니까. 그런데 나는 좀 고집이 있어서 그런 짓도 안 했기 때문에, 그래서 아버님이 고아처럼 자라가지고 자신의 배다른 형네 집에 머슴처럼 사신 분이에요. 그러나 어떻게 했는지 이 양반이 한글을 겨우 읽을 수 있는, 그것도 더듬더듬. 그런 정도의 교육은 받은 셈이라 할 수도 있겠지요, 제대로 된 교육을 받은 일은 없었지만.

반 독학으로 공부하신 거죠?

박 대단한 독학도 아니겠지요. 좌우간 그래서 한글은 깨우쳤어요.

반 한글은 깨치시고.

박 네. 깨우치셨는데 이 분(朴道元)이 1895년생이에요, 1895년이면 민비가.

반 그렇죠, 민비 시해.

박 시해되던 해인가 그럴 거예요. 그 1895년생이신데 이 양반이 77세까지 살다가 1971년 돌아가셨는데, 어떻게 집안에서 결혼을 시켜줬는데 그러니까 내 어머님, 천복순(千福順, 1905~1995) 씨인데 그 우리 아버지는 박도원 씨, 미치모토(みちもと)가 되나? 기무라 미치모토(きむら みちもと)가 됐을 거 같네요.

박 창씨 했으니까. 기무라로 했으니까 목촌도원(木村道元)이 됐죠.

반 그렇죠. 기무라네요.

박 그래서 기무라 미치모토라고 했겠네. 그래서 목촌도원이 되셨는데 이 양반이 천복순이라는 아내를 맞아서, 천복순은 열 살 밑이었어요. 그러니까 1905년 생이에요, 어머니는.

반 늦게 결혼하신 거네요, 아버님은.

박 아버님이 세상에 77년을 사시고 1971년에 돌아가셨죠. 제 아들 병호 난 다음 해, 즉 1971년에 ……

이 네.

박 1971년에 77세로 돌아가셨고, 어머니는 90세에 돌아가셨어요. 그러니까 1905년생이니까 (전화 벨소리가 울림) 1995년에 돌아가신 거죠, 1995년에.

이 (전화를 받음)

박 그래서 1995년에 어머님은 90으로, 90세에 돌아가셨는데 ……

반 그럼 선생님 형제분이 어떻게 되시죠?

박　형제가.

반　형제가 그러니까 막내시죠, 선생님?

박　아버님, 어머님 사이에.

반　한참 늦게 나셨네요.

박　딸만 다섯을 주르륵 낳았어요. 아들이 없었어요.

반　그러니까 선생님이 혼자, 독자.

박　그런 상태에서 아버지가 그 당시에는 그런 일이 도덕적으로 큰 말썽이 되지는 않던 상황이었지만, 아버님이 옆으로 좀 새가지고 아들 하나 얻어 왔어요.

반　(웃으며) 아, 그러시구나.

박　그 아들이 내 띠동갑이에요. 열두 살 위에, 박상래(朴相來, 1927~1995)라고. 그래서 아버님 산소 모신 데 가면은 그 삼 형제가 이름이 써 있어요. 삼 형제가 박상래, 박성래, 그다음에 내 동생이 있기 때문에, 남동생이 있기 때문에 박창래(朴昌來) 이렇게 삼 형제가 나왔는데 그 형이 나보다 열두 살 많은 양반인데 그 양반까지는 초등 교육 이상을 할 형편이 좀 잘 안 되기도 했고……

반　그렇죠.

박　장남으로 들어온 양반이니까 아마 우리 어머니가 그렇게 환영은 안 했을 거 아니에요.

반　그렇죠.

박　그러나 그렇다고 해서 박해한 거 같지는 않아요. 그러나 충분한 교육을 못 받아서 결국 초등학교만 나오고 군대 갔다가 돌아왔죠. 그 군대 간 게 일제 강점기쯤에 이미 군대를, 아니 일본 군대 간 거 같지는 않아요. 일본에 징용을 간 거 같아요. 또는 징용 비슷한 걸.

반　그렇죠, 징용. 그렇죠, 징용이죠. 징병은 아니고 징용을 간 거.

박　그래서 군대로 간 게 아니라 징용으로 강제로 가다시피 하는 거겠죠? 어떻게 하다가 그걸 내 철천지한으로 생각을 하는데, 내가 이런 일에 관심이 많았더라면 우리 형님 돌아가시기 전에 그런 얘기 좀 물어볼걸. 물어본 일이 한 번도 없어요, 과거에 대해서. 그래서 이 형한테 "어째서 하와이(Hawaii)까지 끌려갔었습니까?" 물어봤어야 되는데 ……. 하와이에 갔었어요, 이 형님이.

반   아, 하와이에.

박   하와이에서 일본이 망하자, 미군이 일본이 점령하고 있던 섬을 차례대로 점령했잖아요?

반   네.

박   거기서 포로가 된 거 같아요. 그러니까 포로가 된 사람들을 하와이로 아마 데려갔겠죠. 수용을 했던 거 같아요.

반   그게 있었습니다. 포로수용소.

박   글쎄.

반   그때 한인 포로들이 하와이에서 신문도 내고 그랬어요.

박   글쎄. 그래서 포로수용소에 갇혔다가 한국으로 귀환을 한 거예요, 한국인인 게 밝혀지니까. 그렇게 된 거 같은데 거기까지 짐작만 했지.

반   군속¹으로 가셨을 가능성이 많은데.

박   군속일 수도 있고. 그럼 조사하면 뭐가 좀 나올 수도 있겠죠.

반   지금 그쪽에 신문도 나오고 그래가지고 그쪽에 연구가 좀 되어 있어요.

박   아, 그래요?

반   성함을 한번 체크를 해보면.

박   아, 그럼 한번 좀 체크를. 혹시 기회가 되면.

반   나올지 모르겠네. 일제강제동원피해자지원재단이 있는데, 본인 당신이 돌아가셨으니까 그건 후손들이 좀 혜택을 받을 수도 있겠지요.

박   그 후손이 있어요.

반   아, 그러면 그쪽에도 자료가 있을 거 같기도 하네요.

박   걔들 뭐, 조카 놈들인데 친하게 지내지는 못 하지만 좌우간 있죠.

반 동북아역사재단 초대 이사장을 지내셨고 최근에 만든 일제강제동원피해자지원 재단 이사장으로 계시는 김용덕 교수님이라고.

박 김용덕 교수는 잘 알아요.

반 그분이 이사장하는데.

박 중앙대 김용덕은 더 나이 많은 사람이지요.

반 중앙대 아니고, 네. 그분은 아니고.

박 둘 다 잘 알아요.

반 서울대 동양사학과, 네.

박 서울대 김용덕은 나보다 후배죠, 그이는.

반 네. 한참 후배죠.

박 네. 한참 후배인데 그 양반은 왜 아느냐 하면, 그 사람도 날 잘 알았어요, 옛날부터. 난 모르는 사이에요. 왜냐하면 자기 아버지가 날 얘기했기 때문에. 자기 아버지가 누구냐? 공주중학교 교장이었어요.

반 아, 그러시구나.

박 그렇다가 서울 어느 고등학교 교장으로 갔어요, 나중에. 공주중학교에서 교육을 잘 해가지고 유명해져서, 내가 알기로는 ······.

반 발탁이 된 거네요?

박 발탁되어서 선린상고 교장을 하셨어요.

반 서울에 있는 선린상고 교장으로 올라가셨군요.

박 네, 그런 사람이에요. 그 아들이 김용덕 씨예요.

반 김용덕(金容德, 1944~) 교수님은 제가 동북아역사재단 연구실장으로 모신 적이 있습니다. 기린 '린' 물가 '수'.

박 그래서 그 아버님 성함이 김인수(金麟洙) 교장이다. 김인수 교장이라고 김용덕 선생 만나가지고 물어보세요.

반 네, 알겠습니다.

박 내가, 김인수 교장 선생님 얘기하더라고.

반 공주고등학교 교장이었던 거네요.

박 공주중학교.

반 중학교. 그러다가 선린상고 교장으로 발탁되서 가신 분이고요.

박 네, 가셨죠. 저는 늘 그분이 경기고등학교 교장으로 가신 줄 알았는데…….
좌우간 김인수 선생인데 그 양반이 아주 또랑또랑하고 뭐, 똑똑한 분 같았어요.
어릴 때 얘기 하라니까 그분이 바로 생각나네.

반 그러네요. 아유, 선생님 재미있습니다. 처음 얘기하시는 거 같은데요.

박 좌우간 그래서, 처음이에요, 그런 얘기는. 처음 얘기할 게 많네. 이 녹
음…….

반 오늘 비밀로 지켜온 얘기를 많이 하시는 거 같은데, 다 하십시오.

박 이게 뭐, 쓸모가 있는지는 모르겠는데. 좌우간 재미있는 얘기가 개인적으
로는 굉장히 많죠. 좌우간 그래서 오녀(다섯 딸)만 나오다가 그 형님이 들어오게
됐잖아요? 그리고 나서는 또 아, 딸 하나, 아들 하나를 또 낳았어요. 그런데 딸,
그 딸도 일찍 갔고, 그다음에 난 아들이 내 형이죠. 바로 위 형인데 두 살 위예요.
그러니까 내가 39년생인데 그 양반이 37년생인데 이름을 박홍래(朴洪來,
1937~1938)라고 지었더라고요. 그 호적에 그건 남아 있어요. 박홍래인데 이 양
반이 1년 조금 지나서 가버렸어요.

반 돌 지나자마자 그냥 바로?

박 돌 조금 지나서. 그게 37년이니까 38년 7월에 갔어요, 내 형님이. 그리고 나
서는 조금 있다가 나를 임신했나 봐요, 어머니가 또. 그래서 나를 다음 해
39년 4월 30일에 나를 낳은 거라. 나는 그런데 팔순이.

반 그럼 어머니로서는 첫아들이죠.

박 어머니가 생존시킨 거는 내가 첫아들이지.

반 첫아들이죠, 돌아가셨으니까.

박 그다음에 2년 후에 또 아들을 낳았다고요. 그 남자 동생이 지금 80세네요.

반 네. '창' 자, '래' 자.

박 창래, 그 박창래가 살아 있고. 그러고 나서 또 딸이 하나 또 남았어요. 그렇게 많이 나(으)셨어요. 10명을 낳았나 그랬어요, 우리 어머님이. 그래 우리 어머님이 낳은 애들이 10명이, 그 우리 누님들이 다 가셨고, 물론. 그 전에 일찍 간 누님, 아흔 살에 죽은 누님이 제일 큰누님이에요. 아흔 살까지 살고, 아흔 살에 죽은 양반이 제일 큰누님인데, (사진을 가리키며) 저기 내 환갑 때 그 누님들이 그때 다 살아 있어서 저 사진을 찍었죠.

이 (사진을 가리키며) 제일 큰누님, 둘째 누님.

박 그래서 내가 환갑 때니까, 바로 그 인터넷 서바이벌 게임에 참가했던 1999년 얘기예요.

박 좌우간 그래서 그 누님이 제일 처음인데 재미있는 것은 그 누님이 아들을 낳았을 거 아니에요. 거기도 애들 여럿 낳았는데 그 첫아들이 나보다 두 살 많아요. (웃음)

반 (웃으며) 그건 차이가 많이 나니까 뭐, 그럴 수밖에 없죠, 조카하고 같이.

박 네. 조카가 나보다 2년 선배예요, 공주중학교. 아주 재미있는 얘기죠. 그놈하고 요즘 만나요, 또 재밌게.

반 아, 그러세요?

박 왜냐하면 전혀 안 만났는데. 그 친구가 지난번에 내가 마지막 여행이라고 생각하고 크루즈(여행)를 갔는데, 그 크루즈를 가게 된 게. 좌우간 갔는데 ……. 작년에 갔거든. 작년에 내가 간 크루즈 뭐, 한, 열댓 번 크루즈를 갔나 본데 그중에 마지막인데, 그 크루즈가 저 하와이에서, 하와이를 거쳐서 (사모님께 질문하며) 어디서 출발했지? 하와이에서 탔구나? 하와이에서 출발해서 남쪽으로 해서 괌(Guam), 아니 괌에는 안 갔고. 괌 말고 (사모님께 질문하며) 그거 어디였지? 제일 처음에 간 데가? 하와이에서 쭉 내려가면 섬이 어디야? 사모아(Samoa). 사모아 그다음에 피지(Fiji) 그다음에 서, 뉴칼레도니아(New Caledonia), 뉴칼레도니아

섬, 섬들만 간 거예요, 이쪽도. 뉴칼레도니아를 거쳐서 그다음에 오스트레일리아(Australia), 오스트레일리아에서는 세 군데 거쳐서 뉴질랜드(New Zealand)로, 거기서는 예닐곱 군데를 남쪽 해안을 쭉 돌아서.

반　다 훑고.

박　끝나는 걸로. 오클랜드(Auckland)에서 끝나는 걸로.

반　아, 오클랜드.

박　그런 크루즈 했거든요? 그 크루즈에 이 친구가 간다고 나서는 바람에 같이 가자고 그래서 아니, 나보고 가자고 한 거죠, 말하자면. 왜냐하면 우리 크루즈 그룹이 있었는데 그중에 한 사람의 부인이 내 조카의 부인하고 이대 동기 동창이에요. 그래가지고 둘이 아주 친한대. 그래서 옛날부터 그 친하다는 얘기를 나한테 하고 그랬거든? 그러면서 그 조카님이 크루즈에 관심이 있다 한다고 그런 정보는 두어 번은 그 사람이 이미 얘기를 했는데, 그러더니 이번에는 결심을 하고 이 조카가 우리도 좀 끼어달라고 하니까, 이 친구가 내가 반대할지도 모르잖아요. 나는 말하자면, 고정 멤버인데 크루즈에. 그러니까 특히 저 사모님이지, 사모님이 반대할까 봐 물어본 거 같아요, 우리보고. "그 사람이 오고 싶다는데 와도 괜찮냐?" "아, 나야 좋죠" 그래서 같이 가게 된 거예요. 같이 크루즈를 한 달 한 거죠.

반　그래서 급속하게 자주 만나시게 된 거네요, 그 계기가 되어가지고.

박　한 달, 네. 한 달을 그래서 그 후에 그 인연이 되어가지고 그 그룹이 한 달에 한번 정도.

이　트레킹(trekking).

박　걷기를 해요.

반　네.

박　공원 산보 이런 거. 거기에 그 사람도 와서 계속 만나요, 요즘은. 그 친구하고는 옛날에도 같이 지냈어요, 대학 졸업 직후쯤에.

반　왜, 대학 …….

박　왜냐하면 그게 재미있는 일인데, 어떻게 보면. 대학을 들어갔는데, 나는 1년 뛰어서 서울대학을 들어갔잖아요? 문리대 물리학과로.

반　네.

박　그런데 그 친구는 어딜 떨어졌는지 한 번 떨어지고 재수를 해서 서울대학을 들어왔다고.

반　(웃으며) 그러다 보니까 같이.

박　그러니까 동급생이 됐다고. 그러니까 2년 차이가 나는 고등학교 2년 선배하고 2년 후배인데 실제로는 집안 족보로 따지면 내가 위고 그 친구가 밑인데, 이 둘이서 대학은 동기 동창이 된 거라.

반　네.

박　이게 졸업을 하자마자 이 사람은 바로 개업을 했어요.

이　치대?

박　치과를 하는데.

반　아, 전공이 치과대학 나왔네요, 치과대학.

박　서울대 치과니까. 치대 나와 가지고 어디 뭐, 몇 군데 다녔다는데 나중에 내 기억으로는 '대한극장' 지금도 있나? 대한극장이 없지?

반　지금도 있습니다. 지금 충무로에, 네. 여전히, 없애진 않았어요.

박　충무로에. '대한극장' 바로 길 건너 2층에서 개업을 한 거로 나는 기억을 하는데 그 친구가 때워준 이빨이 지금도 멀쩡한데, 때운 데가. 좌우간 그런, 그런 친구인데. 그 친구하고 그 졸업해서는 몇 번 그 조카의 친구들이랑 나랑 이렇게 어울려가지고 뭐, 어디 여대생하고.

이　미팅, 미팅도 하고.

박　데이트도 하고 뭐, 그런 짓도 하고 그랬어요, 그 시절에.

반　결혼하시기 전 말씀이죠, 물론.

박　옛날 얘기예요. 옛날, 태곳적 얘기. 그러니까 지금부터 60, 그러니까 62년.

반　미팅도 하고 그러는 거죠, 뭐 이런 의미신지요?

박　1962년, 63년 정도의 얘기일 거예요. 1962년, 3년 정도. 좌우간 그런 일도 있었을 정도예요. 그래서, 그런 환경 속에서 우리가 아버님이 그런대로 잘 성공을 하시고. 특히 엊그제 다른 친구들하고 저, 고등학교 친구들하고 만나서도 그런 얘기가 나왔는데 사실은 아버님이 그 공주라는 데는 금강이 흐르는 데 아시죠?

반　네.

박　금강 가에 있는 도시인데 거기서 조금 더 내려가면 부여라고 또 있어요.

반　네, 부여.

박　부여에서 조금 더 내려가면 강경이 될 거예요, 아마. 강경은 바닷가에 있죠?

반　바다 쪽. 네.

박　강경 건너가 군산이고, 거기가 금강이 이렇게 흘러가기 때문에.

반　충남하고 전북의 경계선.

박　네. 그래서 그 길에서 공주 조금 북쪽인가 정도까지는 배가, 꽤 큰 배가 드나들었던 거 같아요. 그래서 옛날에는 그 배들이 강상(江商)이라고 해서 장사꾼들.

반　장사꾼들.

박　그것이 쌀도 싣고 내려가고 뭐, 다른 것도 싣고 올라오고 그랬겠죠. 그래서 옛날에는 교통이 굉장히 불편하니까 그러니까 역사적인 문제, 연결되는 얘기인데. 그러다 보니까 그 강경, 군산 쪽에는 항구가 발달해서 군산에서 아마 외래, 하쿠라이(はくらい) 박, 박래(舶來) 물품이 아마 들어왔을 거라고요. 그러니까 군산 쪽에서 주로 일본 거나 서양 거나 이런 것들이 아마 실려서 올라오고 그것을 공주나 공주 이북까지는 그 운반해 주는 사람들이 강상이었을 거예요.

반　상인들.

박　강에 배로다가. 그걸 아버님이 좀 하셨던 거 같아요, 젊었을 때. 그걸 해서 돈을 좀 모으신 거 같기도 하고. 그러다가 땅을 사가지고 농사를 짓고 그래서 내가 자랄 때는 농사하시는 아버님만 알지, 배 탄 아버지는 모르는데. 내가 낳기 전에 아마 강상을 좀 하셨나 봐요. 그래서 여유가 조금 있었지만, 부자는 물론 아니죠. 공주에서 배운 것도 없고 하는 양반이 겨우 살 만한.

반　그래서 사모님이 그…….

박　네, 어느 정도 성공을 좀 그 나름대로는.

반　그러게요. 성공하신 거네요.

박　그래서 공주 시내, 지금으로 치면 시내고 옛날로 치면 읍내죠. 읍내에서 건물도 번듯하게 자기 집도 가지고. 그리고 내가 난 게 바로 공주 한복판 사거리에 그 아버님이 지은 집에서 내가 태어났어요, 1939년에. 그래서.

반　그러니까 아버님은 고아나 마찬가지지만 그런대로…….

박　성공하신 거 같아요, 네.

반　자식들 많이 낳고 자수성가하시고, 그러니까 아마 선생님이 어렸을 때는 그렇게 아주 쪼들리고 그런 거는 아니었겠네요.

박　쪼들리지는 별로 않았을 거예요.

반　그런대로, 나름대로, 네.

박　그렇다고 뭐, 우리 아버지 새우젓 자신 건 알아도 고기 많이 자신 건 내가 못 본 거 같고, 좌우간 그런대로. 가끔 꿀도 사다 자시는 거 이런 거 봤고 그러니까, 그러니까 약간 여유는 있는 그런 삶을 살았고. 공주 읍내 복판에서 가게를 남한테 빌려도 주고 이렇게 살았으니까 그런대로 뭐, 편하게 사신 노후가 됐는데, 그때 내가 서울로 올라오게 된 거죠.

반　초등학교, 초등학교.

박　국민학교는 중동국민학교가 바로 우리 집에서 걸어서 금방이니까.

반　중동국민학교, 근처군요.

박　거기 자연히 다니는 거고. 공주 중동국민학교가 국민학교로는 그나마 제일 좋다고 할 수밖에 없죠. 왜냐하면 시내 한복판에 자리하고 있으니까.

반 시내니까……

박 그래서 우리 집에서 가까우니까 거기에 난 다니는 거고. 거기 중동국민학교를 다녀서 중학교도 바로 그 위에 조금 더 올라가면 있으니까 공주중학교로 진학을 했고, 그다음에 공주중학교 같은 캠퍼스에 공주고등학교가 있었어요. 그러니까 거기 또 진학하고 이렇게 된 건데 그 진학하는 과정에서 재미있는 게 내 누님, 그리고 형님까지 전부 그 초등학교를 다녔을 거예요. 그러나 다른 누님들도 모두 공부 잘했었던 거 같고. 그러나 특별히 뭐, 공부 잘했다고 중학교 가고 이런 생각을 할 때는 아니었던 거 같은데, 나는 중학교쯤은 가야 된다고 생각하는 때쯤에, 그러니까 해방 후죠. 해방 후에 학교를 다니고 그러다 보니까 중학교를 가야 된다고 그랬는데, 그때 중학교는 국가 검정고시였어요, 그 시절에는. 그런 또 우리나라의 재미있는 때가 있었어요. 그래서 언제부터인지 몰라도 우리가……

반 중학교 입학할 때요?

박 네.

반 재미있네요.

박 재미있는 일이죠.

반 네, 국가 차원에서 시험을 봤다는 거죠?

박 전국 시험을 봤어요, 내 기억으로는. 내가 치른 검정고시가 제2회나 제3회밖에 안 될 거예요. 그것도 조사하면 뭐가 잘 나올지 모르겠네.

반 나오겠네요, 네. 검정고시.

박 그러니까 그 이름을 뭐라고 하는지 기억이 없는데 좌우간 국가고시로.

반 그러네요. 다 같이 일제히 본 거잖아요.

박 네. 시험을 봤는데 그 점수 나온 걸 가지고 그 점수를 받아가지고 그 점수로 중학교 지원을 하면, 그 성적순으로 또 쫙 뽑았어요, 1등서부터. 그럼 재미있는 것은 1등 박성래, 2등 아무개, 3등 아무개하고 이름을 쫙 붙여가지고 발표해요. 엊그제 다시 내, 기억력 좋은 내 친구하고 고등학교 친구가, 중학교, 고등학교 친구하고 그 얘기를 했는데 …….

반　프라이버시를 막 공표했네요.

이　그때 컴퓨터도 없는 시절에 어떻게 그렇게 한다고.

박　내가 1등이었어요.

반　프라이버시를 막 공표했어요.

박　공주 전체에서 내가 1, 사실은 2등이었어요. 중학교 시험에, 전국 시험에 충청도에서 내가 뭐 몇 등 안에 들었던가 봐요.

반　수석이셨어요?

박　아니에요.

반　수석까지는 아니고 뭐.

박　뭐, 한, 2, 3등 됐나 봐요.

반　네.

박　이 공주중학이 당시에 내가 중학교 들어갈 때쯤에는 공주가 대전보다 못하지 않을 때예요. 그때쯤서부터 대전에 뒤지기 시작한 건데 ……, 대체로. 그래서 그 후엔 점점 대전고등학교 출신이 서울대학에 예를 들면 더 많이 들어가고, 공주는 떨어지는데. 내가 자랄 때쯤은, 좌우간 그래서 그건 명단을 그렇게 쫙 발표하는 그런 시절이었는데 공주중학이 3반이었대. 나는 한, 5반은 된 줄 알았는데 엊그제 저기 친구, 기억력 좋은 친구 얘기가. 그래가지고 나는 막연히 1등이, 내가 1등이었기 때문에 1반이었던 거는 내가 아는데. (손짓하며) 2등이 2반, 3등이 3반, 4등은 4반, 5등은 5반 …… 이렇게 배정을 했대요. 평준화하려는 노력인 셈이지요. 일리가 있는 거 같아.

반　아, 그렇죠. 균형 맞추느라고.

박　네. 균형 맞추느라고. 좌우간 그런 재미있는 얘기를 엊그제 처음 들었는데. 좌우간 그렇게 해서 내가 1등이 된 게 공주 전체에서 내가 사실은 1등이 아니라 2등이었어요. 그런데 왜 내가 1등이 됐냐, 공주중학에. 공주에는 봉황중학교라는 학교가 또 따로 있었어요.

반 네.

박 그런데 봉황중학교는 농업학교의 부속중학교가 되는 셈이고, 농업, 옛날에 공주에 그러니까 중등학교가 인문계 학교로 공주고등학교가 있고, 실업학교로 서는 농업학교가 있었어요, 농업고등학교인 셈이죠? 농업고등학교가 여기 있고 그냥 인문에서는 공주고등학교가 있고 이렇게 둘이 있었는데. 그것이 중고등학 교로 분리되었으니까, 언제 나뉘었는지 내가 모르겠네.

반 네, 봉황중학교하고 공주중학교.

박 네. 농업고등학교에는 봉황중학교라고 해서 중학교가 생기고, 공주고등학 교에는 공주중학교가 생기고.

반 공주중, 공주중.

박 이렇게 생긴 거라. 그런데 나는 공주중학교를 지원해서 갔는데, 1등 한 사 람은 봉황중학교를 지원해서 간 거라. 그러니까 봉황중학교를 왜 갔느냐? 거긴 돈을 줬대요.

반 장학금.

박 장학금. 공주중학교에서 돈을 안 줬거든. 나는 공주중학을 1등으로 들어갔 고. 그런 재미있는 일도 있어요. 그런, 그래가지고 좌우간 공주중학교를 1등으 로 들어갔는데 재미있는 것은 거기에서 김용덕 교수 아버지 얘기가 나와요.

반 아, 그렇죠. 교장이니까.

박 그래가지고 그 양반이 교장이어서 그 당시에는 학술 경시 대회를 아, 그 얘 기가 맨 그 얘기니까 내가 1등 했다는 게 그거니까. 그 시험을 보고 그러는데 그 시험이 아니라 그때는 몇 가지 시험을 본 거 같아, 전국적으로. 그래가지고 전국 적인 경시 대회를 했는데, 학술 경시 대회라고 했던 거 같은데. 그러더니 거기에 공주중학교 대표로 내가 3학년 때 3학년 대표로 내가 뽑히고 2학년 대표로는 장 기욱이라는 사람이 뽑혔어요. 알아요?

반 국회의원 한 분이신가요? 장기욱(張基旭, 1943~2012).

박 네. 아시네?

반 네. 국회의원한 분.

박 장기욱이가 내 1년 후배예요. 내 1년 후배, 공주중학. 그 친구가 2학년 대표로 뽑히고 1학년 대표는 윤대선이라는 사람이 뽑혔는데, 윤대선은 어떻게 됐는지 전혀 모르고, 장기욱이는 국회의원하고 서울 법대 1등으로 들어갔고.

반 변호사하고.

박 경기, 그 친구 경기중학인가로 갔죠? 아니. 경기고등학교.

반 경기고등학교. 변호사하고 국회의원하고 그랬던.

박 그러니까 공주중학교를 나오고 공주중학교 3학년을 마치고 그러니까 내가 졸업한 다음 해에 3학년 마쳤을 거 아니에요. 그러니까 나보다 1년 후배니까. 그래가지고 경기고등학교에 합격했는데 그때 이미 김인수 교장이 경기로 갔는지는 모르겠다, 정말.

반 아, 그러겠네요, 네.

박 그러고 보니. 아, 그래서 김인수 선생님이 장기욱이를 뽑았는지도 모르겠네. 경기중고등학교에. 좌우간 경기고등학교에 그 친구가 가가지고 경기고등학교 1년인가 2년 때 서울대학을 들어간 거예요, 그 친구는.

반 아, 거기도 검정고시 봤나요?

박 네. 검정고시로. 그래서 그 친구하고 나하고 동급생이 되던가?

반 선생님께서도 검정고시를 보셨고, 그분도 검정고시를 보신 건가요?

박 나도 검정고시 했으니까.

반 그래서 같이 만나신 거군요?

박 그 친구는 2년을 검정고시 했나 보다. 2년 뛰었나 보다. 그 친구는 아마 경기고등학교 1학년 때, 1학년만 마치고 서울대학에 법대를 시험 봐서 합격했고, 나는 공주고등학교 2학년을 마치고 검정고시를 합격해서 서울대를 간 거고 그랬던 거 같네. 그러면 동급생이 될 거 아니에요.

반 그렇죠.

박 동급생이 된 거 같아. 좌우간 그 친구가 대단한 거지, 좌우간. 그래서 그 친구가 뭐, 당대에는 희대의 천재라고 소문이 날 정도로 유명했죠, 제법. 그런 상황에서 그 친구가 그 서울 법대 가서 그 고시를 또 뭐, 합격했지, 아마? 2년인가 뭐.

반 그렇죠, 변호사.

박 네. 2년쯤. 그래서 변호사 하다가 서천, 제 고향이지.

반 맞아요, 국회의원까지.

박 자기 고향에서 국회의원을 하다가 그러고 나서는 그 국회의원을 또 떨어졌나 그럴 거예요, 그다음에는. 아마 정치가로서는 그렇게 뭐.

반 몇 선 하신 거 같습니다.

박 크게 잘된 거 같지는 않지만, 좌우간 그러다가 병에 걸려가지고 그 사람도 일찍 갔죠. 일찍은 아닌데 아마 70이나 되어서 갔나? 그 정도 살았을 거예요. 그래서 좌우간 그런 일도 있었어요. 그래서 어렸을 때 그런 일도 있었고, 내가 검정고시를 보게 된 게 사실은 그런 데 자극을 받은 걸 거예요.

반 네, 그런 주변의 환경에.

박 주변의 그런 분위기가 내가 1등을, 공주중학교만 1등으로 들어간 게 아니라 공주고등학교에서도 1등으로 들어갔어요. 그런 시험에, 공주고등학교 시험은 국가고시가 아니었을 거예요. 공주고등학교, 지원한 학생들끼리 보는 시험이었던 것 같아요. 좌우간 공주고등학교도 1등으로 들어갔어요. 이래저래 자극을 받죠, 아무래도. 그 공부 잘하는 …….

반 선생님 딴에는 그냥 이렇게 다 졸업하기 전에 그냥 빨리 올라가고 싶은 생각이 있어서 그러신 거죠?

박 네, 끝내버리고.

반 그런 생각이 있으셨나 보네요.

박 그리고 또 자신이 있어서.

반   동료들하고 비교해 보면.

박   자신이 있어. 그게 내 인생의 큰 실패에도 중요한 요인이 된다면 되죠, 그게. 거기에 자신이 붙어가지고 이렇게, 이렇게 하면 된다고 생각하는데, 웬걸 마음대로 되나. 이 하와이에서 걸린 거지. 하와이에서 걸린 건 좀 아시죠?

반   그건 나중에 말씀하시고요, 선생님 좀 쉬었다가 하시죠. 너무 재미있는 말씀 많이 하셨네요.

5. 학술 경시 대회와 고등학교 진학에 대한 고민

박   그래 저 김인수 교장 때 선발된 세 명의 공주중학교 대표. 3학년 대표는 나고, 2학년은 장기욱, 1학년은 윤대선이고. 그런데 이 셋이서 대전에 가서 시험을 봤어요. 대전에 충청남도 도청이 있었으니까요. 물론 충청북도는 따로 하고 …….

반   각 학교 대표들이 또 나오고.

박   다른 학교 대표들도 오니까. 그 시험을 봤는데 거기서 합격한 사람이 윤대선, 장기욱. 둘은 합격해서 또 시험 보러 서울로 갔는데, 나만 똑 떨어졌어요. (웃음) 거기서 망신이, 박성래 인생에 망신이 처음으로.

반   3학년 대표인데.

박   3학년 대표만 떨어진 거예요.

반   1학년, 2학년 대표는 충남 도 대표로 선발되어 서울로 올라갔는데.

박   그 재미있는 일이, 그러다 보니까 내가 뿔이 났을 거 아닙니까. 어린 속 안에 기분 나쁘지, 당연히. 1학년 녀석, 2학년 녀석 다 뽑혀가지고 서울로 시험 보러 갔는데.

반   후배들이.

박　나만 그냥 짐 싸가지고 공주로 돌아간 셈이니까.

반　전국 결선에 나가셔야 되는데. (웃음)

박　네, 전국 결선 못 나간 거지. 그 전국 결선에 나가서 다시 거기서 1등 한 게 2학년 대표 장기욱이야. 장기욱이는 그렇게 크게 공부하는 데는 그냥, 그냥 계속 성공을 한 거죠. 그리고 나는 초판에 깨지고, 1학년은 서울 가서 깨지고. 서울 가서도 학교에서 1등 한 친구가 2학년 장기욱이고. 그런 연유가 있어요. 그러나 고등학교는 공주고등학교를 다시 또 시험 봐가지고 내가 공주고등학교는 다시 1등으로 들어갔지요. 그때서부터는 나도 어떻게 하면 그 당시에 뭐라고 하나? 검정고시라는 게 있어가지고 제법 많은 사람들이 검정고시를 거쳐 대학에 들어가는 게 그 당시에 제법 어느 의미에서는 유행을 했다면 했어요.

반　그래요?

박　그 시절에.

반　선생님이 아까 말씀하신 그 장기욱 씨하고 무슨 그런 경쟁이라기보다는 뭐, 이렇게 그런, 그런 것도 작용했나요? 후배긴 한데.

박　장기욱하고 경쟁은, 장기욱이하고 경쟁할 생각을 했을 리는 없죠.

반　경쟁보다도 좀 이렇게.

박　왜냐하면 그 사람은 학년이 하나 아래였으니까.

반　아래니까.

박　네. 그러니까 내가 경쟁할 수 있는 건 전국에 그 공부 비슷하게 하는 사람들끼리 경쟁은 되겠지만.

반　그런데 분위기가 검정고시 보고 월반하고 그런 경우가 많이 있었습니까?

박　많이 있었어요. 그러니까 월반이라는 게.

반　특이한 케이스인데 그게 그 당시에는 일반화됐다.

박　네, 당시에는 제법 많이 있었어요. 그래서 그게 월반해서 대학 들어간 게 그 성적이 좋게 들어간 사람은 당시 중학교 잡지 이런 게 있었으니까, 중학교 잡지 같은 데에.

반　인터뷰도 하고.

박　내주고 그랬지, 언론에서.

반　이름 나오고.

박　그러니까 그게 영향도 줬겠죠. 그래서 그런 일, 연고도 있고 해서 그랬겠지만 나도 서울에 가고 싶다. 그리고 중학교 공주서 나온 애들 중에도 고등학교를 경기로 가고 보성으로 가고 이런 친구들이 생기니까, 서울 가고 싶은 생각이 들죠, 아무래도. 그래서 그 시절에 '서울로 어떻게 하면 내가 갈 수 있을까?' 궁리하게 되죠. 그런데 이게 얘기했다시피 아버지, 어머니하고 상의해야 쓸데없고. 우리 집안에 좌우간 중학교 간 게 내가 처음이니까, 우리 집안 전체에서, 중학교. 고등학교는 물론이고. 그러니까 그리고 나서 고등학교에 다니는 학생이니까. 우리 집안 전체를 쳐도 제일 최고 학부는 내가 이미 하고 있는 사람이니까 그러니까 '어떻게 하면 서울에 갈 수 있을까?' 궁리를 혼자서 하는 거죠. 그래서 당시에 잡지나 이런 거를 열심히 보면서 궁리를 한 게 '아, 체신학교 가면 된다, 체신고등학교'.

반　체신고등학교요?

박　그게 그러니까 고등학교, 그게 고등학교였을 거예요. 그러니까 중학교 때부터 그런 생각을 했나 보네. 공주중학교 때부터 '체신고등학교를 가야겠다' 이런 생각을 하고 체신고등학교, 교통고등학교라는 게 생겼었어요, 그즈음에.

반　네.

박　그래가지고 체신고등학교, 교통고등학교 그런 거를 가면 국가장학금이고, 국비 장학금이고. 그리고 기숙사에서 재워주고, 먹여주고 그러면서 그걸 마치면 직장이 확보되고. 체신공무원이나 교통공무원이겠죠.

반　보장이 되니까.

박　그러니까 기차 운행하는 거나 그런 기술자죠. 그다음에 체신부 직원이나 이런 걸 하니까 '그걸 하면 되겠다' 하는 생각을 해서 그걸 시험을 보려고 생각을 했었어요. 나중에 세상을 살면서 알게 된 것은 그런 사람 중에 대표적인 몇 명을 알게 되었는데, 대표적인 분이 우리 외대, 외대 총장을 한 그 누구야? 외대 총장 한 불어과.

반　조규철(曺圭哲) 총장.

박　조규철 씨가 체신고등학교 출신일 거예요.

반　아, 그렇습니까?

박　그래요. 그런 재미있는 사실도 훨씬 뒤에나 알게 된 거예요. 그래서 그런, 그러니까 똘똘한 애들이 체신고등학교나 교통고등학교 가가지고.

반　그 당시에는 빨리.

박　거기서 졸업해서 거기 직장을 다닌 게 아니라 뭐, 일부 좀 다니다가 해도 되었겠죠. 그래가지고서는 직업고등학교를 졸업하고는 바로 일반 대학을 가거나 이래가지고 방향을 틀어서 성공한 그런 일이 그 당시에 많지는 않았겠지만, 더러 있었죠. 사회라는 게 안정되고 이런 건 좋은데, 어느 의미에서는 우리 사회가 점점 뭐냐 세상을 살아가는 데 점프할 수 있는 기회를 없애고, 그러니까 개천에서 용 나는 기회가 점점 없어지는 겁니다.

반　없어지죠, 네.

박　이렇게 되는 것이 좀 아쉽기도 하네요.

반　요즘에는 좀 힘들죠.

박　네, 좋지 않은 측면이 있는 것도.

반　착착착착 순서 밟아서.

박　그거 예를 들면 그런, 우리가 자라고 그럴 때는 그런 점프하는 기회가 말하자면 있었던 시대라고도 볼 수 있고, 그러니까 가난하거나 그렇더라도 기회 봐서 이렇게 뛰고 저렇게 뛰고 할 수 있는 그런 기회가 있었는데, 요즘 사회는 점점 안정되어 가지고 그렇지 못 하니까 이것이 꼭 좋은 사회냐 하는 문제가 물론, 아, 이건 내가 걱정할 일은 아닌데. (웃음)

반　(웃으며) 그런 건 있습니다. 그냥 개천에서 용 난다는 말은.

박　네. 개천에서 용 나는 게 좀 어렵죠.

반　요즘에는 좀 통용이 안 되죠.

박　네. 그게 나 같은 사람은 개천에서 뭐, 용까지 모르고.

반　선생님은 개천은 아닌데.

박　피래(라)미, 피래미쯤은 한. 좌우간.

6. 서울대학교 물리학과 재학 시절

반　그러니까 선생님께서는 아주 현실적으로 체신 쪽을 생각을 하셨는데, 물리학과를 가신 이유는 서울대 물리학과가 당시에는 상당히 점수가 높고, 성적이 매우 우수한 학생들만 가는 곳이라 가시게 된 건가요?

박　왜 내가 서울대학 물리학과를 가게 됐는지는 지금 잘 기억이 안 나요.

반　그 우수한 학생들이 가니까 그냥 가신 거 아니에요?

박　우수한, 그거예요, 네.

반　그 당시에는 뭐, 선두 학생들이 많이 갔는데, 이과들 중에.

박　남이 가니까, 남이 가니까 갔는데. 서울대 물리학과가 제일 어렵다고 대체로 알려졌을 거예요, 그 시절에.

반　네, 그 당시에는 뭐…….

박　실제로 우리가 들어갈 때.

반　수석이 거의 그쪽에서 나왔죠, 물리학과.

박　우리 들어갈 때도 아마 거의 제일 높은, 서울대학교 각 과 중에 그런 경쟁이 심할 때니까. 이왕이면 거길 가려는 덮어놓고 경쟁심만, 그래서 아마 갔을 거 같기도 하고. 또 하나는 해방 후쯤, 해방 직전서부터 우리나라에도 그 잡지나 이런 걸 통해서 과학자에 대한 존경심이라고 할까, 그런 분야 인물 되기를 바라는 그런 경향이 좀 많이 있었고. 그러면서 해방 후 한국에서 유명해지는 게 아인슈타인(Albert Einstein)이니 그 에디슨(Thomas Alva Edison)이니 그 다윈(Charles Robert Darwin)이니 이런 사람들이 많이 소개가 되고 이름을 내고 그러니까 나도 그런 반열에 좀 오를 수 있나 하는 희망 같은 게 생겼던 것도 같아요. 젊은이들에게 많이 있었겠죠. 그래서 나도 물리학과를 가려고 결심을 한 거 같아요. 그래서 물리학과 가기로 결심한 거는 아마 고등학교 들어가서겠지. 중학교 때 체신고등학교 가는 생각을 했던 거 같고. 그런데 고등학교 간 다음에는 좌우간 서울로 가야겠는데, 서울 가서는 서울대학을 이왕이면 가야 될 거고, 서울대학 가서는 물리과를 한번, 물리학을 해보자 했던가, 이런 생각을 해서 그래서 시험을 본 거 같아요. 그래서 물리과를 시험 봤는데 뭐, 시험 볼 때는 기억이 전혀 없어요. 한, 3, 4년 전에 죽었나? 그 친구는 뭐, 내가 서울대 입학시험 날 교실의 어디쯤 앉았었다는 거까지 다 기억하던데, 나는 그런 거 전혀 뭐, 기억을 그런 거 전혀 기억 없고.

반   학부 시절에요?

박   아니, 입학시험 볼 때.

반   입학시험 볼 때요?

박   서울대학 시험 볼 때.

반   어휴, 시험 볼 때 그 순서가 다 …….

박   왜냐하면 저, 검정고시 합격한 건 서울대학 시험하고 상관없어요. 일단 합격하면 자격만, 대학 시험을 볼 자격을 주는 거지. 그 검정고시 성적이 서울대 입학시험 응시할 자격만 주는 것이지요.

반   그렇죠.

박   대학에 입학하는 데는 아무 상관없어요.

반   다시 또 봐야죠, 시험은.

박   대학 입학시험은 다시 또 경쟁하는 거예요, 고등학교 졸업한 애들이랑. 그러니까 내가 대학 들어가서 친구가 된 건 전부 고등학교 졸업한 애들이지. 아마 검정고시 합격하고 합격한 놈이 한두 명쯤 있었던 거 같기는 한데, 나 이외에는 나는 누군지 모르겠고. 좌우간 나는 검정고시 봐서 2학년 때, 그러니까 쉽게 얘기해서 고등학교 모표 달고 시험 보러 온 놈은 나하고 몇 명밖에 없을 거예요. 다른 놈들은 머리를 좀 기르고 그러고 시험 보러 오는데.

반 졸업하고 오니까. (웃음)

박 네, 졸업하고 재수한 놈들은 완전히 머리 기르고 오고 그랬는데, 나는 고등학교 2학년 때 서울대학 시험 보러 왔으니까 그랬는데, 그래서 시험 봤는데. 가만 있어봐. 그거 뭐, 기억나는 게, 시험 본 때 기억나는 게 별로 없어요.

반 뭐, 거의 어려움 없이 붙으셨으니까 기억이 없으신 거죠.

박 다만 한 가지 재미있는 기억은 그중에 한 녀석이 아마 경기나 서울고교 나온 애들일 거예요. 경기나 서울, 두 학교 나온 애들이 그때 상당히 설쳤으니까…… 말하자면.

반 거기서 수석 아니면 상위권 애들이 주로 그쪽으로 갔죠.

박 네, 서울고등학교, 경기고등학교 애들.

반 물리학과는 최고, 자연계 쪽에서는.

박 그래서 그 친구는, 그 친구가 경기인지 서울인지 모르겠는데, 어떤 친구가 김치호라고, 이름이. 김치호라는 이름 모르죠?

반 네.

박 김치호라는 친구가 있었는데 그 친구가 좀 영어 잘하는 것 같았어요. 면접고사 때 몇 명이 대기실 교단에 올라가서 제 친구들끼리 영어 단어를 칠판에 쓰고, 서로 아는 척하는 놀이 같은 것을 하더군요.

반 그렇죠. 필기시험 보고, 그다음에.

박 네, 필기시험 보고. 구두시험 장소에 모여서 대기하라고 그러잖아요. 번호대로 차례로 부르니까, 면접을. 그럼 그 대기하는 데가 자그마한 방이었어요. 그 물리 실험실인가 어디서 우리 대기하고 있는데. 그놈들이 앞에 나가 칠판이 있으니까 칠판에다가 뭐, 단어 외우기 자랑, 그런 걸 하더라구요.

반 과시하는 거죠.

박 과시하는 거지. 이런 거 하는데, 그 녀석들 하는 짓이 좀 밉상이지. 시골에서 올라온 나 같은 사람으로서는.

반 기죽이려고 앞에서 그런 거지. (웃음)

박 그래서 촌놈이 와서 앉아 있으면 좀, 주눅 들고 기분은 그렇잖아요. 아, 그런데 떨어지더라고요, 그놈이. 그래서 그러려니 했는데, 다음 해에 재수해서 수학과로 합격했어요. 그 녀석이, 김치호가. 본인한테는 조금 미안한 얘기기는 한데, 그러더니 그 녀석이 수학과에 합격했더라고요, 다음 해에. 그러니까 1년 후배가 되어서 들어왔는데 4·19가 났잖아요. 4·19 때 우리 대학 학생들이 중앙청에 모여, 아니 중앙청이 아니지, 지금으로 치면⋯⋯.

반 경무대, 경무대에 들어갔나요?

박 그게 서울시 의회인가? 서울시 의회인가 지금?

반 그렇죠. 당시의 국회가 지금 서울시 의회죠.

박 지금 서울시 의회죠?

반 네, 조선일보사 옆에.

박 그 앞에서 데모들을 했거든. 거기서 데모들 연좌하고 있었는데 거기서 일부 흥분한 애들이 몰려가서 청와대, 경무대지 당시. 경무대로 올라가는데 거기서 총을 맞아 죽었죠. 그래서 서울대 문리대에서 유일하게 4·19에 희생된 사람이 그 친구예요. 그 김치호라는 친구가 그날 불행을 당해서 수유리(현재는 현 강북구 수유동) 4·19 묘지에 잠들게 되었지요. 미국 유학에서 1977년 돌아와 여러 해가 지난 다음 언젠가 덕성여대에 특강을 갔을 때 그 친구 생각이 나서 근처의 4·19 묘지를 찾아가 그에게 인사를 한 일이 있어요. 참 인생무상이라지만⋯⋯.

이 이, 이게 4·19 들어가면서 네, 여기 이 사진이.

반 (사진을 보기 위해 앞으로 나옴) 선생님. 사진이 그거죠?

박 이게 그날 데모한 사진이고.

반 그런데 이 사진을 어떻게 가지고 계신 건가요?

이 이 사진.

반 이 사진이 어떻게 남아 있는 거죠? 선생님.

박 그게, 거기에 내가 설명을 썼을 거 같은데.

반 그 자리에서 찍으신 건가요?

이 교수님이.

반 여기 기사 내용이 좀 있겠죠. 그런데.

박 아, 그 기사. 그것은 아마 월간잡지 ≪신동아≫에 실린 것일 거예요. 거기 써 있나?

반 사진하고 글은 선생님이 쓰신 거고. 사진을 아, 이걸 어떻게 기막히게 찍었네요?

박 이게 ≪향학(向學)≫이라는 잡지에 났던 사진이에요, 그 시절에. ≪학원사≫라는 청소년 잡지를 내던 회사가 내는 고등학교 학생을 위한 잡지였지요.

반 아, ≪학원사≫.

박 그 ≪학원사≫ 알죠?

반 27년.

박 당시에 꽤 알려진 출판인 김익달(金益達, 1916~1985)이라는 사람이 중등학교 학생 대상의 잡지를 내서 크게 성공하고 있었는데, ≪학원≫이라는 잡지가 중학생 잡지였고, 고등학생을 위한 대학입시 위주의 잡지로 ≪향학≫이 나왔던 기억이에요.

반 네, 봤습니다.

박 ≪학원≫이라는 잡지가.

반 입시 전문.

박 굉장히 히트를 쳐서 아마 그걸로 돈을 좀 벌었을 거예요. 그래서 '학원' 장학금이라는 것도 그 사람이 만들고 그랬더라고요. 나중에 나는 알았는데 나 같은 촌사람은 그런 정보가 아무래도 모자라서, 그런 장학금을 어떻게 지원할 줄도 몰랐는데, 내가 아까 얼핏 얘기한 그 기억력이 좋아서 내가 입학시험 때 어디 앉았다는 거 기억하던 녀석, 그 녀석이 여러 해 전에 이미 세상 떠났지만, 그 친구가 학원 장학생을 했더라고요, 나중에. 그래서 장학생으로 어, 아마 '학원', 서울대학교 학비를 대준 건지 그랬을 거예요, '학원' 장학생. 그런 장학생이 있었더라고요. 그 '학원'에서 아마 같이 만들었던가, 이게 《향학》이라는 잡지였어요. 《향학》은 고등학교 입시 위주였지요. 그러니까 고등학교 입시 준비를 위한 문제 풀이를 중심으로 하면서 오락성 기사도 곁들이는 기사를 내곤 했지요.

반　입시 위주.

박　네, 잡지일 거예요. 그 《향학》이라는 잡지가 있는데 거기 기자가 찍어서 그 잡지에 몇 년 뒤인지 4·19 사진 특집으로 앞에 사진을 몇 장 특집을 했거든. (면담자가 사진을 보기 위해 앞으로 나옴) 그때 거기에 난 사진인데 저 사진은. (사진을 보며) 이게 그 원래의 잡지가 아니에요, 《향학》 잡지가. 이 잡지는 훨씬 뒤의 《신동아》 잡지에 나온 사진일 거예요.

반　그러면 이게 선생님 대학 때 사진인가요?

박　여기 설명이 밑에 뭐라고 안 써 있어요?

반　이거 그러니까 선생님 대학 때 시위하는 과정을 찍으신 거죠?

박　요것이 《향학》에 난 사진이고.

반　그걸 선생님이 뒤에 《신동아》에 투고를 하신 것이지요?

박　복사했나, 가지고 있다가.

반　선생님이 갖고 계신 사진인가요?

박　가지고 있다가 이거를 여기.

반　기사 실으실 때?

박　《신동아》에서 나한테 "시간과 나"라는 이 월간잡지의 광고 겸 연재한 페이지에 원고를 부탁했어요. 아마 1990년 4월 호 《신동아》였던 것 같아요. 마침

4·19 30주년이기도 해서 나로서는 마음먹고 당시 내가 소장하고 있었던 30년 전 4·19에 내가 데모하다 찍혔던 사진을 그 잡지에 내고 설명을 써준 것입니다.

이 1960년 4월 19일 서울대 문리대 교문을 나와서 의대 교정을 지나 종로4가로 달려 친구들과 스크럼을 하고 뛰어나가는 모습을 ≪향학≫ 잡지 사진기자가 찍어 그 후 언젠가 ≪향학≫에 내었던 그 사진이지요. 그 사진의 배경은 아마 당시 동대문세무서 앞길이었던 것 같아요.

반 ≪신동아≫에 투고하신 기사에 쓴 사진 원본은 선생님께서 가지고 계시겠네요. ≪향학≫에서 제공한 거니까?

박 원본은 아직 어디에 있는지, 없어졌는지, 잘 모르겠네요.

반 없으신 건가요?

박 네. (앞을 가리키며) 저기 없나요?

반 그런데 사진 상태가 아주 안 좋은데요.

박 이 사진?

반 어우, 이거 기막힌 사진인데. 그럼 선생님 이때가 4·19 때가 몇 학년이셨던 거죠, 선생님께서?

박 4학년.

반 4학년 때? 선생님께서 졸업반일 때네요.

박 그렇죠. 이듬해에 1960년에 4·19니까.

반 그리고 동기생 김치호라는 분은 그때.

박 3학년이었겠죠.

반 3학년에 총상으로.

박 네, 거기서 죽었고. 1960년 4·19에.

반 60년 4월 19일에.

박 1년 이내에 난 졸업한 거죠. 그런데 이, 이거는 나중에 4·19가 1960년이니까, 1990년쯤인가 보네, 1990년쯤에.

반   4·19. 아, 30주년.

박   4·19 때인데, 1990년일 거예요, 아마. 1990년 4월에, 1990년 4월 《신동아》
에 이 글과 사진이 나왔는데, 사실은 이거는 어떻게 보면 《신동아》 글이 아니
에요. 여기에 써 있지, 오리엔트(orient) 시계라고.

반   네.

박   오리엔트 시계라는, 지금도 아마 시계 회사는 있을걸? 모르겠는데.

반   예전에는 좋은 시계였는데, 워낙 좋은 시계들이 나오니까.

박   네. 옛날에는 네. 우리나라에는 오리엔트 시계가 제법 유명했지요.

반   당시에는.

박   당시에는 시계의 대표 회사라고 볼 수 있을 정도였을 거예요.

반   그렇죠.

박   많은 시계를 만들어서 돈도 좀 벌었겠지. 그런 회사인데 거기서 스폰서를
해서 한 페이지를 산 거예요.

반   아, 그런 경우도 있네요. 재미있네요.

박   그래서, 하면 되죠. 그래서 어떤 특집을 했냐면, "시간과 나" 그 제목 괜찮
잖아요, "시간과 나". 시간과 연결된 자기 얘기를 좀 이름 있는 사람한테 부탁을
해서 거기다 내면은 나한테 부탁한 건 그때 4월 달에 부탁을 했기 때문에 내가
생각나는 게 4·19, 4월 호에 나가는 거니까 4·19 얘기를 하고 싶다. 그래서 30년
됐다.

반   30주년.

박   그러니까 내가 이 사진이 마침 있으니까 이 사진을 공급하고 내 글도 공
급하고 해서 (사진을 가리키며) 이거는 그 당시 내 사진이겠지, 외대 교수 하던
시절에.

반   글 쓰실 때.

박   내 사진은 《동아일보》 기자가 와서 찍었거나 했겠지. 아니면 내가 가지고

있는 사진 줬거나. 그래서 이 기사가 난 거예요, 이 한 페이지가. 그랬더니 이건, 어떻게 보면 ≪신동아≫ 기사도 아니에요. 그렇죠?

반   ≪신동아≫에서 판 거죠.

박   네, ≪신동아≫에서.

반   오리엔트에다가 할애를 한 거죠. 지면을 판 거네요.

박   네, 그러니까 한 페이지(page), 한 페이지를.

반   지면을 일종의 광고비 받고.

박   네. 광고비 받고, 광고비 받고 넘긴 거고. 그 광고 겸 이 사람들은 거기다 장사 겸 그 뉴스(news) 가치가 있다면 있는 피처로, 스토리(story)로서 내 얘기를 써서 한 페이지를 장식한 거죠.

반   그런데 사진이 선생님이 이렇게 또 묘하게 그 ≪향학≫이라는 잡지에 실린 건데 이 사진이 선생님이 시위할 때. 재미있네요. 여기 앞에 서셨던가요?

박   아니.

반   뭐, 특별한 이유가 있는 건지, 아니면 그냥 찍힌 건가요?

박   우연히 찍힌 거예요. 그래서 수많은 이런 사진이 4·19 때, 수많이 찍혀 있어요, 수많이 얼마든지. 그중에 하나가 이 사진일 뿐이지요. 그런데 내가 이 사진에 주목하게 된 거는 나중에 미국 유학 간 다음인가?

이   우표.

박   우표에, 한국에서 우표를 만들었는데, 4·19 데모 장면 사진을 우표에 쓴 일이 있었어요. 내 요 사진 비슷한 사진이 그 우표에 들어간 것이 있었어요. 그래서 보니까 '내가 저기 안에 있는, 저게 아닌가' 하는 생각이. 왜냐하면 옛날에 이런 사진이 ≪향학≫에 났으니까. 그 사진이 거기 난 게 아닌가 하고 자세히 연구를 하고 조사해 봤더니 달라요! 이 사진이 아니야. 조금 달라, 모양이. 그게 이 사진은 아니에요. 그런데 우표, 대한민국 우표에 이 비슷한 사진이 있다고요.

반   아, 여러 사진 중에 하나 고른 거, 골라서 쓴 거죠?

박 그래서, 그렇죠. 그 사람들이 또 마음대로 골라서 쓴 거죠. 체신부에서 우표 만들 때 심의를 해서 하거든요? 그 심의하는데 아마 '그런 사진을 써보자' 해서 데모하는 스크럼(scrum) 저기 대학생들이 뛰는 그게 바로 우리가 한 그거예요.

반 그런데 그 당시에는 주로 이게 4·19에 나왔던 사람들, 대부분 다 재학생이 나갔나요, 아니면 좀 몇 명 좀 뭐랄까 의식 있는 사람들만 조금 …….

박 에이, 몇 명 의식이 아니에요.

반 그냥 대부분 다 나간 거예요?

박 거의 다 나갔는지는 모르지만.

반 그래도 선생님께서는 4학년인데 …….

박 아, 그 당시에는.

반 졸업을 앞두고서 그냥.

박 에이, 선생님이 나보다 한참 후배니까 모르겠지. 잘 모르는데 …….

반 무모하게 그냥?

박 그 당시에는 공부가 없었어요, 공부 거의 안 했다고. 공부할 그런 형편이 아니었지. 왜냐하면 내가 대학을 들어가니까 당장 아무것도 공부할 게 없더라고. 그리고 교수가, 아무도 날 가르칠 만큼 실력 있는 교수가 없었어요, 우선. 이렇게 얘기하면 좀 민망한 얘기지만, 실제로 그 문제에 대해서는 내가 저 『한국과학 백년』이라는 시리즈, 조선일보에서 낸 책이 있어요. 그 책에 내가 그 주 편집자였는데 그래서 내가 내 제자들 여러 명과 함께 책을 한 권 만들었는데, 옛날에. 벌써 옛날이죠. 그 책에 내 글도 하나 있어요. 내 글이 하나 있나, 둘이 있나 좌우간 내 글이 거기에 있는데, 거기에 내 개인 경험을 좀 솔직하게 쓴 일이 있어요. 그래서 내가 대학에 들어간 1957년은 서울대학교 물리학과는 특히 형편없었다, 상황이. 그래서 교수가 우릴 가르칠 만한 그런 실력 있는 교수가 없었다는 식으로 얘기를 솔직히 써놨어요. 그런데 실제로 그랬어요. 왜냐하면 그 문제는 내가 연구를 한 일도 있는데, 그러니까 우리나라에 이공학.

반 이공학?

박 네, 과학이죠. 과학 기술 분야에 대학 교육이 부실할 수밖에 없었어요, 초기에. 아무것도, 대학의 교수될 만한 실력이 있는 사람이 거의 없었으니까. 실력이 해방 직후에 대학에서 교수할 만한 과학자, 기술자라면 적어도 대학은 나와야 될 거 아니에요? 그 당시로서는. 그럼 대학 나온 사람이 몇 명이나 됐느냐? 몇명 없었어요, 우선. 일본서 대학 교육을 받은 사람은 모두 200명 남짓뿐이었으니까요. 교육받은 사람 중에, 일본에 그냥 주저앉은 사람이 좀 있고, 그중에 일부가 돌아왔는데 일부 돌아온 사람도 반 이상이 북한으로 갔어요.

반 월북하셨죠.

박 네. 남쪽에 남아 있는 사람은 오히려 더 적었다고, 내가 알기로는. 그러니까 그 남쪽에 남아 있는 적은 숫자의 과학자, 기술자가 서울대 교수가 되고, 다른 대학도 많이 생기니까 대학교수들이 되어서 가르치는데, 그 사람 중에 몇 분이 우리 교수가 된 거니까 그 실력이 사실 뛰어나진 않았어요. 왜냐하면 그 양반들이 가르칠 실력이 아무래도 낮을 수밖에 없는 게, 예를 들면 권녕대(權寧大, 1908~1985) 교수가 대표적인 분인데, 물리학에서 당시에. 내가 대학 다닐 때, 권녕대 교수가 물리학과인데 그 양반이 홋카이도 대학, 일본 북해도대학에서 물리학을 전공한 분이기는 한데 그 양반 실력이 혹시 좀 있다고 한들 그 양반이 대학 졸업하고, 일본에서 대학만 졸업하고 고향 개성으로 돌아와서, 개성에 송도보고라고 하나? 송도보고, 고등학교에.

반 송도보고?

박 네. 유명한 고등학교 중에 하나거든, 일제시대. 거기에서 과학을 가르치던 분인데 그 양반이 그 짬짬이 또 시간을 내가지고 광학, 그러니까 렌즈(lens) 만들고 이러는 거.

반 광학?

박 광학을, 네. 광학 기술을 좀 개발해서 장사를 해보려고 또 일을 좀 벌이고 있던 그런 분 같아. 그런 분이 서울대학교 물리학과 교수가 됐고 대표적인 물리 선생이 됐단 말이에요. 그 밑에 조순탁(趙淳卓, 1925~1996)이라는 분이 미국 가서 공부하고 있었나? 그러고 또 뭐, 윤세원(尹世元, 1922~2013)이라는 분이 있고, 몇 분이 있었는데, 그분들이 교수인데, 그분들이 실력이 전반적으로 낮다고밖에 볼 수 없어요. 그런 데다가 그 사람들이 교수가 되자마자 그 당시에 해방 직후 그러면은 우리가 실력이 여러 분야로 특히 과학 기술 분야가 부족하니까, 그런 사람들은, 국가동원령이 있지는 않았지만 그런 사람들 어떻게 해서든지 서양에 유학을 시켜서 이걸 실력을 좀 양성할 필요가 있다고 해서 미네소타, 대표적인 게 미네소타 플랜(Minnesota Plan)²이라고 해서 서울대학교의 교수들은 미네소타 플랜으로 미국 미네소타 대학교에 가서 그 1년이고, 2년이고 있다가 오고. 재충전 교육이죠. 재충전 교육의 기회를 줬다고. 그러니까 이 양반들이 기회가 있으면 그걸 또 외국 구경도 할 겸 하고 싶었을 거 아니에요.

반　네.

박　내가 대학에 입학하자마자 우리 가르칠 수 있는 교수는 다 없어졌어요, 거의 서양에 유학을 떠났거나 …….

반　사라졌군요.

박　그래서 우릴 가르친 건 누구냐? 주로 우리보다 3년, 4년쯤 선배, 물리과. 그 양반이 이주천(李柱天, 1930~2007) 선생이라고 나중에 KAIST 초대원장을 지낸 분이죠.

반　이주천, 네.

박　이주천 선생이라고 과학기술원 원장인가도 하고 그랬죠. 그러다가 돌아가신 분인데, 그 양반이 그중 대표적이었고. 그런 양반이 우리를 쫓아다니면서 여러 과목을 담당했다고. 그 양반이 그럴 정도로 실력이 있었을 리가 없죠. 하지만 그이가 우리를 가르친 시기는 아직 미국 유학도 가기 전이었으니 …….

반　여러 과목을 또 그냥?

박　네. 더군다나 여러 과목을 그냥 돌아가며 맡고 이러니까는 좌우간 뛰어나진 않았어요, 실력이. 누가 뭐, 개인 잘잘못이 아니고.

반　그렇죠. 전체적으로 한국 사회가 뭐 …….

박   전체적으로 형편없는 거예요.

반   한국 사회 대학 교육이 뭐.

박   그런 데 비해서 화학과는 훨씬 나았어요, 원체.

반   화학과는?

박   그러니까 그 당시에 물리학이나 화학이나 이거 이런 학문 분야는 나뉘어 있지만, 그거에 나눠서 국가적으로 체계적으로 인력을 양성한 게 아니기 때문에, 그랬기 때문에 물리 쪽은 특히 인력이 좀 빈약했던 건 사실일 거예요. 그러나 거길 내가 들어갔으니, 이거야 뭐, 놀고먹기지, 뭐. 내가 일을 할 필요가, 공부할 필요가 없잖아요, 어차피. 그래서 더구나 내가 남을 탓하는 것도 되겠지만, 그러니까 공부할 형편이 안 되는 시대였다. 그래서 공부를 못 했다. 이렇게 볼 수도 있겠죠.

7. 기자 생활에 대하여

반   그리고 어떻든 간에 그렇게 졸업하시고서.

박   그래서 졸업하자.

반   기자로 가셨는데 과학부를 또 가셨단 말이에요?

박   취직을 해야 하는데.

반   네, 취직이요.

박   당시에는 또 취직이 무지하게 어려웠어요. 그런데 문과도 어려웠어요, 당시에는. 취직 자리 자체가 무지하게 드물었어요.

반   일자리가 그렇게 많지는 않았겠죠.

박   그러니까 대학은 막 폭발적으로 많이들 간 셈인데, 그런대로. 그런데 대학만 가고 우골탑(牛骨塔)이라고 해서 그 얘기는 아시죠? 우골탑.

반　네, 우골탑. 소 팔아서 자제들 교육하는 거.

박　그래서, 소 팔아서, 자제 교육한다고 해서 교육열이 폭발하고 그러기는 하는데, 막상 교육을 마친 일단락한다는 대학 졸업을 하면은 갈 데도 없어요, 취직할 데. 그럼 대학 졸업하면 먹고 살아야 할 거고 결혼도 하고 그러면 가족도 생기면 먹여 살려야 할 판이고 그런데. 어떻게 자기 끼니를 잇느냐 하는 문제가 심각한 문제죠. 나는 먹고사는 거는 아버지한테 기어들어 가면 밥은 먹여줄 수는 있을 정도는 된 거 같지만.

반　그렇네요, 네.

박　그런 정도는 되는 거 같지만 그렇다고 그럴 수는 없잖아요. 그러니까 혼자 취직을 해봐야 하겠는데 그래서 대학 졸업할 때쯤 되자 나로서 교사하려고.

반　고등학교? 중고등학교?

박　중고등학교. 중등 교사 자격증을 따면 되니까. 그 당시는 서울대 문리대도 서울대 사대하고 똑같이 정교사자격증을 주었어요. 나중에 사대 출신한테 무지하게 욕을 먹은 거 같은데, 사대나 문리대가 똑같이 교사자격증을 줬어요. 그런데 자격이 똑같아요. 사대 나오나 문리대 나오나 똑같아요, 교사 되는 자격은 당시에는 똑같은 자격이었던 것 같아요.

이　교생실습, 교생실습을 하니까.

박　그런데 교생실습을 사대는 체계적으로 더 하겠지만, 문리대는 교생실습을 추가로 해야 해요. 그런데 그것도 사대하고 뭐 마찬가지라면 마찬가지인 듯했어요. 좌우간 사대 물리과하고 문리대 물리과하고 같이.

반　별 차이가 없는 거죠.

박　별 차이는 없었던 거 같아요, 그것도. 그래서 예를 들면 나 자신이 물리과 친구들 한 세 놈? 우리 친구가 김종엽이, 나중에 서울의 영동고등학교에서 물리 교사를 하고 은퇴한 친구가 있어요, 내 친구에. 그 친구 나보다 나이는 두 살 많은 거 같은데 하여간 그 친구랑 또 미국 가서 공부하고 거기 취직해 살다가 얼마 전 한국으로 돌아온 친구도 하나 있고. 그래서 한 세 명인가가 문리대 물리학과에서 갔고, 사대에서도 서너 명이 왔고 사대 물리교육과죠. 그래서 같이, 하필 같은 경복중학교에서 함께 교생실습을 한 달쯤 했어요. 1960년 초가을이었어요.

반　교생실습을?

박　한 달 남짓 했을 거예요, 좌우간. 그 얼마 하는지 기간이 정해져 있었을 테니까 좌우간 하게 됐죠. 재미있는 것은 내가 그중에 대표를 했어요, 그 교생실습에. 그래서 2학년 1반인가에, 거기서 연상되는 재미있는 일이 또 있어요. 2학년 1반인가에 그 담임도 내가 했어요. 담임도 한 달 동안을 내가 했죠.

반　임시 담임이죠?

박　임시 담임이죠. 실제 담임선생님은 김(金) 뭐라는 분이었는데 그 양반은 편하지, 어떻게 보면. 좀 귀찮은 점도 있겠지만 …….

반　교생이 있으니까.

박　좌우간 우리한테, 나한테 맡기면 그 반은 그냥 돌아가고 물상 시간 강의도 내가 대신하니까.

반　참, 물상 시간. 물리가 아니라 물상이라고 그랬었는데.

박　그런 상황이었죠. 재미있는 것은 옛날에 저, 최근 한 두어 달 전에 작고했나? 대한항공.

반　조중훈 씨.

박　조중훈 씨 아들. 조 뭐라든가?

반　조양호, 조양호.

박　조양호가 조중훈 씨 큰아들 아니에요?

반　네.

박　조양호 씨가 죽었다고요. 그런데 조양호 씨가 죽기 전에 한 2~3년 전에 그 큰딸이 말썽을 일으켰지, '땅콩 회항' 해서.

반　네. "땅콩 회항", 네.

박　그 얘기도 일어나면서 갑자기 생각이 나서 그에 대한 걸 알아보다 보니까,

인터넷을 뒤져보니까 ……, 그 사람이 경복중학교 출신이더라고요. 그런데 그 사람 나이가 꼭 내 그 반 클래스에 있었을 거 같아. 내 조사를 그 이상 못 해서, 안 해서 그렇지. 어쩌면 조양호가 바로 경복중학교 2학년 1반에 있었을 것 같은 기분이더라고요.

반　그 학생이었을 수 있네요.

박　아, 그 나이예요, 나이는. 나이는 딱 맞는데 경복중학교 그 친구가 다녔고. 그 나이는 딱 맞는데 그 친구가 거기 있었는지 아닌지는 내가 모르지. 옆 반일 수도 있고 아니면 한 학년 아래나 위일 수도 있고, 그건 내가 모르지만. 내가 그래서 참 세상이 이상하다 생각을 한 것이 왜냐하면 조양호를 그렇다고 하면 내가 거기서만이 아니라 조양호 개인 교수도 할 뻔했거든요.

반　아, 네.

박　왜냐하면 한 번은 내가 공주에서 조금 공부 잘한다고 소문이 난 상황에서 서울대학을 들어갔으니까. 서울대에 들어오니까 그 당시로는 대학생이 모두가, 거의 모두가 그 가정교사라는 걸 해서 먹고살 시절이거든. 이 가정교사 자리를 내가 구해보려고 하는데 손이 닿아야 할 거 아니야, 아무래도. 그런데 마침 공주 출신의 그 서울사대 부속 국민학교(초등학교) 교사가 한 분 계셨어요. 그 양반 이름이 지금 생각이 안 나. 김한 뭐, '김한교?'(金漢敎) 같기도 하고 그런 분인데. 그 분한테 어떻게 손이 닿았는지 그걸 내가 기억을 못 하겠어요. 누가 좌우간 그 줄을 놔줬으니까 찾아갔겠지? 찾아가서 부탁을 했더니 그 양반이 나를 저, 그 양반도, 아까 얘기했지만 당시 《대전일보》에 내 사진이랑 이름이 났으니까 조금 공부 잘하는 걸로 소문이 났으니까, 소개하는 데 편하셨겠지, 그 양반도. 그러니까 "공주에서 온 후배인데 공부 잘하는 놈이라고, 이런 놈"이라고 하면서 소개를 했을 거 아니에요? 그 소개를 몇 군데나 해줬어요, 이 양반이. 그중에 하나가 삼선교 그 뒤에 돈암동에 가면은, 어디로 가면은 조중훈 씨 집으로 날 보냈어요. 그런데 왜 그런지 조중훈 씨 집에 가서 인터뷰를 한 거 같긴 한데, 인터뷰만 했지 그 집에 가정교사는 못 했어요, 왜 그런지. 만약에 가정교사 했으면 내가 가르칠 사람이 누구냐 하면 조양호지.

반　그렇죠, 그렇겠죠.

박　그렇게 됐어요.

반　나이가.

박　이 세상이라는 게 재미있는 일이 많다고.

반　입시 공부.

박　좌우간 그런 일도 있어요. 별 재미있는 얘기가 다 나오네, 이런 얘기도.

반　교생, 교생 끝내시고 학교는 안 가시고 또 신문사로 가셨네요?

박　그 교생실습을 하면서도 그 교생 뭐, 자리를 하나 얻어야 될 거 아니에요. 그 교생실습 한 게 4·19 그해겠네. 그해 가을이겠네.

반　그렇죠, 졸업생이니까.

박　4월이니까 그 가을에 갔을 거 같네.

반　네. 60년, 1960년.

박　그러니까 4월, 그래서 그 은행, 은행잎이 노랗게 핀 길을 가서 그 교생실습 한 기억은 나니까. 그래가 저, 교정에도 은행잎이 있었으니까.

반　그러니까 동숭동이죠? 그러니까. 문리대, 물리학과가요?

박　아니죠.

반　저쪽 태릉에 있었나요?

박　물리학과는, 교정은, 학교 다니면서 강의 듣고 그런 거는 전부.

반　태릉 쪽인가?

박　동숭동.

반　동숭동이죠, 문리대는 거기 있었으니까.

박　거기 무슨 마로니에니 뭐니 그게 유명하지. 그래서 거기에 지금은 뭐라고 그러지, 거기를?

반　대학로. 대학로가 옛날에 동숭동이에요.

박 대학로. 네, 대학로. 대학로가 우리 그거고.

반 공대가 저쪽 태릉 쪽에 있었고.

박 네. 그게 물리학과는 실험을 해야 하기 때문에 실험은 청량리에서 했죠.

반 청량리에도 뭐가 있었나 봐요?

박 청량리에 그건 뭐, 우리 학교(한국외국어대학교) 가려면 청량리, 청량리역이 바로 오른쪽에 지나가잖아요. 그래서 우리 학교 쪽으로 이렇게 가면 바로 왼쪽에 그게 원래 있었어요. 문리대 이학부 실험실 이런 게 거기서 실험을 하고, 그게 당시 전차 종점이었지. 전차 종점일 거예요. 왔다 갔다 했죠. 그래, 그렇게 다녔는데 무슨 얘기가 지금 진행이 된 건가?

반 지금 저기 교생 하시고 중고등학교 가시려고 그랬는데 신문기자가 되신 거.

박 그거는 왜냐하면 그 교생실습을 한다고 그 선생 자리가 저절로 주어지는 게 아니거든. 더구나 저, 문리대는 일종의 덤일 거예요, 아마. 사대 출신이라면 배정을 받아 교사 자리를 얻기가 쉬웠을 것도 같군요. 그러니까 문리대 출신 교사라면 직장, 실제 직장은 알아서 자기가 구해봐야 될 거예요. 그래서 나도 영등포여자고등학교 선생님을 누구를 또 손이 닿아가지고 그 양반한테 부탁을 해서 영등포여자고등학교 물리 선생 자리를 알아보고 있었는데 ······.

반 인맥을 통해 취직하는 거로군요. 교생, 교사 기용도 지금처럼 이렇게 시험을 봐가지고 배치하는 게 아니고.

박 배치가 그 당시는.

반 그때는 인맥을 통해서.

박 배치 아니었을걸. 사대는 모르겠어. 사대는 배치를 받는지 모르겠는데 문리대는 좌우간 배치 같은 것은 없었어요.

반 알음알음 알아서.

박 알아서 할 수밖에 없어요. 내 친구 중에도 그렇게 해서 저, 알음알음으로 교사 자리를 구해서 교사로 사회 진출 한 친구가 여러 명 있었어요. 그러니까 그 당시에 아주 어렵지는 않았는지 모르겠는데, 그 쉽지는 않았을 거예요. 좌우간 그래서 나도 알아보고 있는데 가만히 사람이 있을 수 있나. 그런데 신문광고를 보니까 아, 조선일보에서.

반 기자 모집을 ……

박 기자 모집을 한다 그러길래 내가 시험이라면 자신 있다는 이런 평소 소신이. 이게 문제라.

반 (웃으며) 문제.

박 그래 또 시험 봤지. 그랬더니 덜컥 붙었어요. 그게 200 대 1이었습니다, 그때 기자 모집에. '중앙고등학교' 가서 시험 본 걸로 기억하는데. '중앙고등학교' 저쪽 저, 현대 사옥 있는 저 뒤에. 지금도 '중앙고등학교'가 있나, 거기?

반 거기 있죠.

박 거기서 시험을 봤는데, 그중에서 합격했는데 아마도, 아마 열아홉 명이 합격했을 거예요. 스무 명? 좌우간 약 스무 명이 합격했어요, 필기시험에. 그 필기시험까지 합격한 건 내 실력이었을 거 같은데, 그럼 최종적으로 그게 다 뽑히느냐? 그것도 시험을 보죠, 당연히. 모든 시험이 대체로 구술시험을 보니까. 그래서 싹수 있는 놈, 없는 놈을 판별해야 하니까. 그건 거기서는 주관적인 결정을 하는 거 아니에요? 그런데 돌이켜 보니까 나중에 거기서 내가 일종의 약간 점수를 얻어서 합격을 한 거 같아요. 뭐에 점수를 얻었느냐? 내가 물리과 출신이거든. 거기서 덕을 본 거 같아요. 왜냐하면, 그런데 그 시험 직전에 소련(蘇聯, Soviet Union)이 스푸트니크(Sputnik)라는 우주선을 발사했다고요. 당시로서는 세계 최초의 인공위성 발사라고 해서 크게 화제가 된 사건이었어요. 그러니까 전 세계가 물리학이 중요한, 그러니까 이공계가 중요하다는 풍조가 퍼지는 때기 때문에, 신문에서도 그게 반영이 되죠. 그러니까 그 우주선 그러니까 인공위성 쏘고.

반 기사가 계속 나오는데 쓸 기자는 없고.

박 인공위성은 계속 가니까. 계속 그런 기사가 나오니까 그걸 다룰 수 있는 기자가 필요하니까 내가 물리과 출신이니까 나를 점수를 조금 더 준 게 아닌가, 그래서 뽑힌 거 같아요. 내 개인적으로 관계는 아무것도 없거든? 그런데 내가 그거 때문에 아마 여섯 명 중에 하나로 붙은 게 아닌가. 그래가지고 구두시험에서는 최종적으로 여섯 명만 뽑혔어요, 그때. 그래서 여섯 명의 견습기자가 ≪조선일보≫ 제3기 견습기자로 정식으로. 한국에서 '견습기자'라 해서 기자를 처음으로 뽑기 시작한 게 불과 얼마 안 될 때에요. 그게 ≪한국일보≫인가가 처음 시작했나? 그걸, 견습기자 제도가. 그래가지고 ≪조선일보≫도 그걸 따라가서 제도화하게 된 거죠. ≪조선일보≫의 경우 1회는 일찌감치 선발했지만 3, 4년 지나서 2회, 그다음에는 3회를 2년 만에 뽑았어요. 우리 선배인 2회는 나보다 2년 전에 뽑았고, 우리 3회가 6명이었는데, 2회는 10명이 넘었어요.

반   그랬습니까?

박   그다음에 3회부터는 매년에 한 번 뽑았을 뿐만 아니라 어떤 때는 1년에 두 번도 뽑았어요. 그래서 견습기자 제도가 지금은 없어졌나 모르겠네. 좌우간 그래서 견습기자 제도가 확립되어서 견습기자 출신들이 그 회사에 그 주요한 중심 기자가 되는 시대로 넘어가죠. 그 전환기쯤에 내가 기자로, ≪조선일보≫ 기자가 된 거죠. 그래서 ≪조선일보≫ 기자가 되니까 그 영등포여고는 필요 없어졌죠, 알아볼 필요도 ……. 아무래도 중등학교 교사보다는 기자가 좀 월급도 아마 그 당시에 조금 더 나았을 거 같고, 그게 또 뭔지 신문에 이름도, 제 이름으로 기사도 나고 하니까 모양도 나고 그래서 그랬겠죠, 그래서 ≪조선일보≫ 기자로 들어가서. 그런데 그때.

반   그러니까 군사정권 초기인데요.

박   그렇죠.

반   군사정권 초기인데 조선일보사에 있을 때 뭐, 계실 때 특별한 사건이 있었는지요.

박   조선일보에 시험을 보고, 그게 시험을 아마 4월쯤에 봤을 거예요, 아마. 그러니까 내가 졸업하자마자.

반   그렇죠, 2월에 졸업하고.

박　61년도니까 61년에 2월 말이나 3월 초에 졸업을 하고 졸업한 직후에.

반　쿠데타가.

박　시험을 봤는데 그동안에 5·16이, 5월 16일이니까.

반　그 이후에.

박　5월은 그 중간이에요. 그러니까 우리가 시험 봤는데 합격자가 발표되기 전에 5·16이 난 건가 그랬을 거예요. 5·16 직후에 합격자는 발표됐을 거예요, 아마. 그렇게 되어가지고 5·16 직후부터 내가 신문기자가 됐죠.

반　기자 생활을 5·16 군사정권하고 같이 시작하신 거죠?

박　그런 셈이죠. 그 시작을 군사정권 때 한 셈이죠. 군사정권 직후부터 시작한 셈이죠.

반　그러니까 과학부 하셨으니까, 정치적인 문제는 별로 많지는 않으셨겠네요?

박　정치하고는 상관이 없었고.

반　그럼 과학 쪽에 학교 다니실 때는 뭐, 관심이 있었지만 공부를 그렇게 많이 하신 거 같지는 않고. 그런데 신문기자 하시면서 이 과학 쪽에 공부하기 시작한 셈이네요.

박　신문기자 하면서 회사에서 나를 과학 쪽으로 경력이, 과학 쪽 공부한 사람이 기자로 오는 사람이 드물잖아요.

반　그나마 그래도.

박　그러니까 뽑을 때도 나를 그래서 조금 일부러 뽑은 거 같다 하는 얘기를 내가 지금 한 거고. 그러다 보니까 과학을 담당하라는 그 회사의 아마 암시도 있었는지 모르겠고 나 스스로도 과학 분야에 좀 익숙하니까, 잘 안다면 아니까.

반　과학부를 조선일보사에서 처음 만든 겁니까?

박　아니에요.

반　다른 신문사에서.

박　≪한국일보≫가, 그 당시에는.

반 한국일보사에도 있었고.

박 선구적이었어요, 모든 일에. 그래서 대체로 ≪한국일보≫가 먼저 시작을 해서 과학부를 제일 처음 만든 게 ≪한국일보≫일 거예요. 그래서 ≪한국일보≫가 과학부를 만들어가지고 활동하고, ≪한국일보≫ 과학부에 있던 사람 중에 한 사람이 ≪조선일보≫로 왔지. 이종수(李鐘秀)라는 양반인데 이종수 씨가 ≪한국일보≫에 있다가, 나보다 가만 3, 4년 선배일 거예요, 나이로 그렇게 될 텐데. 그 양반은 공대 나왔는데 서울대 공과대학. 그 양반이 ≪한국일보≫ 기자를 하다가 ≪조선일보≫에서 과학부를 만들려고 하니까.

반 조선일보사에 기반을 두고.

박 조선일보에서 스카우트를 했지.

반 스카우트를 한 거구나.

박 그러니까 ≪한국일보≫ 경험 있는 사람 데려다가 그 사람하고 나를 거기다가 붙여가지고 두 사람이 과학부를 담당하는 기자고, 그 사람을 차장이라고 해서, 부장이 아니라 차장, 부장 없는 차장으로 해서 과학부를 차렸죠. 그런데 그게 아마 1964년? 65년?

반 선생님께서 옮기신 게 65년이에요.

박 65년?

반 ≪중앙일보≫.

박 ≪중앙일보≫ 간 게 1965년인가?

반 거기로 옮기신 게 1965년으로 되어 있네요.

박 네. 65년으로 되어 있으면 그 65년에 ≪중앙일보≫로 내가 또 스카우트되어 간 거예요, 말하자면.

반 선생님도 경력 기자가 된 거죠.

박 아, 경력 기자는 이미.

반 이미 경력 기자 됐으니까 ≪중앙일보≫ 쪽에서 마음에 드는 사람이 아니라, 네.

박 《중앙일보》쪽에서 나를 데려간 게 아니라 사실은 이종수를 데려가 버렸
어요.

반 아, 그러면 선배 기자 따라가신 거?

박 그러니까 이종수 씨가 날더러 또 오라는 거라.

반 아, 선배 기자를 따라가신 거네요.

박 네. 그러니까 이종수 씨하고 사이가 내가 나쁜 것도 없고 그 양반하고 잘 지
냈으니까, 이종수 씨가 오라고 하기도 하고 월급이 거기가 조금 더 많았고……

반 《중앙일보》가?

박 제일 중요한 이유는 좌식변기였어요, 제일 중요한 거. 왜냐하면 그 당시에
내가 치질이 생겨서 처음으로. 그런 그 질병을 잘 모르는 젊은 나이에 그랬는데
그 좌식변기, 가니까 참 좋은, 좋은 거 같고. 그러니까 거기로 가는 게 더 건강에
좋은 거 같으니까 거기로 간 거예요. 그 후에 치질 다 나아가지고 참 잘 지냅니
다만.

반 조선일보사에 계실 때 뭐, 특별한 뭐, 기억 같은 거는, 기사 같은 거나 뭐,
사건 같은 게 좀 있으셨나요?

박 아주 많죠.

반 그런데 조선 그 과학부는 두 번을 옮기시면서 없어졌다면서요, 과학부가.

박 그래서 재미있는 것은.

반 그때 말씀을 좀 더 해주세요.

박 그 과학부라는 것을 간판을 만들잖아요? 그 부라는 게 신문사에 부라는 게
요즘은 뭐, 좀 다르겠습니다만, 옛날에는 그 기자 수대로 이렇게 두 명이 기자면
마주 보는 책상이 이렇게 있는 거예요. 두 책상만 이렇게 놓고 가운데에 '과학부'
이렇게 하면 좀 큰 책상 주면 더 낫겠지. 그러나 비슷한 책상 둘 놓고 좌우간 여
기는 차장.

반 차장?

박 이종수 차장 자리고, 이름은 안 적었어요. 그리고 '과학부'라는 팻말을 가운데 놓고 요 건너는 박성래 앉고 이렇게 둘이 앉았었던 거예요. 그런데 이종수 씨가 중앙일보로 가더니 조금 이따가 아, 박성래도 중앙일보로 갔네? 그러니까 이 '과학부'라는 명패만 남았잖아요.

반 그렇죠, 기자는 없고.

박 집어 던졌대요. 위로, 천장에 ……

반 조선일보사 측에서?

박 조선일보가 화가 나서. 그런 얘기가 있어요. 그런데 일리가 있어요. 화날 만해요. 일거리 만들어놨더니 두 놈 다 나가버렸지. 그러니까 조선일보에서는 체면이 안 선다면 안 서고 기분 나빴겠죠. 그래서 그 당시에 부사장인가 하던 사람이 방(方) 씨지, 아마. 그 양반이 화를 좀 냈다고 그렇게 소문에 또. 그럴 만하지. 좌우간 내 일생에서 후회하는 것 중의 하나예요. 내가 가는 게 아닌데, 그냥 조선일보에서 과학부를 좀 지켜주는 게 여러 가지로 좋았을 텐데. 하지만 그 사람한테 변기가 저쪽이 좋아서 간다고 할 수도 없는 일이고. 그게 실제로 변기 때문에 간 거예요, 거의. 돈도 조금 높았을 거고, 그러니까 뭐.

반 의리보다는, 네.

박 실질적으로 내게 필요한 게 거기에.

반 개인적인?

박 그런 점이 있죠. 그리고 미국 유학 가려고 그걸 겨냥하고 있었기 때문에 그랬죠?

반 유학을 벌써 생각하신 거예요?

박 그때 그러니까 그냥.

반 중앙일보로 옮기실 때부터?

박 중앙일보, 네. 중앙일보로 간 거고. 왜냐하면 유학 가는 것은 이거 내가 신문기자를 하려고 한 것도 아니고, 합격하니까 다닌 거고. 내 평생에 계획해서 한 일이 별로 없어요. 하다 보니까 그때 그거 닥치면 그렇게 하고 그렇게 산 거 같아요. 그러니까 어떻게 하면 좀 계획적으로 사는 게 인생이 더, 사람이 더 좋게 풀릴 수 있고 이런 거 같기도 한데 나는 글쎄 그런 능력이 없는 편이에요.

반 그렇게 살면 또 피곤하죠. 또 계획적으로 이렇게 하면 피곤한 삶이죠.

박 아니. 좌우간 뭐라고 할 수도 없는 일이고. 좌우간 그랬는데 그 대학을 졸업하고 우연히 신문사 들어간 거 아니에요? 그 시험 보는, 봐서 되는 바람에 신문사 기자가 된 건데. 그 기자 생활이라는 거를 막상 하다 보면 그 시절에 기자라는 게 몹시 피곤한 직업이에요. 그 나중에도 아마 들은 사람도 있을지 모르지만, 술들을 너무 먹었어요, 실제로 기자들이. 그 술도 또 끊임없이 생겨요.

반 담배 같은 것도 많이 하시죠.

박 담배도 뭐, 그때, 네.

반 담배도 많이 피우잖아요. 글 쓰면서, 기사 쓰면서 스트레스받으니까.

박 그때 뭐, 담배도 피웠는데, 담배도 배워서 피웠고. 그런데 담배는 나는 뭐, 큰 문제는 아니고 술이, 그런데 술을 별로 안 먹다가 술을 신문기자를 하면서 자꾸 마시게 되니까.

반 그럼 대학 다닐 때 술을 전혀 안 하셨어요?

박 뭐, 별로 안 했겠죠.

반 안 하시고 기자 생활 하시면서?

박 네. 그리고 대학 다닐 때 돈이 있나? 돈이 없었어요, 그 시절에. 그 이후에 아마 반 교수 정도 시대만 해도 돈이 좀 더 있었을 거예요.

반 저희들은 선배들이 많이 사줬죠.

박 돈이, 네. 선배들이 사주기도 하고 뭐, 좌우간 그런데 우리는 그 돈이 있을 수가 없는 시대예요. 그러니까 저 한국전쟁이 끝난 지 3, 4년 그때니까, 그때 대학 생활 시작했으니까, 내가 57년에, 53년에 휴전한 거 아니에요.

반 네, 휴전했죠.

박 6·25 전쟁 휴전이 53년인데 57년 4년 뒤인데 그 나라가 아직 정말 힘든, 맨 파괴.

이 그러니까 반 교수님 돈이 별로 없었을 거잖아요.

반 그렇죠.

이 그분들이, 선배들이 다 마시니까.

반 그렇죠.

박 좌우간에, 그래서 그 돈도 없고 그런 시절이니까 대학 때 술 먹을 일은 아마 별로 없었던 거 같아요. 게다가 제가 별로 선배들을 사귀지 못한 형편이기도 했고요.

8. 사모님을 만나게 된 계기

박 술 얘기 하니까 내가 사실은 지금 정리하는 것 중에 하나가 우리가 이사를 다니면서 한 두어 달 전에 저 사람이 여기를 정리하다가 이쪽에 이 캐비닛 (cabinet) 같은 걸 만들어놓고 했거든요?

반 네.

박 그래서 이 짐을 이렇게 넣어놓고 했는데 이쪽 짐을 정리하다가 이 사람이 비닐봉지 이만한 걸 나를 주더라고요. "여보, 이것 좀 보라"고 봤더니 뭐가 그 안에 있냐? 봉투가 또 작은 게 몇 개로 나뉘어 있는데 그 봉투들이 전부 뭐냐? 주로 내가 미국 유학 시절의 편지들이에요. 아주 보물이죠, 나한테는 어떻게 보면. 이거 미국 유학 시절에 편지라는 게 나한테만 온 편지가 있는 거죠. 내가 보낸 편지는 모르죠.

반 아, 그렇죠. 받은 편지.

박 다 없어졌지. 나도 보냈으니까 편지가 왔을 텐데. 내 친구들이 나한테 보낸 거, 저 사람이 나한테 연애하던 시절부터 보낸 거.

반 결혼을 그때 안 하시고 연애, 그러니까 한국에 계실 때부터 하신 거예요?

박 한국에서부터 했죠.

반 결혼은 물론 캔자스 거기에서 하셨고?

박 네, 캔자스에서 했고.

반 그러니까 두 분이 그럼 언제 만나신 거예요?

이 대학 때.

박 기자 생활 때, 저 사람 이대 4학년 때.

반 선생님은 대학생이시고?

박 이대 4학년 때, 이대 4학년 때인가 3학년이 아니지. 4학년이지.

반 그런데 어떻게, 어떻게 인연이 되셨나요? 학생하고 기자하고.

박 그것도 또 재미있어요. 그 편지를 지금 정리하고 있거든…….

반 네.

박 그게 저 사람 편지는 아직 못 읽었고.

반 사모님 편지는 그대로 있겠네요. 그런데 선생님께서 보낸 것도 사모님이 가지고 계시니까 이거는 되겠네요. 뭐, 두 분이 하신 거는, 네.

박 많이, 네. 내가 보낸 편지는 다 없어졌고, 저 사람이 보낸 편지는.

이 우리 친정에서 이사를 가면서 편지 봉투가 다 날아갔어요.

박 다 없애버린 거 같아요.

반 아, 보관을?

박 내가 보낸 편지는 완전히 없다시피 없어졌어요.

반 없어졌고.

박 그래서 좌우간에 저 사람 편지는 내가 아직 못 읽었고, 읽으면 메모를 쭉 하면서 정리를 해요. 내가 저기에다가 그래서 내 친구들이 나한테 보낸 편지를 보면서 참 이 친구들이 여간 고맙지도 않고, 그 친구 가운데는 참 재미있는 얘기 많이 있어. 그리고 나보고 이 새끼, 저 새끼 한 놈이 수두룩해요. 그 시절에 아마 그런 식으로 서로 부르고 그랬나 봐.

반　그렇죠, 그렇죠.

박　그런데 재미있는 것은 내가 좀 따돌림을 받았을 것도 같은데, 따돌림 당한 기분이 내가 별로 없거든, 실제로. 그러고 보니까, 그 편지를 보면서 느끼는 게 내가 참 따돌림 안 당하고 이 친구들하고 친하게 좀 지낸 게 여간 고맙지 않은 느낌이 들어요. 그런데 난 그 후에 더 내향적이 됐다고 그래야 하나……. 그래서 더 그런 거 같은데 그 시절만 해도 꼭 그런 것도 아니었나 보고, 친구들하고 잘 지낸 거 같은데.

반　네.

박　문제는 그걸 보면서 느끼는 게 그 친구들이 나보고 자꾸 이렇게 하대를 하다시피 얘기를 하는 게 혹시 내가 뛰었기 때문에 나이가 한 살 밑이거든, 대체로 내가.

반　어리다고 생각하고.

박　네. 그래서 더구나 그런 게 아닌가? 그게 나는 혹시 이놈들한테 그렇게까지는 마구 대하지는 못 하지 않았었을까 하는 느낌은 들어요. 그런데 내가 그놈들한테 보낸 편지는 내가 볼 수가 없으니까, 없어졌을 테고. 그러니까 지금은 확인할 수는 없어요. 그러나 저러나 이놈들이 나한테 그렇게 마구 대해주는 게 지금 생각해 보니까 참 고맙더라고. 그 친구, 그런 놈들 중에 지금. 내일 참 그 친구 중에 몇 놈 만나요. 내일이 저, 3개월마다 한 번씩 만나는 대학 동창들 모임을 내일 해요. 내일 하기로 되어 있는데, 오늘 약속 때문에 사실은.

반　그걸 미루신 거예요?

박　아니야, 나 때문에 미룰 수 있는 것도 아니고.

반　하여튼 두 분이 만나신 거 그거 말씀하시죠. (웃음)

박　대학 동창 중에 한 놈이.

반 아, 그 말씀 하시려고 그런 거죠, 지금.

박 대학 동창 중에 한 놈이 내가 조선일보 다녔고 그 바로 전에 코리아헤럴드라고 있었어요. 지금도 아마 있지?

반 네, 지금도 있습니다.

박 코리아헤럴드에 기자로 들어간 친구가 있었어요. 그러니까 그런 얘기를 하면 뭘 또 연상해야 되느냐 하면 물리학과가 그 시절에 물리학과라는 것은 물리학으로 들어간 놈 한 놈도 없어요, 결과적으로는. 왜냐하면 아까 얘기한 것처럼 교수들이 부실하다면 대단히 부실했기 때문에 알아서 기는 수밖에 없었어요. 그러다 보니까 졸업하고 행정대학원을 간 친구가 두 명, 세 명 있었어요. 그중에 아주 성공한 친구는 나중에 행정대학원 학장도, 원장도 하고 그런 친구가 김안제라고 아주 유명한 사람도 있어요. 그리고 그다음에 그 친구는 뭣도 하고 그랬는데, 그 친구도 대학교 동기 동창이거든, 물리과. 그런 친구도 있는가 하면 또 거기 졸업한 친구 하나는 바로 《코리아헤럴드》, 영어를 잘 해가지고 《코리아헤럴드》 기자로서 활동했는데 ……. 배중섭이라고 ……. 아까 읽다가 나왔는데 그 친구 편지를 지금 정리하고 있어요. 그 친구 편지가 나한테 온 게 여러 장 있는데 그 친구는 《코리아헤럴드》 기자 하다가.

반 편지를 많이 썼네요.

박 유피아이(UPI: United Press International)[3] 기자를, 유피아이라고 통신사, 통신사에 한국 특파원으로.

반 특파원으로?

박 옮겼더라고. 오늘 발견한 사실이에요. 그 편지를 아까 보고. 옛날에 봤겠지, 미국서. 그런데 그거야 뭐, 기억할 리가 없고. 좌우간 그런 친구가 있는데 그 친구는 지금 아파서 누워 있어요. 좌우간 그런 녀석도 있고. 그래, 왜 그 얘기가 나왔나? 그래서.

반 사모님 만나시게 된 계기였죠. 누가 소개를 한 거예요?

박 친구 중에 한 친구가 서종호라는 친구인데 그 물리학과 나온 동기 중에 그 친구는 졸업하자 시험 봐가지고 어떻게 취직하는 수가 있는데 물리과는 시험 볼데가 별로 없어요. 이 교사 어떻게 시험, 교사 자격이나 얻거나 뭐, 알아서 신문사 시험 봐서 붙거나, 나처럼. 그런 수밖에 없는데 이 친구는 삼성 계열의 비료 회사인가에 취직을 했어요. 어떻게 그 친구는 좌우간 시험 봐서 붙었을지도 모르겠네요.

반   물리학 대학원 갈 생각들은 안 하고?

박   아, 대학원도 몇 명 갔어요.

반   몇 명 갔긴 가고요?

박   몇 명 가고. 대학원이래야 그 부실한 상황에 좀 저기 하고. 그랬다가 대학원 거쳐서 미국으로 가서 미국 유학은 오히려 쉬웠어요, 사실은. 왜냐하면 물리학과는 미국에서 수요가 많았기 때문에, 그 스푸트니크 이후에 그 미국에서는 물리학, 화학, 이공학이 굉장히 부스트(boost)되었기 때문에.

반   장학금을 많이 주고.

박   장학금 주니까, 장학금이라기보다는 사실은 대학의 조교급(assistantship)이었죠. 제법 많이 주니까 조교로 취직해 가는 거죠.

반   그렇죠.

박   그래서 조교들이 되어가지고 충분한 생활비를 받아가지고 가니까, 그것이 나를 또 자극한 거고, 미국 가게 …….

반   주변에 다.

박   네. 이 친구들이 자꾸 미국 가니까 나도 미국 가서 구경하면 좀 나아지나. 좌우간 그래서 그 서종호라는 친구가 그 무슨 비료인가 비료 회사일 거예요, 거기에 취직을 하는 바람에 그 친구가 사무실이 어디 있었느냐 하면 그 반도 호텔 건너. 지금.

반   조선 호텔.

박   옛날 미국 공보원이었나? 미국 공보원이라고 아시나?

반　네. 미국 공보원, 네. 미국 공보원.

박　미국 공보원. 지금은 뭔가 다른 거지, 아마.

반　문화원이겠죠, 뭐. 지금은 문화원이죠.

박　몰라요. 좌우간 반도 호텔이 지금 롯데호텔이지. 롯데호텔 건너 거기에 사무실이 있었던가, 그래요. 거기서 근무를 하다가 이 친구가 갑자기 전주가 아니라 호남 어디로, 호남 바닷가 어딘가로.

반　발령이.

박　근무지가 옮겨진, 그랬는데. 그 친구보고 "야 저, 네 동생", 그 동생이 이대 있었거든. "그 네 동생보고 날 좀 소개 하나 해달라고." 그래서 얘기했더니 그 동생이, 그런데 재미있는 거는 그 동생이 예쁘장하고 괜찮은데, 걔하고 연애할 생각은 안 하고 이 동생보고 친구 하나 좀 데리고 오라고. 그랬더니 저.

반　동생은 안 보신 거 아니에요? 안 보신 거. 동생은 안 보셨겠지.

박　아니에요. 알아요.

반　알고?

박　그 친구가 호남 쪽 비료 공장으로 옮겨 가는 바람에 그 친구 월급을 매달 월급날에 내가 받아서 동생에게 직접 전해줬는데.

반　아, 그런데 별로 마음에 안 드셨나보네요, 그 여동생이.

박　아니. 그런 게 아닐 거예요. 그런데 그런 관계가 되면 여자로 안 보였던 거 같아, 내 눈엔. 그 재미있는 현상이야.

반　그냥 자기 여동생으로 생각하지.

박　그건 내 상대로서의 개념이 안 들어왔던 거 같아요, 전혀. 그래서 그 친구 부탁을.

반　부탁을.

박　친구를 데리고 오라고 그랬더니 그 좌우간 저 친구가.

반　아, 그게 잘되신 거네요. 큰일 날 뻔했네요.

박　6월 25일에 처음으로, 김기수라고 알아요, 권투선수?

반　아, 한국에서. 그 처음에 벤베?

박　벤베누티(Nino Benvenuti).

반　벤베누티한테 이겼잖아요.

박　아이, 아시네. 그날 맨 처음.

반　저기, 저기 권투 경기 있던 날?

박　그날이 우리 처음 만난 날이에요.

반　아, 그러면 찾기 쉽겠네요, 두 분 만난 날.

박　좌우간, 텔레비전에서 중계를 했어요.

반　하여튼 두 분 만나신 거는 그거 딱 하면 기록 찾기는 어렵지 않겠네요.

박　그건 뭐, 그런 건 뭐, 문제없지. 그날 처음 만난 거예요. 그래가지고 그 후에 자주 만나서 그 터를 닦아놓고 내가 갑자기 미국을 가니까 저 친구보고 오라고 했는데 이게 그 편지에 나와. 남아 있는 거 보면 내 친구들 다 알고 그래가지고 "그 깜상 언제 오냐?" 뭐, 그때는 저 사람이 좀 시커멨거든.

반　아, 사모님을 깜상이라고 그랬어요?

박　지금도, 지금도 시커메.

이　얼굴이 검다고.

반　이야, 막말을 했군요, 막. 친구들이 막말을.

박　어떤 친구는 아예 니그로(negro), 어떤 친구는 아예 니그로라고.

이　그 친구들이, 그 친구들이 다 그렇더라고요.

반　막말을 아까 뭐, 새끼 뭐, 이런 거 자식 뭐, 이런 거 얘기하는 거 보면.

박　그랬고.

9. 미국 유학에 대하여

반　자, 그럼 선생님 회고록이나 이런 데 보면 미국에 과학사를 이렇게 연구하겠다고 그랬다고 했는데, 그렇게 어려웠다면서요. 친구들한테 부탁해서 알아보라고 그러셨는데. 왜 또 물리학을 계속 안 하시고?

박　아, 내가 미국을 가게 된 게.

반　물리학을 계속 생각 안 하시고 왜 과학사를 생각하셨어요?

박　물리학을 생각한 거하고는 전혀 다르죠, 과학사하고는.

반　아니. 그러니까 미국 가서 그래도 전공이 그런 대로.

박　좌우간 그 미국을 가려는 생각은 저 사람 사귈 때도 이미 시작을 하고 있었고, 그런데 미국 유학을 가려면 신체검사를 해야 되잖아요. 거기서 걸렸어요. (가슴을 두드리며) 티비(TB: pulmonary tuberculosis)가 있었던 거예요.

반　아, 저기 폐결핵.

박　폐결핵이 있었어요. 그래가지고.

이　이장 …….

박　그거 이장규 선생님하고 나하고.

반　선생님 병이 많으셨네요, 치질도 있고 폐결핵도 있고. 젊으셨는데도 몸이.

이　만신창이.

반　청년 시절에 이렇게. 그래도 뭐, 사모님이 품어주셨으니까 뭐.

이　아니. 그때는 참 몸이 건강했어요. 그때는 몸이 약한 것에 대한 개념이 없었어요.

반　뭐, 그런 문제가 있는지 모르셨겠지요.

박　좌우간.

이　아니, 그런 문제가 있는 줄 알았어요.

반　알고 계셨어요?

이   얘기를 하는데 그 파스, 나이드라지드[4]를 한 움큼을 집어서 내 보는 앞에서.

반   아, 폐결핵 약.

이   네.

반   아이고.

이   그런데 나는.

박   뭐, 그러면서 저 사람 사귀고 그랬어요. 좌우간 그러고. 그리고 나서는 그 미국을 가려고 하는 욕심에서 그 당시에 풀브라이트 장학금(Fulbright Scholarship)[5]이 있었어요. 그다음에 이스트웨스트센터 장학금(East-Wast Center Fellowship)[6]도 있었고.

반   이스트웨스트 센터 다음에 두 개가 컸죠, 풀브라이트하고.

박   그리고 풀브라이트가 있었는데. 난 이스트웨스트 센터는 자격이 없었어요. 왜냐하면 거기는 내가 물리학과를 나왔는데 내가 물리학 쪽으로 가겠다고 하면 되지만 내가 난데없이 과학사 하겠다고 할 수도 없고. 좌우간에 그 돈이 아마 이스트웨스트 센터에 대해서는 관심이 좌우간 없었어요, 내가. 왜 그런지 잘 모르겠어요. 그런데 이스트웨스트 센터는 관심이 없었고, 풀브라이트에 목을 매고 시도를 했어요. 그런데 몇 년도인지 모르겠는데 64년이나 즈음에 시험을 봤더니 한 이십여 명이 뭐. 어느 분야를 시험 봤느냐 하면 언론 분야로 아마 봤을 거예요.

반   기자들을 따로 시험 보게 했나 보네요?

박   그렇죠. 기자들을 데려가는, 기자들을 재훈련시키는 기회를 주는 그런 프로그램에 지원을 해서 시험을 봤는데 1차에 네 명이 합격했어요. 네 명 중에 하나로 내가 붙었어요, 64년일 거예요. 그런데.

반   네 명 다 보낸 게 아니고?

박   그중에 한 놈 뽑는 거예요.

반   한 명만 보내는 거예요?

박 그 네 명을 인터뷰를 해가지고 한 명을 뽑았어요. 그런데 내가 떨어진 거예요. 네 명 중에 붙었다가 한 명 뽑는 데서 떨어진 거지. 못 갔지.

반 다른 사람이?

박 다음번에 또 봤어요. 그랬더니 또 네 명을 뽑았는데 거기에 내가 또 붙었어요. 그런데 나는 2년 연속 붙었기 때문에, 하지만 다른 사람 세 명은 전에 붙었던 사람은 아니에요. 그러니까 나만 2년 연속 붙었으니까.

반 그렇지요.

박 '야, 이번엔 나다!' 했더니, 웬걸 또 떨어졌어요. 그래가지고 두 번째니까 64년에 떨어지고 65년에 떨어지고 아마 그렇게 두 번인 거 같은데. 65년에 또 떨어지니까 이거 기분도 되게 나쁠 뿐만 아니라, 이유를 좀 알아봐야 될 거 아니에요. 그 마침 인터뷰하는 사람 중에 한국인 교수로 몇 명이 있었던가 그런데, 그 중에 조순탁 교수라고 물리학과 선생님이 있었어요. 내가 그 선생님한테 연락을 했지. "어떻게 제가 또 떨어집니까? 된 줄 알았는데." 그랬더니 "자네 안 되겠던데". 그러면서 뭐라고 하냐면 "그 풀브라이트 커미션(Fulbright Commission)의 체어맨(chairman)이", 미국 사람이죠. 미국 사람 얘기가 "자네가 과학사니 이런 데 관심 있다고 하는데, 과학사는 미국에서 공부할 수 없다는데 ……." 이렇게 대답이 나온 거예요. "과학사는 미국에서 공부할 수 없다는데." 이렇게 되니까 아니 그러면 그런가? 하고 알아보려고 조사를 시킨 게 내 동창으로, 미국 가서 이미 박사과정을 거의 중간쯤 지난 녀석이 있었어요, 이덕교라고. 그 친구한테 연락을 했지. 이 미국 유학을 아마 비교적 일찍 간 친구일 거예요. 그 친구가 미국, 그래서 미국에 세인트루이스에 있는 워싱턴 대학교에 있었던가, 그런데 그 친구한테 연락을 해서 "사실이냐? 미국에서 과학사 공부할 수 있는 대학교를 좀 알아봐서 연락해 달라" 그랬더니 이 친구가 조사했더니 결국 도서관 가서 직원한테 얘기하니까, 아, 도서관에서 "아, 미국과학사학회에 연락해 보라"고 그래서 주소를 알려줬다고 ……. 미국과학사학회가 있잖아요. 이 미국과학사학회의 총무 세크러터리(secretary)한테 연락을 하니까, 당시 총무가 캔자스 대학교(The University of Kansas) 사학과 교수더라고, 존 그린(John Greene, 1917~2008)이라고. 그 존 그린이라는 그 미국과학사학회 총무간사가 저, 내 친구 편지를 받았지요. 내 친구가 뭐라 그랬냐 하면, "내 브라더(brother)가 한국에서 공부를 하고 싶은데, 과학사 공부를 하고 싶은데", 그러니까 "네 브라더가 공부하려면 이런 대학 지원해 보라"고 열두 군데 대학 이름을 쫙 적어서 보내줬어요. 그 열두 군데인가가 내 기억으로는 열두 곳이었던 거 같은데. 좌우간 열 군데쯤에 미국 대학에서 과학사를 공부할 수 있는 학교를 이름을 적어준 거예요. 그 편지가 나한테 옮겨져 왔죠. "너 이쪽으로 연락해 보라." 그럼 연락해 볼 게 있나 당연히 그 사람한테 편지하면 제일 간단하지.

반　그렇죠, 네.

박　그러니까 캔자스 대학교의 존 그린한테 편지를 했죠. 그 존 그린이라는 양반은 다윈(Charles Robert Darwin) 연구로 세계적으로 좀 알려진 분이에요. 그래서 제법 유명한 과학사학자고 뒤에는 미국과학사학회 회장도 하신 분이고. 그런 양반이 내 편지를 받고 내가 또 "어렵다"라고 얘기를 하니까 "그러면 학비는 면제, 장학금을 내가 마련해 줘보겠다." 그래서 학교에 돈은 안 내는 조건으로 미국 유학을 갔죠. 그러나 말이 그렇지. 학교에 돈만 안 내지 나머지 지가 알아서 살아야 되는데.

반　나머지는, 그렇죠.

박　그 생활비가 뭐, 보통인가?

반　그렇죠. 생활비, 네.

박　당시로서는. 그러나 어떻게 보면 다행히 그 완전한 시골이기 때문에 생활비도, 그 당시 그 아까 얘기한 그 편지 교환을 하다 보니까 동부에 간 친구들은 훨씬 비싼데.

반　그렇죠, 도시.

박　나는, "너는 참 되게 싸다" 그런 얘기가 있고 그래요. 그래서 미국을 그렇게 해서 가게 된 거죠. 미국 가서는 고생 시작했지. 그래서 그게 지금도 내 스스로도 좀 유감이라면 유감인데. 내가 그렇게까지 고생을 좀 안 해도 좀 될 만큼 집에서 그럼, 그 당시에 내 동생은 ≪동아일보≫ 기자로서 제법 활동하고 있었거든? 그래서 그 친구가 끊임없이 "형, 걱정 말고 돈은 필요하면 좀 보내줄 수 있다"고 얘기하는데도 기를 쓰고 돈 가져갈 생각은 안 하고 그냥 죽어라고 혼자서 그냥 치대고 버텨보려고 해서, 총 가져간 돈이 몇 푼 안 되는 거 같아요, 내가 미국에 가져간 돈이. 지금으로 치면 글쎄 한, 글쎄 1000불이나 가져갔나 모르겠어, 총 한국 돈 가져간 게. 처음에 나는 막연히 하도 돈을 안 가져갔다는 기억만 강해가지고 옛날부터 나는 50불 가지고 미국 간 줄 알았어요, 50불 가지고. 그랬더니 저, 이 편지가 발견되고 나서 거기서 나타난 증거로 봐서 200불 가지고 갈 수 있었어. 200불 가지고 떠났더라고요.

반 아, 그게 미국 갈 때 휴대할 수 있는 맥시멈(maximum)이었군요.

박 맥시멈 200불이었나 봐요. 그래서 200불은 다 가져갔었던 거 같고.

반 외화 무슨 관리법인가 무슨 뭐.

박 네. 그리고 돈을 갖다 쓸 수 있는 방법이 그 정식으로 유학생은 외화를 보내는 그런 신청을 하면 한 달에 200불인가 250불인가 선으로 보낼 수가 있었더라고, 그 시절에.

반 송금을, 네.

박 그런데 그거는 아예 평생 한 일이 없어요. 그래서 그러면 어떻게 돈을 가져갔느냐? 거기에 있는 그 물리과 후배가 있었어요, 김수웅이라고. 그 친구한테 가끔 그 친구가 미국서 조교, 어시스턴트십(assistantship)을 받으면 제법 돈이 되는데 총각이 돈을 쓸 데가 있겠어요? 한국인은 아무래도 좀 절약하며 살잖아요? 돈을 못 쓰고 그러잖아요. 그러다가 제 집에 아무래도 조금씩 보내기도 하잖아요, 그 유학생 녀석이. 그 친구가 한국의 본가에 보내는 돈을 내가 받아쓰고.

반 거기서.

박 100불. 100불 그 친구한테 받아쓰고, 그 김수웅이의 본가가 서울이었다고. 서울에 그 집이 있으니까 그 집에다가 100불에 해당하는 우리 돈을 갖다주라고 내 동생보고. 그래서 그 무슨 교환이라고 하나?

반 '외환관리법'을 그렇게?

박 위반이지.

반 그렇게 피하신 거죠.

박 네. 외환관리법. 아, 왜냐하면 그거를 정식으로 써서 가면 환율도 낮잖아요, 우선.

반 그렇죠.

박 그런데 그렇게 하면 중간 환율로 공평하게 하면, 하면 되니까 그래서 그렇게 해서 몇 번 그런 식의 돈을 내 친구 돈도 조금 갖다 쓰고. 그렇게 해서 돈을 조금 썼지. 그래서 총 해봤자 1000불이 안 되는 거 같아, 내가 그렇게 미국 가져간 돈이. 나머지는 전부 평생 그냥 버티고 혼자서 버티고. 저 사람 수고를 많이 했죠, 하와이 와서는.

반 거기서도.

박 돈은 하와이 와서는 저 친구가 다 벌어다 바친 셈이라면 바친 셈이지, 그래서 지금.

반 그럼 캔자스에서 몇 년 계신 거예요?

박 캔자스에 67년 1월 25일, 67년 1월 25일에 미국으로 떠났더라고요.

반 아, 65년에 바로 가신 게 아니고요?

박 67년.

반 아니 저 중앙일보를 65년에 그만두셨나요?

박 아니지.

반 67년 1월 25일 자에?

박 1월 25일 자.

반 박성래 기자.

반 《중앙일보》에 1면에 나셨습니다.

박 1면에?

반 네, "박성래 기자 도미(渡美)"라고 하는 간단한 기사가.

반 도미, 이 기사가 그때 난 거구나.

박 그 얘기는 내 동생이 그런 게 기사가 났다고만 …….

반 아, 미국에 계실 때?

박 저기, 글로 써 있는 거 내가 봤어요. 그래서 그거는 알고는 있는데. 내가 1월 25일에 간 걸 몰랐어요, 사실은. 그 전까지는, 저 친구들 그거 발견하기 전에는 내가 1월 17일에 갔나, 그런 생각을 자꾸 했다고. 왜냐하면 1월 17일이 내 공식 생일로 되어 있어요, 호적상. 1월 17일.

반 네.

박 그렇게 때문에 그것이 아마 연상되어 착각을 한 거 같아. 그런데 1월 25일에 갔더라고. 그러니까 1월 25일에 갔으니까 거기 도착한 건 1월 27일인가 8일에 도착한 거 같아, 미국에. 왜냐하면 내 기억으로 동경(東京)에서 하루 자고 간 거 같거든?

반 동경을 거쳐가지고, 서부에 또?

박 거기에서 비행기를 바꿔 타고.

반 어, 서부.

박 비행기를 바꿔 타고 저, 샌프란시스코로 갔다고.

반 샌프란시스코.

박 샌프란시스코에서 바로 엘에이로 갔다고, 비행기로.

반 엘에이에서 그레이하운드(Greyhound Lines)[7] 타고 가신 거예요?

박 엘에이에서 장회익이라고 물리학과 …….

반 물리학과 선생님. 지금 서울대에 계신 분?

박 물리학과의 친구인데, 그 친구가 그 부인하고 같이 리버사이드 캠퍼스(Riverside Campus)[8]에 유학하고 있었는데.

반 유학 중이셨군요.

박 네. 그 친구보고 나오라고 했더니 이 친구 엘에이는 처음 나온 거예요, 리버사이드에서. 처음 거리가 아마.

반 리버사이드에만 있다가?

박 서울, 서울-수원 거리는 될걸? 그런데 그 친구가 폭스바겐을 처음 사가지고 무슨 차라고 그러지? 방개차라고 그러나? 폭스바겐, 폭스바겐.

반 아, 그런 걸? 멋있는 걸 샀네요. 그래도 멋 부리느라고, 폭스바겐을.

박 멋 부리려고 산 게 아니라 싸서 샀겠지, 그게 좀 싸서 샀겠지, 당연히. 그 다른 거보다 그걸.

반 그럼 몇 년 된 걸 샀겠네요?

박 그걸 산 친구가 68년에도 유학 간 친구 중에 한 명이 박명기라고 있는데 그 친구가 가자마자 그걸 샀다고 해서 다른 친구들 사이에 말이 좀 있었던 거 같은데, 그랬더니 다른 친구 녀석이 나한테 편지하기를 "그거 2500불밖에 안 하고 뭐, 50불쯤 내면 되고, 그러니까 그거 별거 아니다" 그런 얘기를 또 썼더라고, 누가. 좌우간 그 차를 사가지고 67년에 그 친구가 와가지고 나를 싣고 가서 저희 집에서 하루 잤나, 이틀 잤나? 그것도 정확히 기억은 못 하겠어요. 그런 게 앞으로 좀 더 알아냈으면 싶은 생각이기는 한데, 그래가지고 그 집에서 오렌지밭 속에 있는 집이었는데, 조그만 집에 그냥 오렌지밭 천지로 둘러싸여 있는 집에 그 친구가 유학생이니까, 크게 여유롭지는 못하지만, 가난하지는 않았지. 그 부인도 돈을 받았나 몰라도, 좌우간 장회익이는 돈 받고 공부한 친구니까. 그래서 그 사람이 자기 집에서 재워줘서 하루인가 이틀 자고 거기서 그레이하운드를 타고.

반 버스(bus)를 타고.

박 리버사이드(Riverside)에서. 그런데 그것도 요즘 그거 때문에, 내 친구들한테 온 편지 때문에 조사를 해봤더니, 요즘은 1박 2일에 갈 수 있더라고요, 그레이하운드(Greyhound)가.

반 자면서.

박　거기서, 캘리포니아에서 출발하면 로렌스(Lawrence, 캔자스)까지. 그런데 그 시절에는 나는 기억에 '2박 3일 버스를 탔나' 했는데 2박이 아니라 1박에 갔는지? 정확한 시간은 계산할 수가 없네요.

반　상당히 빠르죠?

박　그건 잘 모르겠어요. 아니 모르겠어요, 자세히는. 좌우간 그렇게 해서 갔죠.

반　안에 뭐, 화장실이랑 다 있으니까.

박　어, 그럼요.

반　선생님, 5분만 휴식하고 다시 시작하시죠.

박　네.

10. 캔자스 대학교에서의 기억 1

반　선생님 로렌스, 저기 캔자스 대학에 가셨던 말씀 좀 해주시면 좋을 거 같네요. 그러니까 미국에 처음 가시고 기대했던 바도 많으실 텐데 막상 가보시니까 어땠습니까?

박　내가 어떻게 보면 그런 기억력에 약해요. 그래도 뭔지 어느 기억력에는 괜찮으니까 역사를 하는 거겠지요?

반　그렇죠, 기억력이.

박　그런데 어느 기억력은 영 엉망이라고. 그래서 잘 기억을 못 하는데, 좌우간 캔자스를 처음 갔잖아요. 가서.

반　그럼 상당히 거의 지금 말씀하신 거 보면 뭐, 이렇게 좀 유학 비용이라든가 뭐, 이런 것에 거의 준비가 상당히 부족한 상태가 아니었나요? 다른 사람들하고 비교해 보면.

박　준비해서 간 게 없어요.

반   거기도 뭐, 즉흥적인 어떤 그게 좀 강하신 거 같아요.

박   그때 돈도 없이 그냥 갔어요. 네. 돈도 없이 거기 갔으니까 나중에 내 친구들이 여러 명이 미국 유학을 갔는데, 그 시절에. 그 물리학과의 특성이 미국이라도 안 가면 할 일도 없고 그런 상황이 거의 되니까 그래서 많이 갔는데, 나처럼 특히 돈 준비 없이 간 놈은 나뿐인 거 같고.

반   돈 준비 없이 그냥.

박   좌우간 그래서 가자마자 아마 친구들하고, 아는 사람들하고 그 후배도 있고, 거기에 물리학과 여러 해 선배긴 하지만 선배도 한 사람 교수로 있었어요. 그런데 전혀 상관없이 살긴 했는데. 그러나 그 선배 되는 곽노환 교수라는 분인데 그 양반은 우리 결혼식에는 왔었죠. 우리 결혼식에 와서 아마 ⋯⋯.

이   신부 아버지 자리에 있었어요.

박   신부 아버지 노릇을 했나?

이   네네.

박   그런 담당을 했는데 그 이외에는 뭐, 전혀 교류도 없고 그래서 그런 것도 내가 지금 후회스럽다면 후회스러운 건데. 그 후에 혹시 기회가 있으면 한국에 와서 한번 뵙기라도 했으면 뭐, 한번 저녁이라도 같이했으면 좋고 그랬을 텐데 나도 그⋯⋯.

반   특별한 인연이셨네요.

박   네. 나도 그 후에는 살 만해졌는데 귀국해서는 몇 년 내에 살 만해진 셈인데. 그런데 그런 일은 못 한 게 나로서도 조금 뭐, 좀 미안한 느낌도 그래요, 여하간.

이   성격도 그렇고.

박   성격도 내가 좀 잘못된 사람인 거 같기도 하고. 그런데 미국 가서 그런 사람들 도움도 있고 해서, 그래서 아마 내가 처음 들어간 데가 뱁티스트 스튜던트 유니온(Baptists Student Union)인가 그런 이름일 거예요. 그게 침례교 학생회관이지.

반 학생회관.

박 그게 캠퍼스 들어가는 대략 입구 직전 오리드길(Oread Avenue)에 있었어요. 거기서, 거기서 조금만 몇 걸음 가면 바(bar)가 있고. 그러니까 미국 대학은 다 그런 게 있을 거예요. 그러니까 학교 입구쯤에 그 술집이 있고 그 술집 지나자마자 정식 교문이라면 교문이 있고, 바로 들어가자마자 학생회관, 스튜던트 유니온(Student Union)이지, 그런 게 있고 그랬는데. 그 스튜던트 유니온 바로 거기니까 밥만 먹으면, 저녁만 먹으면 거기 가서 텔레비전 보다 오고 그랬어요, 내 기억으로는. 텔레비전은 왜 보느냐 하면 그 영어 배우기 위해서, 말하자면.

반 아, 그렇죠.

박 그러니까 미국 텔레비전을 봐야 영어가.

반 귀가 뚫리죠.

박 네. 귀가 좀 뚫릴 테니까 열심히 그건 다니고 그랬는데 처음에 거기를 들어가서.

반 숙소는 선생님, 아까 말씀하신 숙소는 어디예요?

박 아, 숙소를 그 아마 후배가 마련해 줬을 거예요. 그런데 자기가 있던 집, 즉 그 침례교 학생회관에 방을 하나 얻어가지고 살고, 나도 방 하나 얻어 들어간 거지요. 그 친구와 내가 독립적으로 방 하나씩 얻어서 같은 건물에서 살았던 겁니다.

반 거기 들어가신 거고?

박 각자 사는데 그 방 하나에, 당시에 그 방세가 25불이라고 써 있더라고. 그 친구들 편지 보니까, 그 사람 편지랑. 그래서 그 사실도 이번에 처음 알았어요. 그 편지 발견하는 바람에.

반 아, 기록이 있으니까.

박 내가 얼마 주고 살았나를 25불, 한 달에. 그러니까 한 달에 25불이면 지금으로 치면 돈도 아니지.

이 2만 5000원.

박 3만 원이 안 되잖아요, 3만 원.

반 그렇죠, 그렇죠.

박 그때 3만 원인데 당시로는.

반 큰돈이죠.

박 그것도 꽤 큰돈이었죠, 나로서는. 좌우간 그랬고. 처음에 내가 50불만 가져가는 줄로 착각하고 있었다고 그랬죠? 나중에 그 편지를 보니까 200불을 가져갔었고 그게 가는데 그 엘에이 도착해서 그 친구가, 장회익이가 나와가지고 나를 데리고 자기 집에서 하루 자고, 그레이하운드 버스를 타고 가는데 51불인가 줬더라고요, 그레이하운드 버스값만. 저, 1박 2일인가, 2박 3일인가 가는 버스값이.

반 아, 그렇구나.

박 51불인가가 당시 나로서는 큰돈이었겠지만.

이 그게 두 달 렌트(rent)비네.

박 굉장한 거리잖아요. 미국 본토의 꼭 반 되는 거리를 가는 거예요, 지금.

반 하여튼 가실 때 샌프란시스코 거쳐서 가셨나요? 아까, 여기는 그냥 엘에이로 바로 가신 거처럼 말씀하셨던데 그게 샌프란시스코를 거치신 거죠? 가실 때.

박 네. 갈 때 아니죠, 아마 내 기억으로.

반 다른 기록에서는, 장회익 선생님 부부가 나오셨을 때 엘에이로 바로 가신 것처럼 말씀하셨던 거 같습니다, 샌프란시스코는 말씀 안 하시고요.

이 자, 여기 있어요.

박 장회익 부부가 나왔고.

반 그러니까, 샌프란시스코 거치신 거죠?

박 네. 장회익 부부가.

반 그럼 샌프란시스코 들어가실 때 누구 나왔나요, 선생님?

박 아니, 그 비행기는.

반 그냥 트랜스퍼(transfer)한 거군요. 트랜스퍼, 그냥.

박 네, 바로 바꿔 타고 엘에이로 갔고.

반 엘에이로 간 거군요.

박 엘에이 공항에 리버사이드에 있던 장회익 부부가.

반 아 그렇지, 그렇지.

박 그 폭스바겐 몰고 왔는데 그 친구도 그 거리를.

반 처음.

박 차 사가지고 달려본 일이 없어서 처음 나왔는데. 마누라가 옆에서 장회익이 부인이 모혜정이라고 이대 물리학과 교수로 정년퇴임 한 사람이에요. 그 사람이 그 당시에 대학원생이니까 둘 다 대학원생인 셈이지. 대학원생 둘이서 부부가 날 모시러 공항에, 엘에이 공항까지 그 폭스바겐 몰고 나온 거예요. 그래서 날 데리고 갔고, 그래서 나는.

반 다시 캔자스 대학.

박 그래서 캔자스 대학을 갔는데 값이 51불인가 그렇더라고요, 내가 낸 돈이.

반 버스비가? 그러면 한 달 방값이 25불이면 무지하게 싼 거네요.

박 51불인 게 지금으로 치면 싸지. 그러나 당시로는 아주 싼 거는 아니겠죠.

반 큰돈이죠. 그런데 그 집세는 무지하게 싼 거네요.

박 더군다나 200불, 200불만 가지고 갔는데 51불을 거기서 써버린 거 아니에요.

반 일단 그럼 150불.

박 150불밖에 없는 거지. 150불도 안 되는 거지. 왜냐하면 가는 동안에 내가 아무리 쪼들려도 밥을 좀 사 먹어야 가는 거 아니에요. 1박 2일인가, 2박 3일 동안 밥은 먹어야 되는데, 내려가지고. 내려서 샌드위치라도 하나 사서 먹고 가고 그러니까 그게 인상에 그랬고. 그리고 가장 인상에, 평생 인생에 남는 깊은 인상의 기억은 가는 중에 앨버커키(Albuquerque)인가쯤, 앨버커키가 뉴멕시코든가? 그 주 이름이 뭐든가 생각이, 아마 애리조나? 아니, 애리조나주가 아니지. 앨버커키.

반   앨버커키? 뭐, 찾아보면 되겠죠, 네.

박   앨버커키가 텍사스 다음에 좌우간 거기를 지나가는데 그 가판에 내가 신문
사 볼 여유는 없으니까. 돈이, 원체 돈 문제로 긴장을 하고 가니까, 신문 사 볼 돈
이 어디 있어요. 신문도 아마 1불이나 뭐, 50센트.

반   아, 그거 제법 큰돈이죠.

박   아니, 1불은 아니겠다. 50센트쯤 했을지 모르지. 그 신문 못 사 봤는데, 가
판 전시되어 있는 전면으로 뭐가 났었냐 하면 미국인이 우주선을 발사하다가 폭
발한 사건이 있었어요. 그게 아주 드라마틱한, 전 세계적으로 유명한 사건인데
세 명의 우주인이 사망했지요. 그 사건이 내가 그날 내가 거기 지나갈 때 일어난
사건이에요. 그래서 내가 그런 사건의 현장에 지나갔다.

반   그러네요, 그 근처.

박   하는 얘기도 할 수가 있죠. 그래 그런, 그래서 캔자스주의 로렌스에 도착해
가지고 아마 그 김수웅이라는 후배가 나를 맞이하러 버스 스톱에 왔겠지. 날 데
리고 앞에 말한 침례교 학생회관에 방을 얻어놔서 나더러 살라고 해서 그 방이
25불짜리겠죠. 거기서 당장 그 사람한테도 사정을 하고 했었을 텐데 거기서, 거
기서 바로 정해진 게 뭐냐 하면 그 건물이 3층이었는데, 나는 3층 다락방에 조금
더 작은 방인가에서 살고, 그리고 1층은 큰 홀(hall)이고 사무실이 하나 있고 큰
홀이 하나 있고, 큰 홀에서 저, 뒤에 우리 결혼식 후에 피로연한 곳이에요, 저게.
그 홀에서, 내가 사는 집 강당에서. 그리고 2, 3층에만 학생들 방이 25불짜리가
쫙 있던 거 같아요. 그리고 2층 한쪽에는 그 키친(kitchen), 공동 키친이 있고 화
장실이 어디 또 공동으로 있었겠지. 화장실도 어딘가 공동으로 있었던 거 같고.
그래서 그 키친을 공동으로 학생들이 쓰면서 밥해 먹고 학교 다니고 그렇게 한
건데.

반   그 기숙사 같은?

박   그게, 거기 또 재미있는 일이 또 있네, 그리고 보니 참. 거기에 유학했던 사

람 중에, 유학하고 그런 사람 중에 또 한 사람 우리가 알 만한 사람이 누가 있냐 하면, 그 최성일(崔토一, 1940?~1991)이라는 사람이 있었어요, 최성일. 그 사람은 90년대에 죽었어요, 이미. 그렇긴 한데 그 서울대 문리대 정치학과인가? 그게 나보다 1년 후배인가 그럴 거 같은데, 그 김수웅이라는 물리학과 1년 후배하고 서울고등학교 동기 동창일 거예요. 그런데 그 사람은 정치학과인가를 나오고 그 거기 같은 그 대학에 유학 가서 공부를 하고 있었는데, 그 사람 부인이 우리 결혼할 때 저 사람 저거 간단한 면사포 만들어줬는데, 도와준 그 부인이지. 좌우간 그 부인이. (사모님께 말하며) 여보, 그 최성일이 부인이 방정자인가, 이름이? 방정자 아니야?

이   그런 거 같아요.

박   어, 방정자라는 이대 무슨 가정과인지 뭐, 나온 사람인데.

반   아니, 이렇게 면사포를 직접 만들어서 쓰시고?

이   네네.

박   좌우간 중요한 거는 그 최성일 씨의 아버지가 일제시대(일제강점기) 때 우리나라 초기에, 최초의 우리나라의 영화감독이었어요. 아주 제법 유명한 분이에요. 최인규(崔寅奎, 1911~?, 납북)라고 그분의 아들이 그 최성일이라는 사람인데, 그 사람이 또 우리를 이래저래 좀 도와줬죠.

이   참, 우리를 기분 좋게 해줬어요.

박   그리고 그랬는데 그만 일찍 그 사람이 김대중 씨 따라다니면서 뭐라고 해야 될까?

이   통역도 해주고?

박   박정희 비판하는 그런 운동에 아마 열심히 미국에서 활동하던 사람일 거예요. 그런데 그 사람이 결국 무슨 암에, 무슨 암인가 일찍 세상을 떴죠, 그런 것이. 그리고 그 아, 어머니가 누구냐? 바로 김신재(金信哉, 1919~1998)라는 유명한 여자 배우예요. 일제시대에서 해방 후에 우리나라의 유명한 여자 배우 중에 한 사람인 바로 김신재예요.

이　그 역할이 항상 조신한 어머니 역할?

반　아, 김신재요?

박　김신재. 김신재 여사가 그 어머니.

반　어머니시구나.

박　영화, 유명한 영화배우고 아버지는 최인규 씨인데.

반　감독이고?

박　그리고 이채진이라고 정치학과 교수도 있었죠.

반　네, 이채진. 북한, 중국 연구하시는 분.

박　이채진 아시네?

반　그분 책도 읽어보고.

박　그러네. 이채진 교수가 그 대학교수였죠.

반　나중에 클레어몬트(Clermont) 거기 있었던 거 같은데.

박　그 사람도 나중에 어디로 옮겨 갔죠?

반　클레어몬트 대학(Claremont Graduate University)인가.

박　좌우간 그분도 우리 결혼할 때.

반　아, 이채진 선생님께서?

박　오긴 왔었을 거예요, 내 기억으로.

이　네네.

박　이채진 교수도 오긴 왔었을 거예요. 저기서 차나 마시다 갔겠지.

이　있을 거예요, 네. 이채진 교수님 사모님이 경기여고 나오고 이대 영문과 나왔나?

반　아, 그래요?

이　그랬던 거 같았어요. 내 선배였을 거예요.

반　북한, 중국 정치사.

박　좌우간 그런, 거기 캔자스라는 데가 뭐, 그렇게까지는 아실지 못 하겠지만 저, 그중에서 그게 꼭 자랑인지는 모르겠는데, 그 얘기하는 것 중에 한 가지가 뭐냐 하면 "캔자스가 미국의 심장이다" 그래요. 왜냐하면 미국 본토의 동서남북의 중간이에요, 미국 본토의. 본토의 지도로 치면.

반　그러네요.

박　동에서부터도, 서에서부터도 꼭 중간이 거기 캔자스에요.

반　아, 그러니까 심장이라고.

박　캔자스주가. 얼핏 봐도 느끼겠잖아요.

이　하트 오브 아메리카(Heart of America).

반　아, 그렇죠, 딱.

박　그게 그 위로 가면 조금 북쪽이고 조금 내려가면 남쪽이 되는 거지. 그 중간에, 그런 곳이에요. 그 대신에 거기는 볼 거도 아무것도 없는 나라인데, 콩밭밖에 저, 아니. 밀밭밖에 없는데.

반　밀밭.

박　밀밭, 말하자면 밀밭만 쫙 있는 데라고 할 수 있죠. 그런 데니까 그 옆에 가면 전 대통령 트루먼(Harry Truman)의 고향이던가 뭐 그런 데가 있긴 한데, 좌우간 그런 땅이고. 거기서, 거기서 아, 거기서 처음 돈을 벌기 시작하는 게 나로서는 제일 급한 게 돈벌이였으니까. 그거에 아주 급급했죠. 그래서 여러 가지 돈벌이를, 돈 벌 궁리를 하다가, 언제부터 시작했는지 몰라도 처음부터일 거예요, 거의. 얘기해서 그 집에 지배인한테 얘기해서 내가 방을 공짜로 사는 대신에 주말에 청소를 해주는 거로. 그래서 그걸 25불씩 한 달에 버는 게 어디에요?

반　그게 그렇죠.

박　그래서 25불 버는 대신에 그 일은 그 강당, 큰 강당이 1층에 있었다고 그랬잖아요, 거기 다 청소하고. 그 시절에 있었나 모르겠네, 없었던 거 같은데.

반　배큠(vacuum: 진공청소기)은 없었겠죠, 뭐.

박 배큠이 있었던 거 같은데 좌우간.

반 그냥 뭐, 직접 밀었겠죠.

박 이렇게 밀어서 닦는 그런 거.

반 좋은 일자리를 찾으신 거죠, 참.

박 네, 좋은 일자리를 찾은 거죠. 그래서 그걸 돈 안 내고. 그러니까 학교 학비 안 내지, 그 사는 데 집세도 안 내지, 먹는 거 내가 다 해결을 해야지. 그럼 몇 푼 안 드는데 사실. 집에서 갖다 써도 그 정도는 괜찮은데, 내가 기를 쓰고 안 갖다 쓴 게 내가 참 어떻게 보면 후회스럽다면 후회스럽고.

이 말씀 도중에 저희가, 내가 돈을 좀 집에 갔을 때 잘사는 집은 아니지만, 여유가 있는 거 같더라고요. 그래서 "좀, 돈을 좀 갖다 쓰자"고 "뭐, 어떠냐"고 그런 걸 제의를 했었어요. 그랬더니 "70을 바라보는 아버지를 동생한테 떠맡기고 나오면서 내가 한국 돈은, 집의 돈은 안 갖다 쓰겠다"고. 그러면서 자기가 나름대로 한 결의 선을 그어가지고서는 그 선을 안 넘으려고 노력을 한 거라고.

반 해서는 안 될 일이라고 생각을 하신 거죠?

이 네네. 그런데 동생은.

박 그 저번에 돈을 안 갖다 써야 하는 걸로 그냥, 네.

이 그런데 아우는 지금 아버지가, 아버지께서 저기 뭐, 정릉으로 어디로 좀 땅 보러 좀 댕긴다고 또 대단히 부자는 아니지만 그래도 여무신 분이니까는 땅 보러 좀 댕기는데 마땅한 땅을 못 찾아서 그냥 오고도 하고 그러시니까는 여유가 있으니까 "형, 필요하면 말씀하시라"고. 그런 이야기를 수차 적어서 보내도 그냥.

반 그래도 그냥.

이 절대 그 선을 그어놔서 안 하는 거예요.

반 딱 닫으신 거구만.

이 그게 내가 답답한 거 있죠.

11. 캔자스 대학교에서의 기억 2

박   좌우간 그렇게 해서, 그 여름에 재미있는 얘기라면, 공부하는지는 재미있는 얘기는 하나도 생각이 안 나는데. 그 여름에 취직을 해야 할 거 아니에요. 여름방학에는 미국 유학 가는 한국 사람들은 전부 일해서 돈 버는 거예요.

반   돈 벌어야죠, 다음 학기 준비.

박   네. 그래서 돈을 벌려고 하는데 아, 돈을 벌 길이 여러 가지를 알아봤겠지, 나도. 실제로 많이 노력을 한 거 같아요. 그래서 알아보는데 잘 안 되는데 언젠지 어느 게 선이고 어느 게 후인지는 기억이 안 나는데, 여름방학 동안에는 우선 이웃에 있는 친구들, 가까운 친구들하고 연락을 했어요. 그 연락했다는 친구가 요즘 정리하는 그 편지에 나와요.

반   편지.

박   그래서 제일 가까이 있던 친구가 세인트루이스에, 세인트루이스에 그 유명한 좀 좋은 대학이 있어요, 워싱턴 유니버시티(Washington University in St. Louis)라고. 워싱턴 유니버시티라고 그러면 한국 사람들 잘못 생각하면 워싱턴주에 있는 줄로 착각하는데 미주리주의 세인트루이스에 있어요, 워싱턴 유니버시티라는 대학은. 좋은 대학이에요. 그 대학에, 세인트루이스는 어디냐 하면 캔자스에서, 그 캔자스의 동쪽 주가 바로 미주리주인데 미주리주의 동쪽 끄트머리에 있어요, 그 세인트루이스는. 그러니까 미주리주를 동쪽 끝까지 종단하면 바로 세인트루이스가 되지요. 그러니까 한 주를 완전히 종단하면 되지요.

반   지나가는 거죠.

박   우리나라로 치면 아마 미주리주가 우리나라 남한보다는 더 클지 몰라요.

반   사이즈.

박   그러니까 굉장히 크다면 크지만 어떻게 보면 작은 거예요, 미국 큰 덩어리로 치면. 그런데 거기에 동쪽 끄트머리에 있는 주, 도시니까 세인트루이스가. 그 세인트루이스에 두 친구가 있었다고 ……, 그래서 동창이. 하나는 나 처음으로 저, 미국에서 과학사 할 수 있는 데가 여러 군데에 있다는 것을 알아서 나한테 알려준, 편지 보내준 그 친구가 거기서 학위를 끝나가고 있었고, 그해에 그때. 그리고 또 한 친구는 서연호라고 또 한 명이 있었는데, 그 친구는 거기서 공부를 하고 있는데 그 친구가 누구냐 하면 지금 숭문고등학교 이사장이에요. 그 아버지가 숭문을 세운. 일제시대.

반 창립자?

박 네. 숭문고등학교 알죠? 서대문 있는데. 거기의 이사장이 내 친구인데, 그 친구가 거기 학생으로 있을 때예요. 그래서 서연호에게 연락을 해가지고 좀 거기 가서 뭐, 방학 동안 한 달 남짓 얘기를 했겠지. 그래서는 오라고 해서 그 친구한테 갔어요. 그 친구 집에서 아마 며칠 자고, 그 친구가 알아본 대로 취직했는데, 뭐냐 하면 중국 식당이에요. 중국 식당인데 그 식당이 지하에 있었어요. 지하에 있는 중국 식당에 가서 일을 한답시고 했는데, 아마 이틀인가 일하고서는 그냥 슬그머니 나오고 때려쳤어요.

반 그건 무슨 일이에요?

박 아, 버스 보이(bus boy)였을 거예요, 그 식당에서는.

반 버스 보이라는 게 있어요?

이 네.

박 아, 모르시나?

반 네.

박 서양, 미국 식당에는 버스 보이라는 게 그러니까 막일하는 보이인데.

반 그런 일을 총칭하는 거네요.

박 끝난 다음에 치우는 거. 버스 보이를 하니까 그 버스 보이가 뭣도 하느냐 하면 그 식사를 가져오기 전에 물도 부어줘야 되요, 컵에. 이 물컵을 준비하잖아요?

반 아, 요리 나오기 전에.

박 네. 물컵이 이렇게 예를 들면 덮어놨다고 그러면 젖혀가지고.

반 손님 오면.

박 주전자에서 물을 부어줄 거 아니에요. 그런데 물 부어주는 일을 하는데, 어떻게 이렇게 보니까 물 부어주는데 이 테이블보를 깔아놨잖아요, 하얀 거. 그런데 지하고 조명이 그렇게 뭐, 환하게는 안 하잖아요, 식당이라는 게. 그런데 그 식탁보가 어째 거무튀튀해져, 그 컵 주변이. 왜냐하면 물을 넘치게 따른 거라, 내가 눈이 시원찮거든.

반 아, 그래서, 그러니까 물이 넘치는 걸 모르신 거예요?

박 네. 잘 몰라가지고, 그런 실수를 하다 보니까 이게 주눅이 들어서.

이 얼마나 본인이 당황했겠어요.

박 주눅이 들어서 못 하겠더라고.

반 그럼요, 이게 꺼메지는 거를 보고서 물이. (웃음)

박 그래서 물도 넘쳐.

반 아, 선생님이 그때 건강이 참 안 좋으셨네요.

이 눈이 문제예요.

박 눈이 나쁜 거죠.

반 아니. 치질에다가 지금 폐결핵에다가 눈에다가. 이게 삼박자도 이런 삼박자가. (웃음)

박 삼박자만이 아니에요.

이 아니, 눈이 나빠서 군대를 못 갔으니까.

박 아니, 폐결핵 때문에 미국도 못 가서 참 그것도.

반 그럼 어떻게 뚫으셨어요.

박 그건 또 내가 기자를 했잖아요, 과학 기자. 그러면 의사들이 하는 거 아니에요. 의사들이 판정하는 거를 가서 의사들한테 아양을 좀 떨고 했더니 그것도 의사들이 또 그것도 해준 거예요, 약간. 그래서 아니 그 의사 판단에 "이건 음성이 되어 있기 때문에 괜찮다, 이 정도면."

반 괜찮다?

박 그렇게 판단을 해서, 그러니까 아예 조금은 더 좋은 거로 써줬겠지, 써주기는. 그러니까 문제없이 미국을 갔어. 갔는데, 옛날에는 이 젊은 사람들은 모르겠지만 옛날에는 그 결핵 증거 조금만 있으면 미국에서 받아주질 않았다고, 아예.

반 자국, 이 결핵의 자국만 있어도 그냥.

박 그래서 그 시절에는 미국 유학 갈 사람은 무조건 자기 최근의 엑스레이를 (엑스레이 사진) 지고 다녀야 됐다고. 그러면 그 입국할 때 거기서.

반 아, 보여줘야 되니까.

박 저, 세관 뭐라고 하나? 입국심사대에서 그걸 보고 그게 괜찮다고 판단하면 입국을 허가하고 그랬는데, 그걸 괜찮게 평가를 해준 거지. 그래서 어떻게 보면 약간은 페버러블(favourable)한 어세스먼트(assessment)를 해줬겠죠, 의사가. 나를 평소에 아는 사람이고 그럴 테니까 누구였던지 기억은 안 나는데 아마 민, 카톨릭의대 민 뭐라는 분이 담당했을 거예요.

반 그래도 뭐, 유학 가는 경우에 배려를 한 거죠.

박 네.

반 유학을 가게 해야 하니까.

박 글쎄. 그래서 그렇게 갔고.

반 사정을 아니까 그렇게?

박 좌우간 그래서, 그래서 취직을 갔다가 그런 상황이 되니까 또 돌아왔잖아요. 그런데 그때 마침 박사학위를 딱 끝낸, 그 대학에서 워싱턴 유니버시티에서 끝낸 이덕교라는 친구인데, 아마 반 선생은 모르겠지, 당연히 뭐, 한참 후배니까. 그런데 그 친구가 우리 다닐 때 전후해서는 유명한 서울대 학생이었어요. 왜냐하면 그 친구가 물리학과에서 성적이 아주 좋게 들어갔는데, 그 친구가 특징이 뭐냐 하면 머리가 하나도 없었어요, 머리가. 빨갛게 머리가 그냥 완전히 대머리라고 그럴까? 그냥 나중에는 가발을 쓰고 평생 살았는데 그 친구가 어떻게 해서 그렇게 됐는지 모르겠는데 병으로 그랬겠지. 그런데 북한서 넘어온 친구인데, 유감스럽게 자기가 어떻게 일을 하고 그래가지고 겨우 먹고살고 그랬던 친구인데, 동북고등학교 아마 다녔을 거예요. 서울에 동북고등학교라고 있었어요, 어딘가에.

반 그거 있습니다 저쪽에, 강동에.

박 동북고등학교 다니고 그러면서.

반 축구 잘하는.

박 네. 옛날에 축구도 잘했던가. 그러면서 그 친구가 자기 힘으로 어떻게 해서 서울대학교 물리학과에 합격해서 들어왔는데 공부는 잘해가지고, 이를 갈고 열심히 공부해서 그랬겠지만. 성적이 아주 좋았어요. 그래서 우리 동기 중에서 1등을 했어. 그런데 대통령상을 놓쳤어요. 그 당시에 대통령상이라는 걸 서울대에서 어떻게 줬느냐 하면 각 대학 돌아가며 줬어요, 가나다순으로. 그런데 우리가 문리대니까 문리대에서 1등을 했지만 문리대 차례가 아닌 거라, 대통령상이. 그러는 바람에 이 친구는 학장상을 받고 말았죠…….

반 단과대별로 이렇게.

박 네. 단과대별로 돌아가니까, 가나다순으로.

반 그런 게 문제였군요.

박 그래서 대통령상을 놓치고 학장상만 이 친구가 받아갔지. 그 친구가 그때 박사학위를 마쳤어요. 그래서 그 졸업하는 졸업식장을 내가 구경했지. 그 사진도 찍고 그랬을 텐데 뭐, 지금 뭐, 전혀 없죠. 그랬다는 사실만은 그 친구들 편지에도 나오는데, 그런데 뭐, 유감스럽게 사진은 아무 것도 없고. 어느 놈이 가지고 있겠지만……. 좌우간 그런 일이 있었고. 또 한 친구는 숭문 이사장. 아버지가 만든 학교니까 그거 지금도 하고 있는 친구인데 그 사람은 아마 거기서 석사를 딴 거다, 거기서. 한 친구는 석사 마치고, 한 친구는 박사 마치는 그런 여름이었을 거예요, 1967년의 6월에…….

반 워싱턴 유니버시티에서?

박 그래서 그 친구는, 박사 마친 친구는 하필 버클리(University of California, Berkeley)로 포스닥(post doctor), 포스닥을 버클리로 간다고 그래서, 그 친구하고 같이 미국 학생의 차를 얻어 타고, 캔자스에 돌아갔지요. 서쪽으로 한 주만 통과하면 되니까. 우리 집에 나를 내려주고 그 친구는 계속 간 거 같은데 그게 누구 차를 얻어 탔는지 그런 건 나는 기억을 못 하겠더라고. 그런데 이덕교한테 물어보면, 그 친구 살아 있어요. 가끔 이메일도 오니까 언젠가 물어보게 되면 물어봐도 되는데 그 친구는 생각할 수 있을지도 모르지. 좌우간 그랬다가 그 친구가 하필 또 그 버클리에 가서 1년인가 있다가 캔자스 대학(The University of Kansas)으로 갔어요. 캔자스 대학을 아마 조교수쯤으로 간 거 같아.

반 아, 교수로요?

박 조교수로 갔을 거예요. 그런데 그 친구도 어떻게 됐는지, 왜인지는 몰라도 잘 안 되더라고. 그래가지고 결국은 그 친구도 수학의 어느 분야를 다시 공부해가지고 학위를 또 받았는지 어쨌는지, 나중에 무슨 과학자 혹은 기술자로서 자리 잡아서 결국은 한국으로 와서, 여러 해 동안 대덕의 어느 연구기관에서 연구원으로 일하다가 미국으로 돌아갔어요. 그래서 지금 미국 샌프란시스코 근처에서 살고 있어요. 좌우간 그런 일이 있는데 그러고 나서는 나는 돌아갔을 거 아니에요, 캔자스로. 그러니까 일도 못 해보고 월급은 중국 식당에서 받아볼 생각도 못 했지. 감히 그거 뭐, 그냥 슬그머니 안 간 거 같은데 …… . 그래 가지고서는 다시 캔자스로 돌아갔으니까.

반 그럼 방학을 그냥 날리신 거네요.

박 방학을 그냥 날린, 저기 어떻게 해서든 일을 해야 하니까. 그때 아마 내가 거기에 있는 밴캠프스(Van Camp's)라는 회사가 있었어요. 밴캠프스가 뭐냐 하면 아마 제일 유명한 생산품은 포크 앤 빈(pork and bean)인 것 같아요. 포크 앤 빈 아시나?

반 강낭콩 이렇게 해가지고.

박 콩. 기름, 기름에 볶아놓은 거.

이   핫도그하고 같이 삶은 거.

박   그거 핫도그나 이런 데에 들어갈 거예요.

반   많이 먹죠, 잘 팔리고.

박   네. 그중에 그거 만드는 유명한 회사가 밴캠프스앤컴퍼니(Van Camp's and company)인지 뭐, 밴캠프스라고 있거든요? 밴캠프스 공장이 그 로렌스에 있었어요, 캔자스의 로렌스에. 내가 살던 캔자스 대학 앞의 기숙사에서 그리 멀지 않은 곳에 ……. 내가 자전거를 빌린 거 같은데, 누구 자전거 같은 거는 빌리기가 그 당시는 그런대로 쉬웠으니까 그랬을 거예요. 누가 빌려준 거 같은데 그거 아마 유학생 중에 거기 사는 사람 중에 누가 자전거가 노는 게 있어서 빌린 거 같긴 한데 기억이 없고. 좌우간 남의 자전거 산 거 같지는 않은데, 그거 빌려 타고 그 공장에를 몇 번 갔어요. 그런데 그것도 며칠, 며칠 했나 기억에 없어요.

반   그냥 일자리 알아보러 가신 거예요?

박   아니, 일을 시작했어요.

반   근무를 하신 거예요? 아, 무슨 일 하셨는데요?

박   막노동이니까.

반   막노동.

박   그런 건 쉽게. 뭐냐? 통조림공장이라는 데는 나중에 저, 파인애플 통조림공장에도 하와이에서도 또 다녀봤지만. 하와이에 파인애플 공장에. 알죠, 그건?

반   아니. 저는 잘 모르죠. 저쪽에 가신 거예요, 그러면?

이   돌컴퍼니(Dole company), 돌컴퍼니.

박   이런 고급 양반하고 상대가 안 되는데.

반   그 플랜테이션(plantation) 거기까지 가신 거예요?

이   네네.

박   지금도 돌컴퍼니 다운타운에 오피스가 있어요. 지금은 박물관 노릇을 하는 곳이지만, 같은 장소에 옛날에는 공장이 있었지요. 그 공장에 다녔어요.

반   아, 돌, 저기 주스(juice).

박   다운타운에 있어요, 돌컴퍼니 무언가. 지금은 박물관 비슷하게 손님들 접대도 하고 그래요.

반   아, 맞아요.

박   언제 가면 가보세요.

반   네. 전 안 가봤어요.

박   지난번 갔을 때 한 번 가봤는데, 또. 좌우간 로렌스, 캔자스에서는 밴캠프스에 통조림공장에, 캐너리(cannery: 통조림 공장), 캐너리라고 그러죠? 캔에 넣어서 뭘 식료품을 패킹(packing)해서 파는, 내놓는 그런 데인데 거기서 나보고 시킨 게 뭐냐? 제일 고된 일이에요. 그런 공장에서 제일 고된 게 뭐냐? 뜨거운 깡통 계속 나와요.

반   아이고.

박   계속 뚝뚝 떨어지거든? 뚝뚝 떨어지면 집어서 이쪽, 이쪽으로 옮기는 거예요, 이렇게. 그럼 그쪽에서 빙빙 돌아가는 장치 위에 깡통을 올려주면 그 통조림이 돌아가서 저쪽으로 끌려가고, 거기서 저쪽에서 상자에 넣든지 해서 처리하겠지. (시늉하며) 일어서서 이런 일을 하는 거예요.

반   아이고, 계속.

박   그런데 무지하게 힘들어요, 계속하는 게.

이   기계적인 일.

박   그걸 몇 시간을 해야 되거든.

반   기계가 해야 될 걸 사람이 하는 거네요. (웃음)

박   기계가 그냥 지금 같으면 그런 일이 없어졌을 거예요, 완전히. 자동화 어떻게 연결하겠죠. 그런데 좌우간 이래서 이렇게, 그리고 무지하게.

반   그렇죠, 단순.

박   이래서 이런 일을 하는데 도저히. 그리고 무지하게 더운 거라. 왜냐하면 깡통 자체가 무지하게 뜨겁게 되어서 나오는 데다가 그 주변이 다 뜨거, 더우니까 무지하게 덥죠. 그런데 여름에, 그것도 캔자스도 더운 데에요.

반　그렇죠, 내륙지방이니까.

박　엄청 더운데. 좌우간 그 짓을 하는데 아마 며칠 못 했을 거예요. 그리고 포기하고.

반　그러면 어떻게 방학을?

박　그래서, 그런데 그 판에 같이 살고 있는 친구 중에 독일 학생이 하나 있었어요. 게르트 헬러리히(Gerd Hellerlich)라는 녀석인데, 게르트 헬러리히가 나하고 조금 친하게 지냈는데, 그 친구가 박사학위를 마쳐가는데 학위 논문을 타이프를 치잖아요. 그러니까 당시에는 타이프로, 타이프라이터(typewriter)로 찍어 제출해야 하는데, 타이프를 해줄 친구가 없어요. 그래서 나보고 좀 "해볼 거냐"고. "네가 쳐준다면. 타이프 비용을 너한테 주겠다"고. 그래서 "하자". 그래서 그 친구 타이프를, 박사논문을 내가 돈 빌려서 박사학위 논문 타이프 내가 쳐줬어요. 그래서 그걸 또 돈을 조금 받았겠죠. 얼마 받았는지 기억이 전혀 없는데, 좌우간 그런 일도 했고. 그다음에 거기에 그건 그때인지 그거 조금 후 같기는 한데 바로 또 그 막일이 그런 비슷한 일이 여러 번 있었는데 그때 호세(Jose) 뭐라고 하든가 멕시코에서 넘어온 녀석이 로렌스에 사는 사람이 있었는데 그 친구 따라가서 카펫 까는 일. 낡은 집에 뭐, 낡은 집인지 어딘지.

반　뜯어내고 새로 까는 거?

박　네, 새로 까는 거. 그런 일도 가서 보조로.

반　그러면 닥치는 대로 하신 거네요.

박　닥치는 대로 한 거예요.

반　이거 뭐, 돈을 벌어야 되니까.

박　그런 일도 좀, 많이는 못 하고 그냥 하다가 때려치우고 그런 거예요. 또 하고 그런 짓을 계속했어요. 그런 가운데 2학기쯤 되어서 아마 당시 캔자스 대학 정치학과에 김영배라는 연대 출신이 있었는데, 그 부인이 그 캔자스 대학 도서관에 직원으로, 일하고 있었어요. 정식 직원은 아닌지 모르지만 기초적인 도서관 작업을 하고 있었어요.

이 아니, 여보. 말씀 도중에 그 김영배 씨 부인이 이대 영문과를 나와 가지고 도서관학과를 공부를 했대요.

반 아, 라이브러리언(librarian: 사서).

이 그래 가지고서는 도서관에, 캔자스 대학 도서관에서 일한 거예요.

박 뭐, 그거 했겠죠. 좌우간에 그런 일을 하고 있으니까 내가 부탁해서 그 양반이 아마 나를 추천했거나 했겠지 …….

반 아, 그 대학 도서관에.

박 그래서 우리 학교 도서관에 조수로, 어시스턴트로 일하기 시작했어요.

반 어시스턴트로.

박 저, 고용되어서 어느 정도 약간의 월급을 받기 시작했으니까, 도서관에서. 캔자스 대학교 도서관에서.

반 그게 학교에서 받은 거죠?

박 학교에서 받은 셈이죠. 그런, 그런 자리가 생기니까 먹고사는 건 문제가 없어졌죠, 사실 그 정도로. 어, 그게 아마 2학기부터쯤일 거 같아요. 1학기쯤에만 해도 그냥 먹고사는 걸 걱정하고 뭐, 그랬고. 먹고사는 데 내가 제일 처음 또 한 가지 재미있는 에피소드는 그때 1학기 때 더구나 그 하도.

반 첫 학기니까.

박 어떻게 사느냐 하면 먹는 걸 그 초긴장하고, 초절약으로 살다 보니까 빵을 지금도 그런 빵이 아마 미국 가면 있을 거예요, 이만큼 기다란 거. 커다란 네모진가, 동그란가?

이 네모진 거.

박 네모진 거 같아요. 네모진 빵 이만큼 길이 50cm쯤 되든가? 이런 거 커다란 거.

이 제일 싼 거.

박 제일 싼 거. 그걸 사다가, 사다가 놓고 달걀 잔뜩 사 오고. 그래가지고 달걀 프라이를 급히 하고 달걀프라이 소금만 쳐가지고 달걀프라이하고 빵 두개에다가 달걀프라이 한 거 가운데 하나 놓고 그것만 먹는 거예요. 그거 먹으면서 공부도 하고 그거 먹고서 금방 또 학교 가고. 저, 그런 식으로 학교는 또 금방 걸어가면 되니까 그런 식으로 공부한답시고 하고 다녔어요. 그게 공부를 뭐, 했는지도 기억에 없고. 좌우간 그렇게 공부를 하고 그게 그러다 보니까.

반 그래도 안정적인 직장을 얻으신 거네요.

박 네. 그건 2학기, 아마 2학기부터고.

이 2학기.

반 2학기 때부터.

박 1학기부터는, 특히 1학기에, 2학기 때도 주로 그랬겠죠.

반 그래도 그런대로 안정되고.

박 그러다 보니까 뭐가 어떤 재미있는 일이 생겼냐. 달걀이라면 아주 질색을 했어요. 그 이후에 저 사람 만나서 결혼하고 나서도 달걀만 먹는 거는 딱 질색.

이 아주 넌더리가 난 거예요.

박 네. 요즘 달걀 잘 먹어요. 그것이 아마 10년 이상 간 거 같아.

반 아, 한때 끊으셨다가 다시.

박 달걀 거의 끊었어요. 한, 10년 이상 달걀을 거의 안 먹었어요.

반 저희도 고구마 잘 안 먹습니다, 어렸을 때 고구마를 너무 많이 먹었더니.

박 좌우간 그런.

반 그런 거예요, 너무 지겨운.

박 에피소드도 있어요. 좌우간 그러고, 그러고 나서는 또 돈 생길 구멍이 또 있었네. 참 그러고서는 2학기쯤부터일 거 같은데, 그러니까 자꾸 사람이 어려워지고 여기저기 구걸하고 다니다 보니까 돈도 생기는 일이. 다른 내 친구들 편지 보면 "너 자꾸 가서 선생님한테도 얘기하고 '내가 돈이 필요하다'고 얘기를 하면

이 친구들 인심 좋아서 도와줄 수 있으면 많이 도와준다"고. 그게 실제로 그랬던 거 같기는 해요, 그래서 ······.

반   궁즉통이죠, 뭐.

박   네. 어떻게 해서 내가 무슨 하다 보니까 인류학과 교수가 무스(Moose)라는 사람인데, 필릭스 무스(Felix Moose)던가 하는 사람인데 그 사람이 일본에 그 '다 이아지아슈기(大アジア主義)'라는 메이지(明治) 말기가 되나? 그쯤에 그런 게 많이 유행을 했죠.

반   네, 그렇지요.

박   그건 선생님도 좀 아실 텐데. 그래서 그 명치 말기쯤에 '대아시아주의'라는 이데올로기들이 많이 등장했는데, 말하자면 일본 제국주의의 원조라 할 수 있겠죠.

반   흑룡회(黑龍會)니 뭐, 이런 것들이.

박   그 친구들. 그런 데 관심을 가진 사람이 있어가지고 거기에 대한 그 책 이름이 생각이 안 나네. 좌우간 그 책을 가지고 일본어 책이죠. "이걸 중요 부분을 번역해 달라"고 ······. 그게 아무래도 이 미국 사람이 일본말 조금 배워가지고 뭐, 그거 잘 되겠어요? 그러니까 일본 책을 번역해 달라고 그래서 그걸 내가 또 해주고 또 돈을 조금 받았죠.

반   그게 알에이(RA: research assistant)를 하신 거네요.

박   네, 알에이를 한 셈이죠. 그때 일본어는 그럼 어떻게 알았느냐? 그거 이상하지 않아요?

반   글쎄요, 일본어를 그 전에 배우셨겠지.

박   일본어 배울 일이 어디 있어요. 일본어는, 우리는, 물리학과는 더구나 다른 과는 아마 덜 했을 거예요, 화학과가 덜했을 거고. 내가 얘기했죠. 화학과 선생들이 조금 나았다고. 물리과 선생들은 엉망이었는데 당시에 교재가 없었어요. 그러니까 선생들이 일본 교재를 썼다고요.

반   그랬군요.

박   그때 해방되고 얼마 안 되었고 이랬기 때문에.

반   그대로 썼군요, 그러니까.

박   네, 일본 책을 그대로 쓸 수밖에 없었어요, 책이 없으니까 물리 교재가. 그러니까 물리의 몇 가지 교재가 일본말로 쓰니까 애들이 일본말을 조금은 알아야 뭘 짐작을 할 거 아니에요, 이렇게. 그런데 일본 말이 짐작하기 쉬운 게 한자만 주로 많고 토씨만 일본말로 조금씩 붙어 있는 셈이니까.

반   토씨만 잘하면, 부사하고 토씨만 잘하면 되죠.

박   네. 그런 거만 붙으면 되니까 그거 배우기가 조금 쉬운 편이죠. 그래서 그 물리 교과서가 일본말이었기 때문에 우리가 일본말을 조금씩 할 수 있는 상황이 었어요. 그러다 보니까 내가 급하니까 그 실력 가지고 일본말.

반   그래도 그 미국 교수보다는 낫겠죠. (웃음)

박   네. 서양 사람보다는 낫겠지, 당연히.

반   낫죠. 한자도 아니까.

박   그래서 그거 가지고 또 한참 또 조금은 벌어먹고. 그래서 이것저것 벌어먹고 …….

반   여러 가지 안정되어 가신 거네요, 그런대로 수입이.

12. 사모님과의 결혼

박   그래서 안정이 좀 되니까 저 친구 데려올 생각이 난 거예요. 저 친구 벤베누티, 김기수 덕분에 알기 시작해서 한국에서 좀 잘 친하게 지내다가 미국을 가는데 미국을 갑자기 결핵도 해결되고 그래서 미국에 입학을 어떻게 해야 되니까. 해봤더니 그 사람이 뭐냐 면제, "학비 면제는 해줄 테니까 어떻게 한번 와봐라" 그러니까 용기가 나서 가겠다고는 했는데. 가려면, 그래서 미국, 미국 가는 건 문제가 없이 됐는데 미국 가려면 저, 집사람 문제를 처리하고 가야 될 거 아니에요. 그래서 저 사람을 어떻게 데려가느냐 하는 문제 가지고 저 사람이 졸업하기 조금 전에, 내가 미국을 갔거든? 그러니까 67년 1월 25일에 갔으니까, 67년 1월에는 저 사람은 이대 졸업장만 아직 안 받은 상태일 거예요, 아마. 졸업장은 3월인가 졸업하니까, 2월 말에 졸업하나? 2월 말에 하겠지? 2월 말 졸업을 앞두고 나는 한 달 전에 미국을 갔으니까 졸업 한 달 전에 미국을 가니까 그 미국 가기 전에 저 친구 집에 가서 매듭을 짓고 가야 하니까. 그래가지고 저, 부산을 갔다고, 집이 부산이거든. 부산을 갔는데, 가가지고 저, 우리 장인 되는 분을 만나서 인사를 드리고 얘기를 좀 하자고 했더니 저 친구가 펄쩍 뛰어요. "안 된다고 지금." 왜냐하면 언니가, 결혼 얘기도 없는 언니가 있는 거야, 바로 위에 언니가. 서울대학교 약대 나온.

반　아, 앞차가 있었네요.

박　네, 앞차가 딱 막고 있으니까.

반　딱 가로막고 있는 거죠. 요즘에야 뭐, 관계없기는 한데 그 당시에는.

박　그래서 그 약대 나온 언니만 만났죠. 그래가지고 그 언니하고는 좀 얘기, 잘 부탁을 하고 그러고 나선 나는 장인 자리는 만나지도 못 하고 그냥 서울로 올라와서 그때부터 편지로만 계속 뭐, 가타부타하고 계속 왔다 갔다 했죠. 그래서 그때 저 친구가 쓴 편지는 내게 남아 있고, 거의 다 있는 거 같은데 내가 쓴 편지는 없어져 버렸고 …….

반　다 날아갔고?

박　그런 상태에요.

반　그래서 결혼을 하신 거죠? 가시고 2년 만에 하신 거죠?

박　그래서 저 친구, 저 친구와 결혼하는데 내가 애를 먹었죠. 그래서 예를 들면.

반　초청하는 데는 문제없었나요?

박　초청하는 것도 술수를 써가지고 겨우 내 친구들한테 눈치가 한, 2000불을 빌린 거 같아.

반   아, 주변에 유학생?

박   친구들이 또 어떻게 협조를 많이 해줘서 한 친구가 400불 빌려준 기록이 나오고.

반   아이고, 거금이네.

박   한 친구가 300불 빌려준 기록이 나오더라고. 그 친구들 돈 빌렸다가 그건 내 은행 통장에다가 넣어, 넣어놨다가 바로 한 달쯤 뒤에 돌려줬더라고 그 친구들한테. 아내를 초청하는데 미국 영사관에서 초청자의 재정증명을 보내줘야 했기 때문이죠. 아마 2000불 정도의 내 은행 통장 증명이 필요했던 모양이에요.

반   아, 빌려가지고.

박   그러니까 그냥 몇 달, 한 달 만에 다 돌려준 거예요. 내가 떼먹지는 않았나 보더라고. 그래 가지고는 저 친구를 초청을 했는데 저 친구가 오는데. 내 친구 녀석들은 한가하게 "유학 시험 봐서 데리고 오라"고 말이야. 저 사람이, 생물과 공부했으니까 미국은 생물학은 쉽다고. 그래서 내 친구는 어떤, "생물학으로 오면 네 마누라가 너 벌어먹여 살릴 거라고. 그렇게 너처럼 역사학 하는 친구는 아무 쓸데없잖아". 돈을 못 받으니까, 역사학에서는.

반   알에이나 티에이(TA: teaching assistant)를 할 수 있는 기회가 많은 거죠, 생물학 쪽은 장학금.

박   그렇지. '생물학 쪽은 그런 게 조수 해서 대학에서 뭐 해도 되고 취직을 해서 일반 회사나 뭐, 이런 데 취직해도 뭐, 벌 데가 좀 있다' 그런 식으로 얘기를 하던데 그건 뭐, 사실이었겠지. 그렇지 못 하고 결국 저 사람, 저 사람 데리오는 일을 (당시 결혼식 사진을 보며) 결국 성공을 해서 데리고는 왔는데, 데려오니까 그때서부터는, 데리고 오는 돈은 내가 도서관에 취직한 것이 도서관에서 일은 참 잘했을 거예요, 내가 생각해도. 뭐냐 하면 어느 의미에서는 내가 역사 공부 하는 게 도서관 일이 기초죠, 사실은. 책 조사하는 거. 그게 주로 뭐, 무슨 일을 하느냐 하면 내가 공헌을 많이 했다고 자부하는 게, 교수들이 책을 주문하잖아요. 책을 주문하면 이 사람들이 어떤 '헤딩(heading)'으로 이 책이 우리 학교 도서관에 올라와 있는지를 알 수 없는 경우가 많잖아요. 그냥 뜬소문으로 책 제목만 알거나, 저자만 알거나, 그래가지고 책을 주문해 놓으니까 교수들의 주문에 실수가 많다고요. 그거를 베리파이(verify, 검증)해 가지고 이 책은 우리 학교에 이런 제목으로 이런 헤딩으로 서브젝트(subject)로 해서 등록이 되어 있다, 그러니까 이 책을 다시 살 필요가 없다는 판단을 해주는 일이었어요.

반　있느냐 없느냐 따지는 거죠?

박　'찾아서 보면 된다' 하는 거를 밝혀주는 거니까, 학교로서는 제법 돈을 세이브(save)할 수가 있죠.

반　그렇죠.

박　이미 책이 있는 걸 밝혀내면. 그게 많은 경우 내가 책을, 그 선생이 얘기한 그 책은 이런 식으로 찾으면 된다. '이거 요렇게 해서 요걸로 책을 찾으시오' 하고 표시만 해서 넘기고 그런 일을 해줬다고. 많이 발견한 거는 내가 알아요. 그래서 많은 교수들이 실수해서 잘못 주문하는 책을 바로잡아 주는 일을 좀 했었지요.

반　요즘 같으면 아주 쉬운 저기인데 그 당시에는 수작업으로, 수작업을 해야 되니까.

박　그래요. 요즘 이, 완전히 수작업으로 할 때니까, 그건 전부 알아서 증명하는 수밖에 없죠. 그런 일을 해서 많이 했더니 나중에 그 과장이 섹션 치프(section chief)가 월급을 또 자진해서 올려주더라고요. 그래서 조금 덕을 봤죠. 그래서 저 사람을 내, 내가 번 돈으로 그 비행기표는 산 것은 내가 기억을 분명히 해요. 그래서, 그러니까 약간 다음 해지, 1년 뒤에요.

반　그렇죠, 처음에야 뭐.

박　68년.

반　그러니까 결혼을 한, 2년 후에 하신 거네요.

박　2년 후가 아니라 2년이 조금 안 됐죠.

반　2년이 채 안 된 거예요? 67년에 가시고.

박 67년 1월에 가서 68년 11월 28일에 저 사람이 왔던가 그러니까.

반 아, 그렇죠.

박 그러니까 2년에서 한 석 달 덜됐죠. 그러니까 1년하고 9개월? 1년 9개월쯤 만에 저 사람 데리고 간 거죠. 그래서 참.

반 결혼식 하시고.

박 결혼식 거기 있는 거처럼 결혼식을 그렇게 하고, 그리고 그 신혼여행을 그 집에서.

반 참, 신혼여행을 어떻게, 그냥?

박 신혼여행이.

반 그 집이 신혼.

박 거기서 새로 방 얻어놓은 집으로 가는 게 신혼여행이에요. 그거를 아마 임 운경 씨 차로 했겠지?

이 임운경 씨.

반 아, 거기 기숙사 같은 데서 이렇게 옮기셔가지고, 방 얻으신 대로 이렇게. 그게 허니문(honeymoon)이 거기서 됐군요. (웃음)

박 방 얻은 대로, 허니문이고 뭐고 없죠. 거기, 짐이 뭐, 있어요? 짐은 뭐, 저 사 람이 한국서 가져온 거는 이미 그 집에 갔다 났겠지, 아마. 그리고 내 짐이라야 뭐가 있어요. 그러니까 내 짐하고 온 거, 저 사람하고 나하고 타고서는 조금 걸 어가도 뭐, 금방 가는 거리니까 거기에 가서.

이 그런데 임운경 씨의 곤색(감색) 무스탕(mustang) 타고 갔어요.

반 아이, 그래도 뭐, 유학생들이 그래도.

박 무스탕, 그 임운경이라는 양반이.

이 그 사람은 한국서 직장 생활을 하시던 분이 유학 왔기 때문에 굉장히 여유 가 있는 분이었어요.

박 임운경이라는 양반이 그거 참, 반 선생은 알지도 모르는데 임재경이라고 알아요?

반 임재경이란 분, 언론계에서 활동하신?

박 임재경씨가 나랑 동기 동창이에요.

반 그러세요?

박 저기 저, 《조선일보》 동기.

반 언론인, 네.

박 임재경 씨가 나랑 《조선일보》 동기인데, 《조선일보》 견습 3기 동기인데, 임재경 씨의 형이 임운경이라는 양반인데.

반 임운경.

박 그 양반이 그 당시에 그 캔자스 대학 공과대학에서 학위를 하고 있었어요. 그 양반의 부인하고 저 사람이 좀 친하게 왔다 갔다 친하게 지냈는데, 그 사람이 보니까 "세상에 이렇게 가난한 유학생도 있냐"고. 아마 그 부인이 많이 저 사람한테 안타까워하기도 한 거 같아. 그런데 좌우간 임운경 씨는 나중에 졸업하고서 우리가 하와이로 간 이후일 거예요. 그 사람은 어딘가 석유회사 취직해 가지고 미국 남부 어딘가에서 평생 미국서 살았죠.

반 미국에서만 있었겠네요.

박 그 동생 임재경 씨는 내가 귀국해서는 몇 번 만나고 그랬는데.

이 《한겨레신문》에서 일하고.

박 《한겨레신문》 부사장인가?

반 《한겨레》, 나중에 《한겨레》로 갔죠?

박 네. 부사장인가까지 하다가.

반 《조선일보》 있다가 아마 《한겨레》로 가서, 그리고 재야인사로.

박 재야인사로는 약간.

반 유명하죠.

박 약간 이름이 좀 있지. 그 임재경 씨는 문리대 영문과 출신이거든.

반 아, 그러세요?

이 이분이에요, 반 선생님.

반 아, 임운경이라는 분이요?

이 임운경 씨 부인. 그 형수.

반 (사진을 가리키며) 저 뒤에 계신 분이.

박 임재경 씨 형수.

이 저이하고 나하고 가깝게 지냈지.

반 가까이 지내셨고요? 아 선생님, 제가 시간을 너무 많이 뺏었습니다. 아쉽지만 다음에 더 해야 할 거 같습니다.

박 뭐, 다음에 해도 좋고 계속해도 되고. 오늘 밤새워서 해. (웃음)

반 이후에 더 해야 할 것 같습니다. 선생님 오늘 너무 비사를 많이 말씀해 주셔서요. 이야, 다 털러 오신 거 같은데.

박 네, 좋은 대로 하십시다.

반 그렇게 하시지요, 오늘 시간 내어주셔서 고맙습니다.

주

1   군속(civilian component)은 미국 국적을 가진 민간인으로 주한미군에 고용되어 근무 또는 동반하는 이들을 말한다.

2   미네소타 플랜은 1950년대 한국 원조 계획의 일환으로, 미네소타 주립대학교에 서울대학교 교수진을 보내 의학·농업·공업 분야의 선진 학문과 기술을 전수시킨 교육 원조를 가리킨다. 미국 국무부와 국제개발처(AID)가 같이 진행했다.

3   유피아이(UPI)는 미국의 통신사다.

4   히드라지드(hydrazide)의 상품명이다.

5   풀브라이트 장학금(Fulbright Scholarship)은 1946년에 설립되었다. 미국 정부의 지원을 받는 장학금으로, 세계 각지의 우수한 학생들을 공부, 교육, 연구할 수 있도록 미국에 초청하는 국제 교육 프로그램 중 하나다.

6   이스트웨스트센터 장학금은 1960년 미 의회가 아시아·태평양 국가와 상호이해와 협력을 촉진하기 위해 설립한 동서문화센터의 국제 장학금이다.

7   그레이하운드(Greyhound)는 미국의 버스회사 이름이다.

8   캘리포니아 대학교의 리버사이드 캠퍼스(Riverside Campus)를 일컫는다.

|박성래 II|

한국외국어대학교 사학과 명예교수다. 공주고등학교를 2년 만에 수료하고 서울대학교 물리학과에서 학사를, 캔자스 대학교 사학과에서 석사학위를, 하와이 대학교 사학과에서 박사학위를 받았다.

조선일보 · 중앙일보 기자를 지냈으며, 한국외국어대학교 사학과 교수, 과학기술처 정책자문위원, 유네스코 한국위원회 위원, 문화부 문화재 전문위원 겸 박물관 분과 전문위원, 한국과학기술단체총연합회 이사, 국사편찬위원회 위원, 한국과학사학회 회장, 한국외국어대학교 부총장을 역임했다.

저서로 『과학사 서설』(1979), 『한국 과학사』(1982), 『한국인의 과학정신』(1993), 『한국사에도 과학이 있는가』(1998), *Portent and Politics in Korean History* (1998) 등이 있다.

구술자 1: **박성래**(한국외국어대학교 사학과 명예교수)
구술자 2: **이미혜**(박성래 교수 부인)
면담자: **반병률**(한국외국어대학교 사학과 교수)
면담 날짜: 2019년 6월 20일 13시 10분
면담 장소: 구술자 자택

1. 캔자스 대학교 재학 시절

반 본 면담은 한국외국어대학교 디지털인문한국학, 한국학연구소가 수행하는 인물한국학 구술콘텐츠 개발 사업의 일환으로 실시하는 면담입니다. 지금부터 박성래 한국외국어대학교 인문대학 사학과 명예교수님의 두 번째 구술 채록을 시작하도록 하겠습니다. 일시는 2019년 8월 9일 2시 40분이며, 장소는 박성래 교수님의 자택입니다. 면담자는 외국어대학교 디지털인문학연구소 반병률입니다. 지난번에는 캔자스 대학교에 계실 때 결혼하신 이야기 등을 말씀하셨는데, 오늘은 그 이후의 얘기를 들어보겠습니다.

박 헬러리히라는 철학 공부하는 친구가 있었는데 그 친구가 마침 자기의 학위 논문을 타자로 쳐줄 사람이 필요하다고 그래서 그걸 또 자원해 가지고 내가 맡아서 타자기를 그 친구 걸 쓴 거 같아요, 그 친구 걸 빌려가지고 그의 학위논문을 타자를 쳐서 완성해 준 거죠.

반 그때는 컴퓨터가 없을 때니까, 타이프라이터(typewriter)로.

박 네. 타자기로 칠 수밖에 없죠. 스미스코로나(Smith-Corona)였는데 당시에는 스미스코로나 타자기가 제일 좋다고 대체로 알려졌었기 때문에 그건 뭐 박사학위 논문을 쳐준 게 어느 의미에서는 타자기를 배우는데, 타자는 잘 칠 줄 모르죠, 당연히. 그러니까 그 타자를 하는, 타이핑을 하는 기술을 익히는 데 도움이 됐겠죠. 그 친구 좌우간 박사논문을 내가 쳐줬으니까. 그리고 돈도 받고. 그런 일도 했고, 그다음에 잠깐 또 포크앤빈, 깡통 들어서 옮겨 패킹하는 막일도 했는데, 그 자동기계가 계속 돌아가 깡통을 가져가죠. 그러니까 쉴 수가 없어요, 그냥.

반 아, 계속.

박 계속 움직여야 되죠. 들어 올리는 거니까, 나오는 거 이쪽에다가 올리고 들어 올리고 그래야 되니까. 왔다 갔다 하는 걸, 그런 짓을 며칠도 못한 거 같아요. 그것도 힘들어가지고, 도저히. 여름에 땀은 엄청 나는데 ······.

반 육체노동이니까.

박　그 뜨거운 깡통이 계속 나와, 쏟아져 나오니까, 그러니까 공장 자체가 굉장히 더워요. 뜨거운 그런 속에서 그걸 하다가 한 시간인가 두 시간인가 있으면 10분 쉬든가 그랬죠. 그 10분 쉬는 동안 급히 휴게실로 가면은 조금 시원하고 거기서 찬물이나 마시고 또 와서 또 하고 그런 짓을.

반　노동자 생활, 노동자 생활을 하신 거네요, 육체노동을.

박　네. 노동자 생활을 며칠을 했는데 그 돌이켜 보면은 그런 일로 공부를 한 한국 학생들이 그 시절에만 해도 많을 때예요, 사실은. 그러니까 뭐 나라고 특별한 불평을 할 건 아닐지 모르지만 좌우간 그런 일을 해서 공부를 해가지고 석사논문을 쓰는데 그 즈음에 지도교수가 일본서 공부한 미국인인데 나중에 위스콘신 대학교(University of Wisconsin)으로 옮겼죠.

반　교수?

박　교수로 옮기신 분인데. 그 양반이 도브(Edward Daub, 1924~2015)라는 분인데, 에드워드 도브 ……, 뭐 키가 나보다도 좀 작을 거예요. 미국인치고는 체구가 좀 작은 그런 분인데 그 양반이 나더러 일본말도 조금 할 줄 알고, 이 양반이 그러니까 "일본 과학사를 한번 논문을 써보는 게 어떠냐?" 그래서 그걸 하려고 생각을 해서 조사해 보니까 캔자스 대학에 일본 책이 너무 적어요. 그 양반이 보기에는 많아보였겠지만, 내가 볼 때는 아주 빈약했어요. 과학에 대한 얘기를 써야 될 텐데 일본의 과학 발전 관계 그거 중요한 테마라고 할 수는 있죠. 그러나 그런 분야의 책은 너무나 없었지요.

반　그렇죠.

박　일본이 급격히 근대화에 성공해 가지고 근대국가로 성장하는 대표적인 나라였기 때문에 그 부분을 한번 찾아보는 것은 중요한 거 같기는 한데, 나도 관심이 있어서 찾아보는데, 도저히 참고될 만한 책이 있지도 않고 저널(journal)이 있지도 않고 그래서 포기하고 그 결과를 상의했더니, 그러면 자기가 관심 있는 것으로 '테이트틴들 컨트러버시(Tait-Tyndall Controversy)"[1]라는 걸 한번 써보라고. 그 테이트틴들이라는 거는 19세기 후반에 영국에서 대규모로 자기들끼리 논쟁을 벌인 그런 대표적인 물리학자들이에요, 둘 다. 영국의 대표적인. 그런데 물리학자들이 잡지에다가 그냥 서로 논쟁을 하고 시비를 걸고 아주 상스러운 욕까지 써가면서 서로 싸우는 그런 건데 아주 재미있다면 재미있는 주제를 받아서 한 건데, 재미있게 논문을 썼던 기억은 해요. 그 논문이 뭐 한국에서는 전혀 쓸모가 없죠. 그래서 귀국 후에 한국에서는 뭐 아무 발표도 한 일도 없고 ······. 그런데 그 논문은 조그만 책으로 되니까 가지고 있었는데 아마 지금은 '과천과학관'에 가면 내가 쓴 그 석사논문이 거기 책 모양으로 있기는 있을 거예요. 좌우간 그런데 나중에 봤더니 몇 년 전에 우리 지도교수님 활동 사항을 인터넷으로 찾아보니까, 아, 그 문제를 논문으로 자기가 발표했더라고요. 내가 쓴 논문을 아마 많이 베꼈으리라고 생각하는데. 아, 참고했겠죠, 내 논문을 ······. 그 논문 내용은 어떤 내용인지는 내가 못 봤으니까 알 수 없고. 그래서 그런 이력도 있고 ······.

2. 하와이 대학교 박사과정 시절

박 그리고, 선생님의 부인이 에바(Eva)라고 그랬던가? 그런데 에바 도브인데 그 부인이 캔자스 대학교 교수 부인들이 구성한 '스몰 월드(Small World)'라는 그룹을 만들어가지고 활동을 해서 외국인 유학생들의 부인들이 영어 모르는 사람이 많을 거 아니에요, 저 사람 포함해서. 그래서 그런 사람들을 오라고 해서 영어를 가르치고, 같이 놀아주고 하는 그런 그룹이 있었어요. 거기 저 사람 가서 열심히 영어 공부도 좀 하고 같이 놀고, 그런 재미있는 과정도 있었죠. 좌우간 그런데 저 사람이 좀 주책을 부렸다면 주책을 부린 것이 뭐냐 하면, 그 그룹이 만나서 얘기할 때 "우리 남편이 지금 하와이 대학에 가고 싶어 한다. 그래서 수속을 좀 하고 있다"는 얘기를 해버린 거라. 왜냐하면 석사를 하면은 박사학위를 난 당연히 해야 되겠는데 ······.

반 거기서 또 하라고 하죠, 네.

박　거기서 박사학위를 해봐야 서양 과학사를 할 수밖에 없는데, 서양 과학사 해가지고는 뭐 쓸모가 없다고 그럴까? 좌우간 뭐가 실마리가 풀리지 않을 것도 같고 그런 판이었는데 ……. 당시 어떻게 해서 알게 됐는지 기억이 분명치는 않은데, 한국 신문을 봤을 거예요, 아마. 한국 신문에 어떤 기사가 났느냐 하면, 한국 신문을 더러 이렇게 볼 수 있는 기회가 있었는데 아마 돈을 좀 냈는지 그래가지고 일주일에 한 번씩인가 이렇게 모아서 그 복사판인지 카피 그런 거를 《동아일보》 같기는 한데 《중앙일보》였을지도 모르고. 그 당시에 한국 신문 두어 가지가 미국에서 교포들을 위한 저, 일종의 카피죠, 카피.

반　그것보다는 편집해 가지고 이렇게 되파는?

박　아니, 편집해서 낸 것이 아니라 그대로 복사해 만든 신문일 거예요.

반　기사 그대로 복사해 낸 사진판이었을 거예요.

박　그거를 아직 못 하고 원래의 신문을 그래도 아마 항공편으로 가져와 가지고. 그걸 뭐라고 그러나? 사진판을 찍어가지고 돌리는 그런 정도였을 거 같은데 그 기사 중에 하나가 아주 재미있는 기사가, 포드(Ford)재단 이야기가 있었어요. 그 얘긴 저번에 안 했나?

반　안 하셨습니다.

박　포드재단에서 당시 돈으로 얼만지는 몰라도 상당히 많은 돈, 아마 100만 불씩인가? 기억이 안 나요. 그건 찾아보면 그 당시 기록에 나올지 모르겠는데요. 60년이나, 아니지. 60년이 아니라 내가 67년에 미국을 갔으니까 1968년 전후겠죠. 68년쯤에 그 신문에 나기를, 우리나라 신문에 나기를 다섯 개 대학인가, 미국의 주요한 대학 다섯 곳에 한국학을 연구하라는 펀드로 100만 불씩, 도서관을 그러니까 주로 채우라는 거겠죠.

반　아, 책 그렇죠. 자료로, 책 구입비로.

박　도서관에 책 많이 사고, 구입비 등으로 쓰도록 하는 그 재정 지원을 한다는 기사가 났더라고요. 그런데 그 대학 중에 다섯 개가 하버드(Harvard University)가 있었고, 내 기억으로 하버드, 프린스턴(Princeton University)이나 뭐 예일(Yale

University)이나 그런 게 또 있었던 거 같고. 그 자세한 내용은 내가 구체적으로 생각을 안 했기 때문에 모르겠고, 기억하는 건 하버드하고 워싱턴 대학(University of Washington)하고.

반 워싱턴, 네.

박 그다음에 하와이 대학 정도였어요. 그중에, 여섯 개나 그런 대학 중에. 그런데 내가 관심 있었던 것은 하버드는 뭐 아무래도 제일 유명한 학교니까 관심이 있었고, 워싱턴도 공연히 좀 내가 캔자스에 있었기 때문에 워싱턴이 시애틀에 있잖아요?

반 시애틀, 그렇죠.

박 시애틀이 좀 한국에 가깝잖아. 그래서 관심이 있었고, 하와이도 그래서 관심이 있었고. 그래서 세 개 대학에 지원서를 냈어요. "내가 이런 공부를 하고 있는데, 혹시 나 같은 사람 거기 펠로십(fellowship)이나 뭐 스칼라십(Scholarship), 어시스턴트십(assistantship)이나 이런 게 좀 없겠느냐?" 그래, 사학과에 각각 문의했더니 워싱턴에서는 숫제 연락이 없었고, 답장이. 하와이 대학서는 "금년에는 돈이 없고 뭐 잘하면 내년쯤엔 도와줄 수 있을 거 같다"는 답장이 사학과에서 왔고. 하버드 대학에서는 "입학은 시켜줄 수 있다. 그런데 네 돈 내고 와야겠다".

반 아, 스칼라십은 보장 못 한다.

박 네, "돈은 뭐라고 못 하겠다" 이런 얘기를 해왔어요. 그러니까 돈이 당장 급하니까 나는 하와이 대학에 알아보려고 움직였죠. 알아봤죠. 그런 상태에서 저 사람이 주책없이 그런 사실을 말해버린 셈이지요. 내 지도교수가 자기 부인한테 그 얘기를 듣고 "너 내년에 하와이 대학 가고 싶어한다면서?" 그러면서 …….

반 실망을 했겠네요, 지도교수님이.

박 아니죠, 아니죠.

반 그건 아니고?

박 이 사람 생각에도 공부할 게 미국, 서양 과학사를 공부해서 뭐 하겠나. 애초에 나보고 프러포절(proposal)하기를 일본 과학사를 …….

반 일본 것을 하라고 그랬을 정도였으니까 ······.

박 하라고 얘기할 정도니까. 그 양반이 또 일본에 대해서 잘 알고. 나중에 도브 교수님은 일본 기술 용어, 과학 용어를 영어로 소개하는 그런 연구를 하고 그에 관한 책도 냈더라구요. 위스콘신 대학으로 옮기신 다음에 ······.

박 그런 전공으로 바꿨더라고요, 비슷한. 말하자면, 그러니까 일본어를 미국 사람으로서 활용하는 그런 문제에 관심이 많았던 거 같아요. 좌우간 그런 언급이 있었고, 그래서.

반 여하튼 사모님이 나름 역할을 하신 거네요.

박 뭐, 기여를 했던 셈이죠. 결과적으로는 ······.

반 표현하신 대로 무슨 그거는 아니었네요. 그 당시에 제대로 말씀하신 거네요, 그러니까 거기 의사소통에서.

박 네, 기여를 한 셈이죠. 네. 그래서 그 지도교수가 말하자면 좀 서둘러줬던 거 같아요.

반 미리 준비를 하신, 아, 그렇죠, 그렇죠.

박 그래서 내 논문을 그야말로 2년 반 만에 석사논문을.

반 그 마치기 전에 말씀을 하신 거예요, 사모님이?

박 그렇죠, 2년 반에.

반 석사 패스하기 전에?

박 그 2년 반에 석사를 마치고 그러니까, 67년에 내가 갔으니까, 1969년 7월에, 내가 그 날짜를 전혀 기억을 못 하는 게 유감인데 69년 7월인가, 6월인가 그 날짜는 참 찾아보면 나온다.

이 6월인 거 같아요. 6월쯤이지 않나 싶어요.

박 편지에 나와요. 정말 내가 그걸 깜빡 잊어버렸네. 거기 날짜 알 수 있네. 나중에 생각하니까. 그래서 하와이로 가게 된 거죠. 그래서 하와이로 출발을 해서 하와이에 가서 공부하는데, 하와이 (대학) 사학과에 입학은 애초에 잘되어 있었으니까.

반   그러면 사학과에 어느 교수님하고 교류를 하신 거예요?

박   그 기록이 없어요, 공식적으로만 했지.

반   학과장한테?

박   학과장한테 했을 거예요, 대학원.

반   체어맨(chairman)하고, 체어맨쯤, 네.

박   대학원, 그러니까 체어맨하고 아마 했을 거고.

반   공식적으로 이렇게 하셨겠죠.

박   거기 강 선생이 있었는지, 최 선생이 있었는지 전혀 모르고. 강 선생이 있은 거는 나중에 가서 만난 거 같지? 아마 강 선생 거기 계셨을 텐데.

반   최 선생님은 늦게.

박   도착은 나보다 한 학기 늦게 했거나 최 선생은 그렇고. 강 선생은 거기 계셨었지만 저는 한국인 교수가 있는 줄은 몰랐죠, 물론. 그런 상태에서 하와이 대학으로 가게 된 거죠, 하와이.

반   그러니까 포드재단에서 그 한국학 진흥으로는 도서 입학으로 장학금도 주고 그런 것에.

박   네. 그런 것 같은데 그거 좀 한 다리 낄까 했더니, 그거는 전혀 안 됐고…….

반   아, 그러면 하와이 대학에서 한 거는, 선생님한테 한 거는 그거와 관련 있는 게 아니고 그냥 장학금 제공했다?

박   아니요, 전혀 상관없고. 가서도 1년 동안 실제로 아무것도 못 받았고, 다음 해 조교를 시켜주던데, 그것도 티칭 어시스턴트십(teaching assistantship)을 줬어요.

반   티에이로.

박   티에이로. 그래서 티에이를 1년 하고 그것도 쫓겨났어요, 1년만. 그것도 아마 많이 못 주는 규정이 있는 건지, 돌아가며 줘야 되는 거니까.

반   글쎄요, 대학원생들 많아서?

박   네, 그런 문제가 있었겠지. 좌우간 그래서 1년만 돈을 좀 받고, 조금이지. 그거 뭐 많이도 아니죠. 좀 티에이로서 그레이드(grade) 학생들 , 학부 학생들이 제출한 숙제를 보고 채점하는 일(grading), 그런 거를 좀 했고, 그다음에는 뭐 하와이 대학에서 돈 받은 일은 없어요.

반   그러면 재정 문제를 어떻게 해결하셨나요?

박   재정 문제는 사모님이.

반   그래서 캔자스 대학 쪽은 마무리 지으시고.

박   아, 캔자스에서부터.

반   조금 거기 뭐.

박   캔자스에서는 저 사람이 할 일이 없었죠, 아무것도. 그때는 F2 비자(visa)라고 그랬는데, 나는 F1 비자고 ……. 그거 아시겠지? J1 비자, J2 비자가 있고, F1 비자, F2 비자가 있는데, 하와이 대학을 가면은 맨 J1, J2들만 준 거라. 미국의 정부 돈을 받은 사람에게는 J비자를 주었기 때문이지요.

반   아, 그랬던가요?

박   왜냐하면 미국 정부 돈을 받은 셈이기 때문에 그 사람들은 J1 비자를, 그 배우자는 J2를 준 거죠.

이   저는 그냥 보통 유학생 비자(F1)로 갔죠. 미국 정부의 자금을 얻어 간 유학생의 비자(J1)와는 달라요. 당시 제 기억으로는 F1 비자로 미국에 간 사람의 경우는 그 배우자는 F2 비자를 받는데, J1 배우자는 J2 비자를 받게 되는데, J2 비자로는 허가를 얻어 직업을 가질 수도 있지만, F2 비자 가진 사람은 아예 취직을 못하게 되어 있었던 것 같아요.

반   거기 하와이 대학교는 이스트웨스트 센터 장학생들이 많았죠.

박   네, 이스트웨스트 센터 장학생은 전부 미국 정부 돈을 받은 거예요.

반   그러니까 아마 비자가?

박 그 사람들은 J1 비자를 받죠. 그런데 그 부인들은 J2 비자를 받고. 그런데 J1 비자를 받은 사람은 돈이 제법 넉넉히 나왔어요. 저, 본토로 가서 현지에서 공부 시키는 기회도 주고. 그래서 호화롭게, 말하자면 나로서는 호화롭게 공부를 하는데 그런 사람들이 굉장히 많았죠. 그래서 하와이 대학이 그 당시에 내가 갔을 때쯤에 굉장히 많은 한국 유학생들이 거기 와서 공부를 했죠, 각 분야에. 그래서 그 후쯤에 그 시쳇말로 출세한 사람들이 제법 많이 나오죠, 그 귀국해서. 우리 또래들.

반 하와이 마피아라고 했죠.

박 "하와이 마피아"라고 들어보셨죠? 그런 소리까지 당시에 있었을 정도니까. 그런데 나도 하와이 마피아 같지만, 뭐 난 마피아 덕 본 건 뭐.

반 그 조직에 도움을 전혀 못 받으신 거네요.

박 전혀 못 받았을 거 같기는 하지만, 그런 도움은 어느 의미에서는 있었으리라고 나중에 생각했지요. 뭐냐 하면 아무래도 내가 아는 사람이 하와이에서 온 사람들이 많이 있으니까 그 사람들이 나를 아는 척을 간접으로 할 거 아니에요.

반 네, 그렇죠.

박 그러면 내 이름을 조금 알리는 데는 도움이 좀 됐겠죠. 그런 의미에서는 내가 신문기자 한 게 큰 도움이 됐다고 난 늘 믿어요. 신문기자를, 《조선일보》 기자를 4년 하고 《중앙일보》로 가 가지고 1년 반, 그러니까 5년 반을 기자를 했어요, 내가. 한국에서, 미국 가기 전에. 그 5년 반 기자 하는 동안에 제법 나랑 같이 기자 생활을 한 사람들이 여기저기 뻗쳐 있었고, 그 사람들이 내가 미국서 돌아오자, 10년 만에 들어왔으니까, 만 10년 만에. 10년 뒤면은 중견 기자들이 됐을 거 아니에요. 나랑 비슷한, 혹은 나보다 조금 선배들이. 나를 아는 사람들이, 나보다 조금 선배들과 내 동료인데 이렇잖아요. 이 사람들이 나중에 중견 기자 혹은 간부들이 되어 있으니까 "아, 너 박성래 왔다는데 한번 만나보라고, 가서". 자기 부하 시키고 그래가지고 내가 오자마자 그 신문마다 인터뷰를 하고 야단이 좀 났죠. 야단이 났다고까지 하기는 그렇지만 좌우간 많은 주목을 해줬죠, 신문사에서. 그게 도움이 되죠 아무래도, 사람을 광고하는데.

반 선생님 공부하신 분야도 상당히 매력적이고?

박 네. 특이하니까 그래서.

반 그러니까 보도 그게 좀 충분히 될 만한.

박 네. 그런, 그런 데에서는 덕을 많이 봤어요. 그리고 내가 또 신문기자를 하던 센스(sense)도 좀 작용을 했겠지. 그래서 조금 그런 대중이 관심 있을 만한 얘기를 더러 했으니까, 일부러도. 그러니까 관심들이 있었죠. 그런데 내가 텔레비전도 자꾸 나가게 되고 그런 것도 그런 영향이었을 거예요. 그 제일 대표적인 게 오래전인데 그런 그 대표적인 예를 들자면 우리나라의 왕들의 출산력을 조사해가지고.

반 출산력이면 …….

박 세종이 스물몇 명, 태종은 몇 명.

반 아, 자녀들 낳은 거.

박 네, 애들을 몇 명 낳았다는 거. 그중에 특히 내가 관심 있었던 것은 애들 낳은 중에서 일찍 죽은 거. 1년 내에 다 죽은, 1, 2년 내에 다 죽은 애가 얼마나 많으냐? 그게 기록이 웬만큼 자세하게 나오거든요?

반 유아 사망.

박 그런데 다는 아니고 그중에 일부만 나왔을 텐데 그 『선원록(璿源錄)』이라고 있죠? 『선원록』이 왕가의 족보인 셈인데.

반 네, 족보.

박 왕가의 족보도 뒤지고 『실록』도 뒤지고 그래서 그거는 조사는 하기 쉽죠. 그래서 그거를 한 30년, 40년 전쯤 귀국해서 얼마 안 돼서, 그것도 왜 조사를 하게 됐냐 하면 사실은 내 학위논문에도 나와요, 그런 문제가. 무슨 얘기에서 나오냐 하면 서양에서 중세에 유행한 전염병이 조선에 들어와서 영향을 미칠 때, 그 희생자가 조선 왕국의 왕실에는 어떻게 나오는지 알아보았거든요. 그래서 그걸 확대해서 연구를 좀 해가지고 발표를 하고 그거를 나중에는, 참, 영국 가서도 국제과학사회의에서 발표한 일이 있구나, 그 얘기가 참. 그게 재미있는 게 지금도 더러 그렇겠지만, 특히 의학자나 의사들도 그 비슷한 연구를 한다고 얘기한 사람도 있고, 또 다른 학자도 그런데 주목하기도 했지요. 지금이야 대중적으로 특히 역사를 『실록』이나 그런 사료들이 전부 한글로 …….

반　번역이 됐으니까, 검색이 가능하니까.

박　누구나 자기 책상 위에서 컴퓨터로 검색이 가능하잖아요.

반　네, 검색 다 되죠.

박　그러니까 검색으로 다 쉽게.

반　『조선왕조실록』.

박　쉽게 그냥 한문 하나도 모르는 사람도 다 그냥 읽을 수 있는 시대가 되어버리니까 그걸 조사해 가지고 드라마 쓰는 데들 많이 쓰잖아요.

반　그렇죠, 사극.

박　그러다 보니까 그게 드라마에서 많이 이용되고 그러다 보니까 이게 굉장히 인기 있는데 당시에는 한, 30년 전, 더 전일 거예요. 그때는 신문에 내가 그거 발표했더니, 여러 신문에 사회면 톱기사로, 내 사진도 나오고 아주 대단한 화제가 되었던 일도 있죠.

반　상당히, 저널리스트들이 볼 때는 무지하게 재미있는 주제죠.

박　아주 재미 좋다고. 재미있다고 그래서 인터뷰하고 난리를 피운 적이 있을 정도죠. 그 재미있는, 대표적인 예죠. 그런 것도 내가 또 신문기자를 했기 때문에.

반　그 감각 때문에, 그 감각이 있으셔가지고 몇 가지 언론에 주목받은 주제들이 좀 있잖아요, 선생님.

박　여러 개 있죠.

반　서바이벌(survival), 그런 것도 마찬가지고. 그거는 선생님이 그런 기자 생활을 하셨기 때문에 그 생각을 딱 보고서 그런 쪽으로 즉흥적으로 감각이 살아난 거죠?

박　내가 《조선일보》에, 내가 옛날 《조선일보》 기자이기도 한데, 그거 저.

반　보통 학자들은 생각하기 어려운 거죠.

박　그걸 좀 내가 지원하고 싶다, 그랬더니 당장 다음 날 전화가 오더라고요. "우리 사장님이 선생님 오시라"고 그런다고. 그래서 당장 뭐, 채택이 됐지. 그게 그 얘기도 지금 해버리면 사실은 영국인가에서 처음으로 인터넷 보급이 시작되자, 영국인가에서 처음으로 서바이벌 게임이라는 아이디어를 내가지고 그걸 했대요. 그러자 한국 사람들 재빨리 "한번 우리도 해보자" 해가지고 아마 영국에인가 신문에, 외국 신문에 났겠죠. 그러니까 그거를 국내에 보도가 얼핏 됐는지. 그러니까 그게 바로 내 환갑잔치를 한 며칠 뒤에요. 내 환갑이 사실 내가 1939년생이거든? 39년 4월 30일이 내 생일인데, 내 형님이랑 가족 얘기한 적이 있나요?

반　네, 하셨습니다.

박　형님이 나보다 2년 전에 낳았는데 그 형님이 한 달, 아, 1년을 돌이라고 그러지. 돌잔치 해주자 죽어버렸어요.

반　네, 일찍 돌아가셨죠.

박　그런데 딸만 여섯 낳고 그다음에 낳은 첫아들인데 그렇게, 그렇게 됐단 말이에요, 우리 어머니로서는. 그러니까 그다음에 또 금방 아들을 낳으리라고 생각을 못 했는데 내가 나온 거예요, 2년 뒤에. 그러니까 얼마나 내가 귀한 아들이었어, 어떻게 보면. 대단히 귀한 아들이죠. 좌우간 그러니까 이 아들 출생신고를 보류했던 거 같아, 일부러.

반　그래서 늦어지고.

박　조금 클 때까지.

반　그렇죠, 호적에 올리기 전까지.

박　그러는 바람에 해를 넘겨가지고 다음 해 1월로 되어 있다고, 내 생일이. 그래서 내가 아주 조숙해 보였을지도 모르지. 게다가 또 대학을 1년 뛰어서 올라갔네. 그 얘긴 했나요? 고등학교 2학년 때 서울대학에 들어갔거든요.

반　네, 검정고시. 그건 말씀하셨어요.

박 검정고시로. 그러니까 다른 사람이 볼 때는 아주 어려가지고 대학 간 거로 생각하는데 나중에 봤더니, 내 동기생 중에 나보다 몇 달 늦은 친구도 있어요. 그 친구는 정상으로, 왜냐하면 도시에서는 일곱 살에 국민학교를 들어가는데 나는 여덟 살에 국민학교를 들어갔어요, 우리 나이로. 그런데 제대로 된 나이로 여덟 살이니까 조금 늦게 들어간 거예요, 그러니까.

반 그렇죠, 출생신고 늦게 하시고.

박 출생신고는 그것보다 더 늦게 되어 있는 셈이고. 이중으로 뛴 것처럼 되어 있는 점도 있죠.

3. 하와이에서의 생활

반 선생님, 하와이에서의 생활에 대해 좀 더 말씀해 주시죠. 캔자스에 계실 때보다 하와이에 계실 때가 경제적으로 더 어려우셨던 거죠?

박 그렇죠.

반 그죠? 계속 장학금도 뭐 그렇게 되고.

박 그 캔자스에서는 경제적으로 힘들었는데.

반 하와이에 가서도 여전히 힘드셨던 거죠?

박 네. 그런대로 캔자스에서는 자리를 좀 잡았어요, 웬만큼. 그런데 캔자스는 공부하기가 좀. 서양과학사밖에 할 수 없으니까. 교수 자체가 서양과학사밖에 전혀 모르고. 그 동양사, 중국사 교수가 두 명인가 있었고 그 한국사 교수가 없고, 일본사 교수도 한 명인가 뭐 있었고 이렇긴 한데, 그런 사람들한테 뭐 한국 과학사, 일본 과학사를 지도해 달라고 할 형편도 아닐 거 같고, 그래서 그 '동양사 쪽이 강한 이쪽으로 가, 가서 박사학위는 해야겠다' 하는 그런 생각은 했죠. 그런데 마침 포드 그런 문제가 있어서 하와이에 지원을 했고, 합격이 되어, "오라"고 해서 하와이 대학으로 갔는데 그 캔자스는 주로 수입이라는 게 저 사람은 직장이 정식으로 아무 데도 할 수가 없어요. 정식으로 안 돼요. F2 아, 저, F2 비자니까요.

반　F2는 그렇죠.

박　F2는 모든 직장을 할 수가 없이 되어 있어요, 원래. 그러니까 저 사람은 정식으로는 아무 취직도 할 수가 없으니까 그 은근 작은 게 뒤, 아무 계약 없이 할 수 있는 베이비시터 같은 거나 하면 되는데 ……. 그런 자리가 쉽게 생기나? 그래서 저 사람은 판판이 놀고먹었죠.

반　(웃으며) 놀고.

박　나한테 기대서 그냥.

반　뭐 꼭 무위도식한, 하신 것처럼 이렇게 표현하시니까. (웃음)

이　아니 무위도식했어요, 밥만 해 바치고.

박　아무것도 할 수가 없었어요. 그런데 하와이에서는 ……. 하와이로 가게 된 하나의 중요한 계기 중에 하나는 오호성(吳浩成)이라고 내 친구가 있어요.

반　오호성?

박　네. 오호성이라는 친구가 있는데 그 친구가 나랑 중학교 때부터 죽마고우로 지금까지도 친하게 지내는데, 오호성이라는 친구가 마침 나를 뒤따라서, 그 친구가 신문사도 나를 뒤따라서 ≪조선일보≫에 들어왔어요. 그런데 ≪조선일보≫를 들어오지만 그 친구는 서울대 농대를 다녔는데 농경제학과를 다녔는데 그 친구는 나보다 1년 뒤에 대학에 들어왔죠. 그 친구는 정식으로 들어왔고 나는 1년 월반해 뛰어 들어갔으니까. 대학은 1년 선배가 되는 셈이지요, 서울대학으로는. 내가 15기고 그 친구는 아마 16기가 되겠죠? 그렇게 들어갔는데 그 친구가 그 ≪조선일보≫ 들어온 것은 나보다 3년인가 후배예요, ≪조선일보≫는.

반　한참 후배네요.

박　대학도 1년 뒤에다가 나는 ≪조선일보≫를 대학 졸업하자마자.

반　바로 입사하신 거니까.

박　바로 합격해서 《조선일보》를 들어갔으니까.

반　학교를 안 가시고?

박　그러니까 좌우간 그랬는데 이 친구가 나한테 영향을 좀 받았던지, "박성래도 미국 가는데 나도 미국 좀 가고 싶다" 하는 생각을 했겠죠. 그런 표시가 있기도 했고, 그 당시에. 그러다 보니까 이 친구가 주선을 해가지고 나보다 2년 뒤인가에 미국을 왔어요. 그러니까 나보다 2년 뒤에 미국을 오니까 나는 2년 반 뒤에 캔자스에서 하와이로 가고. 그러니까 하와이에 이 친구가 오고 나서 1년인가 반년인가 뒤에 내가 하와이로 가게 된 거예요.

반　오히려 그분은 하와이로 바로 가시고?

박　그 친구는 하와이로 바로 갔죠. 왜냐하면 이스트웨스트 센터를.

반　아, 이스트웨스트를 받으셨구나.

박　네. 이스트웨스트 센터 장학금을 받아서 갔으니까. 그래서 그 친구가 거기 있으면서 한 학기 동안 나보고, 나하고 교류해 가지고 "여기 와라. 그러면 마누라도 적당히 일을 할 수 있을 거고 아무 문제없다"고 자꾸 꼬이기도 하고 그래서 더구나 하와이로 간 거죠. 그래서 갔는데, 아닌 게 아니라 갔더니 우선 먹고 자고 할 데가. 그 친구가 그것도 얘기를 했어요. 그 친구가 마침 본토 연수하는 게 그 한 학기인지 두 학기인지는 본토 연수를 갈 예정이었어요. 당시 동서문화센터 장학금은 추가 돈을 조금 줘가지고 미국 본토 대학에서 공부할 기회를 주게 되어 있었어요, 그 장학금 조건이 ……. 그러니까 그 친구가 어느 대학으로 갔더라? 어느 대학으로 1년 동안 가 있기로 되어 있으니까.

반　연수를 간 거네요.

박　연수를 갔는데.

반　그때 이스트웨스트 센터. 지금은 다른데요. 그 전에는 뭐 이렇게 석사나 간단히 하고, 박사 과정은 본토로 좀 좋은 대학으로 가고 그랬었어요. 그런데 그때하고 달리 몇 년도부터 바뀌어가지고 하와이 대학으로만 가게 되어 있죠, 이스트웨스트 센터 스칼라십 조건이. 그 전에 선생님 계실 때는 아마 석사한 뒤 본토 대학으로 가서 박사학위를 따고서 한국으로 돌아오는 경우가 많았을 거예요. 그 영향으로 하와이 마피아라는 말이 생기고.

박 네. 박사를 본토로 가서 하며 미국 전국으로 퍼져가기도 했죠.

반 퍼져가지고 컴백해 가지고 조금 그랬는데 그 이후에 하와이 대학하고 뭐를 조금 걸어가지고 하와이, 박사과정을 하와이 대학으로만 가게 그 이스트웨스트 장학금에 조건이 이렇게 제한되었죠. 그런데 아마 오 선생님은 그 전일 거 같은데.

박 그거는 뭐 이스트웨스트 센터가 생긴 지 얼마 안 돼서 얘기니까. 당연히 그 전의 경우였지요.

반 그러면은 그렇죠, 그러니까 그때는 그렇고.

박 그때는 60년대니까. 좌우간 그래서 그 친구가 연락을 해서 그 친구 살던 집에 우리가 사실은 한 이틀인가를 같이 살았을 거예요.

반 곁방살이로.

박 조그만 곁방살이에요, 방이 하나뿐인데.

반 어, 그러면 어떻게 해요?

박 웃기지. 애는 없지만, 둘 다. 애는 없을 때지만, 네 명이 같은 스튜디오 아파트(studio apartment) 한 방에서 잔 거예요.

반 스튜디오?

박 그러니까 같은, 요만한 스튜디오에 잘 수 있는 게 그건 방 하나뿐이잖아요.

반 스튜디오면 혼자 자는 건데, 오히려.

박 원래는 혼자 자는 거지만.

반 둘이, 두 가정이 저기 했으니, 아이고.

박 좌우간 그래가지고.

반 신혼부부만 있지는 않았을 텐데, 아이고 사모님이 좀 그러셨겠어요.

박 그 친구나 나나 결혼, 그 친구는 한국서 결혼하고 왔고, 우리는 미국서 결혼했지만 결혼한 게 거의 같은 해지, 아마. 그 친구보다는 내가 조금 뒤인가 그럴 거예요. 그 친구가 반년쯤 먼저 했을 거예요, 한국서. 그래가지고 마누라를 데리고 왔고 나는 그 미국서 데리고 갔고. 그래가지고 거기서 한 이틀 같이 있다가 그 집을 인수했어요, 우리가. 그래서 그 집이 한국 뭐라 그러냐. 그 편지 부부로 결혼한 미국 이민의 역사에 관심을 갖게 되기도 했어요. 미국 이민사 박물관이 인천에 있는데 ……, 인천에 갔을 때 이민사 박물관을 일부러 가봤어요, 그래서. 하와이 이민이 중요한 역사의 한 대목이라고 볼 수 있는데.

반 네, 시작이죠.

박 하와이 이민이 1902년에 출발해 가지고, 1902년 12월 11일에 출발해서 1903년.

반 3년이죠.

박 1월 25일에 하와이에 처음 도착했더라고요.

반 네, 맞습니다.

박 처음 도착한 게 102명인가가 도착했고 하와이, 한국에서 출발할 때는 조선이죠. 조선에서 출발할 때는.

반 대한제국이죠, 대한제국. 그렇죠.

박 21명이 출발했고 그런 일이 있었더라고요. 그래서 좌우간 그 사람들이 짝을 찾아야 되니까 남자, 여자를 한국서 수입해 왔죠. 그래서 그 사진 보고 이렇게 해서 왔잖아요, 하와이 이민할 때. 그 하와이 이민 온 20년대쯤인데 그 여자들은 20년대 조금 뒤, 이쯤일 텐데 1923년인가? 그런 편지 이민 여자들이 갔는데 그 첫, 첫 번인가 두 번째에 이민한 조선 여자 중의 한 분이 우리 랜드로드(landlord), 아니 랜드레이디(Landlady)지. 여주인, 랜드레이디였어요. 그 미세스(Mrs) 차라고 하는 분인데, 그 양반이 스튜디오를 여러 개 가지고 일종의 임대업을 하던 거죠. 그중에 스튜디오 한 개를, 구석의 스튜디오를 내 친구 오호성이 살고 있다가 우리한테 인계해서, 그 방이 계속 한국 유학생들이 사는 장소가 된 거죠. 좌우간 거기서 살았죠.

반   시작을 하신 거네요, 하와이에서 유학 생활.

박   시작을 했죠. 그래서 거기서 시작하면서 바로 그때.

반   그 위치가 선생님, 대충 어디였죠?

박   영스트리트(Young Street). 아, 선생님 참 잘 아시겠다.

반   거기 스트리트 가까운데.

박   1638인가?

이   식스틴 서티 에잇(sixteen thirty eight).

박   네, 식스틴 서티 에잇. 네, 1638번지던가 그래요.

반   스트리트를, 네.

박   1638 영스트리트. 그래서 영스트리트 어딘지 지금 잘 아시죠?

반   그래서 지금 어디, 정확히 모르겠는데.

박   정확히 몰라요? 킹스트리트(King Street)하고.

이   사우스(South).

반   아, 킹스트리트에서, 킹스트리트하고.

박   베르타냐(Beretania).

반   베르타냐하고, 네.

박   사이.

반   베르타냐 사이. 아, 조그만, 조그만 길.

박   네, 조금 작은 길이죠. 그러니까 킹하고, 베르타냐는 크고, 그 사이에 긴 영스트리트는 좀 작은 길이죠.

반   베르타냐 크고 그러니까 그렇죠.

박   그러니까 그 사이에 영(Young)이 있죠. 그 영은, 그 영은 어디까지 있냐 하면.

반   하와이 대학교 거기까지인가?

박　거기. 대학 들어가는 거기를 뭐라고 그러죠? 거기 그 길까지. 거기서 없어져요, 영스트리트는.

반　유니버시티애비뉴(University Avenue).

박　유니버시티애비뉴에서 없어져요. 그 직전에 없어질 거예요.

반　아, 그 짧으면 짧은 거리. 학교하고는 가깝고 그러니까 유학생들이.

박　거기서 차 가지고 이렇게만 가서 이렇게 육교만 올라가면 거기가 하와이 대학 가는 길이니까. 잘 아시겠죠?

반　네.

박　좌회전해서 이렇게.

반　거긴 뭐 걸어 다닐 수도 있고 해서.

박　걸어 다닐 수도 있죠. 거기서 그러니까 하와이에 가니까 저 사람이 일할 수가 있었죠, 그야말로.

반　하와이 교포 사회가 있으니까.

박　네. 교포 사회가 있으니까 교포 중에 그 당시에 제일 많이 저런 사람이 일할 수 있는 데가 뭐냐 하면 코리안 바(Korean Bar)라고 그랬을 거예요, 아마 그 시절에. 지금은 뭐 코리안 바라는 거 없겠지만.

반　술집인가요?

박　술집. 코리안 칵테일(cocktail) 바.

반　칵테일 위주로 파는?

박　칵테일 라운지(lounge). 코리안 칵테일 라운지. 코리안 걸(girl)이 운영하는 칵테일 라운지가 제일, 그 하와이의 명물, 명물이라면 명물이죠.

반　접대하는, 한국 여자들이 많이 나오고 그랬겠군요.

박　한국 여자들이 그 서양, 그러니까 미국 군인들하고 좀 관계를 가졌던 여자들이 그 결혼이라는 형식으로 미국을 갔다가 소박맞아서.

반　팽당하고.

박   혼자, 네. 혼자되면 어떻게 살 거예요?

반   그런 경우 많죠.

박   살길이.

반   그렇죠. 그러니까.

박   그러니까 그런데 가서 벌어서 자기 살길도 찾고 그런 여자들이 좀 있고. 그렇지 않더라도 좌우간 그런 한국 여자들이 주인공이 되어가지고.

반   저희, 저희 때까지도 그 유학생들이 거기 가서 이렇게 뭐랄까 파킹(parking), 파킹 보이(boy)를 했어요.

박   어, 맞아요. 그런 거 할 수 있죠.

반   이렇게 술 먹은 사람 대리운전 하는 거.

박   네, 대리운전도 해주고.

반   대리 주차.

박   대리 주차도 해주고.

반   그래서 그때.

박   아, 그때도 그랬나?

반   많이 했어요. 그것도 상당히 좋은 직장이었어요, 학생, 유학생들한테는.

반   그러니까 사모님은?

이   주차, 주차.

반   코리안 바에서.

박   주차 요원은 아니고요.

이   '아리랑', '아리랑'이라는.

반   아, 그러세요?

이   데이타임(daytime)에는 식당을 하고.

반   아, 저녁에는 술을 팔고?

이   이브닝(evening)부터는.

박　정말 데이타임에는 식당을 하고.

반　아, 음식점이고, 밤에는 술 먹는 사람들.

박　네. 음식도 하고 밤에는 그렇게 했죠, 대개. 당시에는 그런 게 여러 개 있었어요.

반　한국인들이 운영하는, 네.

박　네. 그래서 호놀룰루에 있는 그중에 '아리랑'이라는 그 칵테일 라운지에 저 사람이.

반　저희 때는 '아리랑'이 없었던 거 같은데, 아리랑?

박　'아리랑'이 없어졌어요. 나중에 호놀룰루 갔을 때 찾아보니 없던데요.

반　크리스털 팰리스(Crystal Palace)인가 뭐 이런 거, 크리스털 팰리스인가 그런 게 있었는데 …….

이　그런 거는 없고 '클럽 주디(Clue Judy)'도 있고.

반　나중에 생긴 모양이네요.

박　'클럽 주디', '클럽 뭐' 그런 식으로 해서 저 사람이 일한 데는 '아리랑'하고 '클럽 주디'하고 또 뭐 있었나?

반　몇 군데 나가신 거예요?

이　그 두 군데예요.

박　두 군데 나갔나?

이　애 낳기 전에, 그리고 출산한 뒤에.

반　그때는 조금 자유로우실 때니까.

박　좌우간 그게 바로 영스트리트 거기서 가까워요, 걸어서도 금방일 정도니까.

이　그때까지는 제가 F2 비자였었어요.

박　그래서 그런 가운데서 아리랑에서 일하는데 쿡(cook) 조수를 하는, 디시 워시(dish wash) 하는.

반　주방, 네.

박　그런 머슴애들도 취직을 할 거 아니에요.

반　그렇죠.

박　남자 주차 그런 거는 그 당시에.

반　나중에 저희 때는 그걸 주차를 했어요.

박　나중 얘기인 거 같고.

반　팁 받고.

박　그때는 네. 팁도 받고.

반　주차해 주면서 주로 팁으로 받았죠, 뭐.

이　그때 그런 건 없었던 거 같아요.

반　아, 그게 아주 좋은 직장이었어요, 유학생들한테는.

이　남자들은 다시 워시가 많았죠.

반　그래서 주로 연세대학교 출신들이 주로 자기들 후배 오면 계속 물려주고 저 같은 경우는 꼽사리도 못 꼈죠. (웃음)

박　재미있는, 그것도 시대 변화를 보이는 거 같네요.

반　그렇죠, 그렇죠.

박　저 사람이 있을 때는 그런 거는 없었던 거 같고. 그래서.

반　남자들이 주로 남자 유학생들이.

박　쿡이라는 게 치킨(chicken) 굽는 거 이것이 있고.

이　제가 한 게.

반　네, 사모님.

박　아니, 부엌에서 할 수 있는.

이　부엌에서 할 수 있는 게.

박　한 게. 당신도 하고 다른 사람도 하고.

이　제가 치킨도 저기 프라이드치킨도 굽고 그다음에 사시미 썰어가지고서는 그때 거기서.

반　안주, 주방에서 여러 가지.

이　마히마히(Mahimahi: 만새기) 그거 가지고 술안주 만드는 거.

박　이런저런 좌우간 술안주 만드는 일을 했다고요.

반　그거 좀, 페이는 잘 받으셨어요?

이　페이? 아니 그때 제가 정규직으로 일 못 하고 숨어서 이렇게, 인스펙터 (inspector: 조사관)가 오면은.

반　그렇죠. 일종의 불법이니까.

이　인스펙터가 오면 숨으라고 그랬어요. 그게 자존심이 굉장히 상했어요, 합법적인 일을 못 하는 게. 그래서 어떻게 하든지 간에 내가 여기서 탈피를 해야 되겠다고 내가 하소연을 했더니 한국인 디시 워시 남자가.

박　디시 워시 남자?

이　(그분 말씀이) 이야기를 들어보니까 남편이 캔자스에서 석사학위를 했다고 하는데.

반　어, 재미있는 얘기네요.

이　그 석사학위 가지고 영주권을 얻을 수 있는데, 왜 그러냐는 말을 듣고 ……, 처음 그런 사실을 알게 되었어요.

박　몰랐어요, 우리는.

이　"아니. 우리는 몰랐다"고, 그래서 그 말을 듣고 바로 영주권을 신청한 거예요.

박　그래서 당장 신청을 했죠. 그래서 하와이이민국에 가가지고 저 사람 내 석사학위가 효과가 있더라고요. 그걸, 그걸 내걸고 영주권 신청했더니 금방 영주권이 나왔어요. 그래서 우리는 그때부터 미국 영주권자였어요.

반　아, 그 당시 신분이 바뀐 거네요 그러니까, 한마디로 얘기해서.

박　그런데 귀국할 때 내가 돌아가면 한국 역사, 과학사를 공부하고 연구하고 뭐 논문도 발표하고 이러고 있는데 아무리 생각해도 내가 미국 영주권 가지고 있는 것도 그렇게 뭐 꼭 좋은 것도 아닌 것도 같고. 그것도 생각을 하고 그 여러 가지를 생각을 하다 보니까 저 사람이 귀국을 하기 직전에, 우리가 오래 있었으니까. 영주권자로서 뭐 여러 해를 살았죠, 그러니까. 초기에 하와이에서 영주권을 받았으니까, 아예. 그러니까 아마 71년쯤에는 영주권자였을 거예요, 이미. 그러니까 71년부터 77년까지 7년은 적어도 영주권 가진 사람으로서 살았으니까, 미국에. 그래서 저 사람이.

반   그러니까 사모님께서 먼저 영주권을 받으시고?

박   아니, 둘이 같이 받죠.

반   아, 동시에 신청해서?

박   네, 같이 받았죠.

이   제 자격이 아니라 남편 자격으로 받은 거죠.

박   내 자격으로 받는 거니까, 좌우간. 그래서 영주권을 받아가지고 있으면서 애를 낳고, 애를 둘을 낳고 그랬잖아요. 그러니까 애들은 뭐 미국 시민이고.

반   둘 다 하와이에서 낳은 거죠?

박   네, 하와이에서 낳았죠. 그래서 애들은 당연히 미국 시민이고 그래서 그 저 사람도 "미국시민권을 일단 얻어가지고 가자" 이런 얘기를 하는데 내가 반대하기도 그래서 오케이를 해서 저 사람은 미국시민권을 신청을 했어요. 그러니까 76년에 신청했겠지? 그 인터뷰가 77년 4월인가 인터뷰를 하기로 되어 있었을 거예요, 77년 4월일 거예요. 그런데 난 77년 그 2월에 귀국했거든? 그러니까 한 달 남짓 기다렸다가 저 사람이 인터뷰를 하면 미국 시민이 되는 건데 나는 신청을 안 했고 애초에, 여러 가지 생각이 있어서. 그런데 마지막으로 결정이, 내가 외대로 오기로 결정이 되고 나서 …….

반   이미 내정은 되신 거고요, 그죠? 예정으로는 77년에.

박   76년에 결정됐어요, 사실.

반   그러니까 1년 전에 됐는데 논문이 끝나지 않아서 1년 유예해서 그걸 받으신 거고, 그래서 77년에 오신 거죠?

박 네, 그러니까 76년에.

반 그러니까 그게 그때 묘하게 시민권 요거하고.

박 묘한 것도 아니죠.

반 매핑(mapping)된 거죠.

박 그러니까 내가 76년에 오게 되니까 저 사람이 미국시민권 받겠다고 했겠죠.

반 아, 그렇죠. 애들 문제도 있죠, 자녀들.

박 그래서 그러려고 해서 내가, 애들은 미국 시민이니까, 애초에.

반 아, 날 때부터? 그렇죠.

박 그러니까 나만 신청 안 했을 뿐이지.

반 그렇지요.

박 그러고 있었는데 내가 귀국하려고 딱 그 날짜를 셈하면서 생각하니까, 저 사람이 미국 시민인 것도 조금 뭔가 이상한 거 같아. 그래서 저 사람을 자꾸 설득을 해가지고 "그냥 가자. 한 달 동안 혼자 당신이 있으면 뭐 여기 숙식비도 조금 들겠지만, 그게 문제가 아니고 그냥 가자" 설득해서 겨우 설득해 가지고 그냥 왔어요. 그래서 신청해 놓은 채 그냥 귀국해 버린 거죠.

반 그냥 귀국, 포기해 버리신 거죠?

박 그래서 신청이 취소가 됐죠. 그러면서 영주권 얘기를 하면 재미있는 얘기가 애들은 어떻게 할 거냐? 특히 군대 문제가 지금.

이 추신수.

반 추신수가 지금 이슈가 됐죠.

박 추신수 얘기가 오늘 신문에 났던데. 인터넷 신문에 보니까 딸은 포기를 안 했대요, 한국 국적을.

반 아들만, 아들만.

박 아들 둘만 포기시키고 그게 또 그 비난거리 비슷하게. 약간 제목에 그렇게 나왔더라고.

반　딸은 군대 문제 관계없으니까, 이게 참.

박　그게 나는, 나는 아주 어떻게 보면 고지식한 애국자 노릇을 하느라고 내가 일본 경도(京都, 교토)대학에 국제교류기금 교환교수로 가 있을 때 애들한테 얘기해서, 병호, 그러니까 우리 아들인데. 아들 녀석이 국적을 선택할 나이가 되었어요.

반　네, 열여섯 살.

박　열여섯 살인가에 뭐 그런 게 있더라고요.

반　네, 이중국적이 안 되니까.

박　그때 "그냥 미국 국적 포기해라" 그랬더니 두 애들 다 포기했어요. 그래서 두 사람 다 포기를 해서 ……. 그 후 두 애들 다 미국에 갔다 오고 미국 살기도 하고 그랬는데.

반　의사를 선생님이 물어보지 않으셨나요?

박　별로 안 물어봤을 거예요.

반　그냥 선생님이 결정하신 거예요?

박　내가 하라고 그러니까 애들이 뭐 두말없이 했겠지. 그랬을 거 같아요. 그랬는데 나중에 약간 후회가 됐어요.

반　그렇죠, 그렇죠.

박　왜냐하면, 아니 나는 뭐 추신수 그런 것도 아니고 아들의 신체검사 그거는 신체검사를 정식으로 받아서. 그 친구도 나중에 보니까 병종 받더라고요, 눈이 원체 나빠 가지고. 그러니까 뭐 그 친구도 상관이 없어지긴 했지만.

반　전혀 상관이 없었네요.

이　그러니까는 아버지도 눈이 나빠서 군대 못 가고, 그런데 동생도, 아우도 눈이 나빠서 군대 못 가고, 그다음에 아들도 또.

박　내 아들도 눈이 나빠서 못 가고. 눈이 원체 나빠요, 우리 집안이.

반　아, 눈이 나쁜 게 유전인가 보네요.

박　좌우간 그건 뭐 할 수 없는 일인데, 좌우간 그랬는데 딸이 자기 남편하고 함께 미국을 가게 됐거든? 내가 은퇴하는 직전인가인데. 내가 은퇴한 게 2005년이니까 2004년인가 2003년인가에 미국을 가게 됐는데 그 애의 남편이 의사로서 미국에서 연수받는다고 가는데 따라가서, 엘에이 가서 2년인가 살다 왔는데 ……. 좌우간 미국에 도착해서 입국 수속을 하는데 그 딸만 따로 걸렸어요, 다른 식구들은 입국시키고. 그래서 다른 방으로 데려가더래요. 그러더니 "너 왜 미국 국적을 포기했느냐?"고, 조금 이게 시비가 된 거라.

반　무슨 이유가 있는 거 아니냐, 특별한?

박　그런데 가만히 생각해 보니까 그거 조사할 만도 하더라고요, 그거 드문 일인데.

반　반대 케이스는 있어도.

박　네, 반대 케이스는 있어도 미국 시민을 포기했으니까 뭔가.

반　뭔가 문제가 있는 거 아니냐 이거지요?

박　네. 뭔가 설명을 받을 권리가 있다고 그러면 좀 이상하지만, 좌우간 그런 조사를 했다는 소리를 듣고 나니까. 그래서 애가 가슴이 뜨끔해가지고 좀 대답하고 하느라고 영어도 뭐 시원찮은 녀석이 고생을 좀 했나 봐요. 그런 일이 있었어요, 그런 재미있는. 어떻게 보면 재미있는 일인데, 어떻게 보면 좀.

반　그 당시로서는 뭐.

박　네, 좌우간 그래. 그런 일도 있어서 나는 애들은, 그거는 그때 꼭 잘한 건 아니라고 나는 생각해요, 사실은.

4. 하와이 대학교에서의 낙제 경험 1

반 그러면 선생님, 선생님 가서서 하와이 대학에 우선.

박 하와이 대학에서 내가 낙제한 건 아세요?

반 낙제를 왜?

박 박사학위 떨어졌던 거.

반 그런 말씀 안 하셨는데.

박 안 했어요?

반 우선 그러면, 다시 와서 강희웅 교수님이 지도교수가 된 거죠.

박 그렇죠.

반 혼자 계셨으니까, 그다음에 최영호 선생님이 나중에 오시고.

박 강 선생이 지도교수가 된.

반 지도교수가 자연스럽게 된 거고.

박 됐죠, 자연히. 그래서 한국.

반 다른 그쪽은 거기는 누구지? 중국사 하시는 왜 과학 저기 뭐야.

박 이름이 생각이 안 나네.

반 저, 아이고, 이름이 생각 안 나네. 궉?

박 아, 다니엘(Daniel) 궉.

반 다니엘 궉이 과학사 하지 않았나요?

박 아니에요.

반 과학사가 아니라 지성사(intellectual history) 쪽이죠?

박 네, 지성사. 사상사, 지성사 이런 거.

반 지성사 쪽인데 그분이 무슨 커미티(committee) 들어오셨나요?

박 당연하죠.

반　저때는 몰라요.

박　그래서.

반　주제는 그대로 유지하시면서 한국 과학사로 정하신 건가요?

박　그렇죠. 아니, 애초에 한국 과학사 하겠다고 간 건, 간 셈이죠.

반　애초에, 가시기 전부터 그렇게 해서 주제를?

박　과학사는, 애초에 과학사 범위에서 공부를 하려고 얘기한 거고. 그리고 하와이.

반　구체적인 주제는 언제 잡으셨어요?

박　하와이 대학 간 이유는 동양사를 하는데 거기가 좋을 거 같으니까 가기로 한 거고. 워싱턴도 그 비슷한 생각에서 워싱턴도 얘기는, 생각을 조금 했던 건데 답장이 없었고. 하와이 대학으로 갔는데 하와이대라고 가가지고 거기서 강 선생이 지도교수가 되고, 석사가 아니죠, 박사. 석사는 캔자스에서 했으니까 논문지도 교수로는, 그 공부한 거 지도교수는. 아, 그 당시에 하와이 대학에서는 규정이 네 분야를 전공하게 되어 있었어요.

반　커미티 멤버로 심사를.

박　그래서 교수를 넷을.

반　그렇죠, 그렇게 하게 되어 있죠.

박　그 선생님 같은.

반　그렇죠. 똑같죠. 다섯 명인데 저기 지도교수 있고, 세 분이 아웃사이드 멤버, 역사학과 바깥에서 한 분.

박　아, 그거 바꾼 거네. 타과도 없었고.

반　세 명은 외부고 자기 지도교수님 포함해서 그러니까 네 분이죠, 한 분은 아웃사이더.

박　그 규정을 나 때문에 바꿨을 거예요, 그때.

반　그런가요?

박　네.

반　바깥 멤버를 꼭 넣으라는 것 말씀이시죠?

박　그럴지도 몰라요. 그러니까 모르겠어요. 좌우간 나중에 봤더니, 내가 말썽을 일으킨 후에, 직후에 과 규정을 바꿨어요, 그 박사과정 심사 규정을. 그런데 이해할 만한 게 내가 원체 큰 골칫거리였을 거예요.

반　어떤 사연인지 좀 말씀해 주시죠? 하와이 대학(University of Hawaii) 대학에서.

박　잘 모르시나 보구나?

반　얼핏 말씀하셨는데, 잘.

박　공부를 네 분야를 선택하라고 되어 있기 때문에 내가 선택한 것은 한국사는 하나고, 그 유닛(unit)은 지금도 변하지 않았는지 모르겠어요.

반　네, 그대로입니다.

박　한국사 유닛은 하나고, 일본사는 둘로 되어 있었어요.

반　일본사는 둘이고, 네.

박　명치 전과 명치 후.

반　그렇죠.

박　중국은 세 덩어리고.

반　중국은 세 개였군요. 저는 중국.

박　중국은 고대사.

반　그 외에 근대사, 현대사가 있었나요?

박　그리고 어디까지인가. 그다음에 그 중세사라고 할 수 있죠.

반　중세사.

박　그다음에 근현대사는 어디냐 하면 1644년 청나라 이후죠.

반　아, 청나라부터.

박　그 청나라부터 그게 근대사인데 나는 일본도 근대사, 중국도 근대사, 그다음에 유럽에서는 유럽도 세 덩어리인가인데 근대사. 유럽은 르네상스 이후부터 했던가? 그렇게 했을 거예요. 그래서 그 네 개 분야를 공부했죠. 그래서 실제로 각 분야를 집중적으로 공부했지요.

반 과목도 달라지죠?

박 유럽 역사 중에서는.

반 현대?

박 현대사 쪽에서 몇몇 가지를 했고. 중국사도 몇몇 가지 했고, 일본사도 몇 가지 했고. 한국사도 강 선생 과목을 하고 이런 식으로 해서 공부를 해가지고 박사 자격시험을 보죠. 그걸 자격시험이라고 그러죠.

반 퀄리피케이션(qualification)이죠?

박 퀄리피케이션인가? 컴프리헨시브 이그잼(comprehensive exam)을 보는데 그 시험에, 시험을 언제 봤냐 하면 아마 2년 남기고.

반 코스웍(course work) 다 끝내시고, 그죠?

박 코스웍을 끝나고죠. 코스웍은 뭐 간단했을 거예요, 많지 않았을 거예요. 왜냐하면.

반 이미 하셨으니까.

박 네. 좀 몇 코스를 여러 가지를 했기 때문에 그거하고 해서 아마 오래 시키지는 않았을 거 같아요. 거기 그것도 내 실수일지도 몰라요. 말하자면 시키는 것만 하고 더 안 한 게 내 실수일 수도 있죠. 그러니까 시키는 것만 그 코스만 골라가지고 하면은 자격은 되니까 그 자격을 가지고 더할 생각은 안 하고 퀄리피케이션 본다고 나섰던 셈이죠. 그래가지고 시험을 봤단 말이에요.

5. 하와이 대학교에서의 낙제 경험 2

박　그래서 내 지도교수가 중국사 쪽에서는 다니엘 퀵, 대니(Danny) 퀵이라고 했던 사람이고 중국 사람이죠. 중국 사람인데 그 사람은 미국에 사는 중국인 자손이 아니고 좀 유학 온 사람인지는 모르겠어, 확실한 건 잘 모르겠고. 그 양반하고 일본사에서는 아 …….

반　아키다(Akida) 그분인가? 그분도 제가 있을 땐 없었는데. 국제정치사 한 분인가?

박　네. 갑자기 생각이 안 나는데. 아! 조지 아키다 그 사람이었고, 그다음에 서양근대사는 또 그 교수도 이름이 생각이 안 나네.

반　유럽사 쪽?

박　네. 유럽, 유럽 근대사 그 양반이랑 그렇게 해서 세 명이고 그다음에 강 선생이 있고. 그게 다예요.

반　그리고 한 분은? 아, 네 분이구나.

박　그리고 없어요. 그 외부는, 그때는 외부가 없었어요. 그분들이 결정한 게 내가 필기시험은 합격인데, "구두시험을 다시 봐라, 1년 뒤에" 그렇게 판정을 한 거예요. 그러니까 나는 그런 줄 알고 집으로 돌아갔을 거 아니에요. 집으로 돌아갔는데 정확한 일자를 기억을 할 수가 없고 그 얼마쯤 바로 즉시 얼마 안 돼서, 얼마 안 돼서 나한테 합격통지서가 왔어요, 서류가.

반　네.

박　그래서 나는 아, 합격은 시켜놓고 구술시험을 1년 뒤에 보라고 하는 게 선생들이 호의로 이렇게 볼 수도 있지는 않은가. 이런 좋은 생각, 나 좋게 해석을 한 거겠죠? 그런 생각을 하고 있었는데 다음에 1년 뒤에 시험을 봤더니, 구두시험만 본 거지요. 필기시험은 안 보고 ……. 전에 합격했다고 면제시켜 줬으니까. 구두시험만 다시 봤더니 또 떨어뜨리더라고요. 또 떨어지는데, 당시의 학과 규정에 의하면 "두 번 자격시험에 떨어지면 낙제다. 학교에서 못 있는다. 그만둬야 된다." 이렇게 규정이 되어 있었어요.

반　그럼 구두시험에서 두 번 떨어지신 거예요? 필기시험은 통과된 거고.

박　네, 그렇죠.

반　합격 통지까지 받으셨잖아요? 그 구두시험에서 두 번.

박　이게 문제가 되는 게, 합격 통지서도 내가 문제를 제기했고.

반　받으셨잖아요?

박　그리고 구두시험, 필기시험에 합격하고 구두시험만 떨어지는 것도 문제라고 문제 제기를 한 거죠. 그걸 규정을 잘 읽어보니까 어떻게 되어 있냐 하면 그 규정에 "네 과목을 시험을 보는데, 네 과목 중에 한 과목만 틀리면 그 과목을 다시 시험 볼 수 있다". 또 2과목 또는 그 이상에 불합격하면, 전체를 다시 시험한다고 …….

반　그렇죠.

박　이 규정은 있어도, 그러니까 필기시험에 합격하고 구두시험에 떨어지면 어떻게 한다는 규정은 없어요, 애초에. 그러니까 내가 보기에는 이건 학교의 교수님들이 규정을 잘 모른 채 판단을 미스(miss)한 거다, 그 부분. 게다가 나는 합격했다는 통지가 오지 않았느냐? 그러니까 나로서는 그렇게 생각한 것이다. 이런 얘기를 내가 하고 다녔을 거예요. 하고 다닌다는 게 뭐 별게 아니라 아마 그 당시에는 최 선생이 이미 와 있었으니까 최 선생한테 했을 거고 강 선생한테 전했겠죠. 뭐 다른 사람한테 찾아가서 한 거 이런 얘기 한 거 같지는 않아요. 그런 얘기를 하니까 이 양반들이 또 가서 전했을 거 아니야, 학과장한테도.

반　학과장이나 뭐 이런.

박　네. 그러니까 학과에서는, 그러면서 내가 "내 말이 틀렸다고 생각하면 나는 고소를 하겠다" 이러고 아마 나섰을 거예요, 분명히. 그러니까 학교로서는 조금 좀 이상해졌겠죠. 물론 뭐 나를 동정하는 여론도 생겼을 수도 있고 ……. 그래가지고서는 얼마 지나지 않아서 최 선생이 나한테 오시더니 간곡하게 "다시 시험을 보라고. 시험 이번 본 걸 없었던 걸로 하겠다" 그런 결정을 학교에서 말해주니까 이건 나로서는 그것도 이상하잖아요.

반   그렇죠.

박   "아니, 두 번째 시험을 무효로 한다면 그건 학교에서 그런 일을 그렇게 할 수 있느냐? 그래 놓고 나서 1년 뒤에 다시 시험을 보면 그때 다시 떨어졌다고 판정하면 그만 아니냐. 그때는 두 번째 진짜 이번은 두 번째라고 그러면 나는 어떻게 하느냐?" 그러니까 "에이, 그럴 리가 있느냐?"고 최 선생이 나보고 무마를 자꾸 하더라고요. "그냥 저, 믿고 시험을 다시 보라"고 그래서 다시 시험을 봤죠.

반   네 과목을 다 다시 보신 거예요?

박   아니죠.

반   그 구두시험만?

박   구두시험만 보기로 했으니까, 네. 그 얘기를 뒤집을 순 없죠, 학교 입장에서도.

반   규정 자체가 좀 상당히 미비했네요.

박   네, 규정이 미비했어요, 내가 보기에는 확실히. 내 얘기가 옳았던 거예요.

반   그런 케이스(case), 네. 잘 이해를.

박   그러니까 규정을, 내가 해석을 제대로 한 셈이죠, 말하자면. 아니, 트집을 잡았다면 내가 트집을 잘 잡은 거죠. 그러니까 그 트집 잡힐 만한 짓을 학교에서 해놓은 셈이죠, 말하자면. 그러다 보니까 어떻게 하느냐? 네 명의 심사위원들을 그대로 쓸 수가 없잖아요. 그 사람들 체면들도 있잖아요.

반   네.

박   이거 강 선생은 할 수 없이 그대로 있고 세 명을 다 바꿨어요. 아마 역사학과에서 최초일 거예요.

반   그럴 거 같은데요.

박   최초고 그만일 거예요, 그런 일이. 그러니까 세 명을 다 바꿨어요. 그래서, 그 사람들보다는 내가, 그 사람들이 전부 사학과의 대표적 교수들이었죠. 말하자면. 아키다(George Akida), 궉(Danny Kwok) 등등.

반 조지 아키다라고 그랬구나.

박 조지 아키다, 대니 궉.

반 유럽사를 하는 분인가요? 저도 잘 기억을.

박 그 보면 아는데 생각이 안 나네. 좌우간 그 사람들이.

반 그분들이 다 물러나고, 새로 커미티가 새로 구성된 거죠.

박 물러나고 저, 중국사 교수로는 선생님 가셨을 때, 계셨을 때 있었을 거예요, 아마.

반 많이 좀 점잖은.

박 젊은, 조금 젊은 사람인데 중국서 온 영어 잘 못 하는 친구, 고대사 하는 친구.

반 아, 그때는 저희 때는 그분이 저희 때는 그래도 상당히 연세가 많으셨는데. 그 영어 좀 안 되고 했던 분이 있는데 그분이 참 풍채가 좋은 분이지요.

박 그랬겠죠. 뚱뚱하고 착하고, 네.

반 착하고.

박 네, 그 친구일 거예요. 같은 사람. 그 사람이 온 지가 얼마 안 되거든? 그 사람이 중국사로 왔고 유럽사도 누군가 바뀌었고 러시아사 하는 사람이었나? 바뀌었고. 일본사도 누군가로 바뀌었어요. 잘 모르겠네. 좌우간에 그 현재도 교수로 있는 사람일지도 몰라요. 좌우간 그런 사람으로 바뀌가지고, 곧 구두시험을 봐가지고 합격을 시켜줬죠. 겨우 참 우격다짐으로 박사과정을 통과한 거죠.

6. 식당 운영과 박사학위 논문

박 그러고 나니까 공부할 염이 완전히 가시기도 했다면 가시기도 하고 기분도 나쁘고 그래가지고서는 있는 판에 먹고살기도 해야 되고 그런 판에 저 사람이 그 하와이에서 잔뼈가 굵어가지고 그 식당에 웨이트리스를 이것저것 하고 다니고 그러다 보니까 "한번, 우리가 식당이라도 한번 하자. 영주권 가지고 있다, 우리는". 우리 마음대로니까는, 미국 시민이나 마찬가지 아니에요. 그래가지고 식당을 하자고 해서 식당을 한 번 개업을 했죠. 그래서 다운타운의 킹스트리트(King Street)로 나가게 되었죠.

반　킹스트리트에?

박　킹스트리트에 100단위 번지죠. 사우스킹(South King)의 100단위 번지일 거예요. 그 정확한 주소가 생각나지 않네요. 그러니까 호놀룰루시의 옛 시가지의 한복판에 한국 식당을 개업한 겁니다.

이　말이 센터지, 아주 그냥 열악했었어요.

박　필리피노(Filipino)가 하는 식당을 인수해 가지고 우리가, 그래서 돈 주고 그 바로 앞 대각선 건너에 있는 리버티 뱅크(Liberty Bank)에서 융자도 받고, 그래가지고서는 정식으로 식당을 하나 사가지고 개업을 했죠. 그래서 브렉퍼스트(아침 식사)하고 런치(점심)만 하는 식당을 차린 겁니다. 거기는 다운타운의 사무실 지역이기 때문에 저녁에는 아무도 없어요. 오후 늦어지면 완전히 타운이 죽어지내는 지역이니까 ……. 다니는 사람도 거의 없고 그러니까 저녁 식사는 안 하고 아침은 늦게 출근해 가지고 빨리 밥 먹어야 될 사람들, 오피스촌이니까 거기는. 그래서 그런 사람들한테 브렉퍼스트 메뉴로 그 제일 싼 거예요. 제일 싼 거, 제일 비싼 게 2불 25센트인가 했지, 아마?

이　어느 게? 브렉퍼스트가?

박　응, 브렉퍼스트보다 런치가 좀 비싼 편이었지 …….

이　그게 생각이 안 나네.

반　아, 하여튼 대단하시네요. 어떻게 식당을 하실 생각을 하셨어요.

박　그 메뉴판도 한 장이 어딘가에 있어요. 그 메뉴도 어딘가 있어요. 그래서 브렉퍼스트로 제일 보통 건 1불 75전 그래가지고 '갈비 플레이트(kalbi plate)', 그리고 '불고기 플레이트(bulgogi plate)'라고 해가지고 …….

이 　팬케이크, 프렌치토스트도 했고 ······.

박 　큰 접시에다가 아, 팬케이크, 프렌치토스트도 있고.

반 　팬케이크도 하시고요?

박 　내가 요리 이거 열심히.

반 　선생님이 주방장 하신 거예요, 그럼?

박 　주방장도 하고 그래가지고 열심히 그걸 했죠.

반 　그거 몇 년 동안 하신 거예요?

박 　몇 년 동안? 1년 남짓 했을 거예요.

이 　2년, 2년.

박 　2년은 안 될 거고.

이 　2년 했었어요.

박 　좌우간 했는데 후일 우리들 평가가 달라요, 크게. 저 사람의 평가는 괜찮았다고 평가하지만, 나의 평가로는 좀 손해라고 생각하는 셈이지요. 그런데 손해난 것도 별로 없을지 모르지만 좌우간 이문 본 건 별로 없는 거 같기는 한데 ······.

이 　아, 돈을 벌어서는 저금을 해왔는데, 그냥 그게.

박 　좌우간 그렇게 우리가 살았는데 저 친구가 식당에 계속 다녀가지고 벌어왔으니까 그걸 그냥 1년, 2년 사이에 벌었더라면 더 벌었을 수도 있죠.

반 　오히려 그냥 식당 안 하시고 말이죠? 그걸 다 식당 하시면서 ······.

박 　나까지 동원해 가지고.

반 　그러니까 인건비는 전혀 없으셨겠네요?

이 　우리는 처음에는 제가 혼자서 자리만 딱 잡히면 내가 사람들 데려다가 혼자서 하겠다고 했는데 이게 인력이라는 게 이 사람이 빠지면은 대신 채울 사람이 없는 거예요, 채우는 거는 다 돈이니까.

반 　그렇죠, 인건비.

박 좌우간에 그런 재미있는 일도 벌어졌었어요, 그런 일도 해봤고. 그러면서도 우리가 세상 사는 지혜도 얻고 그러다 보니까, 지금도 가끔 후회를 하는데 그게 내 아는 친구들이 왔는데도 제대로 대접을 못 하고 …….

이 그게 제일 후회가 돼요.

박 고기도 좀 ……. 갈비도 좀 먹이고 그랬으면 좋았을 터인데. 또 우리가 사다가 하는 거기 때문에 별 돈 안 들이기도 할 수 있는데, 그런 것도 별로 못 하고 그냥 …….

박 그거를 저도 할 줄을 모르고 이이도 모르고 해가지고.

반 여유가 없으셨죠?

박 여유, 마음이.

이 아니 여유가, 그냥 그거 여유가 없는 건 아닌데 머리가 그리 안 돌아간 거 같아요. 오면 그냥 같이 점심에 같이 그냥 우리가 파는 거 그때 와서 점심 식사 하고 그냥 가시라고 해도 되는데 거기에서는 그냥 사람 만나는 그것만 바빴지. 그냥 밥 먹으라고, 식당에 와서 밥 먹으라는 소리도 못 한 거예요. 그게 참 후회가 돼요. 한국서 오신 분한테도 그렇고, 하와이에 계시는 친구들도 그렇고.

반 그리고 선생님 그거 하시는 동안에는 공부를 거의 못 하셨겠네요?

박 식당에 있으면서.

반 주방장 하셨으니까.

박 공부는 오히려 열심히 했어요. 왜냐하면.

이 2층에 다락이 있었어요. 시간이 늘 남으니까, 점심때 손님이 뜸해지면, 2층에 올라가 거기 매달리시고. 그 이후에는 시간이.

박 네. 시간이 남으니까, 아침밥 하고 점심 하면. 그리고 직원을 쓰니까 한 명이나 두 명을 썼거든요, 늘. 한국 교포들이죠. 그런 사람들 역시 또 어디 다른 데 일자리 찾기 어려운, 영어 전혀 못 하는 아주머니들을 한 명, 두 명을 데리고 있으니까. 그 양반들이 주로 잡일을 맡게 되니까 나는 그런 시간이 나면은 2층에 올라가서.

이   다락방.

박   이렇게, 이렇게 층계 올라가면.

반   계단 올라가면.

박   거기에 열악하지만 그게 미국 옛 건물이 굉장히 높잖아요. 그래서 이쪽에 그러니까 식당이 밑에 식당이면 식당 에어리어(area) 위에 한 층이 또 있어요. 그래서 식당 천장이 바로 계단 올라가면, 부엌에서 계단을 올라가면 그 천장, 식당 쪽에, 그 손님 받는 쪽 위에 내 공간이 굉장히 넓었어요. 아무도 없고 나 혼자 거기서 『실록』 갖다놓고 ……. 그 도서관에 있는 『조선왕조실록』 빌려다가 …….

반   선생님 논문 쓰시고?

박   『실록』 그때는 번역이 물론 안 되어 있을 때니까 두꺼운 한문 『실록』 갖다가 놓고, 기를 쓰고 『실록』을 그냥 전부 한 줄 한 줄 뒤지다시피 하니까 도저히 나중에 힘이 들어서 못 하겠더라고요. 그래서 중종까지밖에 안 했죠. 그 『실록』을 조선왕조 11대 임금인 중종 때까지만. 전부 거기서 훑어가지고 내게 필요한 내용을 카드에 옮겨 적었죠. 아주 방대한 내용의 조선시대 재이(災異) 자료를 수집할 수 있었지요.

반   조선 전기 쪽을?

박   거기서 내가 필요한 거를, 그거는 내가 그런 생각을, 테마를.

반   주제를 조선 전기로 잡으신 거는 특별한 이유가 있으신가요?

박   전기를 잡은 건 특별한 이유는 없고 ……. 조선시대 전체를 다루기에는 너무 분량이 많아서 도저히 자료 수집이 너무 시간이 많이 걸릴 것이 뻔하니까, 조선시대의 중간 부분까지만 하자고 다짐한 것이지요.

반   그러니까 저기 과학사의 특히 조선 전기 쪽으로.

박   아, 그거는.

반   근대라든가 현대 쪽을 할 수도 있었잖아요.

박   그거를 애초에 잡은 거는 내가 공부를 하다 보니까, 하와이 와가지고 공부를 하다 보니까, 일본 사람 몇 명이랑 서양 사람 한두 명 이런 사람들이, 중국 사람들도 물론 있고, 그런 사람들이 조금 뭘 터치했냐 하면, 포텐스(portents)라고 내가 정의한 거, 포텐스라는 말을 아마 그런 중요한 용어를 쓴 거는 내가 처음일지도 모르는데, 흉조라 여겨진 자연현상(natural phenomenon, bad omen) 이런 거죠. 그러니까 불길한 조짐으로서의 자연현상을 불길한 것의 조짐으로 보는 그런 문제에 대해서 조사한 논문이 더러 있었어요, 조금. 단편적인 논문이죠. 조금 짤막한. 그래가지고 그중에서 특히 내가 주목한 것은 일식, 월식, 태양 흑점 같은 천문현상과 가뭄이나 홍수 또는 그 밖의 기상현상 등등이 역사상 어떤 조짐으로 해석되었던지 안 되었던지. 몇몇 학자들이 이미 간단한 논문을 쓴 일이 있었지요. 실제로 그때 그러니까 풍작이냐 흉작이냐 이런 거를 찾고서 그때 일식, 월식, 또는 태양의 흑점 등등 좌우간 자연현상 뭐가 좀 유난히 많았다고 느껴지는 시기를 검색하고, 그 자연현상이 당시의 농작물에 영향이 있었나 없었나 이런 걸 조사하려는 이런 논문들이 조금 보이더라고요. 그래서 '나도 이거를 우리나라 데이터도 한번 찾아보면 재미있는 게 있지 않을까?' 하는 생각을 하게 된 거죠. 그런 데다가 하와이에 가가지고 본격적으로 우리나라 역사책을 읽기 시작할 거 아니에요. 우리나라 책을 보면 『삼국사기』도 보고 『고려사』도 보고 다 열심히 보는데, 그건 뭐 금방 다 읽을 수 있으니까 ……. 『삼국사기』는 하룻밤이면 다 대충 확 훑을 거 아니에요. 그런데 그런 사료들을 보니 자연현상 기록이 많단 말이에요. 자연현상 기록이 굉장히 많은데 그거 가지고 논문 쓴 사람은 전혀 없잖아요. '이 자연현상 기록을 가지고 우리나라에서 뭔가를, 논문을 쓸 수 있지 않을까? 재미있는 게 뭐 발견될 수 있지 않을까?' 특히 일본 논문 보면 농사가 잘됐냐, 안 됐냐 하고 연관도 될 수 있는 가능성도 있고. '이런 가능성이 있는 연구를 한번 나도 해보면 좋겠다' 해가지고 컴퓨터를 배우려고 결심을 한 거예요. 그래서 하와이 대학 사학과에서 컴퓨터 배운 사람은 내가 처음이에요. 교수, 학생 통틀어서 …….

반 통계 이런 것도 하셔야 되니까.

박 1970년인가죠? 1970년인가 69년, 69년에 하와이 갔으니까 70년일 거예요.

70년에 내가 이미 컴퓨터 과목에 등록을 했어요. 그래서 컴퓨터 과목을 신청해 가지고 뭐야, 뭐라고 부르지? 그것도 또 잊어버렸네.

반　다른 학과?

박　피엘원(PL/1),[2] 피엘원이라는 그런 거 들어보셨어요?

반　못 들어봤습니다.

박　그게 프로그램.

반　프로그램 이름인가요?

박　프로그래밍 랭귀지(programing language)에요. 그러니까 언어. 저, 프로그램을 만드는 언어예요.

반　컴퓨터 언어, 컴퓨터에 쓰는 언어.

박　그게 그 당시에는 포트란(fortran)이란 게 있었고, 포트란은 프로그래밍 랭귀지라기보다는 이미 프로그램드(progreamed) 랭귀지일지도 몰라요. 그래서 사회학 하는 사람들이 그거는 응용해서 쓰기만 하면 되는 거 같은데, 피엘원은 그야말로 컴퓨터 말을 주로 쓰는 사람들. 역사 하는 사람들이나 이런 사람들이 배우면 좀 도움이 될 거 같은 그런 거여서 내가 피엘원 과목을 신청을 했어요. 그래가지고 피엘원 과목을 사학과에서 배운 사람도 아마 내가 하와이 대학교에서 제일 첫째, 교사, 학생 통틀어서 ……. 그리고 그걸 이용해서 프로그램 만들어본 사람도 내가 처음일 거예요. 그래가지고 피엘원이라는 프로그램 랭귀지를 배워가지고 컴퓨터로 우리 역사상에 기록되어 남아 있는 자연현상의 통계를 내본 것입니다. 당시 하와이 대학의 한가운데에 커다란, 건축물로 서 있었어요. 콘크리트 이런 게 아니고 그 콘센트라고 하나? 가건물 같은 것이었는데, 여러 해 뒤에 하아이 대학에 가보니 그 건축물은 사라지고 제대로 된 건물이 조금 위치를 바꿔 세워져 있더군요.

반　목재로다가, 나무로?

박　그냥 이렇게.

반　임시로.

박　내가 컴퓨터 사용할 그 시절에는 임시로 세운 거 같은 그런 건물이었는데, 건물은 굉장히 크고. 거기에 온갖 컴퓨터 장치가 들어 있었으니까, 그게 굉장히 아마 여러 가지 옛날의 컴퓨터가 설치되어 있었겠죠. 그런 컴퓨터가 나오기 시작할 초기니까, 아직. 그게 70년쯤이니까 70년, 내가 실제로 쓴 건 70년, 71년, 72년 이 정도 걸쳐서 아마 한 3, 4년 동안은 컴퓨터를 제법 많이 썼을 거예요. 그래서 처음에는 컴퓨터를 쓰겠다고 신청을 하면 각 과에 예산이 배정이 돼요, 형식상. 그럼 사학과에도 예산이 배정되잖아요? 사학과에서는 예를 들어서 1억을 1년 동안에 사학과 교수, 학생이 쓸 수 있다. 대학원생이나 그럼 쓸 수 있다. 그러면 각 과에 1억씩 배정을 하고 사회과학에는 3억도 주고 뭐 이렇게 학과에서 신청을 하겠지. 또 신청 안 한 데도 주는 거 같더라고요. 그 사학과에도 가서, 가령 1억이 뭐 배정이 되는데 그 예산 쓰겠다고 나선 사람이 나 혼자뿐이었어요, 사학과에서. 나 혼자 받아썼는데 재미있는 에피소드가, 한 번은 그 컴퓨터 센터에서 일하고 있는데 어떤 친구가 말이야, 한국 사람이 내 아이디(ID) 가지고 컴퓨터 쓰고 있더라고요. 뒤에 그 사람도 귀국해서 서울의 어느 대학에서 교수를 했는데…….

반　아, 유학생 중에.

박　네. 나보다 나이는 한두 살 많아요. 그런 사람인데 아, 내 아이디를 쓰고 있더라고요. 내가 화를 조금 냈을 거예요, 아마.

반　그럼 어떻게 가져가요?.

박　내가 조금 고지식해 가지고……. 사실은 아무 상관없는 거예요. 왜냐하면 내 예산이 많기 때문에 그 사람이 써도 아무 상관없어요. 그런데 내가 가만히 안 있고 아마 뭐라고 했거나 그랬던 것 같아요.

반　하여튼 컴퓨터를 쓰면 비용이 나갔나요?

박　나가죠.

반　어떻게요? 그냥 쓰는데 왜?

박　시간을 우선 돈으로 계산해요.

이 펀치기계식 들어가는 거.

박 그리고 컴퓨터를 쓰면.

반 사용료 그런 게 있던 모양이네요, 컴퓨터에.

박 아니. 컴퓨터는, 나는 다른 건 모르겠는데 시간을 계산할 거예요, 우선. 그러니까 이 사람이 어떤 잡(job)을 가져와서 신청하잖아요? 이걸 해달라. 그러면 그것을 돌리는 데 시간이 걸릴 거 아니에요. 그 컴퓨터가 놀지 않으면 못 하잖아요.

반 그거 이용하는 데 비용이 드니까.

박 그러니까 그 예산이 들 수밖에 없죠.

반 그 이상은 못 갖다 쓰는?

박 그런, 그런 문제가 있을 거예요. 그런데 그걸 컴퓨터를 쓰려면, 배워서 그걸 쓰려면 우선 어떤 데 비용이 드느냐면 그 컴퓨터에 펀치기가 있어요. 지금의 노트북에도 자판이 있어서 그냥 치면 다 되잖아요. 거기에 들어가서 다 되잖아요. 옛날에는 그게 없었으니까.

반 옛날에는 그게 참.

박 옛날에는 쳐가지고, 옛날에는 프로그램 랭귀지로, 프로그래밍 랭귀지로 그거를 키펀치로 쳐서 카드를 만들었어요.

반 (자그마한 직사각형 모양을 손으로 그리며) 카드, 이렇게 된 거?

박 카드가 이 한 장에 80번인가 쳐 넣을 수 있는 공간이 있지요. 몇 장 그거 들어가요. 그거 80몇 구멍이, 80몇 구멍을 어느 구멍에 구멍이 찍히느냐에 따라서 그 알파벳 모양 해당도 하고 숫자 모양에 해당도 하고 하니까 그게 줄 하나하나 펀치한 거고, 그러니까 그걸 전부 각자 치면 한 장 쳐봐야 그거 잠깐 치면 80몇 줄이니까 80번쯤 키보드를 누르면 뭐가 쭉 찍힐 거 아니에요, 말하자면. 그럼 그 쭉 찍힌 게 그 카드를 100장쯤 이렇게 쌓으면 그걸 스택(stack)이라고 그러는데 스택을 원(one) 스택이 100장 뭐, 200장 쌓일 거 아니에요. 그것을 컴퓨터의 리더(reader)에 넣으면 컴퓨터가 그걸 잽싸게 한 장씩 돌려, 금방 전부 읽어요. 그러면 전부 읽으면 그게 컴퓨터가 받아들이는 지금 우리가 넣어서 이렇게 해서 콱 하면 엔터(enter) 되잖아요?

반   그렇죠. 엔터를 치면, 어.

박   엔터 그거나 마찬가지에요. 엔터가 되는 거예요. 그래가지고 작업을 컴퓨터가 하거든요. 그리고 나서는 그 결과는 프린터가 좍 찍어내 줘요. 이게 프린트 용지에 찍혀 나와요. 내가 컴퓨터 언어를 배운 실력으로 한 게 뭐냐? 과천에 내가 책 갖다 줬다고 그랬죠?

반   과천에 책 기증하신 거? 네, 거기에 남아 …….

박   책 내가 기증한 거기에 그것도 기증이 되어서 좀 갔는데, 일부 그 증거는 거기 남아 있어요. 프린트 아웃 된 것은 몇 가지 남아 있어요. 그걸 해서 한 것이 뭐냐 하면 삼국시대, 『삼국사기』에 기록되어 있는 자연현상. 일식, 월식 이런 거를 100가지로 내가 항목을 나눴어요. 『고려사』도 마찬가지로 나눠볼 수가 있었지요. 왜 100가지로 나눴냐 하면 『증보문헌비고(增補文獻備考)』에 보면, 상위고(象緯考)라는 데에 첫 부분이죠. 원래 이 문헌은 총 16고(考) 250권(卷)으로 구성된 전통사회의 최대 백과사전이라 할 수 있는데, 그 첫 부분이 상위고(象緯考)라 하여 자연현상에 대한 분류소개로 되어 있지요. 제일 처음에 일식, 그다음에 뭐 뭐 해가지고 천문현상과 그다음에 기상현상으로 이어져요. 당연히 그다음에는 이상한 동물이나 식물에 대한 기록도 있어서 모두 12권으로 구성되어 있습니다. 『고려사』에서는 이 부분이 10조목의 지 39권을 차지하고 있지요. 천문지(天文志) 3권, 역지(曆志) 3권, 오행지(五行志) 3권 등입니다.

반   기상현상.

박   그 다음에 자연현상 중에 이상한 거 이런 순서지, 아마. 그래가지고 했는데 그게 거의 100개가 돼요. 그래서 "이왕이면 100개를 다 그냥 이름을 붙여보자" 해가지고 100가지 이름으로 나눠가지고 그 100가지 이름으로 나눈 일식이 01번 이에요. 그다음에 99번 뭐고 이런 거까지 이름 붙여가지고 내가 카드에, 머리를 써가지고 카드에 제일 처음에는, 첫째 글자는 신라. 신라는 01. 그래서 두 칸을 차지하죠. 그다음에 아, 01 하면 신라의 첫째 왕. 신라는 01, 그다음에 첫째 왕은

01, 그러면 열두 번째 왕은 12 이렇게 되겠죠?

반   넘버링을 하신 거네요?

박   01 12 하면 신라의 12, 열두 번째 왕 이렇게 하고, 몇 년, 몇 월, 며칠까지는 없어요. 그러니까 몇 년, 몇 월 그러니까 음력이, 윤달이 있다고요. 이, 저, 고약하게. 그래서 윤달은 'L' 자로 표시했어요.

반   아, 'L' 자로.

박   그래가지고서 그 숫자가 몇 개예요. 이렇게 하면은 그다음에 거기에 일식은 01 이러면 그 숫자가 몇 줄이면, 한 스무 줄이면 한 데이터가 들어갈 거 아니에요. 그 데이터를 다 만든 거예요. 『삼국사기』에 몇 개가 있느냐 하면.

반   『삼국사기』부터, 네.

박   대략 아, 몇 개더라? 있을 텐데 거기, 내가 쓴 데. 『삼국사기』에 1000개 정도?

반   네, 1000개 되는 거를 130 카드로 추렸다고요?

박   1000개쯤 내가 1000개 가까이 했어요. 그다음에 『고려사』는 봤더니 6000개인가?

반   네, 6100.

박   6100개쯤인가 되고. 조선시대 거는 그러니까 압도적으로 많아지잖아요.

반   그렇죠.

박   그게 신라, 신라는 몇백, 1000년이라고 치더라도 그게 1000개밖에 안 되는데.

반   기록이.

박   그럼 1년에 하나밖에 없는 셈 아니에요. 그것도 또 삼국으로 나누면 그거 몇백 개씩밖에 안 되잖아요. 그러니까 그 삼국시대 것 가지고 통계적은 의미는 없는 거예요 도대체, 내가 나중에 보니까. 그걸 열심히 해놓고 보니까.

반   글쎄요. 그렇죠.

박   『고려사』도 6000개 정도 해가지고는 통계를 낸 의미가 별로 없어요, 다 해놓고 보니까……

반   의미 부여가.

박   조선시대 보니까.

반   그래서 조선시대.

박   의미부여가 생기기 시작하는 것이 재미있는 게, 그런 현상이 그렇게 많이 있을 수가 없는데, 유난히 많이 일어난 게 예를 들면, 여러 가지가 있는데, 혜성이 유난히 많이 보이는 수가 있어요, 많이 기록된 수가. 혜성은 그런대로 좀 덜 한편이지만 태백주현(太白晝見)이 아주 심해요. 태백이라는 별은 금성인데, 금성이 낮에, 낮 주(晝) 자, 나타날 현(見) 자, '태백주현'이라는 현상. 이게 세종 초에 그 첫해에, 세종 즉위년에 굉장히 많은 거야. 세종 즉위년에 태백주현이, 그 금성이 그렇게 자주 낮에 보이느냐? 다른 해에는, 세종 다음에는 그런 게 별로 없는데 말이지. 이게 내 의문이죠. 그런 거를 내 나름대로 해석할 수 있다고 판단하고 그거를 논문에 쓴 게 내 학위논문이에요. 그래서 '한국과학사상사'라고 내가 이름 붙여가지고, 특히 그렇게 두드러진 경우의 자연 재이(災異)와 조선시대의 정치를 연관시켜 설명한 책을 쓴 게 바로『한국과학사상사』가 된 겁니다. 그래서 세종 초기에 금성이 왜 대낮에 잘 보였다고 그리도 많은 기록이 당시의『세종실록』에 남게 되었을까 이유를 설명했죠. 그리고 나는 내 설명이 맞다 생각합니다. 그런 연구는 세계에서 처음이라 할 수 있지요.

반   그러네요.

박   그 이후에는 비슷한 연구를 하는 후배들이 몇 명이 나타나서 그 재이라는 현상.

반   재이현상.

박   자연 재이를 가지고 의미를 조금씩 부여하는 그런 연구를 젊은 사람들 몇 명이 조금씩은 했죠. 그래서 논문 발표도 하고, 책도 나오고. 경희대학교에서는 2018년쯤 학위논문 평가 교수 좀 해달라고 그래서 잠깐 간 일도 있는데, 그때 학위를 받은 사람이 경석현 박사가 있는데, 그의 논문은 「조선후기 재이론(災異論)의 변화」(2018)라 하여 내가 쓴 시대의 뒷부분을 다뤘다고도 하겠네요. 이 전후해서 제법 여러 학자들이 우리 역사상의 재이 문제를 다뤘습니다. 좌우간 내가 그런 공부를 시작하는 데 도움을 받았던 경우로는 볼프람 에버하르트(Wolfram Eberhard, 1909~1989)라는 학자가 있어요. 독일 출신으로 미국 캘리포니아 대학교 사회학 교수로 크게 활약한 분인데, 동아시아 역사 분야에서도 많은 논문을 낸 사람이죠. 왜 그랬는지 한번 하와이 대학에 그가 와서 1년인가 연구교수를 하고 간 적이 있어요. 내가 하와이로 간 지 얼마 뒤였던 기억예요. 그런데 에버하트가 마침 그런 문제를 논문으로 쓴 일이 있거든요. 나하고 어느 면에서는 좀 비슷한, 나의 선구자라고도 볼 수 있는 연구를 조금 했어요, 그 사람이. 왜냐하면 중국의 고대인 한나라 때의 『한서(漢書)』에 나오는 자연재해 기록이 실제와는 다른 거 같다. 뭔가 이게 정치적인 해석이 필요한 거 같다"는 취지의 그런 논문을 그 사람이 썼어요. 그 논문이 대학원 다닐 때 '중국사상사(Chinese Thoughts)' 관계의 논문 모음집, 지금 그 책의 제목은 생각이 나지 않는데 ……. 거기에도 있었을 거예요. 선생님 중국사를 한 적이 있어요?

반 저도 했죠, 근현대사.

박 네. 에버하르트라는 사람 논문 안 읽었죠?

반 네.

박 그 에버하르트 논문이 뭔가? 그런 논문을 여러 편을 내서 대학 교재로 미국에서 쓴 영어 교재로, 중국사 영어 교재로 쓴 그 제목이 뭐였는데, 그런 제목이 책에도 거기에 들어 있었던가 그래요. 내가 거기서 처음 읽었나? 그래가지고 그가 하와이대에 와 있을 때 그를 찾아가서 한번 얘기를 했더니 좋은 아이디어라면서 나를 격려해 준 일이 있었어요. 거기에 내가 더 힘을 얻어서, 그런 연구에 매달리게 되었다고도 할 수 있겠지요.

7. 한국외대에 자리 잡게 된 계기

반　논문은 그렇게 하셨고. 그래서 7년 걸리신 거예요? 그렇죠? 학위논문 하와이 대학에서 하고.

박　식당을 하느라고 더 늦어진 것 같기도 하지만, 나로서는 자격시험 문제가 큰 충격이어서 좀 마음을 치유할 시간도 필요했던 것 같아요.

반　식당 때문에 2년 정도는 그냥.

박　식당 하느라고 뭐, 아니. 그리고 학위논문을 쓸 생각이 안 날 거 아니에요, 기분이 나빠서.

반　그렇죠, 좀 약간 정나미가 떨어지셨겠죠.

박　네, 그래서 그 핑계 김에 식당 한답시고.

반　그 기간이 뭐 그래도 식당 운영하신 시기와도 겹치니까, 뭐 그런대로 의미는 있으셨겠어요.

박　어떻게 되나? 그러니까는 박사 떨어진 게 72년에 확실히 떨어졌다가 73년에는 아마 해방이 됐겠죠. 그리고 한 2, 3년 동안 아마 좀 고민 겸 그 공부는 늘 그 자료를 모으고, 그렇게 진행되었다고도 할 수 있어요.

반　그건 계속 보신 거고?

박　그런 거는 쭉 하고 있으면서 있다가 내가 77년 2월에 귀국했으니까 76년, 76년 언젠가에 무슨 일이 있었었느냐 하면……. 그리고 있는 판에 식당은 안 할 때일 거예요. 식당 때려치우고 76년 초쯤인가 언제쯤에, 언제인지도 모르겠네. 그때쯤에 그 하와이 대학 그걸 뭐라고 그러더라? 저, 식당 있고 학생회관 있고 하는, 아! 학생회관, 학생회관 건물 있죠?

반　네. 캠퍼스 센터에, 스튜던트 센터요?

박　아, 저, 북스토어(book store) 얘기하는 거예요.

반　북스토어, 네. 그 밑에.

박 북스토어가 지하에 있었죠. 지금도 지하인가?

반 지금은 지하는 아니고.

박 좀 다르죠?

반 그냥 1층, 지하인데 1층이죠.

박 요즘 좌우간 구조가 달라졌던 거 같은데 내가 그 기억하는 그때 저, 북스토어는 아닌 거 같은데.

반 그라운드 레벨(ground level)이지요.

박 네, 뒷부분 그라운드 레벨이고.

반 학생회관은 2층이고, 아, 그렇죠.

박 아, 좌우간 그때는 내가 기억하는 그 중요한 계기가 되는 그날의 그 북스토어는 북스토어에서 계단을 올라와야 돼요. 올라오면, 그 계단을 올라오면 바로 거기에 입구가 있는데 거기에 입구로 나가면 바로 무슨 도서관인가? 그 도서관도 지금 없어졌던데.

반 도서관 저쪽에?

박 저쪽에, 입구에 있는 거.

반 음악대, 음악 도서관 있고.

박 아니. 지금 하고 다르게 선생님하고 아마 학교 구조 자체가 다른 학교를 다녔는지 몰라. 그 저쪽에서 올라오면 내가 살았던 영스트리트에서 올라오면.

반 유니버시티애비뉴 쪽으로 오시면.

박 유니버시티애비뉴인가 거기가?

반 교문 쪽에.

박 아니. 유니버시티애비뉴는 이쪽 큰길 아니에요?

반 이스트웨스트 센터 쪽 말씀하시는 건가요?

박 하와이 대학 정문 같은 게 있죠.

반 네, 이렇게 돌로.

박　뭔가 돌로 있는 거. 거기의 정면. 거기의 정면은 조그만 길 아니에요.

반　아, 대각선으로 쭉 있는 길.

박　네, 조그만 길인 셈이죠. 거기서 올라오자마자 정문 옆으로 도서관이 있었어요, 큰 도서관이. 아, 싱클레어(Sinclair)다.

반　싱클레어인데 음악 뭐 이런 것도 하고, 주로 음악 도서도 많죠. 비디오 동영상도 있고.

박　싱클레어 라이브러리(Sinclair Library)라는 게 지금도 있나?

반　지금도 있죠.

박　다른 데로 갔나요?

반　그대로 그 위치, 선생님이 말씀하신, 그냥 이렇게 샛길로 오면 그냥 길옆에 있는 거, 큰길 옆에.

박　싱클레어 라이브러리에 거기, 거기 정문하고 그쪽 북스토어에서 올라오는 학생회관 문하고가 좀 가까울 거예요, 아마 거기.

반　그렇죠. 그쪽에서 보면 북스토어가 지하죠.

박　좌우간 그래서.

반　계단을 내려가야 되니까.

박　거기서, 그 1층에서 내가 앉아 있었던가 그랬는데 거기서 북스토어에서 올라오는 양반이, 아는 양반이 올라와요. 그러니 인사를 그냥 하게 됐지, 꾸벅. 그랬더니 "누구냐?"고 그래서 "선생님, 옛날에 강의 들은 저, 아무개라고, 박성래"라고. 그러니까 그 선생님이 누구냐 하면 김준섭(金俊燮) 교수라고.

반　네, 그분.

박　서울대 철학과 교수예요.

반　지난번에 그거 조금 말씀하셨는데. 그래서 외대로 오시게 된 게 그분이.

박　김준섭 교수가.

반　선생님이 김 교수님 강의를 들으신 거예요, 학교에서?

박　그랬죠.

반　아, 그러니까 그 인연으로.

박　그런데 들은 게 아니고 난 정식으로 들은 일은 없어요. 그런데 철학과 교수, 과학을 공부하니까 조금 그런데 인문학적인 그런데 관심이 좀 있는 친구들이 시간도 있고 그러니까 그 김준섭 교수가 '과학철학'이라는 강의를 했어요, 그 시절에. 그런데 난 그 양반이 과학철학이, 과학철학을 잘 알고 하셨는지는 모르겠는데 좌우간 그 과학철학을 하시니까 그걸 강의를 청강한 애들이 많았어요. 나도 다른 친구 따라서 가서 청강을 한 거죠. 청강도 몇 시간이나 갔나 몰라요, 두어 시간 갔는지.

반　네. 선생님 말씀하세요.

박　청강을 한 적이 있기 때문에 가서 저절로 인사를 한 거죠. 그랬더니 "누구냐?" 그러니까 내가 아무개라고 그러니까, "자네는 여기 사는 건지. 어떻게 돌아갈, 한국으로 돌아갈 생각이 있느냐?" 뭐 그런 얘기도 하고 그랬을 거예요.

반　그분은 그러니까 잠깐 방문하러 오신 거죠?

박　그렇죠. 그냥 지나가시던 길이겠죠. 여차저차 하다 보니까 그러면은 관심 있으면, 난 뭐 실제로 돌아가서 뭐 한다는 개념이 전혀 없이 살았어요. 내가 이상한 게 내가 신문기자 한 그것도 그냥 건성으로 한 거지만, 그 미국 가면서 미국 가서 그다음에 뭐 한다는 생각은 전혀 계획이 없었어요 실제로, 개념도 없었고. 그게 신기해요.

반　그러니까 선생님 지난번에 쭉 말씀하신 거 보면 그때, 그때 상황에 따라서 이렇게 선택하시고, 쭉 길게 뭐 이런 거 갖고 계신 거는 아니고.

박　네 그런 거 같아요, 전혀 뭐.

반　그래도 뭐, 방향 자체를 크게 벗어나지는 않으신 거 같네요.

박　일단 뭐 좌우간에 그래서 김 선생님한테 "전 뭐 돌아갈 생각 안 한 것도 아니고, 뭐 그렇다고 뭐 돌아가면 뭐 하는지도 모르겠고 뭐 그렇다"고 그냥 그런 얘기를 했겠죠. 그랬더니 "오늘 저녁에 내가 심광웅이 집에서 저녁을 얻어먹기로 되어 있으니까 거기로 오라"고, "올 수 있느냐?"고. 그런데 바로 우리가 거기서 걸 어서 5분도 안 걸리는 가까운 데서 살았으니까. 그 심광웅이네 집에 "그럼 가겠 다"고 그랬더니, "이력서를 한 장 간단히", 뭐 간단하지 않을 수도 없겠죠 뭐, 이 력이 뭐 있다고. 그래서 "이력서를 한 장 간단히 써가지고 가지고 오라"고. "그럼 내가 한번 한국에 가서 직장을 알아볼 수도 있다"고 그러시길래 "아, 그럼 알았습 니다" 하고서는 그날 저녁에 이력서를 써다가 갖다드렸어요. 그것이 1976년 봄?

반 76년.

박 1976년 봄이나 그쯤일 거예요. 그 76년 봄쯤에 그런 접촉이 있고 나서 그 몇 달 뒤에 김학수 교수라는.

반 러시아어학과.

박 외대 교무처장이.

반 아, 러시아어학과 교수.

박 아, 아시나?

반 그렇죠. 그분은 저희 때는 없었는데요. 그냥 뭐 이렇게 러시아어학과에 내 려오신, 얘기가 내려오죠.

박 네. 김학수 교수가 편지를 했더라고요.

반 교무처장.

박 "우리 학교에 오시기로 결정이 됐다"고 우리, "우리 학교에 오시기로 결정 이 됐다"고 오시라고.

반 김준섭 교수님이 그럼 저쪽 무슨 그때 인연이 있으셨나? 그때 누구하고.

박 그 당시에 김준섭 교수는 외대 학장이 박술음(朴術音) 교수인데.

반 박술음 교수님하고?

박 네. 박술음 선생님하고 친했어요, 제가 듣기로는.

반 아, 그러니까 총장님을 아셨구나.

박 그래서 자기가 외대를, 네. 총장인 셈이죠. 당시에는 학장이라고 그랬지만,

물론. 박술음 학장하고 친구였기 때문에 이 양반이 그 박술음 선생 덕분에 외대에 철학 교양 과목을 여러 해 반복해서 맡으셨던 거 같아요. 그러다 보니까 박술음 선생 만나가지고서는 "아니, 여기서 '자연과학개론' 가르칠 적당한 친구, 이런 친구 있더라. 자연과학개론 선생으로 이 사람 쓰는 게 어떠냐?"

반 모시자.

박 그러니까 박술음 선생이야 뭐, 좋다고 그랬겠죠. 그래서 김학수 선생한테 "채용한 걸로 해라" 한 거 같아요, 그냥. 간단히 그냥 끝난 걸 거예요. 그래 그 당시에 외대에서는 그 교양과목 모든 과목을 전임교수를 한 명씩 모시려고 하고 있던 중이었어요. 그래서 나보다 1년쯤 전에 그 케이스로 이미 채용된 게 역사과의 신형식이라고.

반 신형식 교수님, 이대, 이대.

박 신형식 교수가 서울대 동기거든. 신형식 교수는 사대 역사교육과긴 하지만 동기예요. 그래가지고서는 그 신형식 교수가 나중에 그러더라고, 와봤더니. 그 신형식 교수가 성신여대로 달아나는 바람에 내가 외대에 들어와서 사용한 첫 연구실이 바로 신 교수가 쓰던 방이었지요. 77년에. 그래서 신형식 교수 방에 입방을 한 사람이 나예요. 물론 내가 외대 온 것은 원래는 자연과학 담당으로 된 것이어서, 역사 과목 가르친다고 채용된 것은 아니었지만 …….

반 서울캠퍼스에?

박 그렇죠, 서울이죠. 그때는.

반 선생님 사무실이, 연구실이 어디에 있었어요? 지금 어디 뭐 남아 있나요?

박 기억이 잘 안 나는데.

반 지금 아마 대학원 건물 쪽에 계셨나요? 지금 대학원. 아니 인문관 따로 저쪽에, 지금 대학원 거기나 아니면 뭐 이쪽 교수회관이.

박 지금 대학원?

반 네.

박 거기에 건물이 있기나 했나?

반　대학원 건물에 저기 그렇게, 그때도 막 연구실. 저도 처음에 거기서 연구실 썼는데요? 그 경제학과에 그 박 교수님 말씀하셨잖아요?

박　네, 박찬일.

반　박찬일, 아 생각나셨구나. 지난번에 말씀하신 분이 박찬일 교수군요. 박찬일 맞습니다. 상당히 유명했던 분이죠, 박찬일.

박　네, 좀 유명했었죠.

반　그분 연구실도 그쪽에 있었거든요, 제가 기억하기로는. 한번, 선생님 그때 외대 한번 구경 왔었을 때 그 박찬일 교수님 그쪽에 경제학과 거기에 있었어요.

박　박찬일 선생, 좌우간.

반　연구소 만들자고 하셨던 분.

박　네. 그 이야기 했나요, 지난번에?

반　네. 지난번에 말씀하셨는데, 그때 박찬일 교수님, 일찍 돌아가셨잖아요. 그렇죠?

박　네, 일찍 돌아가셨죠.

반　상당히 좋은 학자였다고.

박　아주 일찍 갔어요, 그 친구가 술을 많이.

반　선생님, 그래서 논문이 1년 후에 끝나니까 좀 이렇게 해서.

박　네, 그래가지고.

반　들어오신 거고, 늦게 들어오신 거죠. 사모님께서 먼저 돌아오셨나요?

박　아니에요.

반　같이, 같이?

박　아까 이야기했잖아요. 미국 시민.

반　시민권 신청하고?

박　네. 신청하고 기다리겠다고 저 사람 하는데, 일찍 들어오지는, 같이 들어왔죠. 좌우간 그래서 무슨 이야기하다가, 갑자기 또 생각이 안 나네.

반　외대 쪽에 그 오퍼(offer), 김준섭 교수님이 해서, 저 김학수 교수님 교무처장이 연락해서.

박　네. 김학수 교수가 연락을 해서 그래 가만히 생각해 보니까 그 논문을 마치고 가는 게 옳은 거 같아서 그걸 선배들한테 물어보고 그랬으면 좋았을 텐데. 내 평생 물어보지 않은 게 이게 병통이에요. 그래 그게 내.

반　큰일 날 뻔 했어요.

박　아니 그것도 그렇고 내가 박사 떨어진 것도 그래서 그래요, 사실. 나중에 보니까 다니엘 귁하고 그 아키다하고, 조지 아키다(George Akida)하고 이 사람들하고 한 번도 찾아가서 그 방으로나 집으로는 물론이고. 집으로 안 갔을 뿐 아니라 그 학교 교수실에도 찾아간 일이 없어요.

반　강의는 들으셨을 거 아니에요?

박　강의는 들었죠. 그래 강의 시간에만, 가서 강의 시간에만 앉았다 나왔지 한 번도 질문한 일도 없는 거 같고, 강의 시간에도. 그러니까 이 사람들 입장에서는 날 떨어뜨린 게 당연하다면 당연해요, 나중에 생각하면. 그러니까 내가 이 한국인 자체가.

이　잠깐만 또 하면은, 아니, 휴 강(Hugh Kang, 강희웅 교수)이 이사를 갔어요. 그 사람이, 제가 "조교로 있으면서, 아이, 이사 가시는데 또 뭐 한번 좀 들여다봐야 안 되겠느냐?" 그랬더니 "내가 왜 들여다보냐?"고.

박　좌우간에 그래서 그게 내 인생에 좀 잘못한 그런 것이라는 것은 느끼는데, 또 뭐 그게 인이 박혀서 그렇게 계속 그러고 살아왔는데. 좌우간 그래서 전혀 선생님, 선생님이라 해가지고 찾아가서 묻기를 해야 하는데. "선생님" 그러면 선생님들도 뭐 자기 아는 대로 좀 가르치기도 하고 그러려고 했을 텐데.

반　아무래도.

박　전혀 찾아오지도 않고.

반　아무래도 좀 낫죠.

박　네. 찾아오지도 않고. 그런 녀석이 말이야, 박사는 하겠다고.

반 공식적으로만 접촉하고 그러신 거죠.

박 네. 그러니까는 내가 인생에 잘못한 부분일 거예요. 좌우간 그 이야기가 왜 나왔어요, 그런데.

반 외대로 바로 간다고 하고 바로 오셨어야 했는데 1년 논문 끝날 때까지 기다려라, 이렇게 하신 거죠. 그런데 그렇게 해서 뭐 손해 보신 것은 없으시잖아요.

박 손해 봤죠.

반 기간?

이 근무 연한이.

반 근무 연한에 좀 손해 보셨구나. 나중에.

박 네. 많이 손해 난 것 같아요, 당시에는 전혀 몰랐으니까.

반 바로 오셨어야 됐는데. 논문이야 나중에 내시면 되는데.

박 그런데 그거를 내가 알아볼 사람이 없다고 생각했는데, 거기 하와이에도 한국 대학에 교수로 있던 사람 다 있잖아요.

반 그렇죠.

박 그러면 그 약간 선배도 있고, 교수 하는 사람들, 하던 사람 누가 있을 거고 하와이에.

반 그럼 당연히 그랬겠죠, 조언했을 텐데.

박 그거 물어보면 조금, 네. 그냥 지금 가는 게 좋겠다고 이야기할 사람이 분명히 있었을 텐데. 그런 생각은 아예 해보지도 않았어요. 그래가지고 나 혼자 생각해 가지고 아니 논문을 내가 지금 급히 쓰면 쓸 수 있을 거 같은데. 1년 연기하면 될 텐데 ……

반 선생님은 논문이 우선이라고 생각하신 거죠.

박 네.

반 선생님, 다행히 그래도 결정되어서 기다려서 그렇지, 만약에 또 자리가 없어졌을 수도 있잖아요.

이 그러게 말이에요.

반 다른 사람이 들어오면 ……. 물론 다행히 그렇게 안 됐지만은.

박 그런 사람은 적었던 거 같긴 한데.

반 그럴 수도 있어요.

박 네, 맞을 수도 있어요.

반 요즘에는 뭐 잘못되면은.

박 좌우간 그래가지고서는 내가 1년을 기다렸죠.

반 1년을 손해 보시고.

박 기다렸다가 77년 2월에 와서 근무를 했죠, 제일 처음에.

이 이 이야기 나온 김에요, 우리 반 교수님한테 그거 저기 당신 부총장 해가지고 저기 실수해서 그거 연금이 줄어든 …….

박 그 이야긴 했어요.

반 그 이야기도 지난번에 말씀하셨어요.

이 아, 그랬어요?

박 교수회의 할 때.

반 여러 번 이야기하시고 했어요.

박 그 충고를 했어요, 조심하시라고.

이 참고 사항, 참고 사항이에요.

박 그 좌우간 그래가지고 1년 후에 논문을 써서 그야말로 다행히 통과를 해서 그 좀 무사하게 돌아와서 활동을 하는데, 내가 미국, 미국서 박사학위를 떨어졌 잖아요? 그 이야기 돌아와서 몇 년 후에는 ≪한국일보≫에도 한 번 쓰고 몇 군데 도 이야기를 했어요.

반 아, 그걸 쓰셨군요.

박 사실을. 그 좀 특이한 일이기도 하고 내가 어떻게 보면, 와서는 뭐 그런 이 야기해 봤자 별로 뭐 흠이 될 것도 아닌 거 같기도 하고, 그래서 이야기를 했는데. 그런데 내가 한 번은 무슨 전화를, 이런 이야기는, 남한테 한 일이 별로 없을 거 같은데 한 번은 《조선일보》에서 전화를 받았어요. 《조선일보》 문화부에 박 아무개라고 하면서 이름은 지금 생각이 안 나는데, 내가 아는 사람이에요, 평소에 알던 사람인데. 그런데 전화했어. 그래서 갑자기 전화를 하더니 나보고 "아, 선생님 저 선생님 학위논문 가지고 계신 거 있나?"고, "집에". 그 이야기 전에 한 적 있어요?

반　아니요, 처음입니다.

박　그래요. 전화를 해가지고 그런 질문을 하더라고요. 아니, "오시라"고 "있다"고. 그 지금은 있나 모르겠네. 아, 지금은 내가 책이 그게 학위논문인 셈인데 뭐.

반　그렇지요.

박　아, 그렇지만 그게 학위 논문이라고는, 그 누가 뭐. 네. 참 학위논문인데 영어로 썼으니까.

반　영어로.

박　영어 학위 논문이 그래서 "그거 있다"고. 그거 뭐 보시면 볼 수 있겠다는 이야기를 했죠. 그런데 가만히 전화를 끊고 나서 생각하니까 이상하단 말이야. 그 사람이 갑자기 내 학위논문을 관심을 갖는 게. 그때가 뭐냐면 학위논문 사기, 그게 우리나라에서 가끔 문제가 되잖아요. 있을 때마다 되는데 누군가 내 학위논문이 없을 거라고 밀고한, 신문사에. 그런 케이스가 있지 않았을까. 왜냐면 내가 학위논문을 가지고 문제 삼는, 저 문제가 됐었다는 걸 아는 사람은.

반　그 논문도 못 쓰고 학위를 받았다고 거짓말한다고 어떤 사람이 밀고했을 수도 있다는 거죠?

박　그렇죠, 네.

반　그 기자한테요?

박　네, 그런 게 아닌가 하는 심증이 있는데.

반　나중에 깨달으신 거고?

박 네. 알 수 없죠. 그런, 그런 생각이 지금도 어쩌다가 가끔 들 정도예요. 그럴 수가 있죠. 왜냐면 누군가 내 사정을 조금 아는 사람은. 그리고 나에 대해서 좀 기분이 나쁜 사람부터 그럴 수가 있겠죠.

반 악의적으로 할 수 있죠.

박 뭐 대단히 악의적이 아닐지도 모르죠, 그 친구.

반 그 양반 못 냈을 거다, 뭐 이렇게.

박 '못 냈을 거다' 이렇게 생각할 수도 있죠. 그래서 그런 문제가 생기지 않았나. 그래서 그 사람이 전화까지. 그런데 그 기자가 정말로 내 집에 와서 뭐 보겠다고는 안 했어요.

반 일단 확인 전화.

박 묻기만 괜히 한 번 했지.

8. 과학사 보급과 음력 설

반 자 그러면, 선생님 한국에 오셔가지고 지난번에 말씀하신 건데 이 과학, 과학 그 학계, 학계 쪽이나 이쪽에서 선생님이 이렇게 던지신 게 아까 신문 그쪽에 이렇게 감각, 언론인으로서의 감각 같은 거 말씀하셨는데 몇 가지 던진 화두가 있잖아요. '민족 과학'이니 뭐 이렇게 용어라든가 이런 것들은 좀 몇 개 있는 거 같아요. 그 서너 개 있으신 거 같은데. 그러니까 일반 대중이 좀 이렇게 과학에 대해서 관심을 갖고 뭐 이런 이야기⋯⋯.

박 그런데 과학에 대해서.

반 일부러 제기하신 건 아니죠?

박 그때의 사회적인 욕구가 있어서.

반 분위기가 그렇게.

박 그렇게 이야기가 나오게 된 거죠. '민족 과학' 이야기는 사실은.

반 선생님 의도하고는 좀 약간 다르게 해석이 된 거죠?

박 네. 좀 다르게, 네. 이야기가 되는 경향이 있는데, 뭐 상관없고. 좌우간 '민족 과학' 이야긴 왜 나왔느냐면 우리나라도 과학을 발전시켜야 된다는 그 명제 같은 것은 무슨 있을 수 있는 문제인데. 그런데 그 방법으로 자꾸 서양 사람들이 하는 거를 그대로 흉내 내려고 하는 경향이 좀 너무 심하지 않느냐. 그렇게 해가 지고는 우리 나름의 어떤 과학적인 전통이 세워지기가 어려우니까 우리 것을 좀 알아가지고, 그러니까 결국 과학사 보급 이야기예요. 과학사를 좀 해가지고 거기에 그 우리에게 알맞은 …….

반 맞는, 네.

박 맞는 그런 어떤 연구 시설이나 연구 시스템이나 이런 것을 개발해 가야 될 게 아니냐, 그래서 그런 노력을 좀 하자 하는 이야기로 그 '민족 과학'이란 말을 쓴 건데. 그게 마치, 그래서 그거 얘기할 때는 항상 내가 독일 사람들이 2차 대전 전에 이미 나치스(Nazis)하에서 더구나 그런 비슷한 운동이 좀 많이 했었기 때문에 그것이 그 내셔널 사이언스(National Sciences)라는 용어가 되어가지고 독일 사람들이 전 세계적으로 퍼뜨린 일도 있는데, 그거는 내가 이야기하는 거하고는 좀 다르고. 독일 사람들이 그 한 거는 유대인이던 아인슈타인(Albert Einstein) 이런 사람들 비난하기 위해서 했던 점도 있고. 아인슈타인과는 이론이 전혀 상극인 그런 사람의 그 주장이 바로 그 독일적인 과학이고. 그 아인슈타인 과학은 집시, 아 뭐라 그러지. "유대인 과학이다" 해가지고 비난하고 이런 식으로 나왔으니까, 그건 아니고. 우리나라의 역사를 되짚어 보면 뭔가 우리에게 더 맞는, 그런 그 어떤 시스템이나 이런 거를 생각해 낼 수 있지 않겠느냐. 그런 노력을 하자. 그래가지고 예를 들면, 아 그러다 보니까 그 연결되는 게 내가 음력을.

반 네. 음력.

박 굉장히 강조한 것처럼 됐는데. 그것도 내가 음력을 뭐 쓰자는, 전부 쓰자는 이야기가 아니라, 음력이 잘못된.

반 잘못 인식, 네.

박 음력이 잘못된 것이어서 버린다고 생각을 하는데 ……, 그거는 아니다. 음력이 과학적으로만 따지면 오히려 더 과학적이라고도 할 수 있다. 왜냐하면 한 번은 전화가 왔어요, 문교부 차관이라는 사람이. 아냐, 공보부 차관이었다. 문공부 차관이라는 사람이 이름은 모르겠고. 기억 안 납니다.

반 70년대니까 문공부죠.

박 차관이라는 사람이 전화를 했는데 "선생님, 과학사에 대해서 전공을 하신 걸로 알고 있는데 그 음력이라는 게 과학적인 근거가 있습니까?" 이런 질문을 하더라고요. 아, 나 참, 기가 딱 차더라고요. 그래서 설명을 좀 해주고 그런 적이 있거든요. 그런데 우리나라 보통 사람들 생각이 음력이라 그러면 미신이라고 생각하기가 쉽잖아요, 그런데 전혀 그게 아니거든. 음력이라는 것도 2000년 동안에.

반 나름대로.

박 조금씩, 조금씩 발전해 가지고 있고, 양력보다도 과학적인, 순전히 과학적으로만 치면 양력보다 오히려 더 과학적이에요. 쉽게 이야기하면 양력은 2월 28일인가 하고 7, 8월이 연속 31일이라는 거 설명이 안 되잖아요. 말이 안 되는 거 아니에요, 그건 인위적인 거지. 그런데 음력은 완전히 자연적인 거거든요. 자연현상을 설명하는 방향으로 날짜를 정한 것뿐이에요. 그렇기 때문에 음력이 더 과학적이라면 과학적인 측면이 있는데. 좌우간 그런 의미에서도 그렇고 우리가 전통적으로 썼는데, 그렇기 때문에 그 음력 설을 복권시키자 하는 내 주장을 여러 해 동안 했죠. 그게.

반 그래서 관철?

박 그게 또 관철됐는데.

이 노태우 때.

박 내 입장에서 유일하게 내가 주장한 게 성공적으로 실현된 거는 그거뿐이에요.

반 그렇습니까, 선생님. 그거 하나밖에 없습니까?

박   그거밖에 없어요, 내가 고치자는 게 여러 개 있었는데.

반   그래도 엄청난 거죠, 그거면.

박   재미있는 거죠. 재미있는 성과라면 재미있는 성과죠. 왜냐하면 그런 주장을 오래 했는데, 여러 해 했는데. 이런 전, 또 내가 그 잡지나 신문에 계속 글을 쓰고 방송도 많이 하고 그랬으니까. 그런 방송을 계속하고 그리고 다니니까 88올림픽 전해지, 그러니까 87년이었나? 그때 그 노태우가, 노태우가 정권을 잡은 게 언제야. 노태우가 대통령이 된.

반   그렇죠, 87년 선거에서 됐죠.

박   87년인가?

반   그렇죠, 그래서 88년.

이   88올림픽 때.

박   네, 87년 선거에서.

반   취임해서.

박   88년에 그럼.

반   올림픽하고.

박   88년 2, 2월에. 그 사람 1년 전에.

반   취임을 그때.

박   88년 2월에 취임했나?

반   그렇죠. 87년에 선거가 있었고. 87체제라는 게.

박   아, 87년 말에 선거했구나.

반   양 김 씨하고 이렇게 해서 김현희 사건 해서 그해 말에 했었죠. 88년 2월 달에 취임해 가지고.

박   됐어요.

반   88올림픽을 노태우 대통령이 주도했죠.

박   그러니까 88.

반　맞습니다.

박　88년 2월에 취임해서.

반　2월에 취임한 거죠?

박　그때 8월인가 9월에 올림픽 할 때.

반　그렇죠, 네.

박　그 사람이 주도를 해서.

반　주도를 한 거죠.

박　그러니까 그 사람이 취임 1년 뒤가 89년이죠.

반　89년, 그렇죠.

박　89년 2월에 노태우가 취임 1년이 되는데, 그 2월이 되는 직전이 바로 그해 1월이 아니에요? 그 89년 1월 8일 자 《한겨레신문》에. 내가 다시 글을 써서 음력이 더 과학적이라고 주장했거든요. 《한겨레신문》 창간하고 조금 후서부터 반년인가 동안에 칼럼을 맡아 썼거든요, 《한겨레신문》 1면 칼럼을 …….

반　네, 《한겨레신문》.

박　1면에 칼럼을 썼는데 리영희, 백낙청, 고은 등등 한 10명이 그 칼럼을 돌아가며 썼거든요.

반　"음력이 양력보다 과학적"이라는 칼럼을 쓰셨네요.

박　네. 좌우간 그런 칼럼, 《한겨레신문》에서 썼으니까. 그 전에도 물론 여러 해 동안 비슷한 글을 많이 썼고 ……. 또 《한겨레신문》에는 바로 아주 길게 해설 기사도 써주었던 기억이 나요. 아마 그 기사는 '설'이 복권된 다음이었던 것 같지만 …….

반　여러 해 여기저기에 썼으니까, 그게 최후적으로.

박　그게 그 직후 각의에서 논의가 된 거예요.

반　그렇죠.

박　1월.

반 공휴일 전환, 네 공휴일 전환으로.

박 네. 그래가지고서는 이 사람들이 지들 멋대로 나한테 전화 한 통도 한 적이 없어요, 그거는. 그 기사 때문에 한 거는 뭐 누가 봐도 뻔한데.

반 기사, 칼럼 보고서 ······.

박 네. 내가 쓴 기사를 보고 얘기들이 나왔겠죠. 왜 그게 당시 노태우 내각 장관들이 논의할 안건이 되느냐? 노태우가 대통령에 당선되면서, 당선되기 전에 공약으로 내 걸었던 게 "내가 대통령으로 당선되면 1년 뒤에 재신임을 받겠다" 했어요.

반 맞아요.

박 "재신임 투표를 하겠다" 그랬어요. 그럼 투표를 하려면 한 표라도 긁어모아야 ······. 그러니까 선심을 써서 공휴일 사흘을 만들어 인심을 얻으려고 설을 갑자기 되살리게 된 거지요. 그때까지는 그 설날이라고도 안 하면서 뭐라고 했느냐면 '민속의 날'이라고 했어요.

반 민속의 날, 네.

박 민속의 날. 그 민속의 날을 '설'로 고치면서 ······. 이렇게 된 거죠. 그것 때문에 이 사람들이 갑자기.

반 정치적으로 이용이 됐든 어쨌든, 어쨌든 선생님이 칼럼 쭉 쓰셨던 게 영향이 미쳤겠네요.

박 그래서 내가 그렇게 해준 게 틀림없는 일이고, 더구나 한 달쯤 뒤에는 북한에서도 설을 정식 공휴일로 정했어요.

반 그렇구나.

반 나는 틀림없이 김일성이가 내가 쓴 글을 읽어서 그랬다고 주장을 하고, 애들한테 강의할 때에도, 그때도 그렇게 강의를 했어요, 과학사 강의. 숱하게 애들한테 했으니까 그 시절에.

반 뭐 읽었겠죠, 선생님.

박 뭐 그랬는지 아닌지 알 수 없죠, 김일성한테 물어본 일도 없고. 여하간에 그런 재미있는 일이 있었죠.

9. 과학사학계의 초기 모습과 후속 세대 학자들

반 자, 시간이 벌써 많이 지났습니다. 선생님, 저희들이 준비한 질문은 대충 다 드렸는데, 그 학계 쪽에 선생님 좀 후계자라고 할 수 있을까. 뭐 저 학계에서 선생님 그 뜻을 좀 이어받고 있는 그런 학자들이 좀 있습니까?

박 제가.

반 외대에서는 좀 아쉬운 점이 있고.

박 외대에는 좀 미안한데…….

반 미안한 거보다도, 선생님.

박 아니, 외대에는 내가 미안하죠.

반 외대에서 선생님한테 그걸 못해준 거는 있죠.

박 아니 그건 뭐.

반 과학학과도 안 만들어주고 뭐. (웃음)

박 안 만들어준 게 아니라, 내가 신청도 안 했어요, 외대에.

반 그렇습니까?

박 안병만 씨가 총장 할 때인데.

반 선생님께서 노력하셨으면 됐을 수도 있겠네요. 그 당시에 됐을 거 같은데, 선생님 아마.

박 아니 아니. 총장을 안병만 씨가 했을 때고, 내가 부총장을 할 때에 과학학과를 만들 기회는 있었다면 있었는데, 그때 내가 신청을 하지 않았어요. 그런데 어떻게 보면 내 잘못이기도 하고 내가 나서지 않는 고약한 성격이 나타난 거기도 하고, 약간 후회스럽긴 하지만……. 그렇지만 내가 나섰다고 됐을 거 같지도 않았었죠. 왜냐하면 안병만 씨 입장에서는 그 용인에 학교를 만들고 이공과를 만들어 그쪽을 확장을 조금이라도 시켜봐야 되는데, 지금. 그런데 그 과학학과 니 뭐 이런 거 어정쩡한 학과를 만들자는 이야기에 귀를 기울이기가 어려웠겠 죠, 내가 지금 생각해도 ······.

반 요즘엔 뭐 융합이니 뭐니 많이 하니까. 우리가 탁 만들면.

박 지금은 이야기가 다르죠.

반 오히려 그냥 앞에서 우선적으로 했을 텐데.

박 좌우간 그러니까 그 이야기가 되는데 그 과학사라는 분야가 내가 77년에 귀국을 하는데 귀국하기 좀 전서부터 약간 그 활성화가 되고는 있었어요. 왜냐 하면 송상용 교수가 나보다 먼저, 훨씬 먼저 귀국을 했죠. 그런데 그 양반은 나 하고 똑같은 해에 미국을 가가지고 그 양반은 바로 내 이웃의 인디애나 대학에 다니고.

반 인디애나, 네.

박 나는 캔자스 대학을 다녔고. 둘 다 과학사 학과가 있는 대학원을 다니긴 했 는데, 인디애나가 과학사 학과로서는 아마 캔자스보다 조금 더 나았을 거 같기 는 해요.

반 아, 교수진이요?

박 네. 송 교수가 그 과학사를 공부하고 귀국을 했는데, 그 양반은 박사학위 받을 생각은 하지도 않고 아예. 이왕 미국까지 갔으면 박사학위 받을 생각을 했 을 법도 한데 ······.

반 학위를 안 받으셨군요?

박 그냥 석사만 하고 돌아왔어요. 그러니까 아주 일찌감치 돌아왔죠. 그 양반 이 돌아온 게 70년대 초일걸요.

반 제가 75년 때 강의를 들었어요.

박 네.

반 그 송상용 교수님, 서울대학교?

박 맞아요.

반 그때 강의 나오셨던, 강사.

박 강사죠.

반 전임 아니셨던 거 같고.

박 전임은 아니죠.

반 자연과학개론인가 뭐 그러셨던 거 같은데.

박 네.

반 필수과목으로.

박 1967년 2월, 3월에 미국 간 거는 마찬가지고.

반 아, 같은 시기인데 학위는 안하셨구나.

박 그런데 서로 몰랐어요. 서로 그런 사람이 있는 줄은 피차 모른 채.

반 한국에 계실 땐 모르고, 그냥 나중에 학계에서 만나셨네요.

박 그리고, 그리고 그 양반은 2년이나 3년 뒤에 귀국했으니까. 아마 70년대 초에 이미 나왔을 거예요. 71년이나 뭐 70년이나에 귀국을 했을 거예요, 난 77년에 나왔으니까, 송 교수보다 6년쯤 뒤에 …….

반 그렇지요. 그분은 학위를 하지 않고 나오셨으니까.

박 훨씬 전에 이미 나왔죠. 그런데 나와서 이 양반은, 이 양반은 대학에 이런 데 눈이 좀 밝은 사람이어서 친구들도 굉장히 많고, 또 나하고 전혀 정반대 성격이에요. 굉장히 아웃고잉(outgoing)하는 양반이거든. 그래 사람들하고 많이 사귀고 그리고 그걸 좋아하고 또 실제로. 그 사람들하고 잘 사귀는 양반인데 그 양반이 돌아와서는 또 아는 사람도 많고 그러니깐 대학에 자리를 얻을 수 있는 걸로 생각을 했어요. 그 이야기는 나한테 보낸 편지를 보니까 나중에 나타나는데. 그런데 실망을 많이 하죠. 여러 해 동안 실망을, 왜냐하면 취직은 잘 안 되니까.

반 상처를 많이 받으신?

박   상처를 많이 받았겠죠. 그런 상황 속에서 그런대로 과학사학회라는 거를 이 양반이, 원래 자기가 관장해서 만들었었어요, 이미 대학원생 때. 그런데 그 학회를 다시 부흥시켜 가지고 그 회의를 주선해서 뭐 이런저런 회의도 하고 그러고 있었어요, 송 교수가. 그럴 때 나하고 교류가 시작된 거예요, 내가 미국에 있을 때. 아마 70 한 4, 5년쯤에 그 양반이 처음에 나한테 편지를 보냈을 거예요. 그래가지고 그 전상운(全相運, 1932~2018) 교수가.

반   전상운 교수님.

박   네. 추천을 해서 나라는 사람 주소를 알려줘 가지고, 나한테 편지를 해서.

반   그래서 연락을 하신 거죠.

박   편지 교류를 시작해서, 그때부터 어느 정도 정기적으로 그 편지를 그 양반이 보내고 나도 답장을 하고, 그렇게 해서 교류가 됐죠. 그래 송 교수는 나보다 2년 선배예요. 문리대, 그 사람은 화학과.

반   선생님께서는 외대에 쭉 계셨고 송상용 교수는 여러 대학을 옮기셨죠? 한림대 뭐, 서울대 뭐 이렇게 해서.

박   그건 또 어떤 사정이 있냐면.

반   또 시국 사건도 관련되시고.

박   그건 또 어떤 사정이 있냐면 그 양반이 여기저기 관여를 많이 하고, 활동을 많이 하는 양반이다 보니까 물의도 좀 일으켰겠죠. 그래서 그런 일이 벌어졌을 텐데. 그 양반이 그러니까 처음에 들어왔을 때 취직이 안 되니까 강사 자리만 있으면 쫓아다니고 강의를 했단 말이에요. 과학사라는 게 이미 조금 사회에 알려졌을 거예요, 그 양반 덕에. 그런데 77년 내가 귀국한 데다가 그해 또 내 바로 뒤에 김영식 교수라는 사람이.

반   김영식 교수, 네.

박   귀국을 했어요. 김영식 교수는 서울대학교 전임이 되어가지고, 화학과에. 그런데 과학사 전공한다고 이미 알려진 사람인데 조금. 그런 사람이 화학과 전임교수가 되어서 서울대학에 들어가니까 그 자리도 그 송상용 교수는 화학과 출신이거든.

반 아, 자기 자리로 생각할 수도 있었겠네요.

박 네, 약간 그런.

반 그죠?

박 상처를 입은 것이 아닌가 싶은 생각은 드는데, 좌우간에 그러니깐 송 교수는 그때까진 서울대학에 '어떻게 과학사 자리만 만들면 갈 수 있으려니' 하는 생각은 한 거 같은데. 내게 온 편지에도 그런 느낌이 나는 듯해요. 내게 온 편지를 정리한다는 이야기했죠?

반 네.

박 그런 편지, 송 교수 편지가 굉장히 많아요, 보니까. 그런데 그런 게 좀 나오기도 하는데 그 편지를 누구 주기도 그렇고. 어디다가 보관을 해두는 게 좋을 거 같은데. 과학사, 우리나라 과학사의.

반 자 그러면 선생님, 제자 격의 후학들 말씀을 좀……

박 그 이야기. 그래서 그런 연구도 있어서 77년부터 과학사가 상당히 활발해져요. 내 자랑보다도 김영식, 나, 송 교수 이게 합쳐지니까.

반 트로이카군요.

박 네. 확실히 효과가 있었고, 거기에다가 먼저 활동하신 전상운 교수가 있었고. 전북대학에 오진곤(吳鎭坤, 1935~2015) 교수라는 오래 활동한 교수도 있었어요.

반 오진곤.

박 그런 양반들이 원래 과학사 하는 분들로 알려져, 사회에 좀 알려져 있고 그러다 보니까 과학사 전임자가 제법 생긴 거예요, 한꺼번에. 그러면서 송 교수가 재수 좋게 그런대로, 재수 좋게 그런대로 성균관대학교 전임이 된 거예요.

반 아, 그러시구나.

박 내가 온 그때 아마 거의 동시에 전임으로.

반 학위가 없음에도 불구하고.

박 전임인데 그게 다른 후원자들 덕분에 전임은 되었지만. 어떤 이상한 일이냐 하면, 낙농과 교수였어요.

반 전공하신 학과가 아니고?

박 우유가 중심인 학과 ······.

반 낙농과가 어떻게 연결이 되나요?

박 그러니까. 그러니까는 총장한테는 신임을 얻어서 전임 자리는 구했는데. 그때만 해도 아마 총장 입김이 셌겠죠, 세상에.

반 그렇죠.

박 요즘 같으면 어림없는데.

반 어림없는 일이죠.

박 어느 학교나. 그러니깐 그 전임교수를 시킨다고는 하는데, 들여보내야 할 사학과에서는 반대하고, 그러다 보니깐 낙농과라는 좀 느슨했던 신생 학과였던 모양이지요.

반 그 교수진.

박 어정쩡하게 그런 상태에서 전임이 되니깐 송 교수도 좀.

반 불편하죠.

박 기분이 좀 불편하겠죠.

반 성대 낙농과?

박 그런 상황에서 그 송 교수는 좀 더 이것저것 그리고 다니다 보니까.

반 바깥으로 또 활동하시고.

박 그때가 또 1970년대 말에서 1980년 전후가 우리나라 굉장히 혼란할 때 아니에요?

반 격동기.

박 그러다 보니까 무슨 일이 생겼냐면, 시국선언 뭐 나서는 게 있었어요. 그 시국선언 나서는 때에 송 교수는, 송 교수도 사인하고, 나도 사인했을 거예요. 그런데 거기에서, 그래서 나는 붙잡혀 가게 됐는데, 그 외대 교수할 때 붙잡혀 갔었어요.

반 그때 시국선언문에 서명하고 그건 외대 교수님이 별로 많지 않으셨을 텐데. 선생님도 위험할 뻔하셨네요, 그때.

박 위험한 게 아니라 실제로 당했었죠.

반 전두환이 그때는 5공, 그러니까 어떻게 당하셨어요?

박 언제인지 기억이 없는데 좌우간.

반 5공 때겠죠 뭐, 선생님.

박 몰라요, 좌우간 언제 땐지 기억이 잘 없는데, 저때.

반 전두환.

박 저, 광주사태.

반 아.

박 그 몇 년이에요?

반 80년도.

박 80이에요?

반 네.

이 그때 80년도에요.

반 아, 그 살벌할 땐데.

박 80년 5월 며칠인가에 내가 붙잡혀 갔어요.

반 아이고, 그럼.

이 남산에.

반 살벌할 땐데.

박 살벌할 때쯤일 거예요.

반 아이고, 진짜 살벌할 땐데.

이　아유, 그때 제가 잠을 집에서 못 잤어요.

박　날 붙잡아 간 거는 예비검속이에요, 들어가 보니까. 왜냐하면 새벽에 …….

반　그런데, 선생님 서명하셨기 때문에 예비검속 당하신 거죠?

박　했었어요, 좌우간. 그 비슷한, 같은 케이스일 거예요. 송 교수도 사인을 했을 거고. 거기서 걸렸는데 나는 하루 가서 자고 왔고, 실제로 자지는 못 했지만 ……. 좌우간 들어가서 남산에서, 남산으로 끌려갔었는데 새벽에 젊은 청년 둘이 와가지고 나보고 "가자" 그러더라고. 그래서 칫솔, 치약만 챙겨가지고 갔었죠.

반　집으로 쳐들어온 거예요?

박　집으로 새벽에 왔어요.

반　사모님도 계셨고요?

박　물론.

반　아이고.

이　제가 얼마나 놀랐는지. 그 사람들이 이래 왔는데 "짐, 가방을 싸라"고 그래요. 그래 가방 도대체가 며칠을 갔다가 들어올 건가 이래서, 내가 "내의를 갖다가 몇 개를 쌀까요?" 물었다고. 내의 수만큼 재울 거 같아서 그랬더니.

박　좌우간 그래서 칫솔, 치약만 가지고 따라가서 그랬더니 그런 거 타보셨어요?

반　밖이 안 보이는 검은 차를 타신 건가요?

박　아니, 좌우간.

반　시커먼 거.

박　네. 시커먼, 시커먼 차의 양쪽에.

반　눈은 안 가리셨습니까?

박　양쪽에서 나보고 "고개 숙이라"고.

반　숙이라 그랬어요?

박　양쪽에 앉더니 "숙이라"고 그래서 숙이고서 갔더니 나중에 봤더니 남산이더라고, 그 좌우간에.

반 지금은 공개되어 가지고 다 들어갈 수 있습니다.

박 남산 거기 들어가서 하루를 지냈는데 그때가 마침 꽁보리밥이 유행하던 때에요. 그날 꽁보리밥을 나를 주더라고. 뭐 그 약 먹일라고 준 게 아니라, 그러니까 고생시킬라고 준 게 아니라 ……

반 콩밥이 아니고 꽁보리밥이에요?

이 꽁보리밥.

반 콩밥이 아니에요?

박 그 기억 없어요? 실제로 그런 시절이 있었어요, 꽁보리밥 몸에 좋다고 하면서.

반 그래도 중정이라서 꽁보리 줬네.

박 그때 우리나라에 왜 그랬다고 그러더라? 좌우간 꽁보리밥을 한때 유행한 적이 있었어요.

반 혼식 장려, 그거 때문이겠죠, 뭐.

박 몰라요, 그런 것이 있었어요.

반 그래도 대접은 한 거 같은데요, 감옥에서는 콩밥이고.

박 잘못된 건 아니고. 꽁보리밥, 고추장 주고, 왜 그거 먹으라고.

반 그럼 제대로 드셨네.

박 밥은 먹이고 그다음에 밤새워서 뭘 쓰라고 하더라고요.

반 자술서.

박 네, 자술서 쓰라 그러고 그것만 하고 다음에 나왔죠, 다음 날.

반 고문당하신 건 없고요.

박 아니.

반 그냥 점잖게 받으셨네요.

박 이야기 그렇게 안 했어요.

반 사모님은 걱정 많으셨겠네요.

박 나를 심문한 친구는 "고려대학교 뭐 법학과 다녔는데 고시도 떨어지고 해서 이거 한다"는 식으로 …….

반 이야기를. (웃음)

박 편하게 지냈죠. 그래고, 그래가지고서는 나왔는데, 다음 날 점심때쯤 내보내더라고요. 내보냈는데 아니 데려다주지도 않고 말이야.

반 그냥 거기.

박 남산에 가서, 남산에 저 택시 타고.

반 길거리에 내려주고.

박 네. 길거리까지 데려다주고 나보고 택시 타고 가라고 그랬나? 돈도 안 준거 같아요.

반 안 주죠.

박 내게 돈이 있었나 봐요. 그래 택시 타고 집에 왔나 그런 기억이 있었는데.

반 아이고.

박 그런데 그러고 나서 나한테 떨어진 벌이 뭐냐면, 그 당시에 내가 학보사 주간이었을 거예요. 학보사 주간도 잘리고 그다음에 외국에 1년 동안 못 나간다.

반 여행 금지.

박 네. 그다음에 "학교에서 보직 못 맡는다" 하는 거예요. 그런 정도였을 거예요. 그런데 그때 송 교수는 더 심하게 판정을 받아가지고.

반 그냥 잘리신 거지요?

박 그 당시에.

박 해직 교수가 됐나?

반 네, 그럴 거 같은데요.

박 좌우간 그랬을 거예요. 그래서 그 양반이 해직되는 바람에 그 양반이 강사를 여기저기 뛰었거든. 그 인하대학교는 아주 열심히 이 양반이 뛰기도 하고, 갑자기 그러다 보니까 인하대학으로서는 강사 구하기가. 왜냐면 지방대학인 셈이니까. 그래서 인하대학을 "그럼 내가 대신 맡아주겠다" 해가지고 인하대학을 1년인가 2년을 내가 일부러 우정 출연을 해줬죠.

반   일부 강의를 하신 거네요.

박   불편하지만 마침 우리 집 앞에서 인하대학 통근 버스가 다녔어요. 우리가 터미널 그 바로 뒷동네 살았거든. 그런데 터미널에서 인하대학교 통근 버스가 있었어요, 새벽에. 그래 그거 타고 가서 강의해 주고 그런 기억이 있죠. 좌우간 그런 식으로 해서 과학사가 좀 보급되니까 과학사학과를 만들어야 된다고 여론이 우리 나름대로는 자꾸 이야기를 하고 그랬었거든요. 그러자 84년, 83년의 이야기겠지. 83년쯤에 그 과학학과라는 거를 만들어, 만들고 싶으면 신청하라는.

반   그때 이야기가 나온 거네요.

박   공문이 전국에 나왔어요.

반   전국 대학에.

박   교육부에서. 그러자 몇몇 대학에서 신청을 했죠. 그래 대학원에서 신청한 학교가 있고, 대학에서 신청한 학교가 이렇게 있는데, 대학에서 신청한 학교 중에 유일하게 성공한 데가 전북대학교예요.

반   전북대, 오 교수님이.

박   전주에.

반   오진곤 교수님.

박   네, 오진곤 교수가 있었던, 오진곤 교수가 거기 출신으로 그 과학사라는 걸 평생에 말하자면, 주로 일본책을 번역·번안해 가지고 책을 자꾸 내고, 그래가지고 과학사 하고 다닌 사람이니까 그런대로 공헌이 있다면 아주 많은 사람이죠. 그 양반이 과학사학과는 아니지만, '과학학과'라고 이름 붙인 아무래도 과학사가 중심일 수밖에 없는 그런 학과를 만들게 되었죠.

반   중심.

박   되기가 쉬우니까, 그래서도 더구나 그랬겠고. 그래서 자기가 또 자기 밑이니까, 그곳 출신, 전주 사람이고. 그래서 신청했더니 거기가 됐고. 그다음에 대학원 된 데가 서울대학이고, 고려대학이고, 중앙대학이 됐어요, 대학원 있는 데가, 건국대학인가도 뭐 좀 됐을 거예요. 그렇게, 그래서 대학원이 됐고. 그래가지고 중앙대학과 고려대학은 지금도 아마 약간 좀 되고 있는 거 같고. 서울대학은 꾸준히 길렀죠. 그래 서울대학에선 84년부터 과학사학과라는 걸, 과학사학과라고는 안 했어요, 과학사·과학철학 협동과정.

반　협동과정, 대학원이니까.

박　그런 이름으로 대학원 과정을 했는데 그때 과학사를 한국에서 하는 한국과학사는 없잖아요. 그러니까 할 수 없으니깐 나보고 "강의를 맡아달라" 그래가지고 처음에 2~3년쯤은 내가 강의를. 과학사 과정에 그 한국과학사 쪽을 내가 맡기로 했어요. 그것도 약간의 한 건 있지만, 좌우간 내가 뭐 결과적으론 맡아주기로 해서 강의를 했는데 첫 학기 나가다 보니깐 꾀가 슬슬 생기는 게, 아니 내가 서울대학 교수도 아닌데 말이야. 난 서울대학 교수 되는 걸 이미 뭐 별로 포기하고 처음엔 나도 과학사 하면서 서울대학 교수 하면 좋겠다는 것을 막연히 생각은 했겠지만, 그러나 포기한 사람이고. 그런데 여기 와서 강의할 게 뭐 있냐고, 기분 나쁘게. 그래, 내 여기 이미 이사 왔거든요. 저기 보시면 알지만, 저렇게 큼직한 저 테이블도 만들어놓고 있는데. "여기 와서 강의 들어라, 애들." 그래가지고 전부 여기 와서 전부 강의를, 몇 학기를 했죠. 그래서 여기 와서 내 한국과학사 강의를 들은 사람들이.

반　그 제자들이 배출이 된 거죠?

박　제법 많죠, 많다면 제법 많죠. 그래서 아마 3, 40명은 착실히 여기 드나들었을 거예요.

반　몇 년 강의를 하신 거예요, 서울대학교?

박　3년쯤인가?

반　3년쯤, 네.

박　2년은 넘을 거 같고.

반   그 사람들이 유학 가기도 하고 뭐 이렇게 해서.

박   그래서 그중에 그 초기에 그 공부한 친구들이 지금 기억하는 것이 서울대학에 적어도 두 명이 전임이 있죠, 과학사 전임이. 그게 과학사·과학철학 전임으로 있는 친구가 임종태가 아마 학과 그거 과학사·과학철학 전공인가 모르겠네, 그 임종태라는 교수가 있고. 그 사람도 물리학과 내 후배예요. 그리고 또 하나는 문중양이라는 교수는 국사학과로 들어갔고요.

반   저기 한국학.

박   국사학과 교수죠, 한국학.

반   한국학중앙대학원.

박   한국학중앙대학원에 있다가, 서울대학으로 갔죠. 옛날이야기예요. 하지만 거의 그 자리에 역시 여기 와서 공부한 전용훈 교수가 한국학중앙연구원 교수로 갔지요.

반   아, 옛날이야기군요, 네.

박   그래 그 한국, 국사학과. 한국사학과 교수가 됐고, 그 둘이.

이   홍성욱 씨.

박   홍성욱 교수는 나한테 배운 일은 없지.

반   아, 국사학과 맞아요, 문중양.

박   홍성욱 교수는 나한테 배우지 않고 미국으로 그 유학 가가지고 바로 서울대학 교수한 사람인데, 그 사람도 물리학과긴 한데, 물리학과 나오고 그 과학사 과정에 다녔는데 나한테 한국 쪽을 배운 게 아니니까. 그 사람 서양과학사를 주로 공부했을 테니까 어차피, 그런 사람도 있지만. 그리고 홍성욱 교수는 여기 와서 공부한 일은 없고. 여기 와서 공부한 친구들 중에는 전북대학교에 세 명인가 네 명, 네 명이네. 딱 전북대학에 전임교수가 지금 일곱 명쯤 될 텐데 그중에 네 명이 여기 내 집에 와서 공부한 친구들이에요. 김근배 교수가 있고, 지금 신동원 교수, 그다음에 이문규 교수, 그다음에 누가 또 있더라? 아, 여자 교수, 이은경 교수는 여기 와서 공부한 일은 없어요. 물리학과 후배이긴 하지만, 한국사는 안 했으니까. 그래서 그런 사람들이 있어요. 최근에 전북대 과학문명연구소가 생겨서 거기서 활동하고 있는 교수로 문만용과 김태호 교수 등도 있구요.

반　그럼 오히려 서울대에서 선생님 제자들이 많이 배출이 된 거네요.

박　그렇다고 할 수 있죠.

반　3년 동안.

박　그렇기는 하지만, 정식으로 내 제자라고 하기도 좀 어려운 측면도 있죠.

반　한국 과학사 같은 경우는.

박　한국 과학사를 나한테 강의 듣고 결국 한국 과학사 쪽을 강의하는 교수들로서는 그 예닐곱 명은 확실히 여기 와서 공부한 친구들이죠. 그래서 부산대학교 아, 송성수도 있구나. 부산대학교 송성수 교수라는 친구도 여기 와서.

반　다 중견학자들이군요.

박　중견학자들이에요, 60 다 된 친구들인데.

반　그렇겠네요.

박　60이 조금 다 안 됐거나 이렇지. 55 전후겠네. 50, 55 나이가. 60 거의 다 된 사람들이 지금 예닐곱 명이.

반　많이, 처음 시작하셨을 때가 많이.

박　그런 점에선 그렇죠. 그런데 내가 그 아시는지 몰라도, 더구나 그런 일이 있었기 때문에 내가 저, 정년퇴임 하면서 "난 한국 과학사 안 한다" 하고 선언을.

반　선언을 하신 거죠.

박　네, 선언을 했죠. 왜냐하면 그런 사람들, 후배들이 제법 있는데 괜히 나서가지고 이러쿵저러쿵 하기도 그렇고 ⋯⋯.

반　그런데 선생님 또 그런 부분에 너무 또 지나치게 엄격하신 것도 있어요. 그래도 선생님께서 개입하실 부분도 많지요.

박　개입할 경우가 뭐 있겠어요.

10. 미국 생활 에피소드

반　녹취를 지금 저희가 한 다섯 시간 했나요? 중요한 자료가 될 거 같습니다. 이게 사학과뿐만이 아니라 과학사 쪽도요. 선생님께서 과학사학회 관련해서 말씀하신 부분이 있고.

박　네. 이런저런 기회에 내가 지적한 것이 있잖아요? 그런 게. 이런저런 회고한 게 많이 있으니까.

반　그리고 여기 사모님께서도 오셨으니까요. 역사학자의 아내로서 즐거웠고 힘들었던 일에 대해 말씀해 주세요. 사모님, 이쪽에 같이 앉으시고요. 그 박성래 교수님의 한평생 반려로 사시면서 즐거웠던 점과 힘들었던 거 여기서 짧게나마 말씀해 주시면 좋을 거 같아요.

박　갑자기 조직적으로 이야기하려면, 이야기 좀.

이　아이고, 좀 부족하죠. 그냥 뭐 힘들었던, 힘들었던 점은 별로 생각이 지금 안 나고, 별로 없었던 거 같았어요. 그랬는데 참 즐거웠던 점은 내가 그때 신혼 초이긴 하지만, 그때 집에서 취사하고 기다리고 그러면은 박 선생님이 학교에서, 도서관에서 공부하고, 연구실에서 공부하고 집에 들어오면 항상 문을 열면서 "오늘 참 좋은 거 발견했다"고 항상 공부하고 온 걸 갖다가 좋은 거 발견했다고 그러면서, 그냥 문 열자마자 와가지고선 한동안은 그렇게 그냥 막 그 이야기를 해주고 그랬어요. 그런데 그거 들을 때가 참 좋았고. 또 하나는 내가 그때 시민권을 신청을 하고 내가 그거 마치고서는 "그래, 나는 한국 가고 싶다. 당신 먼저 떠나시라"고 했는데, 그때 "내가 한국 가서 인텔렉철 히스토리(intellectual history)를 공부하면서 그걸 내가 입 딱 다물고서는 마누라를 미국 시민을 만들어서 한국으로 돌아가기가 좀 그렇다"고 "내 전공이 그러니까는 당신도 나한테 협조를 해주면 좋겠다"고, 즉 다시 말해서 시민권 받기로 결정되어 있는 거를 포기해달라고. 그렇게 해서 내 손을 붙들고서 그거를……

반　부탁을 하신 거군요.

이   그렇지요, 부탁을 하더라고. 그런데 남편의 눈망울을 이렇게 보면서 그걸 내가 고집을 부리고 한다는 게 참 이건 아니다. 학자 부인으로서 자세가 아니다. 내가 그런 생각이 들어서 "그럼 알았다"고 "그럼 포기하겠다"고 "같이 한국에 애들 데리고 귀국하겠다"고 그랬어요.

반   그런데 하와이 가서 같이 경제적 부분을 많이 책임지셨잖아요. 그때 뭐 힘들었던 점 없으셨어요?

이   그때는 육체적인 힘은 좀 들었어요. 왜냐하면 데이타임에는 이이는 공부를 하고 낮에 내가 직장 생활 하고 그러다 보니까 저녁에 내가 이브닝타임에 내가 일을 하러 주로 많이 나갔는데, 그때 애들 둘을 한꺼번에 남편한테 쓸어맡기고 내가 이래 나가고 그랬는데, 그럼 낮이 되면 참 피곤하게 잠을 자야 되는데, 잠을 잘 형편이 못 되고 이이는 공부를 해야 되고. 내 그래서 그때 그게 참 육체적으로는 힘이 들었는데, 그런데 참 내가 학생 부인으로 있으면서 내가 생각해 보니까는 막연히 시험 떨어져 가지고서는 그렇게 곤욕을 치를 때에는 그런 거는 생각도 안 하고 있던 시절에 공부만 이렇게 다 마치고 나서, 박사학위만 받으면 참 어느 정도 안락한 생활이 시작될 거라 그리 생각을 막연히 했었던 거 같아. 그런데 그걸 힘들다고, 고생이라고 별생각은 안 해서 ……. 지금 당장 육체적인 고통은 있지만, 미래가 이렇게 환히 보이는 거 같아서 그래서 그렇게 힘들다고 생각 안하고, 덜했던 거 같아요.

반   말씀 중에 학생 부인이라는 용어가 나왔는데 생소할 수도 있어요. 학생 부인이라는 용어 자체가, 당시에 유학 가서 보면, 많은 여성이 남편 내조를 천륜이라 여기고 살았던 세대잖아요. 사모님도 가서 고생도 많이 하셨는데. 60년대부터 갔던 유학생 중에 시대별로 여성의 삶을, 그때 기억과 어떤 회상을 통해서 기록해 놓은 것들이 참 없다. 그러니까 어딜 가나 구술을 하게 되면 한국 사회 자체가 워낙 남성 중심의 어떤 경제활동이다 보니까 남성분들만 구술을 하고 아내분들은 구술을 안 하는 경우가 대부분이더라고요, 옆에서 같이 고생을 했는데. 그래서 지금 잠깐 든 생각인데 나중에 기회가 되면 유학 갔던 분들의 아내분들의 입을 통해 그때 당시를 회고할 수 있는, 추억이나 기억들을 회상할 수 있는 구술도 되게 중요하다.

박 그 이야기를 하시니까 내가 생각이 나는데. 돌아오니까, 우리가 그 우리나라의 그 미국 유학생이 굉장히 많아 보이기도 하지만, 우리가 갔던 때가 상당히 초기예요, 나중에 보니깐.

반 그때는 그렇죠.

박 그래가지고 그 우리 식당에 들른 내 선배, 동료들이 몇 명이 있었는데 아까 그 대접도 못했다고 후회스러운 얘기를 했는데 그런 사람들 중의 하나가 ≪동아일보≫의 김재관(金在灌, 1936~2021)이라는 기자예요, 김재관이라는. 그 양반이 돌아와 보니까 ≪동아일보≫를 내려놨는지 그만뒀는지 좌우간 그만두고, '정우사'라는 출판사를 하고 있었어요, 정우사. 지금은 거의 없어졌을 거 같은데 정우사라는 출판사라고 있었는데 거기 정우사를 하는 김재관 선생이 나보고 박 선생 저기 사는 그 모습 이런 게 특이하기도 하고 식당도 하고 그런 이야기도 있고. 그 고생도 많이 하고 그러는 게 전부 이야기가 되는데 우리 출판사에서 그걸 일종의 자서전이지? 그 유학생의 그 자서전 일기 비슷한 것을 좀 내고 싶다. 그래가지고 그 "메모를 해서 좀 달라"고 그래가지고 이 사람이 메모를 해서 그걸 전해 줬었어요.

반 원고를 만드셨군요.

박 원고를 만들 만한 게 아니라, 원고를 만들 능력까지는 안 되고. 나는 나대로 사회적으로 굉장히 바빴기 때문에 전혀 못 도와주고 그랬는데. 한 10년 지나서 언젠가 그 김재관 씨가 그걸 나한테 되보냈더라고, 책을 못 내고 …….

반 다시 보냈다면, 책을 못 만들고요?

박 못 냈어요, 책을 못 냈어요.

이 제가 핸드라이팅(handwriting)해서 쓴 저거를.

반 다시 유턴을 했군요.

박 별 이야기가 다 써 있었던 거 같아요. 그런데 가만히 생각해 보니까 정말 그 시절에 부인들의, 유학생들의 부인으로서 미국 생활 그런 거를.

반　그렇죠. 그것도 의미 있죠.

박　그런데 나중에 그 원고를 이미 되돌려 받았을 때 내가 생각하니까 지금 와가지고 한국에 미국 유학생이 얼마나 많은데 아무 의미 없는 이야기 같아. 그리고 우리처럼 고생하고 미국서 공부하고, 공부하는 사람 부인으로서의, 여성의 역할, 여성이 하는 일 이런 문제를 지금 와가지고 이야기를, 그 책으로 내봐야 아무도 안 살 테니까 …….

반　그렇지는 않을 거 같아요. 왜냐면 보통 보조자가 아니라 공동 주연이잖아요, 그 인생의 공동 주연인데. 한국에 있는 사람들이 하와이가 어떻게 생겼을까 상상하지 못하던 시대였고요. 그 시대의 기억과 회상들을 담을 수 있으니까요. 단순히 이민자 사회가 우리가 가서 고생했다. 설거지, 다시 워시 하면서 부를 축적했다가 아니잖아요. 우리가 일반적으로 유학 가면 다 부자라고 생각을 하잖아요.

박　그런 거 있다고 그러더라고요.

반　그거는 아니었다는 걸 들으면서 제가 놀랐습니다. 한국에서 되게 귀한 집 따님이신데, 미국 가서 요리사를 하셨다는 소리에.

박　요리사도 아니고.

이　요리사의 보조. 아, 그런데 내가 생각을 해보면은.

반　요리사가 없으니까.

이　내가 이화여대를 나와가지고 교편생활을 몇 년을 했었으니까.

반　요즘에는 뭐 상상도 못할 일이지요.

이　2년 교편생활 하다가서는 결혼하고 가서 그나마 반년은 직장을 구할 수가 없었으니까 그래서 못 한 거예요, 하도 가난하게 살던 시절에. 그런데 뭐라도 하라 하면 할 거 같았는데, 그런데 일거리가 없어가지고, F2 비자 가지고. 그래서 못 하고 있다가 하와이 가니까는 그런대로 막노동이, 부엌에서 일하는 막노동이라도 있으니까는, 인스펙터가 이렇게 나타나면, 그냥.

반　아, 그때도 인스펙터가 돌아다녔군요.

이　네. 숨으라고 그래요. 숨으라고 그러는데 부엌에서 있는 걸, 일을 하는 자세를 취하지 말고 그냥 이렇게 아닌 척하면서 숨어, 신호를 주면 그렇게 하는데. 그런 식으로 연극을 하면서까지 그렇게 그냥 있어야 하는 게 참 기분이 굉장히 안 좋더라고요. 그래가 어떻게 하든지 간에 내가 영주권이라도 남편 그거 해서, 저기 석사학위 해가지고, 받아가지고서는 떳떳한 자세로 제대로 된 페이체크 (paycheck: 월급)를 갖다 받고 싶었다고. 그래서 그걸 하자고 했는데, 손쉽게. 생각했던 것보다 훨씬 쉽게 받아지는 거예요, 받아져서 조금은 좀.

박   그러고 나서 정식으로 호텔 메이드(maid) 이런 걸 주로 했죠, 호텔 메이드 하고.

반   호텔 메이드도 하신 거예요?

박   식당 웨이트리스(waitress) 하고.

반   대단하시네요.

이   와이키키에서 식당 웨이트리스 하는데, 그때 영어가 모자라니까 좀 절절맸어요. 그런데 식당 웨이트리스 하면서 참 힘든 것 중의 한 가지가 제가 아메리칸 푸드(food)를 먹는 스타일을 갖다가 순서를 모르는 상태에서 아침에 이래 새벽에 가가지고서는 브렉퍼스트를 갖다가 서브(serve)를 하는데 저는 제일 처음에 가면 먼저 주스부터, 오렌지 주스부터 먼저 마시고 그다음에 토스트하고 커피 같은 거 나오고 그다음에 햄 앤 에그(ham and egg)라든지 그렇게 나오고 순서가 그래 되는데, 모르고 나는 막 이 영어도 못 알아듣는 데다가 그다음 미국 사람의 음식 순서도 모르니까, 그런데 내 능력 가지고 되는, 부엌에 들어가면 그게 다 경쟁이에요, 웨이트리스들끼리의 경쟁 ……. 토스트 막 내가 하면서 어느 테이블에 토스트를 딱 넣어주고, 그다음에 달걀 또 오더하고 햄도, 뭐 햄 앤 치즈 같은 거 오더하고 막 그러는데, 내가 그 순서를 잘 모르니까 난 아무렇게나 되는 대로 가는 거예요. 그래서 지금도 생각하면 참 우스운 게 그 불란서(프랑스) 쪽 여자들이 자존심이 세요. 그리고 걔네들이 영어를 안 써. 그런데 나는 모르니까 우선 부엌에서 커피, 오렌지 주스를 내가 마련하려고 하면 줄줄이 웨이트리스들이 자기 순서 기다린다고 막, 오렌지 하느라 바쁘니깐 나는 오렌지 주스가 내 차례까지 못 기다리니까 벌써 커피부터 먼저 갖다 준다든지, 음식 순서를 되는 대로 막 갖다준다고. 그 사람들이 놀래가 "이걸 이렇게 주느냐"고 그래요. (손짓하며) 그럼 나도 이러고 이렇게 하고, 내가 이렇게 하고.

반 연기력이 필요할 때가?

이 보디랭귀지(body language)를 내가 하면서, 그런 식으로 하면서 '갖다 주니까 먹어라' 이런 식이에요. 뭐 그렇게 해서 그냥 넘어간다든지 그랬던 것도 생각나고. 그렇게 하는데 그때 애를 낳아가지고. 두 살 터울로, 20개월 차이로 애를 낳았는데, 내가 그렇게 해서 나오면 나를 갖다가 남편이 그 식당 앞에다가 실어다 주고서는 그 애를 데리고 집에 가서 그다음부터는 애들을 집에서 케어(care)를 해야 하는 거예요. 그런데 내가 일 마치고 가면 집에 들어가면 참, 남편에게 미안한 생각이 들더라고. 젖도 없는 사람이 애를, 그 유아들을 데리고 길러야 되니까, 뭐 그랬던 거 같아요.

반 그렇죠, 챙겨줘야 되니까.

반 지금은 공동육아가 당연한 생각인데.

이 지금은 그렇죠. 그런데 우리는, 그때만 해도 우리 사고는 아니에요. 남편이 젖도 없이. 내가 우유병 같은 거는 다 마련해 놓고 나오지만, 애가 울 때 그거 시간 맞춰서 애 먹이고 하는 게 참.

반 박성래 교수님한테 사모님이 평생 보험이시네요. (웃음) 하와이 유학생들 사이에서는 전설이지요, 두 분이.

이 아이.

반 거기서는 주로 사모님 이야기를 많이 해요, 대단한 분이라고. 우리 박성래 선생님 이야기보다. 이게 여성으로서 하셨던 일에 대해서 놀라신 거지, 다들.

이 그래서 항상 남편에게 고맙게 생각해요.

반 그래서 선생님이 사모님께서 일하시는 동안에 아이들하고 다 챙기신 거네요.

이 기저귀 갈고, 기저귀 갈고. 네. 뭐 옷 입혀주고.

반　요즘은 뭐 그게 다. 아휴, 그런데 선생님, 사모님 그 글은 갖고 계세요? 정우사인가 어디 주셨다는.

이　그 이번에 정리하다 보니까는.

반　다시 좀 정리해서 책 하나 내시면 좋을 거 같은데.

이　그런데 내가 식당에 초기에 가서 그때 내가 애 낳기 전이었어요. 그런데 그냥 부엌에서 하지, 익숙하지 못한 일을 갖다 식당 부엌에서 일을 하니까, 우선 시간을 벌어야 되니까 걸음을 안 걷고 부엌 안쪽을 뛰어다녔어요. 그런데 일의 양은, 내가 해야 할 일의 양은 있고 내가 능력은 좀 부족하고 그러니까는 이동거리를 갖다가 줄여가지고서는 일을 갖다 해내야 되는 이런 문제가 있으니까, 막 항상 저녁에 집에 들어오면 발바닥이 너무 후끈후끈해서 아픈 거예요, 내 그랬다고. 그래서 내가 남편보고 "발 좀 두드려달라"고 "발바닥을 두드려달라"고서는 그래 부탁도 하기도 하고. 그러고서는 하다 보니까 '아, 내가 한국에서 대학을 나오고 교편생활을 하던 내가, 여기서 식당 부엌에서, 그것도 술집 여자들 반찬 만들어주는, 안주 만들어준다고 이렇게 있는 게 과연 옳은 건가'. 뭐 옳고 그름을 따지지 않을, 못 할, 하기 이전에 '참 이렇게까지 해야 하나?' 하는 비관 같은 게 좀 생기긴 했었어요.

박　그거 참, 우리가 한 식당 이름. 부산 코리안 레스토랑(Busan Korean Restaurant).

반　네? 부산이요?

박　부산 코리안 레스토랑.

반　코리안 레스토랑. 아, 부산으로 짓고 코리안 레스토랑.

박　이 사람이 부산 여자니까 부산 코리안 레스토랑. 그리고 또 한 가지, 참 내가 회고를 하면서 재미있는 그 기억이 이상하게도 우리가 그 하와이에서 팔롤로(Pālolo)라고 알죠?

반　팔롤로, 네.

박　팔롤로, 그 저.

반　저기.

박　저기 서민주택이 있는, 빌려주는.

반　아, 팔롤로 거기 주로 하우징(Housing).

이　하우징.

반　하우징 어설러티(Housing Authority)에서 주선해 줘서 주로 거기 가서 살았어요, 우리 유학생들 중에서도.

이　선생님은 어디 사셨어요?

반　저는 스프레클스스트리트(Spreckles st.)에 살았습니다. 푸나후 스쿨(Punahou School) 앞에 있는 거리에.

박　그건 뭐 다운타운이고.

반　유학생 동기 중에 팔롤로에 사는 경우가 많았어요, 신청해 가지고 하우징 보조받아 가지고.

이　저는 이이가 그걸 가지고서는 이렇게 그걸 정보를 가지고 나왔는데 '아, 우리 남편 어째 유능할까' 싶은 생각이 들더라고. 그 스튜디오에서 살 때 오호성 씨가 우리한테 물려줬던 스튜디오에서 살 때, 거기서 애를 하나 낳으니까 미세스 차 아주머니하고 가깝게 지냈어요, 랜드레이디하고. 그래서 그이가 그냥 "미세스 박", 시장 가면 "같이 가자"고 차가 없던 시절에 시장을, 멀리 이렇게 시장을 가자고 하니까 고맙고 그래서 참 가깝게 그 아주머니하고 지냈는데 …….

박　애 낳으니까 조금 있다가 바로 "그만 다른 데로 나가야 되지 않느냐?" 그러더라고요.

이　저는 몰랐었어요. 아주머니하고 친하면 되는 줄 알았어.

박　그러니까 스튜디오에서는 애를.

반　아, 애들, 애들 보호 차원에서.

이　네.

박　애가 있으면 같이 못 사는 거로.

반　그렇죠.

박 그래, 쫓겨난 거예요, 말하자면 ……. 말만 좋게 했지.

반 맞아, 규정이 그렇군요.

박 그래서 원베드룸(one-bedroom)으로 갔죠. 그래서 데이트스트리트(Date Street)라고.

반 데이트스트리트?

박 거기로 가서 살았는데. 거기서 둘째를 낳으니까 또 거기 아줌마가 거기 주인, 집주인은 중국계 여자인데 "아니, 미세스 박 다른 데로 가야지?" 또 하는 거라. 그래 나중에 눈치를 보니까 그 애들 둘은 또 안 되는 거라. 하나, 원베드룸, 그래서 팔롤로를 구해서 간 거예요. 그래서 거기서는 투베드룸(two-bedroom)이 있었고 그런데. 그 투베드룸에 재미있게도, 내 좀 전에 갑자기 생각이 들었는데. 그 집에, 우리 집에 와서 자고 간 사람이 딱 하나 있었어요.

이 이장규(李章圭, 1926~1985) 박사.

박 누구냐면 이장규.

반 서울대 총장?

박 알아요?

반 서울대 총장으로. 아니 저기 이름만 들었죠.

박 아니 서울대 총장이 아니라, 서울대 의대 교수.

이 원자력.

반 원자력병원, 아.

박 원자력병원장을 한 의대교수예요.

반 총장은 안 했나요?

박 네, 총장은 안 했어요, 서울대 의대교수였고. 그런데 그 양반이 어디 지나다니다가 미국에 회의를 갔다가 하와이를 구경하러 왔었겠죠? 그래 "아, 우리 집에서 자고 갈 수 있냐?"고 그래서 "아, 그러시라"고. 그래서 하루 재운 적이 있어요.

이　본토에 가시면서 들렀어요.

박　좌우간 일부러, 그리고 내 생각에 하와이 구경보다도 우리 집에 잠깐 들르시고 싶은 게 있었지 않나 하는 생각이 들었고…….

반　어떻게 사나 이렇게 한번 보시고.

박　그러면서 자고까지 가는 거는 완전히 그 양반이 호텔비가 없어서 그런 거 같지는 않고. 일부러 그러신 거 같더라고. 가만히 돌이켜 생각해 보면 나한테 되게 굉장히 우호적인 제스처로 일부러 자고 가준 게 아닌가 하는 생각이 들더라고. 그래, 그 양반 참 '왜 그랬을까' 하는 생각이.

이　정말 지나놓고 나니까 그런 것도 참 고맙게 느껴지네요.

반　글쎄요.

박　특이한, 그 양반이 그러고 그 이상해. 돌아가시기 좀 전에는 한번 저, 그 '과학저술인협회'라는 걸 우리가 만들어가지고 활동도 뭐 했다면 하고 과학 관계 글을 쓰는 사람들이 동호인들이죠, 일종의. 모여가지고 무슨 그룹 활동을 하고 여기저기 그 좀 이름 있는 나이 든 양반들이 주선을 해가지고 산업시찰이라는 명목으로 여기저기 원자력발전소 이런 거 구경을 많이 다녔어요. 그래서 포항제철도 가고 뭐 어디도 가고 많이 구경 다녔는데. 그런, 그런 그룹이 저녁식사를 하고 나서는 이 양반이 다음 날 갑자기 나한테 전화를 해서 "박 교수, 내 신발 안 신고 갔어?" 그러더라고. 그런 재미있는 일이 있었어요.

이　아, 그게.

박　신발 바꿔 신고 간 걸로.

이　기억력이 조금 문제였던 듯해요. 엊저녁에 사다 놔두었던 마실 것을 아무리 찾아도 없는 거예요, 이게. 그래서 순간적으로 이렇게 좀 놓은 장소를, 위치를 잊어버렸을 수가 있어서 그거 같아요. 저도 그런 일이 있거든요. 그리고 이용태 씨가 또 그냥, 삼보.

반　이용태?

이　우리 집에 온 건 아니지만.

박   이용태(李龍兌, 1933~) 교수는 우리 집에 온 게 아니고 하와이 지나다가 …….
이용태라고 저, 삼보컴퓨터 창업한 이 있죠? 물리학과 선배거든, 아마 4년 선배
인데.

반   여러 분들이 선생님을 마음에 들어 하고, 신경들을 많이 쓰셨군요.

박   아니, 그 양반이 연락이 와가지고 공항에 가서 한번 뵌 일도 있지요. 우리
부부가 아들을 데리고 호놀룰루 공항에 가서 인사한 일이 있네요.

11. 외대에 전하고 싶은 말

반   선생님, 외대가 아니고 다른 데로 가실 기회가 많으셨던 거 같아요, 지나고
보면.

박   그런 일은 내 평생에 한 번도 없었어요, 그것도 재미있는 현상인데.

이   당신 인간관계.

박   내가 한 번도 다른 학교를 찾아본 일이 없고 …….

반   선생님 우선 그렇죠, 그건 선생님 스타일이 그런 것이니까.

박   그거 내 잘못인지도 모르겠는데 좌우간 없었고. 그런데도 재미있는 소문이
퍼진 일은 있어요. 연대에서 나를 데려가려고 그랬다 …….

반   아, 연세대.

박   하는 소문을 내가 들었어요. 그런데 사실인지 아닌지 확인할 수가 없는데
그럴 만한 사정은 있었다는 걸 내가 깨달았어요. 왜냐하면 최완복(崔完福 1915~
1994) 씨가 우리 학장을 할 때인데 총장이 아니라 아직도 학장일 때, 박술음 학장
다음이니까.

반   그때 종합대학 되기 전이죠, 되기 전에.

박   그런데 그때쯤인데 종합대학 되기 전이죠. 아마 꽤 전일 거예요. 그런데 최

완복 선생이 외교관이었죠. 그 양반이 우리 학장을 할 땐데, 그 양반하고 연세대학의 이름이 그 양반 누구더라 사학과에 그 양반이 친구일 거예요. 친한, 가까운. 그래가지고 그 최완복 선생한테 그 사람이, 연세대학교 그 사람이 나를 굉장히 칭찬하는 얘기를 했다는 이야기를 간접으로 전해 들었어요. 그 왜냐하면 내가 그 연대서 나온 국학 잡지가 뭐 있죠? 《동방학지》?

반 《동방학지》, 네 국학연구소.

박 《동방학지》에 그 초기에 논문 하나 써서 발표한 게 있거든요. 그래서 내 초기 논문 중에 하난데, 논문 제목이 뭐더라? 그 좌우간 그 논문을 썼는데.

반 「한국 근세의 서구과학 수용」.

박 서구과학 수용인가 뭐 그런 건데, 《동방학지》에. 그게 그런 방면에 아마 좀 약간 개척적인 연구 논문이었을 거예요. 그래서 아마 그랬겠지만 그걸 계기로 해서 뭔가 그 서양 과학이 동아시아에 전파되는 문제를 내가 여러 번 자꾸 다루고 그러다 보니까 그 양반이 중국사 하는 양반인데, 동양사 하는 양반인데, 민, 민 누구지?

이 민두기?

반 민두기는 서울대고.

박 민두기는 서울대고, 그 양반이?

반 아 저기 아닌가요? 돌아가신, 강화학파 쓰셨던.

박 네, 그 양반, 그 양반이에요. 민영규(閔泳珪, 1915~2005) 교수.

반 생각이 또 안 났습니다.

박 그 양반이 그런 이야기를.

반 그분은 그럴 만한 거 같아요.

박 네, 그렇게 이야기할 만도 할 이야기고 ……. 그리고 보면 참 우리 외대에서 내가 유감인 것 중의 하나가, 뭐 유감인 게 많이.

반 선생님을 적극 활용을 안 한 거야, 외대에서. 선생님의 업적에 비해 학교에서 대접을 좀 못한 거죠.

박   학교에서 뭐 대접은.

반   대접이라기보다도 좀 이렇게 선생님이 가지고 있는 것을.

박   아, 최완복 선생이 아마 통역대학원 만든 장본인일 거예요. 그리고 뭐 저기 통역대학원이 생겼는데. 아, 그래서 더구나 내가 연대 이야기도 나온 점이 있었을 거 같네요, 영어 강의도 하고 이럴 수 있으니까. 그래서 1979년 최완복 선생이 통역대학원을 만들자고 하면서 나보고 처음에 "그 통역을 할 사람을 훈련을 시키는데 그 동양의 사상이나 이런 거에 대해서 영어로 강의를 좀 해줘야 되지 않겠냐". 그래서 아마 최완복 학장이 날 시켰겠죠. 그걸 나보고 아마, 최완복 학장이 직접 나서서 시킨 거 같지는 않은데 어떻게 해서 좌우간 내가 그걸 맡게 됐어요. 그래서 내가 그 당시에 그 두 해인가를.

반   강의를 하신 거죠?

박   강의를 했죠. 통역대학원 1기, 2기 맡아서 내가 했을 거예요. 1979~80년 ……. 그런데 그때 쓴 교재가 크릴(H. G. Creel)인가 하는 중국사 하는 시카고 대학 교수가 쓴 조그만 『중국 사상(Chinese Thoughts)』이란 영문 책을 해적판으로 교재를 써가지고 영어로, 그러면서 내가 느낀 게 아, 그래서 아, 그때 느낀 게 뭐냐면, '공자(孔子)'라는 용어를 한국 사람이 서양 사람하고 이야기할 때 공자를 '공자'라고 말하면 안 되잖아, 못 알아듣잖아. 그런데 공자가 컨푸셔스(Confucius)라는 걸 아무도 몰라요, 우리 영어교육에서는 그걸 가르치는 데가 없다고. 이게 우선 문제 아니에요? 그렇기 때문에 우선 그 사람 이름부터 아이덴티파이(identify)해서 영어로 가르치는 게 필요하지 않냐, 그 통역을 제대로 하려면 …….

반   그렇죠, 이름들.

박   아니, 공자란 말을 하다 보면 안 나올 수가 없는데, 공자란 말을. 컨푸셔스라는 말을 알아야 될 거 아니에요, 우선. 그런 걸 심하게 느꼈기 때문에 그때서부터 "영어 강의가 필요하다, 외대에서".

반 그렇지요.

박 네. 영어 강의로 동양의 저, 동양의 사상의 알맹이 지스트(gist)를 조금, 좀 교육하는 게 꼭 필요하다. 이래서 "그런 이야기를 하자, 하자"고 하다 보니까 그만 내가 부총장을 시키는 바람에 학교에서, 그것도 싫다고 할 수도 없고. 부총장하는 동안에 그 강의를 못했어요. 부총장이 끝나자마자 사학과에서 그 사학과로 가서 사학과 강의 하나 하면서 그 강의를 처음으로 다시 했죠. 그래서 뭐라고 과목 이름을 붙였더라. 뭐라고 과목, 과목 제목을 붙여가지고 그 영어로 그 영어로, 한국 역사, 아마 '한국과 세계(Korea and the World)'라는 제목으로 강의했던 기억이 나네요

반 한국 역사.

박 혹은 동양의 역사를 가르치는 그런 거를 좀 하려고 노력해서 그 통역대학원에서는 중국 사상사를 강의했고. 중국 사상사를 한 학기 동안 영어로 가르치는 거를 했고. 그랬는데 유감스럽게, 한국에 유감스러운 것은 외대에서 이 통역대학원 사람들이 그 통역대학원이 생기니까, 그래가지고 과목 가지고 서로 교수라는 게 장악하려 그러잖아요, 강의를.

반 강의 싸움.

박 그러니까 그다음에 두어 번 끝나더니 나를 목을 날렸더라고. 아마 최완복 선생이 통일부 장관으로 가면서 1980년 외대를 떠났다니까, 그 직후에 이미 나는 통역대학원 강의는 못 하게 되었을 것 같군요.

반 상의도 안 하고, 그냥 날리고, 강의 없애버리고.

박 아무도 나하고 상의도 안 하고, 그러고 없애고, 그러고 다른 사람이 다른 강의를 하는 거 같아. 그러니까 동양사상 이런 거를 가르친 게 없죠. 그러니까 그 자체가 없어진 거 같아. 그래, 그런데 나는 나대로 굉장히 바쁘니까 그거 하나 뭐 더 괘념할 여유도 없었지요 ·······.

반 귀찮게 생각하셨죠, 선생님.

박 네. 귀찮기도 하고. 그러면서 약간 의무감을 가지고 했는데. 그래서 그 당

시에 그 통역대학원 다른 학생들 이름을 내가 잘 기억을 못하지만 아주 똑똑한 친구도 몇 명은 있었는데 그때 통역대학원 1기나 2기였던 사람이 있으면 내가 중국 사상사를 가르치고, 중국 이름을 또는 중국 사상의 용어를 영어로 가르치려고 애썼다는 기억은 할지도 모르겠네요.

반 사모님까지 구술에 참여해 주시고, 아쉬운 점이 많이 있지만, 하여튼 선생님께서 갖고 계신 거를 다 풀어놓으셔서 후학들에게, 우리 사학과나 인문대 학생들한테 큰 도움이 될 거 같습니다. 기록을 잘 정리해 가지고 나중에 또 갖다드리겠습니다.

이 네.

반 네, 감사합니다. 수고하셨습니다.

박 감사합니다. 수고하셨어요.

주

1   테이트틴달 논쟁(Tait-Tyndall Controversy)은 에너지보존법칙 발견의 우선권을 놓고 두 학자가 벌인 논쟁이다.

2   피엘원(PL/1)은 과학기술 계산과 사무 처리 계산에 적합하도록 만든 프로그래밍 언어로, 'PL/1'으로 표기한다.

|박창희|

무안초등학교, 경북중학교(6년제), 히토쓰바시 대학교를 졸업했다. 도쿄 도립대학교에서 석사학위를, 히토쓰바시 대학교에서 박사학위를 받았다.

한국외국어대학교 사학과 교수 및 독도연구회 지도교수, 마쓰시로 대본영 지하호 조사연구회장, 국민학교 이름 고치는 모임 대표, 국민학교 명칭개정 협의회 공동대표, 오사카경제법과대학교 아세아연구소 객원연구원, 이천5층석탑환수 범시민운동추진위원회 자문위원을 지냈다.

기사·논문·저서로는 "죄와벌, 이진우 사건"(≪한국일보≫, 1960), 「최충헌 소고」(1969), 「이규보의 '동명왕편'시」(1969), 「고려의 '양반공음전시법'의 해석에 대한 재검토」(1973), 「『한인전』논에 대한 재검토」(1975), 「고려시대 『귀족제』설에 대한 재검토」(1977), 「이규보의 본질에 대한 연구」(1989,1990), 「『용비어천가』에서의 '천'과 '민'의 관념」(1991), 『주해 사료국사』(1981), 『한국사의 시각』(1984), 『야스쿠니 신사와 그 현주소』(2007), 『역주 용비어천가』상·하(2015) 등이 있다.

구술자: **박창희**(전 한국외국어대학교 사학과 교수)

면담자: **반병률**(한국외국어대학교 사학과 명예교수)

면담 날짜: 2019년 12월 19일 15시 00분

면담 장소: 한국외국어대학교 대학원

1. 유년시절과 해방 전후

반 본 면담은 한국외국어대학교 디지털인문한국학, 한국학연구소가 수행하는 인물한국학 구술콘텐츠 개발 사업의 일환으로 실시하는 면담입니다. 지금부터 박창희 전 한국외국어대학교 인문대학 사학과 교수님의 구술 채록을 시작하도록 하겠습니다. 일시는 2019년 12월 19일 15시이며, 장소는 외국어대학교 대학원 건물 505호 강의실입니다. 이번 구술의 면담자는 한국외국어대학교 디지털인문한국학연구소장 반병률입니다.

선생님, 뭐 근황부터 해서 자유롭게 말씀하시고 저희가 선생님께 궁금한 사항을 질문하는 식으로 진행하도록 하겠습니다.

박 네, 제가 이 캠퍼스에 근 10년 만에 왔네요. 그동안 주변에 몇 번쯤은 왔겠지만. 외대는 약 20년 정도 재직했는데, 그때가 저의 장년기였지요. 이제는 노년기인데 저를 불러 지난날들을 말하라 하시니, 그 내용이야 어쨌든 초대해 주셔서 선생님과 여기 학생들에게 감사한 마음입니다.

여기, 질문지를 제가 읽으니까 여러 가지 의미를 담고 있습니다. 외대에서 캠퍼스 안의 연구 교수로만 있지 않고 사회 실천성을 지니고 있으니 그런 일들에 대해 '후학들에게 무슨 남길 말이 없는가 말해보라' 이런 취지인 것 같아요. 이렇게 생각하면 괜찮겠지요?

반 네.

박 네, 저는 (19)32년생이거든요. 알기 쉽게 그 햇수를 실감토록 한다면 노태우·정호용 이런 사람들하고 경북중학교 동기 동창입니다. 그러니까 일제강점기를 소년기로 지냈고. 6·25 때 나는 일본으로 건너갔어요. 대한민국이 성립된 것은 물론 제가 체험을 했고. 중간에 한국을 왕복했습니다만, 대학과 대학원을 일본에서 마치고, 완전하게 귀국한 것은 (19)68년도였습니다.

그리고 이화여대에 한 6년 반 있었고, 1년 쉬었다가 한국외국어대학교에 77년도부터 있었으니까. 외대는 한 20년 가까이 사학과에 소속되어 있었습니다.

그동안 제가 '국가보안법'으로 한 3년 복역을 했고. 외대에서 해임당했고 그다음에는 제가 일본으로 내항을 했고, 북에 있는 저희 형과 합법적으로 적십자 통해서 금강산에서 만났고. 그러고는 이천에서 쭉 그렇게 산속에서 살아왔다, 그게 다입니다.

그런데 이 연구소에서 알아보고 싶은 것은 그런 것하고는 좀 다르게 깊은 데가 뭐 없는가, 이래가지고 오늘 이 자리가 마련된 것이겠지요.

1945년 8·15라는 것은 저에게 전 인생을 통해 큰 사변이었습니다. 그러니까 8·15를 맞기 전의 박창희는 일본 제국 천황 폐하에 충성하는 소년으로 교육받고, 거기에 잘 따르고 있었습니다. 고쿠민가코(國民學校) 생도이던 나는 학교에서는 일본인 담임선생의 말을 잘 듣고 성적도 괜찮았어요. 도지사상을 받았어요. 이 도지사상은 경상남도지사가 주는 상인데 채권으로 5원의 부상이 있었지요.

내가 다닌 밀양 무안학교는, 시골의 학교치고는 전등도 들어오지 않는 학교였습니다만, 생도 수가 한 1000명쯤 됐는데, 전교생이 교정에 이렇게 줄지어서 정렬하고, 나는 단에 올라가 덴노 헤이카(天皇陛下)에 충성할 것을 맹세했지요. 그러니까 도지사상을 받은 저는 전교생 앞에서 맹세를 한 겁니다. 이상하게 생각했던 것은 학교의 동무들이나 집에서나 누구도 어떤 칭찬을 해주지 않았어요. 지나고 나서 생각해 보면 도지사상이라 하는 것은 식민지 소년에게 일본 제국이 억센 멍에를 들씌우는 의식이었습니다.

그랬는데 해방이 되는 날에, 저의 형이 셋인데, 그날은 형들이 집 마당에서 팔을 저어가면서 "조오타, 조오타" 하고 춤을 추는 거예요. 그래서 저는 '나라가 망했는데, 전쟁에 졌다는데 무슨 춤을 추나, 어찌 저렇게 좋아할까' 그래 생각을 했지요. 그런데 이제 우리 마을은 분위기가 확 달라졌어요. 면사무소가 있는 그런 마을인데, 독립투사와 애국자가 사람이고, 매국노와 친일파, 민족 반역자는 모두 죽일 놈으로 돼버렸죠. '아, 나는 이제 이대로 커가면 매국노가 되고 민족 반역자가 되는, 민족을 등지는 그러한 자로 되겠구나' 하는 것을 뼈저리게 느꼈는데 누구한테도 이거 말할 수가 없었죠.

국민학교, 지금은 초등학교입니다마는, 통학을 하는 동안에 나는 우리 조선하고 일본하고의 관계가 어떻다, 일본은 어떤 나라다 하는 그 설명을 누구에게서도 들은 적이 없고, 내가 또 누구에게 물어본 적이 없고. 해방이 되자 나는 스스로 추스르지 못해 고민의 늪에 빠지게 되었습니다. 그러니까 학교 가면 선생 말을 따랐고, 집에 오면 학교에 있었던 일은 다 잊고 착한 조선 아이로. 저 자신이 자기분열을 일으키고 있는데도 전혀 의식하지 못하고, 모순된 이면성을 그냥 아무렇지 않게 지니고 있었던 거지요.

양면성을 띠고 학교와 집을 오가면서……. 정말 8·15 없었던들 난 어디로 가고 있었을까……. 그런데 또 이상했던 것은 우리 또래는 비밀스럽게 소곤소곤 이야기를 하는 것이 있었어요. 저희 마을에 학교 바로 옆에 있던 절에는 임진란 때 의병장인 사명당(四溟堂) 송운대사(松雲大師: 惟政)의 비각이 있어요. 땀을 흘리는 비라고 해서 유명합니다. 또 저의 고향이 웅동리인데, 웅동리에는 바로 사명대사가 어릴 때 공부했다는 그런 제실도 있었어요. 그거는 구(舊) 표충사[1]라고도 했습니다.

그러니까 사명대사의 비가 있고 또 여름철에 막 이렇게 햇볕이 뜨거울 때, 아이들이 여기저기서 "땀 흐른다!" 외쳐대면 우르르 운동장을 맨발로 뛰어가서 비석면에 흐르는 땀을 봤지요. 이를테면 우리끼리 우리 임 대장,[2] 그러니까 사명대사를 우리는 그렇게 부르고 있었죠. 임 대장의 기적들을 남몰래 이야기했는데, 이건 우리끼리의 비밀이었지요.

또 김원봉의 탄생지가 밀양읍 가까이에 감내라고 있는데, 김원봉이 독립운동을 하다가도 제삿날이면 꼭 온다는 거예요. 와가지고 일본 헌병대가 닥치면은 새가 돼가지고 날아가 버려서 잡지를 못 한다. 그런 몇 가지 전설들을 우리 어린 꼬마들은 진실로서 받아들였죠, "우리끼리 비밀"이라고. 머리를 맞대며 땅을 같이 쳐다보면서 이렇게 귓속말로 소곤거리곤 했지요.

그런데 나는 또 나대로 학교 선생님 말씀에만 아주 충실하고. 이러니까 도지사상을 받고 해방이 되는 날에는 저는 완전히 자기가 없어져 버린 거예요.

그래서 중학에 들어오니까 그것도 영남의 수재들이 모여 있다는 거기서는 저와 비슷한 그런 친구들이 있었겠죠만, 별로 가깝게 이야기하는 친구도 없이 그냥 평범하게 지났습니다. 그런데 해방 직후의 대구라는 곳은 아주 무서운 곳이었습니다. 말할 수 없을 만큼의 극단적인 좌우 대결이 있었어요. 노동자가 총파업을 합니다. 대구에서는 철도노조가 많이 활동하고 있었는데 대낮에도 그 큰 거리에서 테러가 일어나 사람이 죽고, 시체가 보이고 말이지. 아주 대구라는 곳은 무서웠습니다. 이게 어떻게 되는 건지, 왜 이런 충돌이 일어나는 건지 몰랐지요.

또 10·1 사건[3] 때는 중학생들이 동원되곤 했어요. 한 번은 2층 교실에서 내려다보니 경북중학 선배 되는 사람이 막 가슴을 헤치면서 "제군들이여 나를 따르라" 선동을 하는 거예요. 일부 친구들도 그러면 또 따라가고 나도 뒤따라 달려갔지요. 그래 대구경찰서 앞까지 이래 가니까, 경찰서 정문 양쪽에 죽은 노동자의 시체를 의과대학생들이 짊어지고 있는 거예요, 네 명이. 그런 속에서 경찰서에서는 서류를 막 바깥으로 던지고 이렇게 하더라구요. 데모대가 경찰서를 점령을 했던 거예요.

몇 시간 있으니까 미군 탱크가 오는 거예요. 그러니까 막 달아나요. 나도 물론 거기서 달아났죠. 달아나다가 홱 뒤돌아보니 사람들은 모두 없고 텅 빈 공터에 하얀 여자 고무신 한 켤레가 눈에 띄더라구요. 흰 고무신하고 노동자 시체, 미군의 전차. 이것이 지금도 기억에 남는 거예요. 그것이 제가 겪은 10·1 사건[4]이에요. 그러니 이게 어떻게 되는 건지, 우리가 미군이 들어왔다 해가지고, 막 환영하는 환영식을 했는데. 이제 데모를 하니까 전차가 들어오고, 그래서 흩어지고. 1948년에 정부가 수립되지 않습니까. 그동안에 김구 선생 테러 당하지, 여운형 선생 죽고. 남북협상이 안 되는 거예요. 그분들은 다 단독정부 수립 반대를 했던 거죠. 대구도 심하게 했습니다.

그런데 단독정부가 결국 수립되는 거죠. 북한은 바로 또 자기들의 나라를 만들고. 이런 속에서 저는 계속 혼자 고민을 하는데 이게 다 뭐냐 하는 것은 민족이었습니다. '나는 민족에 있어서 어떤 존재냐. 민족은 나에게 무엇이냐. 우리 전체에 있어서 민족은 이게 도대체 어떻게 됐기에 오늘날 이렇게 됐으며 우리는 또 어떻게 살아야 하는가. 어떤 길로 나아가야 하는가.' 민족 문제가 내게는 제일 중요해졌어요.

그러다가 6·25가 터졌어요. 저는 대구에서 바로 6·25가 터졌다 해서 밀양 고향으로 돌아왔지요. 고향에서 징병을 피하기 위해 집에 숨었는데. 숨은 이유가 저한테는 있는 거예요. 그 당시 나에게는 절실한 거였죠. '비겁하게 왜 숨었느냐? 이렇게 말하는 사람도 있겠다' 하는 생각도 들었어요. 그렇지만 저는 숨을 수밖에 없었던 게, 제 아버지가 한의사이면서도 이 메스(mes, 수술)를 하는 거예요. 이게 환자가 와서 메스 치료로 피가 흐르는데. 그 피……. 피가 나는 것을 저는 못 견디는 거예요, 막 무서워서. 피 보는 것은 정말 싫고 무섭고, 곰곰이 생각을 해봤는데 군에 들어가면은 자살을 하거나 그 탈영을 하거나, 결국 사고를 낼 것 같은 거예요. 지금이 전쟁 중이니 사람 죽이는 것도, 죽는 것도 봐야 할 텐데. 저는 도저히 견뎌낼 수 없을 거 같아.

2. 일본 유학과 이규보 연구

박   그래가지고 오도 가도 못하고 집 안에 숨기만 하고 있으니까 저희 아버지가 일본에 그때 중형이 있었어요, 저에게 형이 셋인데 제일 장형은 정신과의사로서 나아가려 했고, 둘째 형은 일본에서 의과대학 다니고 있었어요. 셋째 형은 6·25 때 서울에 있었는데 행불이 되고, "둘째 형이 있는 동경(東京)으로 가면 어떻겠느냐"라고 하셨어요. 그 저는 뭐 '공부를 계속해야 된다, 장차 희망이 뭐다' 이런 거는 별로 없었고, 다만 아버지가 일본으로 보내주시고, 또 그냥 이래 숨어서만 있을 수도 없고. 중형한테 가서 뭣을 어떻게 하면 좋은 건지, 의논해야 되는 건가. 이런 생각으로 결국 대마도(對馬島)를 거쳐가 건너갔죠. 그때 그렇게 안내하는 사람이 있었어요. 일가 중에 아버지와 가까운 사람인데. 그리해서 제가 중형을 찾아갔어요.

그런데 저는 중학 때에야 일본에 대한 일본 제국주의 개념을 잡게 되었어요. '아, 일본 제국주의로 해서 그 식민지로 해서 민족 말살 정책을 당하고 있었구나' 하는 것까지는 알게 된 거죠. 그래 일본 동경에 있게 되니까 일본 궁성에 해자가 있는데, 쌓아올린 그 둑이 있어요. 그 돌담이 내 눈엔 이게 막 사람 시체로 보이는 거예요. 일제라는 것이 그런 것으로 저한테 비춰졌어요.

그리고 제가 겪은 그 일본 사람, 교장이 일본 사람, 경찰 주재소 소장, 학교 선생 두 사람, 우체국장이 일본 사람, 그리고 잡화점 주인이 일본 사람, 그리고 일반 서민 속에 뭐 이렇게 사냥꾼으로서 생활하는 사람이 있었어요. 그 여섯 사람의 일본 사람과 가족들이 우리 마을에 있었지요. 이 사람들이 일본 사람으로 비춰졌는데, 일본에 있으면서 실제 보니까, 한국의 식민지에 대한 역사 사실을 전혀 모르는 사람들이 많더라구요. 그래서 일본이란 제가 생각하기에 참 복잡하다. 그러니까 한국에 건너온 일본인들은 일본 제국주의와 그 식민지를 좋다고 생각한 그런 사람들이고. 일본 안에서는 그것조차 전혀 모르는 일본 사람들이 있고. 또 다른 어떤 일본인들이 있는가, 그것까지는 모르고 이래 있는데 …….

저는 그랬어요. 일본어를 말하는 것도 싫었었는데, 제가 자취 생활을 했으니까 이게 식품점에 가더라도 고레(これ, 여기), 아레(あれ, 저기) 이래가지고 대화 자체를 하기 싫었던 거예요. 그 정도로 일본에 대해서는 반일적이고 싫어하는 그런 감정을 가지면서 어떻게 처신할지를 모르고 있는데, 결국 저는 공부를 해야 되겠다. 그래서 히토쓰바시 대학(一橋大學)이라는 데를 들어갔어요. 거기는 외국인으로서 시험을 치고 들어갔는데 그 대학은 "경제학부가 유명하다" 이래가지고 형이 "거기 들어가면 좋겠다"고 했던 거죠. 나중에 알고 보니 형은 제가 은행원이 되기를 바랐던 거였어요.

그래 저는 어떤 목적의식이 따로 있는 것도 아니고, 학교 가기는 가야 되겠고, 또 외국인으로서 시험 치고 들어갈 수도 있고, 그래서 들어갔던 거예요. 처음에 대학수험의 예비학교에 들어갔으니까, 아, 51년에 건너가서 54년에야 대학에 입학을 했네. 그런데 들어가서는 좋은 선생을 만나야 됐던 거예요. 제가 초등학교에서 만난 일본인 여선생은 저를 선생으로서 대하는 게 아니라, 일본 그 천황 폐하의 소(小)국민, 어린 국민을 만들기 위한 그런 정치공작원이었지 선생은 아니었단 말이야. 그래서 진짜 나는 배워야 되겠다, 선생을 만나서 배워야 되겠다.

여기 선생이 없겠느냐 해가지고 찾았어요, 그 대학에서.

거 찾는 중에 우에하라 센로쿠(上原專禄)⁵라는 선생이. '아, 저 선생한테서 내가 배우면 내가 제자로서 배움이 있겠다' 이래가지고 그 선생의 세미나에 들어가도록 노력했던 거예요. 그런데 다른 선생들을 보니까 '일본의 식민지 문제에 대해서 참 이거는 나빴다, 새로운 일본을 건설해야겠다' 이렇게 선생으로서의 양심이니 양식을 가진 사람이 별로 없는데, 이 선생만은 다르다고 느껴졌어요. 그래 그 선생 앞에서 제가 "어, 내가 뭔가, 민족이 뭔가를 알고 싶습니다" 그래가지고 그 선생한테 지도를 받게 됐어요.

졸업논문을 쓸 때 이 선생의 말씀이 "중학교 사회과 교과서에 한국사가 있으니까 그거를 읽어보고 소감을 말해라"였어요. 그래 몇 가지 소감을 말했어요. 그랬더니, 이 선생은 어떤 강요하는 것이 전혀 없는 분이니까. 그래 당신 생각을 말하기로, 한국, 조선도 세계사 속의 나라인데, 그러할 때, 고려시대 몽골이 고려를 침략했던 13세기 중엽이잖아요, 1231년부터 침략이 시작되어 1270년대에 전면적인 지배가 감행되는데, 그러한 몽골의 세계적인 재패가 현대의 세계사의 전개에로 이어진다는 거예요. 그런 즈음에 고려에서는 어떻게 대했는가. 고려의 지식인은 어떻게 대응했는가. 지식인으로서의 자의식을 나한테 일깨워 주었어요. "지식인으로서 몽골을 어떻게 대했는가, 이거를 문제로 삼는, 학사 논문이 어떻겠냐" 이렇게 얘기를 해주었어요. 그래서 "역사 교과서에 나타난 고려 지식인들의 반응" 하는 이런 제목이 되었죠. 그래가지고 하니까 그 이규보가 나왔어요. 아직 이규보는 어떻다는 안 나오고, 이규보란 사람이 살아 있었다고 하는 면만 내세우게 된 거죠.

근데, 석사과정은 도립대학(都立大學)으로 갔는데, 도립대학에 하타다 다카시(旗田巍)⁶ 교수라고 세계적으로 이름나 있는 한국사 전공 교수가 있어요. '그 선생 아래서 어떻게 공부를 하면은 좋지 않겠느냐' 이래가지고 도립대학 석사 과정에 들어갔어요. 그 선생 아래 들어갔는데, 거기서 이규보 연구를 하자니까 그의 문집을 읽어야 되는 거야, 한문을. 그 문집은 그거는 한시문들이니까 별도로 읽어야 되는데, 하타다 교수는 나를 역사 연구상으로는 지도가 되는데 문집까지 읽어가지고, 결국 사상사 수업에 들어가는 거야. 장르(Genre)가, 그 범주가, 그거는 내가 지도하기가 어렵다. 그러면 내가 혼자 공부를 해야 되는 거예요.

그래서 그 석사과정을 지내는 동안에 내가 했던 것은 「몽골의 고려침략과 민족의 자기 형성」이라는 제목이 됐어요. 이 이규보가 그 몽골에 국서를 보내는 마음하고, 쓸 때의 마음하고, 『동명왕편』시가 이래 있는데, 이런 것들이 결국 민족의식에서 나온 거 아닌가. 그러면 몽골의 고려 침략하고 고려의 대응하는 것은 고려에 있어서 민족 형성하고 관계가 있지 않느냐, 이런 테마(thema)로 썼어요. 그거는 어쩔 수 없이 내 혼자 공부해야 하고.

도립대학에는 또 박사과정이 없어서요, 히토쓰바시 대학에는 박사과정이 있는데. 이런 문제에 대해 지도받고 싶은 교수가 니시 선생, 니시준조(西順蔵)[7] 교수라는 분이 있는데 이분은 길게 설명은 안 하겠습니다만 아주 엄한 분이에요. 있는 말을 그대로 척척 이렇게 하니까 그것에 함축되어 있는 것을 내가 이해하려면 내 스스로가 정신 차리지 않으면 도저히 못 알아들을 만큼 아주 긴장된 연구자 생활을 하고 있는 분이에요. 일제시대 서울대학에서 조교수로 있다가 일본으로 돌아간 그런 분인데, 이분에게 그 논문을 보였어요. 지도교수 없이 내 혼자는 할 수 없으니까. 그랬더니 이분이 "어, 상당히 흥미롭다. 공부를 계속할 만한 문제를 안고 있어." 이렇게 된 거예요. 그 선생을 처음 만났는데. 이 말씀으로 내가 박사과정에 들어가서 연구를 계속해도 되는 것이겠구나 하는 그런 믿음이 생기더라고요. 학부 때는 그 선생을 중국 사상사 전공 교수로 있다는 것만 알았지 따로 뵙지는 못했거든요. 그런데 제가 히토쓰바시 대학 박사과정 입시 때는, 이 논문을 가지고 가야 해요. 그리고 어학 시험도 있는데, 그거 합격해야 그 선생의 지도를 받을 수 있겠죠. 하지만 히토쓰바시 박사과정에 낙방할 수도 있겠다. 그때는 뭐 외국인이고 없이 일반 그걸로 하니까. 동경교육대학(東京教育大學)이 그 이름이 바뀌어서 쓰쿠바 대학(筑波大學)이 됐는데 거기에도 제가, 박사과정에는 들어가야 하니까 시험을 쳤어요.

거기서는 먼저 필기시험이 있었는데 학위논문상에 제가 인용했던 한문, 이거를 몇 가지 지적을 받았는데 그 외는 따로 문제를 삼지 않더라구. 이것도 하나의 학풍이었겠죠. 그런데 나는 논문 때문에 박사과정에 들어가는데. 지금 히토쓰바시 박사과정 시험에는 니시(西) 선생하고 마스다 시로(增田四郞), 마쓰부치 다쓰오(增淵龍夫)라고 그 대학에서의 역사학 전공교수로 이름나 있고 참 훌륭한 분들인데, 이 세 교수가 입시 시험관인데, 어떤 수험생은 논문을 이렇게 써온 거예요, 멋지게. 저는 막 펼쳐놓으니까 영 체제가, 스타일이 말이 아니에요. 제 생각에 '아, 이거는 안 될 거다' 싶었는데, 이상하게 세 교수가 "이거 상당히 흥미롭다, 이거". 테마를 민족의 자기 형성으로 딱 고정시켜 놓고, '국가하고 민족하고 어떻게 다르냐' 이거를 문제로 삼더라구요.

나는 그때까지는 국가와 민족을 하나로 이렇게 생각해 왔는데, 이거 어떻게 되나 했는데, 평가를 받으니까 '아, 나 여기서 떨어져도 괜찮다. 떨어져도 그만큼 평가받으면 난 나대로 공부할 수 있겠다.' 이런 생각을 할 정도로 그 면접(oral) 시험이 아주 좋았어요. 그런데 뭐 필기시험도 괜찮았던가 봐, 열몇 명 중에 제가 합격자 다섯 명에 들어갔어요. 이렇게 해서 니시 선생의 지도를 받게 된 거예요.

그런데 니시 선생의 지도라는 것은 이규보의 지식인으로서의 이규보. 당시에 양반이고 문관이죠. 그러니까 어떤 존재냐 이러는데, 당시에 한국에서는 이규보하면 긍정적으로 높이 평가받는 그런 사람으로 평가되는데, 니시 선생이 지도하는 거에 따르면 여러 가지 문제가 나오는 거예요. 결국 나는 이규보 연구를 나대로 새롭게 해가야 한다는 것을 깨달았죠. 니시 선생의 경우에는 의식의 변용. 그러니까 이규보의 어떤 작품이 있으면 그것으로써 곧 이규보의 전체상을 인식하게 되는 건 아니니까, 그 작품들의 연보를 제가 작성해야 됐던 거예요. 그리고 어느 때 「동명왕편」을 썼으면 그때 이규보는 어떤 의식 상태고, 그것이 10년 지나고, 20년 지나면 상황의 변화에 따라서 이규보는 어떤 작품을 내는데 그거는 어떤 거고, 작품에 내포되어 있는 의식의 변용. 그것들을 논문화하는 거였어요. 그 뒤 한국에서 발표를 하니까, 어떤 사학과 교수가 "한국에서는 이런 방법이 잘 없는데" 하며 좋게 말하였는데, 그런 평가가 있더라고요. 그러니까 작품 연보를 만들고 거기서 작품을 전체 상황 속에서 검토하고 또 이 연도에 따라가지고 작품을 검토해 가니까, 이규보라는 사람이 단순한 사상가가 아니고 그때그때의 작품

내용으로서 어떤 생을 살았는가 하는 것을 살피게 되는 것이었죠. 이렇게 되면 필연적으로 연구는 전 역사와 관계 짓게 되는 것이었고. 이렇게 나오더라고요.

반　지성사 쪽을 공부하시게 되신 거죠?

박　네, 그래 되니까.

반　단순 사상사가 아니고.

3. 고려시대 관료제설

박　그런데 제가 이규보 연구를 하는데, 그러기 위해서는 고려시대 상황이 나와야 돼요. 우리 학계에서는 고려시대가 곧 귀족제 사회로 되어 있는 거예요. 귀족제 사회라는 설을 정설로 받아들이고 있던 것이죠. 귀족제 사회라는 건, 여러분 알다시피 간단히 말하면 소수 지배층에 의해서 관작이 세습되는 사회를 말하는 거예요, 신라 같으면 두품제도.

그런데 나는 이 설을 받아들이면서 이규보를 보니까, 이규보의 시대는 좀 달라지지 않았나 생각이 드는 거예요. 이규보의 시 작품이 귀족제 사회에는 맞지 않기 때문이었지요. 비유하자면 김지하의 시 「오적」[8] 있잖아요. 만일에 대한민국이 민주화 사회라면 「오적」 시가 나올 리가 없지 않습니까. 현실 사회를 반영한 의식화가 작품으로 나타나는 법일 텐데. 김지하의 「오적」 시는 그 사회가 민주 사회가 아니었다는 방증이 되지 않을까요.

결국, 할 수 없이 스스로 직접 고려시대가 어떤 사회였나 하는 거를 살펴보기로 했지요, 이규보를 제대로 보기 위해서. 그런데 한편으로요, 고려시대 귀족제 사회라면 중국의 당나라하고 고려시대를 맞먹게 만드는 거예요. 동시에 조선시대하고 송나라하고 같이 본단 말이에요. 내가 볼 때는 중국의 시대 구분과 조선의 그것이 거의 같이 가는데, 그것도 안 맞고, 또 고려-조선이 연결되어야 하는데 이것도 안 맞고. 이래서 나는 나대로 귀족제설을 살펴봐야겠다고 생각했지요.

그래 해보니까, 귀족제설을 뒷받침하고 있는 논문이 몇 가지 있어요. 그게 토지 제도 관련 논문이에요, 양반 공음전시법, 한인전. 이우성[9] 교수가 저술했던 논문이 있는 거예요. 그래서 나는 양반 공음전시법하고 한인전을 검토하게 됐죠. 그래 역사학계에서 양반 공음전시법, 여기에 대해서 나대로 검토한 바를 보고했어요. 그러면 그때 이기백 교수[10], 변태섭 교수[11], 이우성 교수 이런 분들이 역사학계 중진으로 계신 거죠. 내가 68년에 귀국해 학회의 월례발표회에 나갔거든요. 거기서 보고를 하니까, "정설로 있는 '고려시대 귀족제 사회, 이거를 왜 건드리느냐?" 하는 거예요.

반   도전하냐는 거죠?

박   자기 연구를 하면 되는 거지, 왜 정설의 기반이 되고 있는 이론을 건드리느냐 이거예요. 나는 참 답답했던 게, 월례 발표회에서는, "내 생각이 이런데 이거 어떻습니까?" 이렇게 물었을 뿐인데, 논의 자체를 금하니까. 그래서 제가 이래 비유를 했어요. "가령 하늘에 있는 저것은 달이다라는 정설이 있다. 나는 이러이러한 근거로 저건 달이 아니다"라고 하였을 뿐이고, '그건 이를테면 태양이다' 이런 식으로 발표하지는 않았죠, 거기까지는 별 관심이 없기도 했고. 그런데 "달이 아니면 달리 무엇이라 하는 말을 해야 하지 않느냐. 그에 해당하는 무엇에 대해 말도 못하면서 달은 아니다. 이렇게 하면 어떻게 되느냐" 이런 반응이 있었지요. 그러나 부정하는 것도 학술 연구의 한 방법일 것인데.

반   그렇죠.

박   "그게 뭔지는 나는 모르겠다." 이렇게 됐거든요. 그러니까 한편으로 고려대학교의 강진철 교수가 한인전 문제도 거기에 딸린 거니까, 따로 논문이 나왔으면 좋겠다고 하는 거예요. 어쩔 수 없이 한인전과 관련한 내 논문이 ≪이화논총≫에 게재되었지요. 한인전에 대해 좀 더 이야기하고 싶네요. 양교각이 있잖아요. 이걸로 다리를 놓는 건데, "이우성 교수의 한인전 논문에는 이 교각이 없다, 교각이 없음에도 다리를 놓고 있다, 이렇게 나한테는 보인다. 여기에 대해서 해답을 주서야 한다"고 했어요. 그러면 해답을 주기만 하면 되지 않습니까. '내가 잘못했다'가 아니라 '어떤 점에서 오해가 있으니 박(박창희 교수)이 바로잡아라' 해야 할 텐데 그래서 타격을 받든 뭘 받든 서로 비판해 가면서 하는 건, 그 정도 논문을 썼으면 당연히 뭔가 반론이 나와야 할 텐데.

반 무시했던 거네요.

박 그럴까요? 한편, 실제로 하타다 다카시 교수도 그 한인전 논문을 높이 평가하고 있었죠. 그런데 내 나름대로는 이규보 연구에서 이규보의 의식 변용의 문제에 대해서는 배경으로서 고려시대를 제대로 볼 수 있겠다고 해가지고 논문을 쓴 거예요. 그래 나로서 관료제설을 취했지만 막스 베버(Max Weber)의 관료제 이론까지 다루지는 않았어요. 다만 고려왕조에서 과거제에 입각한 관료제가 실증되고 그 시 작품들과 정치제도가 서로 부합되면 그것으로 족하다고 생각했죠.

4. 고마쓰카와 사건

박 논문 문제 외에 민족의 문제는 계속 나한테 있었던 겁니다. 1960년 석사과정에 있을 때 동경에서 재일동포 사형수를 면회하게 됐죠. 이진우(李珍宇)라 합니다만, 이게 고마쓰카와(小松川) 사건[12]인데. 그는 고등학교에 재학하고 있었어요, 이진우라고.

반 재일교포인가요?

박 어, 일본 이름은 가네코(金子)라고 그러는데.

반 여자인가요?

박 아니, 남자예요.

반 어, 근데 왜 가네코였나요?

박 가네코라는 성이 있어요, 일본에.

반 아, 그런가요?

박 그래 이 살인사건 두 건이 동경에서 난 거예요. 범인이 ≪요미우리신문(讀

賣新聞)≫ 사회부에 "내가 죽였다"고 전화를 했어요. 들판에 여자 하나. 고마쓰카와 고등학교 옥상에 또 여학생 하나 죽였다. 그것도 전화를 했어요. 그러니까 이게 뭔가 단서가 잡혀야 하는데, 그게 안 나오는 거예요. 그래 뭐 일주일 동안에 신문사에 또 이런 전화가 온 거를 전국적으로 방송한 거예요. 그러니까 목소리를 알아들은 시민이 "이진우라는 청년이다. 학생이다, 목소리다" 이래 된 거 가지고 잡혔어요.

반   범인으로 잡혔군요.

박   잡으니까, 그 재일동포 자이니치(在日)라 그래요, 자이니치. 진짜 난리가 났죠, 일본 전체에. 일본에는 주간지니 이런 것이 발간이 많이 됩니다. 그리고 신문 가짓수도 많고요, 뭐 라디오는 말할 것 없고. 그런 잡지가 얼마나, 얼마나 이렇게 난리가 났는데. 알려지기로는 이진우가 형제가 일곱 명인데, 이진우는 신체도 좋고 학생회 회장을 하고 두뇌도 좋고 아이큐(IQ)가 높고. 그리고 자기 집은 그렇게 가난하고 자기 어머니는 벙어리고 아버지는 이게 막노동하고 뭐 이렇게 나와가지고, 아주 가난하고 무식하고 예의고 체면이고 모르는 이런 속에서 자라나 가지고 살인사건을 일으켰다, 신문들에 그렇게 나왔어요. 재일 한국(조선)인에 대한 편견, 차별과 멸시 그리고 혐오와 증오가 일본 사회에 널리, 깊숙이 깔리게 되는 한 원인이 되었을 거예요. 나는 그때 석사과정이었는데 신문을 보기가 무서운 거예요. 그래서 펴다가 말고 그거 안 읽고 표제만 조금 보다가 말고 이렇게 했어요. 재일교포 학생은 총련[13]이든 민단[14]이든 가리질 않아요. 학교 가면, 일본인 학교 클라스(Class, 학급)가 있으면 손가락질당해 쫓겨나기도 하고 영 안 되는 거예요, 재일동포 사회라는 게. 그런데 그해에 니가타(新潟)에서 북한으로, 귀환선이라고 하는 거, 배가 뜨게 됐어요. 그러니까 분위기상으로는 일본에 있으면 애들 키우기가 어렵다, 전부 저렇게 된다. 그러니까 우리 가자. 나중에 알고 보니 일본 정부에서 내쫓는 그런 정책과도 관계있는 것 같았죠만.

반   북송 때문에요?

박   어, 그래가지고는 12월 28일인가. 그 니가타에서 마지막 송환선이 뜨게 되

었던 거예요. 이럴 때 보도가 나오는데 고등법원의 재판에서 이진우는 사형. 그렇게 됐는데 저로서는 이러한 것들을 전혀 모르고 1960년 정월 3일에 하타다 다카시 선생을 혼자서 세배차 방문했어요. 세배를 하고 나서 그래 이런저런 이야기를 하는데, 하타다 교수의 말씀이, 고마쓰카와 지켄(小松川事件, 고마쓰카와 사건), 그 이진우 소년이 참 가엾다고 하셔요. "가와이소니네(かわいそうにね)." 가엾다는 거예요. 니가타에서는 북한에 보낸다고 장구 치고 북 치고 하는데, "이 소년은 바로 그날에 사형선고를 받으니……".

이때 나는 처음으로 일본인으로 이진우에 대해 동정하는 말을 들은 거죠. 이제 내가 '이진우를 만나봐도 되겠구나' 하는 생각을 하게 되었죠. 그래가지고 정월 11일에 그가 수감된 형무소로 찾아갔어요. 11일이라는 거는 우연이었어요. 이 날이 최고재판소에 상고하는 마감일인 줄을 저는 몰랐죠.

반 그렇죠.

박 전범들이 수감됐던 그 형무소예요. 그날 이진우를, 한 오후 1시나 2시쯤에 갔는데 보니까 무서운 생각은 없고 이렇게 키도 크고 과연 아주 사람이 온화하고. "니시무라(西村) 신부도 더 상고하라 권하지는 않고, 저도 천국을 가도록 이렇게 기도하고. "아버지는 자꾸 상고하라 하는데 나는 상고 안 하겠습니다" 이래요. 나는 그때 어떤 생각을 하고 있었냐면, 이 재판이 그 일제시대에 강제로 막 끌려오고, 못살아서 일본에 오고, 그런 사람의 범죄에 속하는 거야. 그거는 짐작으로 충분히……. 그리고 특별히 아이큐도 높고 이러면 생각하는 게 복잡하고 심각한데, 무슨 어쩔 수 없는 그런, 그야말로 자기도 설명 못 하는 사건으로 여성을 그렇게 죽인 거면, 그대로의 그 진상 조사를 재판부에서 충분히 해야죠. 그게 재판이지 않겠어요? 근데 이게 없는 상태에서, 일반 사회 이론의 분위기를 바탕으로 하여 죽일 놈, 죽일 놈으로만 단죄해 가지고 내려치고 있으니, 이 재판을 다시 해야 된다. 그러니까 이거는 상고는 꼭 해야 되는 거예요. 무엇보다 사형을 시켜서는 안 된다. 목숨을 살려놓고 재심을 해줘야 한다.

그래서 난 이거 안 되겠다 싶어서 그 담당에 물어보니까 "본인이 상고 안 해도 아버지가 대신 상고할 수 있다" 그러더라고. 그래서 '내가 아버지를 만나야겠다' 이랬어요. 그리고 한편으로 하타다 선생하고 내가 그런 연관이 있으니까, 하타다 선생한테 전화를 했어요. "선생님, 제가 와보니까 이런 일이 있습니다. 선생님이 한번 만나주시겠습니까?", "아, 나 만나지." 하타다 교수가 와줬어요. 그렇게 만났는데 "나도 말해도 말을 안 듣는다" "그럼 선생님, 저는 그 집을 찾아가서 아버지를 만나겠습니다" "아, 그러냐?" 그래서 나는 찾아서 만났어요. 만났는데 집이라고 하는 것은 그야말로 금방 넘어질 그런 판자야, 판잣집이고. 전기 곤로도 아니고 장작을 때워가지고 밥을 해먹는 그런 난로야. 어머니와는 대화가 잘 안 되고. 오후 5시 조금 더 됐을까. 혼자 장작을 패고 있었어요, 아버지가. 좀 어둑사리 낄 무렵에 왔어요. 그래 "아버지, 이진우 때문에 왔습니다. 오늘이 상고 기일인데 아버지가 상고를 할 수 있답니다" 하니까, 말을 다 듣지도 않고 아버지가 맨발로 막 뛰어나오는 거예요, 저도 뒤따라 아버지 따라 나와서. 그래서 고법(高法)으로 찾아가니까, 오후 8시인가 그쯤 됐었어요. 그래가지고 아버지가 상고를 하려 한다니까 그 당직자가 "내일 아침 6시까지 기다려줄 테니까 변호사하고 연명으로 내면 더 좋을 것이다" "아, 그렇냐?"고. 나는 아까 말한 대로 신문만 보고 '이거는 재판을 다시 해야 된다' 하는 이것만 했지, 변호사가 누구냐도 저는 몰랐고 이랬단 말이에요.

결국에는 일본에 마쓰카와 사건의 유명한 사건 담당 변호사인 오쓰카 변호사, 그 변호사의 도움을 받아서 아버지가 상고를 하니까 밤 10시쯤에 접수가 됐어. 그 절차를 마치고 아버지는 집에 가고 하는데, 내가 마침 카메라를 갖고 있었어요. 그걸 전당포에 맡겨가지고 아버지한테 노자로 얼마 주고, 나는 하숙방에 돌아왔잖아요. 그때 처음으로 나는 재일동포의 삶이 얼마나 심각한가를 실감한 거죠. 그 전에는 학원 캠퍼스 안에만 있으니까 관념으로만 알았는데, 이제 제가 말하는 그 민족의 실체를 이루고 있는 민중의 현실이 어떻다 하는 거를 알게 되었으니.

반　이진우 사건을 계기로 해서요?

박　그래요. 그다음 날부터는 시무라 신부 만나야지, 또 본인 만나야지, 그 아버지하고도 연락해야지. 또 유가족 있잖아요, 만나야지, 재판 기록을 살펴야지

할 일이 막 나오는 거예요. 그렇게 되었는데 그날 석간(夕刊)에 한 5단 정도로 '오쓰카 변호사가 이진우 아버지하고 연명으로 상고했다' 그런 기사가 나온 거예요? '아, 이게 신문에 이렇게 다루어지는구나' 그렇게 알았죠.

그즈음에 우에하라 선생을 제가 찾았어요. 우에하라 선생이 참 온화한 모습에 조용한 음성으로 "이거 참 큰 문제다. 말하기는 좀 거북하지만 참 큰 문제를 찾았구나." 이렇게 해요. 이분은 일본 사회에서 이 문제가 어떻다는 거를 알고 이러니까. 그러면서 자기가 이진우 구명탄원서 서명부에 필두로 서명해 주셨죠. 물론 하타다 교수도 하고……. 당시 재일동포들은 물론이고 일본 사회 각 분야의 신망 있고 양식 있는 분들이 여기에 많이 참여해 주었죠. 동경을 중심으로 한 탄원운동은 하타다 교수를 중심으로 일어났죠.

이러한 운동 정황에 대해서까지 다 말할 수는 없고, 나의 좁은 범위에서만 지금 이야기하고 있어요. 그런데, 하타다 교수는 우리가 살인을 한 죄인을 구하고자 하는데 살인을 했다는 그 죄는 너무 큰 것이다. 거기에 대해 '죽을죄를 지었습니다' 이렇게 용서부터 먼저 구하고서 '이진우를 살려달라'고 서명을 모아야 된다는 거예요. 이에 재일동포라든지, 일본 사람들은 생각이 달랐어요. "이거는 재판부를 비판하면서 구명운동을 진행해야지 이진우를 살인범으로서만 몰아붙이면 안 된다" 이렇게 양립이 됐어요, 진행을 하다 보니까. 동포 중에 박봉춘이라는 분은 200명인가 모아온 서명부를 "다시 돌려달라"는 거예요. 이러한 이야기를 더 깊게 할 수는 없지만. 그리고 나는 하타다 교수의 그런 입장에 대해 내가 뭐라고 말할 처지는 아니어서 나름으로 할 수 있는 일, 이진우 소년 구명운동을 본국 동포에게도 호소하고자 4·19 나던 해, 60년 여름방학 때 일시 귀국해서 한국 사회에 이 일을 알리도록 하였죠. 7월에 저는 여기 한국에 왔어요. 와가지고 하니까 또 신문에 나야 되지요. 조덕송[15] 선생이라는 분이 있는데, 이분이 주선해서 《한국일보(韓國日報)》에 "죄와 벌" 하는 표제로 고마쓰카와 사건을 연재하게 됐죠. 그랬더니 그 국제꽃씨협회 활동으로 2만 5000명 가까운 탄원서 명부를 일본 법무부 장관에게 제출하게 되었죠, 탄원서를.

일본의 최고재판소에서는 구명운동의 요구를 받아들여서인지 일단은 공개 재

판을 했어요. 그러나 결과는 고등법원의 판결과 같았죠. 그리고 사형장이 있는 센다이로 보내버린 거야. 그럴 때 나는 그를 따라갈 수가 없었죠, 차비조차 없고. 힘이 더 없는 거예요. 무력감을 그때 참 많이 느꼈어. 그렇게 사형이 집행됐다. 아버지하고 나하고 가가지고 센다이 형무소에서 둘이서 기다렸다가 유골을 아버지하고 모아가지고 그날 밤차로 동경에 돌아왔죠. 동경에 고카네이 가토릿쿠(小金井カトリック) 묘지(가톨릭 묘지)가 있어요. 고카네이 거기에 구명운동을 한 사람 4, 50명 일본인, 재일동포들이 다 모였어요. 영결식이 있었고, 어쩔 수 없이 내가 "마치스 이진우"라고 비명을 쓰고 승천을 기원했습니다. 거기서 묻혀졌지요. 그로써 이진우는 묻혔습니다.

이진우의 구명운동이 일어나 서신 왕래를 했던 박수남 님[16]이라는 여성이 있어요. 재일동포인데 이분은 위안부 문제 이런 영화의 감독도 했던 사람인데, 이분이 계속 이진우하고 왕래를 했어, 편지로. 그게 책으로 나왔어요, 왕복 서한이. 그런 일이 있어요. 그리고 그 오타 요시나오(太田由直) 씨라는 유가족을 내가 몇 번 찾아뵈었지요. 이분이 "자기가 직접 탄원서를 써주겠다"고 "쓸 수도 있다" 이래요. 나로서는 그걸 써달란 소리를 차마 못하겠더라고요. 그런 분도 있었어요.

반   오타 요시나오라는 분은 피해자 유족인가요?

박   그랬어요. 참으로 미안하게 생각하고 있어요. 피해자. 죽은 사람, 여고생의 아버지. 에, 그런데 저는 민족의 문제를 그런 이진우의, 재일동포의 문제를 떼놓고 생각할 수가 없어요.

5. 한국외국어대학교 전임 채용

박   그때는, 77년에는 중정(중앙정보부)에서 나를 이상하게 보고 있었던 것 같아요.

반   한국에 계실 때죠?

박　그렇죠.

반　이화여대 계실 때.

박　76년 이화여대를 그만두고 직처를 옮기려고 하는 중에 77년 봄에 히토쓰바시에서 구두 면접이 있으니 출두(出頭)하라는 연락이 왔어요. 그런데 비자 신청을 하니까 안 된다는 거예요. 중정에서는 내게 비자를 내어줄 수가 없다는 거예요. "맨날 가는데 왜 안 되느냐?" 하니까. 이유인즉, "박이 일본에 가면은 총련에서 꼭 포섭할 것"이라고, 저는 아무 상관없는데. "그러니까 어떻게 보내겠느냐" 이거야. 나의 백형 친구이면서 당시 정계에 중진으로 있던 여당 정치인이 내 신분을 보장한다 해도 안 된다는 거예요.

대학에서는 긴급 교수회의를 열어서 오럴 테스트를 여름방학으로 연기하게 되었는데 그래도 중정에서는 "안 된다"는 거예요. 그래, 그러면 "나와 같이 일본에 가자, 같이 가서 나는 그날 오럴 테스트(oral test) 마치고 바로 돌아오마" "안 그러면 내가 숙소를 잡아주면 가겠냐?" 이래도 안 돼요. 여름에도 연기가 됐죠. 그다음에 교수회의에서 이게 문제가 됐는데요, 히토쓰바시 대학에서는 임시 특별 교수회의를 열어 겨울방학으로 다시 시험일을 잡았다고 알려왔어요. 일본의 여러 대학들에 알아보니까, 어느 대학에서 학칙을 변경해서 오럴 테스트 없이 학위를 수여했다는 거예요. 결국 히토쓰바시에서도 그렇게 하자고 해서 학칙 변경까지 한 거예요. 학칙 변경까지 해가지고 결국 오지 않아도 심사하도록 한 게 제 학위논문이에요, 참 미안하죠. 77년 12월에 히토쓰바시 사회학 박사학위를 받았죠.

반　와 엄청난 배려를 한 거네요, 학교도.

박　그때는 외대에 전임으로 신청을 했는데, 이 학위가 있어야 했지요. 그래서 제가 학위를 받고 교양부 전임이 된 거예요.

6. 민족의식과 실천 1

박　그래서 68년에 한국으로 돌아왔는데, 70년도에 이화대학 법정대학 전임으로 경제원론, 재정학 등을 강의했어요. 이화대학에서는 농촌봉사활동도 했는데, 농촌봉사활동 지도교수로도 있었죠, 봄에 하고 겨울에 하고. 방학 동안 2주일씩 4년 동안 이어갔으니 근 100일간을 한 마을에 머물러 있은 셈이죠. 4년 동안 계속하니까 마을이 그 변하는 걸 나대로 봤거든요. 이게 '잘살아 보세' 하는 새마을운동은 확실히 박정희가 농촌에서 성공적으로 정책 효과를 내고 있는데, 도시에서는 데모가 끊이지 않고. 정권은 가혹하게 탄압하고 있었지요.

이런 모순된 현실은 민족의 문제에서 볼 때, 그거는 박정희의 정치 목적으로 해서 정책을 펼치고 있기 때문으로 생각되었지요. 이게 민족의 농촌의 문제를 해야 되는데 농촌 문제를 정권 장악자로서 더 잘살도록 정책을 펴고, 도시에 오면 막 데모가 나고 이러면 매질을 한단 말이야. 민족의 문제는 모순되는 상대 간에 협의가 있고 통일성을 이뤄가야 하는데, 박정희는 일방적으로 제지하려고만 했지요. 민족의 문제는 그렇게 해야 해요. 북한이 아무리 이질적이더라도요. 북한도 마찬가지입니다. 김구, 여운형 선생이 하자 했던 거는 남북협상이지 적화통일을 우리가 바란 건 아니었단 말이에요. 협의를 하는 가운데서 다양성이 보존되고, 이질적이라도 공생·공존이 가능한 사회공동체가 이루어져야 민족성을 찾을 수 있는 것이라고 생각하게 된 것이에요. 돈과 신분을 넘어서요.

한데 박정희의 민족은 그게 아니었어요. 농촌에 가서는 '잘살아보자, 잘살아보자' 하고 도시에 와가지고는 데모 막고 사람 죽이고. 이거는 정권 입장이라는 말이야. 자치에서의 민족주의는 반드시 협의하고 통일성이 이루어져야 돼요. 아무리 상대가 싫더라도 협의해야 해요. 나중에 연구를 해보니까, 세종대에 불교(佛敎)하고 유교(儒敎)의 문제가 있는데, 세종이 불교 쪽에 대해서 포용하고 인정을 해주고 이러니까 유교 쪽에서 얼마나 비난을 하는지 몰라요. "당신이 임금입니까?" 이렇게 나올 정도로. 이거는 세종의 민족성을 반대하는 거예요. 그러니까 그때 유교는 비민족적일 뿐만이 아니라 반민족성을 띠는 거예요. 그렇게 볼 수밖에 없는 거예요. 그러니까 민족성이라는 것은 여러 가지 이렇게 규정을 할 수 있지만 적어도 협의하고 통일성을 띠는 거. 그때 열심히 봉사활동을 했던 학생 중에, 대학은 다르지만 인재근[17]이라는 학생이 있었어요. 그 사람이 김근태[18]씨 부인이래요.

반   아, 인재근 씨요.

박   지금은 국회의원인데.

반   아, 그렇죠.

박   열심히 활동했어요. 농촌용 교재도 만들고, 인상적이었어요.

반   원래 노동운동했던 분인데.

박   그랬군요. 대학 때의 신조를 이어갔군요. 그리고 외대에서 있던 일이 생각이 나네요. 탈춤반 지도교수 할 때 일이죠.

반   사학과가 독립하기 전이죠?

박   어, 되기 전에. 교양학부에 있을 때예요. 77년도 2학기인가, 이태호하고 하남근이라는 학생 두 사람이 내 연구실로 찾아와 가지고는 탈춤 지도교수가 돼달라는 거예요. 그래 왜 내가 지도교수가 되어야 하느냐? 물으니까 교수가 강의 때 탈춤에 대한 이야기하지 않았느냐. 그래서 "우리는 그렇게 강의하는 교수 같으면 지도교수로 모셔도 좋다 싶어서 왔다"는 거야, 그 정말로 나는 코너에 몰려가지고, 생각지도 않은 그런 제의에……

반   어느 학과였나요?

박   영어과, 프랑스어과. 그래 내가 지도교수 되면 아무것도 모른다. 내가 북도 못 치고, 춤도 못 추고, 노래도 못하는데, 그런데 할 수 있느냐? 그래도 된대. 그러면 내가 언뜻 생각난 게 이게 구경꾼으로서 하는 일은 있을 수 있거든요? 그럼 내가 그냥 이름만 넣는 지도교수가 아니고 구경꾼으로서 내가 다 비판할 건 한다. "같이하면은 같이한다" 이랬거든요. 아, 그랬더니 "좋다"는 거예요. 그때, 78년 당시에 탈춤이라는 거는 데모의 도화선 역할을 하고 있다는 거는 상식이었어요.

서울대학에서 먼저 탈꾼 학생들이 대학 캠퍼스에 탈춤을 들여 넣었어요. 서울대학에서는 탈춤이 저 민중 사이에 있는 건데, 그저 거기서 잠자코 있으니까 이걸 캠퍼스에서 자기들이 살려야 된다고 했다는 거예요. 그리고는 어쨌든 데모에 활용을 했다는 거야.

반 선생님이 간판 울타리 역할을 해주신 거네요.

박 결과적으로는 불충분했지만. 그런데 이게 서울대에서는 탈춤 활동이 금지되어 운영할 수 없었잖아요? 서울대학에서도 그렇고 다른 데에서도 안 된다 했는데, 외대에서는 이게 그래도 남아 있는 게, 학생들이 끈질기게 움직여서 학교에서 활동 허가를 받아내고는 결국 나를 불러들인 거지요. 그래서 내가 학생들하고 약속을 했어요. "이게 정치하고 관계하면 안 된다, 탈춤은 문화 활동이니까." 문화라는 게 정치하고 분리할 수 있는지 없는지 저는 모르지만 "오로지 문화 활동으로만 끝내야 한다". 말은 그래 했어요. "이게 문화성의 문제니까 정치하고 관계하면 안 된다. 오로지 문화 활동으로서 탈춤, 나는 그걸 고집한다" "좋습니다" 그래서 탈춤반 지도교수가 됐어요.

반 지금 말씀하신 것이 유신 때입니까, 아니면 5공 때입니까?

박 그게 78년 봄.

반 78년이면 유신 막바지네요.

박 어, 끝 무렵이에요.

반 박정희 대통령.

박 어, 그러니까 전두환은 그 직후잖아요. 그래서 공연을 하려니까 여러 가지 막 제약이 나오는 거예요. 공연장 둘레를 기다란 철제 의자로 에워싼다든지, 공연 장소를 노천극장에만 딱 한정한다든지. "말뚝이 대사를 고쳐라", "뭐는 빼라", "뒤풀이에서는 몇 명만 악기를 두드려라". 그때 "악기는 뭐만 써라". 뭐 하나하나 다 여기 중정이 들어오고 막 이런 거야, 지저분하고 까다롭고 ……

반 당시 중정 요원이 캠퍼스에 상주를 했습니까?

박 어 그래, 나는 그런 거는 적당히 이해할 수 있는데, 뒤풀이할 때 또 데모하는 게 나오잖아요. 고성오광대 인간문화재 허종복 선생에게 여쭈어보기도 했어요. "탈춤 지도교수가 오광대 할멈 장례 때 상여를 따르는 동네 노인이 되면 어떻겠느냐?" "아, 좋죠" 이래요. 그래 데모를 막을 길이 참 없는 거예요. 그러면 좋다. 그래 나는 갓 쓰고 흰 두루마기 입고 나서면 표가 나서 지도교수이니 함부로 할 수 없다. '나의 체면을 좀 세울 수 있으려나' 그런 계산을 해봤죠.

그때 서울의 대학가요, 전부 탈춤들이 금지되니까 '외대 탈춤 공연하면 한번 보자' 하는 분위기가 있다는 걸 나도 듣고 있었거든. 외대에서는 큰 교문을 막 잠그고 작은 문으로 수위 아저씨가 공연 날에 체크까지 해서 아침 일찍 여는 거예요. 그러면서 그들의 출입을 막는다고 했죠. 그들은 그것조차 알아차리고 아침 일찍 들어와서 앞에 몇 줄 딱 차지하고. 이런 거를 우리 탈반에서는 알아요, 우리 외대 안에서 어떻게 할 수 있을 거 같은데.

나는 표 나게 흰 두루마기 입고 갓 쓰고서 고사를 지냈어요. 계속 난 두루마기 입고 공연을 지켜봤죠. 본관 입구가 조금 높잖아요. 거기에 총장, 학장, 교수들도 있고 정보원들도 있는 것이 눈에 띄는 거야. 이 사람들이 모두 나와 데모대가 어떻게 하는가를 지켜보는 거요. 무슨 연극이나 펼쳐지는 광경이랄까. 그런데 막판에 연구동 쪽에서 교문 쪽으로 사람들이 스크랩을 짜서 막 나오자는 거야. "데모를 한번 하자. 이 기회다" 이러는 거예요. 우리 패거리는 뒤편에 도서관 쪽으로 이래 있고. 나는 혼자서만 흰 두루마기 입고 막는 거예요. 그때를 생각하면 참 우스워. 데모를 막아야만 그다음에 탈춤을 계속할 수 있는 거예요. 그래, "안 된다. 안 된다" 하는데 저쪽에서 데모할 때 부르는 노래를 부르면서 소란 피우고 스크럼 짜서 막 오는 거예요, 사람들은 보고 있는데 ……. 그래서 데모대하고 나하고 접촉하게 됐지. 그러니까 우리 학생들이 내 주위를 둘러싸 가지고 보호를 하는 거예요. 이래가지고 데모를 못 하게 했어요. 외대 탈반이 데모대와 관계없는 문화 서클이라는 것이 입증돼서 다음 공연도 계속하게 됐죠.

그러다가 88 올림픽의 해던가, 일본에 있는 내가 아는 지바농대 교수인 고마쓰 교수가 서울에 온 김에 나를 찾아왔어요. 하는 이야기가, 일본에는 무라스쿠리 (村作り)[19] 운동을 해가지고 마을을 활성화시키자는 운동이 있는 거야. 무라스쿠

리 운동이라고 있는데 "이때 한국의 농악이 쾅 하고 한번 울려주면은 그 영향이 아주 클 거 같다". 나도 그런 생각이 드는 게, 내가 일본에 가서 느낀 거는 일본인들이 한국 문제에 대해 느끼고, 알고 있는 게 너무 빈약해요. 식민지 문제나 남북 분단 문제에 대하여 거의 무지에 가까운 사람들이 많아요. 그러면서 사람들은 선량한 사람들이고, 열심히 일하여 살아가는 농촌 사람들이거든요. 그러면 한국 사람을 접해야 되지 않느냐. 그때 내 생각은 한국 농민하고 일본 농민하고 함께 진정한 교류를 해가면, 우리가 매개가 되면 그들을 일깨우고 뜻있는 일을 할 수 있겠다 싶었어요. 그리고 '악기를 농촌에 주고 우리는 정숙한 캠퍼스에서 공부하는 것이 좋지 않겠나' 생각을 한 거예요.

그때 외대 탈반 OB들은 중국어과 심규호 군이 대표가 되어서 '두루나눔'이란 팀을 만들어서 계속 자기들끼리 농악을 즐기고 있었지요. 나는 고마쓰 교수한테 '두루나눔' 팀 이야기를 하면서 그들이 호응하면 이 일을 한번 추진해 보자고 약속을 했죠. 그 뒤에 고마쓰 교수가 5개 마을에서 우리를 초청한다고 소식을 알려왔죠. 이 사연을 팀에 의뢰했더니 학생들이 "못 간다"는 거예요, "우리가 왜 땀 흘려 춤을 춰야 하나?"

반 일본까지 가서 말이죠?

7. 마쓰시로 대본영

박 이유인즉, 원래 탈춤이라는 게 가면의 신력과 젊은이의 열정으로 순수하게 마을 사람들의 행복과 마을 발전을 축복하는 한마당이잖아요. 젊은 그들에게는 자연스럽게 쌓인 반일 감정이 토로된 거죠. "어찌 그 사람들을 우리가 축복할 수가 있느냐", "맞는 말이야", "아 맞다. 그러나, 우리는 이제 신(新)일본인을 정다운 이웃으로 사귀어 가야 한다. 그런 사람들이 우리들을 반갑게 맞이한다면 우리도 방문할 수 있지 않겠는가. 좋다, 세 명쯤이 한번 가봐라. 삥 둘러보고 이런

데 같으면 우리가 올 거 없다, 안 간다 하면 안 갈 수 있다". 그래 세 명이 일본으로 건너갔어요. 가서 교류할 수 있는 후보지를 고마쓰 교수하고 같이 다녀서, 우리를 맞이할 수 있는 사람들 만나가지고 이야기를 해보니까, "괜찮다" 이거야. 그래가지고 한일농촌우정문화, 우정이 중요하니까. 그러니까 한일농촌우정문화교류회라는 것이 거기서 시작이 된 거예요.

그래서 두루나눔 팀이 한마음으로 "한일농촌우정교류"라는 깃발을 내세워서 일본에 갔어요. 그때 두루나눔에는 외대 탈반 OB들이 주축이 됐지만 동국대, 상명여대, 성신여대 졸업생들도 합류하고 있었죠. 비용은 우리가 항공료를 부담하면 일본에서 숙식, 교통 비용을 모두 각 마을에서 부담하기로 해 우리는 아주 편하였지요. 우리가 방문한 곳은 나루하마(鳴浜), 가와바무라(川場村), 다코마치(多古町), 우에다(上田) 그리고 요코하마(橫濱) 등지로, 여러 현에 걸쳐 있었죠. 거기서 고성오광대, 봉산탈춤, 농악 등을 펼친 거예요. 그 활동에 대해서는 이야기는 많지만, 마쓰시로 대본영 문제도 있고 해서 아쉽지만 생략하겠습니다. 그런데 일본 NHK에서는 〈오하요 자날(おはようジャーナル)〉이란 1시간짜리 프로그램에서 "올여름 마을에 탈춤이 왔다" 해서 앙코르 방영까지 했었죠. 모두들 끝까지 열정적으로 공연을 했었고, 우리는 각 마을의 신(新)일본인들로부터 뜨겁게 진정 어린 환영을 받았죠. 이 활동은 두루나눔 팀으로 지금도 계속되고 있죠.

마쓰시로 대본영은, 우에다(上田)라는 데를 갔거든. 갔는데 한 4시쯤 돼서인가 《요미우리신문》 기자가 여기 나왔더라고. 그이가 나한테 "선생님, 그 마쓰시로(松代)라고 하는 데를 아느냐?"고, "모른다"고. 거기는 이러이러한데 "한번 가보겠냐?"고. "아, 가보자." 그 사람하고 가보니까 이거는 참으로 엄청난 문제가 있는 거예요. 내가 모를 뿐만 아니라 우리 한국 사회 전체가 모르고 있는 일본 대본영 지하호가 있는 거예요. 소름 끼치게 무시무시한 지하굴이에요. 일본인들이 1944년 11월 11일 11시, 일(一) 자 있는 게 일본말로 이이(いい, 좋다), 굳(good), '좋다'는 거야. 이걸 택해가지고 폭발을 시켰어. 공사를 시작한 거야. 저곳을 우리 동포 노무자들이 굴착해 내야 했으니…… 그래서 8·15까지 했는데 비밀리에 공사, 위험한 터에 혹사를 당하였으니 500~600명이 희생당했다 하는

데도 진상이 묻힌 채로 있는 곳이에요.

그런데 최소암 씨라는 분이 거기 노동자로 있었는데 한국서 끌려와서 있었는데. 해방이 되었는데도 이 사람은 이 문제가 너무 심각하니까 자기가 "여길 떠나버리면 누가 증언을 하겠나?" 해가지고 그곳을 안 떠났어요. 이웃 마을에 살고, 일본인으로 살고 있었던 거야, 이미 돌아가셨는데. 근데 나는 한편으로 일본의 천황제 제국주의가 얼마나 끈질긴 것인가, 그 침략주의가 우리 한민족에게 얼마나 저주스러운 것인가, 우리 모두가 이거를 알아야겠다. 국민들이 알아야 될 거다. 이래가지고는 연합통신하고 연락했어요. 그래 연합통신 기자가 90년 봄인가에 국내에 알렸어요. 그리고 나는 나대로 할 수 있는 일 몇 가지를 했지요. 첫째로 마쓰시로를 중심으로 지하호 문제에 대한 진상조사를 해온 일본인 그룹과 만났어요. 여기서 최소암 씨도 만났죠. 이들과 같이 나가노(長野) 시장도 만났는데, 이거를 문화관광 차원으로만 보지, 뭐 역사 차원에서 보질 않는 거예요. 이 지하호를 문화관광지로 만드는 데에 대해 항의도 했죠. 둘째로 한화그룹에 입사한 탈반 출신이 있어가지고, 김기홍 군이 주선해서 "전시회를 하자" 갤러리아백화점이 한화 계통이니까. 그래가지고 최소암 씨의 그 칸텔라[20]인가 뭐하고, 뭐 몇 가지 실물들을 돌 같은 이런 거를 사진하고 이렇게 전시회를 했어요. 전시장에는 조정래 작가도 찾아왔죠.

반   아, 최소암 선생님이 강제징용 시절의 물건들을 가지고 계셨군요?

박   그래요. 그리고 셋째로 서울에 돌아와 '마쓰시로 대본영 지하호 진상조사 연구회'라는 조직을 열몇 명과 같이 만들었어, 우리 한국 사람으로서 그 진상을 밝혀보자고. 이 자료가 너무 없어요. 그런데 미군이 1945년 9월 초에 마쓰시로 지하호에 대해서 바로 조사했다는 거야. 영상물도 있고, 자료들이 미국 워싱턴의 국립문서보관소(국가기록원)에 있다는 것까지는 알게 됐어. 그래 저로서는 1945년 여름에 워싱턴(Washington D.C.)에 가려고 했었어요. 워싱턴에 가서 그거를 보려고 했던 거예요, 그런데 구속되니까 중단돼 버렸죠. 1995년 4월에 구속당했으니까, 그러니까 그 뒤부터는 인연이 없는 상태인 거예요. 그러나 일 그 자체는 중요하니까 어느 개인이나 단체가 나서주면 좋을 텐데 ……. 저는 저대로 과거사진상조사위원회에 이 지하호 문제에 관해서 작은 논문을 제출했습니다만, 그건 이미 알려지고 있는 자료들을 좀 정리한 정도지요. 그 진상은 계속 가려져 있지요. 안타깝습니다.

반 선생님께서 미국에 가시려 했던 해가 1995년인가요?

박 어, 문제는 그 공문서 자료가 있다는 그게 중요하지 싶어. 누가 그걸 한번 물어봤어. 하니까 열람 번호는 있는데 안 내주더래. 그래서 "왜 그러느냐?" 하니까 "아, 이거는 문제가 있어서 그렇다"는 거야. 그러면 이거를 미국 국회의원이든 동원해 가지고, 있으면 밝혀라. 지금 시일도 많이 지났으니까 밝혀라. 이런 운동도 매스컴 통해서 할 수 있는 거 아닌가 싶은 거예요. 이게 하나의 방도인데, 안 그러면은 일본 애들은 내놓지를 않아요.

반 그렇죠.

박 저곳은 한번 가보면 제국주의 일본, 천황제 일본의 실상을 한눈에 볼 수 있죠.

반 아마 당시에는 그 문서 해제, 클래시파이(classify)가 안 됐을 수도 있겠네요, 95년도면은 50년쯤 지났을 때니까.

박 음, 미국에.

반 미국 거는 가능할 것 같은데요?

박 그래요? 그게 있다는 거예요.

반 그러니까 지금 이 문제는 그 상태에서 진전이 안 된 거네요? 선생님. 진상 규명이.

박 저로서는 그렇죠, 저와 관계해서는. 그 이상은 아무것도 못하고 있는 거지. 그리고 그 관계했던 일본인들은 적어도 몇 사람은 그냥 알고 있고, 이런 사정을. 지금도 어느 분이, 또는 어느 그룹이 한번 달려들어서 그 전모를 밝혀줬으면 좋겠어요. 그거는 또 그렇고.

8. 한국외대 사학과 설립

박　84년인데, 그때 사학과가 설립되었죠. 사학과 된 거는 이게 원래는 법 절차 따라가서 사학과 설립이 됐어야 되는데, 80년 초에는 그런 상황이 아니라서 이 학과 설립이 그렇게 어려웠다는 거야. 뭐 "학과 설립이 하나 되면 골프장을 많이 동원해 줘야 되고". 온갖 말이 나왔었어요. 그래 저는 막연히 '외대에 사학과 생기면 이게 커리큘럼(curriculum)을 한번 제대로 짜볼 수 있으려나' 하는 정도로 생각하고 있었어요. 내 형이 박문희라고 국립정신병원 원장으로 있었어요. 동생이 소속 학과 없이 교수로 있다는 게 보기 딱했던가 봐요. 하루는 "너도 학과가 있으면 좋을 텐데" 하고 아쉬워하더니, 백형 옛 친구가 문교부 국장으로 있으니 한번 만나 이야기해 볼까 하더라고요. 알아보니 "정말 어려운 건데 ……"라고 하고. 백형은 까다롭기는 하지만 전혀 가능성이 없는 것도 아니라고 짚었는지 한 번은 나를 넣어서 세 사람이 동석을 했죠. 외대 사정을 얘기하기도 하고. 결국 외대와 문교부가 당사자들인데, "이제는 네가 대학에 알려 이쪽 관계를 알려주는 게 낫겠다" 하여 사무총장인 김종국, 이 사람한테 이야기를 했어요. "아이고, 부탁도 안 했는데" 하면서 아주 반색하더라고요.

반　총무처장이셨죠?

박　그래가지고 내 백형하고, 사무총장하고, 문교부 사람하고 네 사람이 만났지. 학교 사정도 이야기하고, 여러 가지 신의 관계도 이뤄지고 ……. 이래가지고 한 1년 넘게 공을 들였나. 그땐, 있는 대로 말하면 내 백형과 나로서는 적잖게 시간을 썼지요. 문교부에서 "내주겠다"는 거야, 문교부에서. 나는 그때 여행을 일본에 갔는데 갔다 돌아오니까 "학과가 됐다"는 얘기를 듣고 아주 기분이 좋았죠. 학과 설립되고 나서, 고석규 씨라는 목포대학 총장을 지낸 사람으로, 사학과 초창기 9년간을 진정으로 학생들을 보살피고 학과를 위해 노력했죠. 사학과가 개성과 전통을 가진 학과로 발전하는 데 그의 사심 없는 순수한 열정이 큰 받침이 됐다고 나는 봐요.

9. 독도 문제

박 아, 87년도 봄인데, 또 한 번은 연구실에 노어과의 장철수라는 학생이 찾아와 가지고는 올여름에 독도 탐사를 하려고 독도탐사대를 조직했는데 내가 독도탐사대 지도교수가 돼야 한대요. "왜 내가 해야 되느냐?" 하고 물었죠. 자기들 독도탐사대 모집하고 말이야. 현수막을 내걸고 있는 걸 난 봤거든. '학생들이 독도 탐사대에 나섰구나. 야, 저런 학생들도 있구나.' 그런데 사실은 나도 한번 독도에 가봤으면 하는 욕구는 있었거든요. 몇 해 전 탈반 학생들이 지도교수 하라는 방식과 똑같았는데, 또 찾아와서 하라는 거야. "왜 내가 해야 되느냐?" "아이 수업 때 말하지 않았느냐"고. 그 진짜 물러설 수가 없대요. "아, 그래? 내가 가면 헤엄도 못 치고, 배도 못 젓고, 탐사를 한 적도 없는데 나를 시킨다. …… 자네들과 똑같이 참여할 거다" "좋습니다".

그래서 외대 독도탐사대가 정식으로 발족했지요, 대장은 김완기 학생이었고. 그때 내가 알고 있던 독도는 일본 메이지 정부 스스로가 독도는 조선 영토로 일본 땅이 아니라는 것을 인정했다는 것, 그럼에도 일본 정부는 분쟁지화하여 고의로 자기 영토라고 주장하고 있다는 거였죠. 그리고 국내적으로는 일반 사회에서 독도에 대한 관심도가 상당히 낮은 편인 걸 느끼고 있었죠. 이제 내가 할 일은 탐사대 활동 자료를 구해야 하겠고, 또 갔다 오면 탐사대 활동을 사회에 알려야 하겠고 …….

그래서 내가 아무래도 나이가 있고 그러니까, 《조선일보》에 조덕송 논술위원이 있어요. 이분에게 내가 가끔 의논을 하는데, 이진우도 그분한테 의논했고, 이번에도 의논을 했지요. 그랬더니 조선일보사에 주선해서 거기서 400만 원 지원비가 우리한테 나왔죠. 또 조선일보사의 이중식 기자가 동행하게 되었고. 그래, 탐사 목표에 관해 나는 학생들과 토의를 거듭했는데, 첫째는 슬로건을 "6000만 동포 가슴에 독도를"이라는 거였지요. 실제로 일반 신문에서는 "거기 살고 계시는 최종덕 씨가 설맞이했다." 그런 기사만 나왔지. 독도는 일반적으로 잘 몰라.

그러니까 이거를 국민 모두에게 알려야 되겠다. 이번에 탐사대 간 걸로 해가지고 알리려 했더니 ≪조선일보≫는 특집으로 보도하고 이어 ≪월간조선≫에서도 크게 다루었죠.

독도에 가니까 최종덕 씨라는 분이 23년 동안 민간인으로서 독도를 혼자 지키고 있는 거야. 독도에서 혼자 말할 상대도 없이 20년 넘게 지내다 보니 그만 어눌하게 된 거예요. 말이 어눌해질 정도로 독도를 혼자 지키고 있은 거야. 그래 최종덕 씨의 아버지 되는 분은 하반신 장애로 걷지 못하는 분인데, 생각이 크셔서 "독도는 한반도 절반 정도로 큰 거다" 이렇게 말씀하셔서 자기 아들 최종덕 씨한테 "그걸 지켜라" 이렇게 일렀다는 거야. 그러니까 이 최종덕 씨는 그러한 아버지의 말씀을 듣고 그대로 지켜온 거야. 이분들이 진짜 애국자임이 틀림없어요. 그런 이야기를 내가 듣고. 그래 또 이분이 가만히 보니까 외대 독도탐사대라 해가지고 학생들이 20명 가까이 몰아오는데 "진지하다". 그래, 자기가 지은 집을 "하룻밤 쓰라" 하고 이렇게 했어요. 나중에 이야기를 들어보니까 외대 학생들이 많이 피곤할 텐데도 달밤에 나와가지고 암벽에 기대가지고 토론하고 있다는 거예요. 학생들이 "참 진지하다" 이래가지고 많이 환영을 했다는 거예요.

우리 독도탐사대는 이름 짓기를 시도했어요. 독도에는 3, 4개밖에 공식 지명이 없어요, 국토지리원의 독도 이름이라는 게. 2, 30군데의 지명이 있어야만 하겠는데 ……. 동도하고 서도가 있으면, 이 동도에 굴이 있어. 분화구가 웅장하다면 웅장하고 신기하게 느껴져요. 이게 이름도 없고 여기에 독립문 바위는 독립문같이 생겼다 해서 독립문바위라 하고. 여기는 삼형제바위라 하고. 167미터나 되면서도 봉우리 이름조차 없는 거야. 그 실정을 학생들은 이미 알고 있는 거야. 나도 이번 탐사에서는 우선 우리가 이름들을 짓자고 제의하고 학생들도 또 찬동한 거야. 우리가 지어가지고 지명위원회에 제출해 가지고 거기서 검토해서 정하면 될 거니깐. "그러니까 우리가 문제 제기를 하자" 이렇게 됐어요.

대원들은 여러 조로 나눠서 고무보트를 타고 독도 생태에 대한 조사 활동을 했어요. 나는 대원들하고 같이 오키나와에서 날아온 미군 제트기들의 폭격 연습으로 우리 어민들이 희생당한 흔적을 살펴보았지요. 불발탄으로 아직도 동서도 사이의 얕은 바다 밑에 깔려 있는 것도 확인했죠. 독도는 피투성이였어요. 희생된 어민들의 위령비라도 있었으면 하는 생각이 들었어요. 그리고 또 그때는 독도는 우리 땅, 뭐 대마도는 일본 땅 하는 노래밖에 없었어요. 그것만 갖고는 안 되니까 새로 우리가 가사를 짓고 어떻게 해보자. 그래가지고 나도 하고 학생들도 하도록 해가지고 몇 가지를 자기 과업으로 했어요. 이 활동은 ≪조선일보≫에서 "독도는 살아 있다"라는 제목으로 신문 전면에 보도되었죠. 돌아와서 대원들은 자기들 힘으로 서울 시내 백화점에서 '독도 전시회'를 했어요. 사회적으로 독도를 알리는 데 큰 성과를 거두었다고 봐야 할 거예요.

처음 탐사대를 조직한 장철수 학생을 잊을 수 없는데, 이 친구는 나중에 활동을 계속해 가지고 그 '발해 1300'이라 하여 "발해를 잊어선 안 된다"고 블라디보스토크에서 뗏목 항해를 했지요. 97년 말에 4명이 블라디보스토크를 출발해서 30일 간이나 동해를 가로질러서 부산 앞바다를 항해해 오던 중에 원통하게도 폭풍우로 일본 해변에서 조난당해서 4명이 모두 희생됐어요. 1300년 전에 동해를 누비던 발해인의 기상을 되새기고자 한 겁니다. 우리 역사상 위대한 나라 발해를 계승하자는 뜻을 담아서 뗏목 항해를 감행한 거죠.

반   발해가 거기서 나오는군요, 발해.

박   뗏 나무 이거를 탄 네 사람이 결국 조난당해 가지고 일본 해변가에서. 그렇게 젊은 목숨을 바치게 됐는데, 장철수, 이덕영, 임현규, 이용호……. 장철수 이 사람이 그 독도탐사대를 앞장서서 발의한 거예요.

그리고 잊을 수가 없는 일인데, 독도에서 다시 울릉도에 오니까, 최종덕 씨가 나의 손을 잡더니 "식사를 하자". 그 경북식당이라는데. 그때 운수회사의 조 씨라는 분하고 셋이서 식사를 하는데, 이게 "소불고기가 맛있다". "왜 울릉도에서 불고기냐?" 하니까, "울릉도는 모두 풀이 약풀이니까 약풀을 먹은 소니까". 뭐 이런 말을 주고받고 했어요. 그러면서 이야기가 "박 교수, 이름 짓는다고 했지 않았느냐. 내가 사는 곳에 이름 하나 짓고 가라". 그다음에 "여기저기 있는 거는 박 교수가 이름 짓고 나면은 그걸 말해라". 그러면 자기가 "다 이름을 표시해 놓겠다. 자기가 하면 될 거다" 이런 말을 해요.

그래, 이름 지으라 하는데 명색이 교수잖아요, 그리고 지도교수고. "하, 이거 어떻게 해야 하나? 여기가 지금은 피난소라고 돼 있다." 피난소로 거처를 옮기기까지 여러 번 옮긴 거야. 가장 좋은 데를 구하자니까 당장에 모르지. 이게 실패하고 말이야. 조난당하고 한 거를 자꾸 옮겨가지고 이 자리가 자기 자리다 이거야. 근데 집 자리에서 바위산을 넘으면 물골이 있어요. 그니까 이 길이 험한데 이 바위산을 왔다 갔다 해가지고 자기가 물을 길어오고 이런 거거든요. 그래서 내가 이거는 최종덕 씨를 오래도록 기념하는 의미도 있고 해가지고 그 함자인 큰 '덕(德)' 자를 살려서 "'덕골'이 어떻습니까?" "아, 덕골 좋네". 그래서 덕골로 하겠다고 이래 했어요. 그래, 나도 무슨 좋은 일 하나 해낸 것 같아서 기분이 좋았죠.

그래 놓고는 우리는 우리대로 "여러 곳 이름을 짓겠다" 이랬는데 내가 돌아와 가지고는 한 1년, 2년 지내니까, 이분이 또 갑자기 돌아가셨어요. 그 사위가 울릉도에서 독도에 들어가면서 "지금 나는 덕골로 들어갑니다" 하는 편지가 오더라고. '아, 덕골로 저렇게 이름이 됐구나' 이래 생각했어요. 근데 이 사람도 사연이 있어 독도살이를 그만두게 되고. 거기 보니까 덕골이라는 이름도 없고, 피난소로 그냥 있는 거야, 어민 피난소. 최종덕 씨의 이름을 딴 그 이름이 괜찮았다는 생각은 지금도 하고 있어요. 돌아와 가지고 용인에서 학생들이 이름 짓기 전시회를 한번 해봤는데 별 호응이 없는 거예요. 그게 '우리가 뭘 잘못하고 있나' 이런 생각이 들고.

다른 어떤 안도 없고 해서 노무현 정부 때인데, 청와대 정책실 앞으로 그동안 복안으로만 새겨둔 독도 문제 몇 가지에 대한 민원을 우송했었죠. 그 지명 짓는 것이 그 제의 중 하나이고. 그 후에 나한테 아마도 동북재단(?)에서 연락이 왔어, "식사 한번 같이 하자"고.

반   동북아역사재단?

박   한글학회 있는 저쪽에 광화문 우체국에서 저 서대문 쪽으로 가는 그쪽 식당에서.

반   선생님, 그 독도연구소가 있습니다.

박   독도연구소인가? 거기 한번, 그래 가니까 한 스무 명 가까이가 한식당에 한 식을 차려놓고. 식탁을 가운데로 직원들이 마주 앉아 있고, 나를 가운데 앉혀놓 고. 다 초면이었어요. "나는 왜 나를 부르냐?" 물었더니 청와대에서 자기들더러 독도 지명을 정하라는 지시가 내려왔다는 거예요. '아하, 그 정책실장에게 보낸 민원이 통한 거구나' 그때 생각했어요.

반   내려왔구나, 오더(Order)가.

박   근데 자기들이 직접 정했다는 거야. 빨리빨리 정한 것 같아. 지금 국토지리 원의 독도에는 아마 그게 실렸을 거야. 그렇더라도 좋은 일이라 생각되는 게 일 본인들이 지어놓고 우리가 뒤따라가면 어떻게 되나? 그러니까 그 이름들은 당 연히 우리가 지어야 했던 거예요. 어쨌든 이름들이 지어진 것은 좋은 일이고 다 행한 일이라 생각돼요.

반   선생님, 이름을 지은 게 뭐 아마 그 비밀 유지 때문에 그렇지 않았을까요?

박   어저께 신문 보니깐 일본에서 사진 요만큼 해가지고 선전했다면, 지금은 이만큼 크게 해가지고 선전한대. 계속할 거야. 계속 분쟁지로서 가지고 가겠다 는 거야. 자기 영토가 아닌 것이 명백한데도 분쟁지로서 문제를 끌고 가면 그걸 무시 못 한다는 거예요, 국제법상으로.

반   선생님, 독도 문제와 관련해서도 기대하셨던 것이 아직 미완성이네. 앞으 로도 진행할 것이 많이 남아 있네요.

박   독도 문제는. 네, 지금 실정이 어떤가를 나는 모르기 때문에 이렇다 저렇다 생각은 못하겠는데. 영토 문제는 몇십 년 몇백 년이고 끈질기지 않으면 안 되는 것 같아요. 독도 문제 역시 계속 끝없이 끈질기게 가꾸어가야겠죠. 비근한 예를 하나 든다면 지명 문제만 하더라도, 최종덕 선생은 87년 우리 탐사대가 독도에 서 활동한 그해 겨울에 작고하셨어요. 그런데 이분이 23년 동안이나 독도를 우 리 영토로 알고, 그곳을 생활 근거지로 일상생활을 해왔죠. 그렇기 때문에 몸은 가더라도 독도 지킴이 그 정신을 살리고, 우리는 그것을 이어가야 그 응축된 일, 최소한 '덕골'이라는 이름 남기는 것, 그래서 원천적으로 '독도와 이 분과를 하나의 묶음으로 생각해야 마땅하다'고 생각하거든요. '덕골' 그것이 독도를 지키는 전통 정신임을 계승해야 해요. 어민 피난소 같은 이름이 아니라 그가 만족한 '덕골'이라는 이름이 돼야 한다고 생각해요. 물론 '덕골'이 아니고 최종덕 선생의 영토지킴이 정신을 우리 모두가 살리며 이어가는 어떤 다른 방도가 있으면야 그 또한 좋은 일이겠죠.

10. 국민학교 이름 바꾸기

반 초등학교. 국민학교 명칭 바꾸는 거.

박 국민학교 명칭 말씀이시죠?

반 그것도 어떻게 학생들이 와서.

박 국민학교 명칭이라는 거는, 내가 1939년에 학교에 들어갔거든요.

반 여덟 살 때시죠?

박 네, 국민학교는 내가 3학년 때 이름이 바뀌었어요.

반 그 전에는 소학교라고 하지 않았습니까?

박 심상소학교. 그런데 국민학교라고, 일본 덴노 칙령으로 고쿠민가코(國民學校)라는 이름으로 바뀌고 나서 일본인 선생인데, 이렇게 서가지고 "덴노 헤이카(天皇陛下)" 하면은 바짝 차렷 자세를 해야 해. 그 전에는 그렇지 않았어. 근데 조금 잘못하면 말이야, 확 뺨을 때리고 분위기가 영 달라진 거야. 그 어린 마음에 언제나 긴장돼. 그리고 뭐 "아마테라스 오미카미(天照大御神) 신궁에 절을 한다" 뭐 그래. 그해에 국민학교 명칭 되고 나서 전쟁으로 돌입하는데. "그 비행기 기름이 없다", "거기에 쓴다" 하면서 소나무 가지를 베다가 기름 낸다, 참 온갖 짓을 다 하게끔 했어.

그러다가 해방이 딱 됐다. 그러니까 이게 고쿠민(國民) 하는 것은 분명히 일본 덴노의, 일본의 황국 고쿠민, 국민인데 일반 보통명사처럼 말이야. 우리나라는 한문을 또 우리 국어로 쓰니까, 막 그냥 옮겨버려 가지고. 예사로 초등학교 돼버렸으니까, 그리고 상황적으로는 적잖은 친일파들이 그냥 그 자리 차지하고 있고, 결국, 교육에서 역사 청산을 제대로 하지 않았으니까, 예사로 그냥 있다 하는 것까지는 나도 알고 있었어.

일본에 가니까 고쿠민가코가 소학교라고. 이거 참, 일본도 바뀌었는데, 나중에 알고 보니까, 일본은 반대 세력이 또 있어가지고 바꿀 수가 없었대요. 그래가지고, 45년에 맛카사(マッカーサー)[21]가 이걸 바꾸려고 했는데, 그게 안 되니까 미국에서 열몇인가의 전문가가 파견되어 명칭을 바꾼 게 1947년이야. 일본은 3년만에 바뀌었다고 했어. 우리는 93년에 이름 바꾸기 운동 해서 96년에 바뀌었잖아. 일본에도 그렇고, 우리나라도 그렇고. 하 이거 참, 그렇다고 뭐 내가 이거 이상하다. 이렇게 내세울 수 있는 힘이 있는 것도 아니고, 기회가 주어지는 것도 아니고. 이렇게 있는데 93년에 역사연구소. 용인에 있는 거 사학연구소 말이에요.

반   아, 지금 한국외국어대학교 역사문화연구소 말씀이시죠? 선생님 계실 때는 사학연구소였습니다.

박   거기 소장을 맡으래요. 근데 1년 활동비가 100만 원이야. 그래, 내가 생각해 보니까, 이 100만 원 가지고 뭐를 하겠나.

반   그거 연구소 운영비겠죠, 운영비.

박   국민학교가 왜 우리한테는 둔감한 상태로 그냥 예사로 저렇게 쓰이고 있는가? 이 내면적인 실태가 뭔가를 한번 알아보자. 이렇게 문제의식이 생겨서 한번 시작해 보자. 1400명을 대상으로 설문을 한 거예요. 그러니까 그거는 연구소에 드나드는 학생들, 사학과 학생들이 없으면 내가 혼자서는 생각할 수도 없지. 내가 독도 문제니, 일본에 농촌 교류 가는 것은 다 학생하고 깊은 관계가 있어요. 학생들이 있는 데서 일이 진행이 됐던 거예요.

반   단서는 선생님이 주신 거죠 뭐, 강의 시간에.

박   그래 주소랑 이름을 쓰는데. 이게 현직의 교장, 교감이 가장 심각하게 생각할 당사자들인데 이 사람들이 어떤 생각인가를 알고 싶은 거야. 그래가지고 설문지의 왕복 봉투에, 돌아오는 봉투에다가 동그라미 하나 쳤어, 일부러 나만 알도록. 그거는 우리 내부적으로도 모를 거야. 나 혼자 그렇게 알고 있으니까. 그래가지고 총학에 내고 노동단체에 내고 교회에 내고 뭐 유명인사에 내고, 이 래 했어. 종교단체가 안 움직이대, 그리고 사회단체도 별로 안 움직이고. 단체 는 별로 안 움직이더라고. 원래 앙케트(enquête)는 개인 단위가 옳았던 거였는 데 ……. 어쨌든 반응이 한 7, 80%가 나왔어. 설문이 여섯 항목이야. "하나, '초 등학교' 명칭이 정해진 유래를 아느냐? 둘, 일제시대, 철저한 황민화를 목적으 로, 일본 덴노의 칙령으로 제정된 명칭인데, 이 사실을 아느냐? 셋, 이 명칭을 그대로 두는 것이 좋은가, 고치는 것이 좋은가? 넷, 그대로 둔다면 그 이유는? 다섯, 고친다면 어떤 이름이 좋은가? 여섯, 고친다면 그 시기는 언제가 좋은가?" 이렇게 설문되었는데, 공청회를 열면 좋겠다. "1955년에 하면 좋겠다" 이런 의 견도 있었어요. 그런데 봉투를 자세히 살펴보니까, 국민학교 교장이나 교감 선 생들의 반대 비율이 높고 "그거 왜 하려고 하느냐?"

반　반대하는 의견 말씀이시죠?

박　어, "정이 들었다. 그거 아니래도 또 있는데, 왜 그거 가지고 야단이냐".

반　할 일이 많은데 왜 그거 가지고 그러느냐?

박　아, 어쨌거나 데이터(data) 분석은 난 못 하니까 정운현, 《중앙일보》 기자 가 있어요. 그분한테 의논을 했어. 그쪽 조사부에 이걸 처리하는 사람이 있어. 그쪽에서 기술적인 걸 처리하고 난 외대 사학지에 논문을 냈어. 앙케트를 기술 적으로 처리한 거는 내가 아니고 《중앙일보》의 기자야. 그렇게 처리해 가지고 내 책임으로 그래 냈어요. 이러니까 100만 원 딱 드는 거야. 그때 그것으로 일단 끝났어. 더는 내가 어떻게 할 거는 없고 그랬는데, 이거를 저기 역사연구소인가?

반　당시에는 사학연구소입니다.

박　한 번 더 하래, 그다음 해에.

반　소장을요?

박 그것도 100만 원이야.

반 활동비라기보단 운영비네요, 선생님.

박 나도 그렇게 생각했어, 운영비라고. 그래 내가 '아, 공청회를 한번 열어볼까' 이래가지고는 공청회를 열려면 강사한테 사례비 들고, 장소 빌려야 되고, 뭐 또 선전해야 되잖아요. 돈이 조금 더 드는 거야. 그래 그 안병만[22] 처장이 있었어. 그래 의논을 했어. 자기가 아는 지원자를 소개를 해줘. 그래서 거기서 150만 원 지원받고 250만 원 되잖아요. 그래 250만 원 갖고 '자, 공청회 한번 하자' 한 거야. 그래가지고 공청회를 흥사단에서 했어요. 사람들이 많이 왔어. 국민학교 이름 바꾸는 데 대한 공청회를 했는데, 사람들이 많이 왔어.

그래 그때 이거를 지지하는 사람이 박영석 국사편찬위원회 위원장 이분도 나오고 몇 사람 나왔었어요. 그래 나왔는데, 강남의 한 학교장은 반드시 이거는 해서는 안 된다 하는 사람인 거야. 나 혼자 짐작을 해가지고 그분이 공청회 강사로서 반대 주장을 할 수 있게 내가 전화를 했어. "그 나오실 수 없냐?" 그랬더니 "왜 내가 그런 데를 나가요" 하고는 아예 "안 나온다" 하더라고. 그래서 좌우간 다섯 명의 강사가 나오셨어. 그래 발표를 했어. "모두 바꿔야 한다" 이렇게 됐단 말이에요. "아, 바꿔야 된다." '결론 났구나' 또 돈도 썼겠다. 내 일은 끝났잖아요. 내가 그 주최 회장이었으니까 폐회하고 가려고 하니까 "긴급동의요!" 하고 청중 중의 한 사람(김현오 씨)이 "학자들이 무슨 모임을 가지면 꼭 이렇다"고, "말만 많고 뭐 옳고 그르다. 그 다음부터는,"

반 뒤처리는 안 하고?

박 "아무것도 하는 것도 없고 이거 안 하고 '옳소'만 하고 놔둬 가지고 뭐 될 거냐?"고 막 이래. 이러니까 청중들이 박수를 쳐요. 아, 더 뭐 말할 것도 없어. 그래서 따로 회의 끝나자마자 만났단 말이에요. "만날 사람 남으시오" 하니까 10명 정도 남았어. 그중에 이오덕 선생이 들어 있어. 처음 만났어, 이오덕 선생. 이거 이래가지고 안 되고 국민학교 이름 고치는 모임을 우리가 가져야 한다. 결론이 그래 났어. 내가 그걸 알아가지고 한 일주일인가 후에 만나기로 했죠. 그래서 참석

한 분들 연락처 다 적어가지고 혼자 그 안을 짰어, 국민학교 이름 고치는 모임. 짜가지고 나는 회장을 할 생각이 없는 게 국민학교 이름을 고친다는 거 학생들하고 같이 하더라도 그것만으로 힘이 빡빡한 거야, 내가 쓸 돈은 없고. 그땐 진짜 돈이 없었어. 연구실에 외대가 많이 도움 줬지. 연구실에서 계속 전화를 쓴다 하더라도 참 그것도 문제고, 학생들에게 계속 시간을 요구하는 것도 문제, 그러면서도 회장은 있어야 되잖아요. 내가 맡지 않겠다고 해도 안 되고, 사람들이 또 계속 나오더라고. 그래서 할 수 없이 회장이 됐어요. 그러면 어떻게 해야 되겠냐. 나의 안으로서는 국민학교 이름 고치는 모임 발기인, 그리고 찬조하는 사람을 공개해. 유명인사 조직에 있던 사람이나 유명인사 사회에 양식 있는 사람들, 그리고 연변에 내가 한번 갔으니까 연변의 대학교수, 일본의 또 재일교포, 또 이화대학의 이성은 교수가 사범대학 초등교육과 소속으로 부회장으로 있었거든. 미국에 그분 아는 사람이 많아. 거기 이 사람들을 다 해가지고 명단을 만들게 된 거야. 모두 장거리 전화해 가지고 오케이(OK)를 받고 그래가지고 '국민학교 이름 고치는 모임'의 발기대회를 열게 된 거예요. 그때부터 국민학교 이름 고치는 모임에서 서명운동을 하기 시작한 거죠. 그랬더니 어느 신문에는 좀 크게도 나고 이러는데. 이거를 계속하려면 전화도 하고 또 가서 서명도 받고 국회의원도 만나고 ……. 아, 나는 그사이에 또 초등학교 선생들이 "우리도 이걸 했었다." 한 2000명인가 얼마 '국민학교 이름 고치자'는 모임을 우리가 가졌는데 당신네들은 국민학교 이름 고치는 모임의 이름을 가졌지 않았냐. 우리보다도 나중에 나섰으면서 왜 이런 이름을 붙여, 이런 시비가 일어났어요. 처음 우리는 그런 뜻있는 모임이 있는 줄을 전혀 몰랐죠. 우리로서는 활동 조직을 가지려니 자연스레 '국민학교 이름 고치는 모임'으로 했을 뿐이거든요. 이런 시비는 처음 겪는 데다 오해를 풀려니까 애들 써야 했죠만, 결과적으로 각자 서로 존중해서 잘 해나가기로 했었죠.

그래 나는 중국에 또 여행을 해서, 프로젝트가 있어가지고 1995년 4월 초에 중국에 가야 했었어요. 2월인가, 국민학교 이름 고치는 모임에서 하는 마지막 일로 국회 앞에서 데모를 했지요. 학생들 몇 명하고 나하고 태평양전쟁 희생자 유족회 몇 사람. 그 사람들이 동조하에 해줬으니까, 한 10명, 15명, 한 20명 가까이

가 국회 앞에서 천황 화형식을 하고 "어, 거기서 끝내자" 그런 식으로 단합이 돼가지고 그래 나는 화형용의 소주병에다가 알코올을 또 넣어가지고. 그걸 포켓에 넣고. 시간이 되면 거기서 할라고 그랬더니, 내 뒤에 느닷없이, 난 몰랐는데, 어느새 순경이 와가지고 그 병을 빼앗아 가대. 그래서 국민학교 이름 고치는 모임의 공개적인 데모를 하게 된 거예요. 어느 신문에는 좀 크게 다루고 ……. 호응이 좋았죠. 그렇지만 이런 일은 계속되어야 하는데, 계속이 안 돼. 내 역량으로는 더 이상 해볼 도리가 없어졌어요. 그래서 아 난 내 일은 끝났다. 중국에 갔지. 그게 4월 초인가, 4월 5일인가 이런데. 그 김숙희 문교부 장관한테 전화가 왔대. "이름 고치는 거를 의논차 나를 부른다." 가족으로부터 그런 전화가 왔어요. 그래 나도 하룻밤 새웠어. 많이 생각했어. 중국에 그냥 있느냐, 한국에 돌아가서 응하느냐. 그래 결국 급하게 장관실로 갔어. 나하고 몇 사람이 갔어. 가니까 "이름을 하나 대라" 이래요. 그래가지고 초등학교로 하느냐, 기초학교로 하느냐, 소학교로 하느냐, 여러 가지 있었어. 조금 전에 얘기를 했었나? 이성은 씨라고 부회장이 이화대학교의 사범대학 초등교육과 전임교수였어요. 4월 말에 내가 구속된 후, 이 몇 사람들이 앙케트 등을 통해 명칭을 결정하여, 8월에 장관에게 신고한 것입니다.

반 그래서 협의회가 된 거네요.

박 어, 그래. 나와는 연락이 두절되어 그분들의 활동 내용에 대해서는 전혀 알 수 없었고, 출옥 후에야 그 일부에 대해 알게 되었죠. 공판정에서 박원순 변호사가 이게 "지금 피고인이 밖에 나가서 인터뷰할 만한 사람인데 지금 여기 가두어 놓고 있으면 어떻게 하느냐"고. 그런 정도의 이야기는 있었어. 그러니까 96년 3월부터 초등학교가 됐다는 소식은 감옥에서 들었죠.

반 감옥 안에서 소식을 들으신 거네요?

박 그렇죠. 한데, 일본에서 왜 고쿠민가코가 문제되는 명칭인가 하는 사안을 다룬 책이 따로 한 권 나왔어요, 그게 1997년도에 나온 거야. 그 책을 보니까 당시 일본에서 야단났었어요. 고쿠민가코를 바꾸는데 일본 안에서, 교육계에서.

이거를 2년, 3년인가 자기들이 안 된다고들 하고 고쿠민가코 추진 관계 자료를 다 소각시켰대. 그 저자가 재직했던 학교 지하실에 우연히도 그런 자료 뭉치가 있더래. 그게 고쿠민가코 자료였던 거요. 그 정도로 군국주의자들은 고쿠민카코 명칭을 변경하는 데 대해 굉장한 정치적 저항을 하고 있었던 거야.

그래, 우리는 그 고쿠민가코 책이 나오기 전에 바뀌었으니까 그런대로 체면이 섰다 할까? 나는 그래 생각해. 그래서 '그거는 좋았다' 싶어요. 고쿠민가코 문제는 제가 식민지 시대 고쿠민카코에 만 4년을 다니고 있었거든요. 다른 사람은 2년 동안 다니다가 그만 졸업하고, 어떤 사람은 들어가자 해방되고 ……. 나 같은 나이의 사람이 가장 고쿠민가코가 어떠했다 하는 거를 실감할 수 있었지.

11. 이천 오층석탑 환수운동

반 선생님, 이천 오층석탑[23] 환수운동도 하셨었죠?

박 이천 오층석탑은 이게 또 외대생하고 관계있는데?

반 문화재 환수운동의 일환으로요.

박 나는 나 개인의 일로서 오층석탑의 반환 문제만을 생각하고 있었어요. 총독부 건물을 철거하는 사회 분위기가 있었고. 이천시청에 고광윤 씨란 사람이 있었어. 외대 탈반 출신으로 공개 채용 시험에 합격해서 이천시청 직원이 됐는데 한 번은 나를 찾아왔어. '박창희 교수가 이천에 산다는데 그 말을 들었는데, 어디 사는가 자기가 이래 알아보니까 여기 산골에 있다' 해서 그래 찾아왔어. "아, 그런가" 해가지고 반갑게 인사했죠. 그 뒤로 두 번째 찾아왔어. 찾아와 가지고 이천 오층석탑 이야기를 끄집어내는 거야.

반 선생님, 이거는 언제이신가요? 이 일도 선생님 은퇴하시고 나서인가요?

박 서울에서 이천으로 옮긴 것이 2006년이고, 석탑은 2010년인데 …….

반   그러니까 이천으로 이사 가신 다음에 생긴 일인가요?

박   그래요. 제가 2006년에 거기 들어왔으니깐.

반   최근에.

박   2010년이 맞아요. "이천 오층석탑이 여기 있던 것이 일본에 반출됐는데, 그거를 이천 출신 재일동포 김창진 선생이 오쿠라 호텔에 있다는 거를 알아가지고, 자기 고향 이천의 신문사에 그거를 호소했어요." 그래, 이천에서는 이것이 환수운동의 계기가 되었어요. 고광윤 씨는 자기가 생각하기에, 내가 여기에 "좀 관계하면 좋을 것 같다"는 거예요. 실제로 석탑은 일본에 있으니까 일본인들과 교섭해야 하고, 또 일본어를 구사하는 사람이 있어야 한다는 생각이 들었어요. 일본에는 또 곳곳에 그런대로 나는 연락이 닿고 있었거든요. '이 사람들하고 내가 의논하면은 틀림없이 무슨 안이 나올 거다' 이런 생각을 내가 했어요. 지금 내가 필요한 거 같다. 그럼 나도 한번 알아보겠다. 이래 됐죠.

그런데 그렇게 하는 데는 '오층석탑이 일본에 반출됐다 하는 무법의 반출이다' 하는 증거를 가져와야 된단 말이야. 그 증거를 찾는 거를 내가 해야 될 거 같은 거야. 또, 누가 하는 사람이 없으니까. 이렇게 수소문하니 여기 교수들이 있어. 여주 출신의 교수도 있고 이런 모임 같은 데 보니까. 그 단국대학의 박물관장 하시던 정영호 교수가 얼핏 하던 말이 생각났어요. 이분의 이야기가 "오쿠라 기하치로(大倉喜八郎)[24]와 총독부 정무장관 사이의 왕복 편지가 국립박물관에 있다"는 이야기를 언뜻 하더라고. 그거를 내가 들었어. 내가 하는 일로서는 그 문제를 확인하고 조사하는 거 하나 하고, 그다음에 "이천 시민들이 이거를 정말로 원하고 있다", "시민 전체가 원하고 있다" 하는 것하고, 또 일본 안에서도 "이거는 부당하다", "반환해야 된다" 하는 것을 주장하는 것이 좋다. 그리고 한국에서도 이거는 정부하고 시민들하고 연결이 되면 더 좋다. 이런 생각을 나대로 하게 된 거예요.

그래서 결론적으로는 박물관에 가서 물어보니까 직원이 찾아보겠다 하더니 있다는 거야. 그래 요만한 봉투에 이게 들어 있는데, 과연 실물이야. 놀랐죠. 복사를 해서 환수운동본부에서는 늦지 않게 이걸 팸플릿으로 만들었죠. 모두 일본 어니까, 결국 내가 번역을 하고 시기순으로 편집을 했죠. 그래서 이천 오층석탑 은 오쿠라 기하치로가 재단법인 오쿠타 집고관(大倉集古館)으로서 식민지 총독 부와 결탁해서 제 욕심을 채우기 위해 강탈해 갔다는 것이 입증이 되고, 그 길로 환수운동을 힘 있게 펼칠 수 있었죠. 이건 한일 관계에서 역사적으로 중요 한 한 문건으로 봐야겠죠.

오쿠라 기하치로가 식민지 통치에 너무나 큰 이바지를 하니까 일본 덴노의 소유 지를 하사한 게 이 아카사카 프린스 호텔의 땅이라 하더군. 여하튼 국내에서, 이 천에서 공개 심포지엄 하고, 일본 몇 군데서 했어. 오사카(大阪)서 하고 동경에서 도 하고. 할 때도 그거를 내고. 그 사람들에게 주니까 아무 말도 못해. "이런 것 이 있었느냐? 우리는 관계 서류가 하나도 없다"라고 하면서 선뜻 받더라고. 그 런데 환수운동의 한 방법에 서명운동이 있잖아요? 이천 시민 중에서 오층석탑 의 환수를 싫어하는 사람이 어디 있겠어요? 그래서 이천시 인구가 20만 명인데, 10만 명의 서명을 받기로 목표를 세웠죠. 서명을 그렇게 해가지고는 이거를 오 쿠라 쪽에 내밀자는 거예요. 우리 이천 시민의 정당한 요구가 얼마나 간절하고 강렬한가를 그들이 실감하도록 해야 하거든요.

이 서명운동이 있기 전에 나는 고광윤 씨와 환수운동본부 김나영 사무장과 같이 오쿠라 집고관을 찾아갔죠. 시부야(渋谷)[25]라는 사무장이 우릴 맞이해 주었는 데, 우리가 내놓는 인삼차를 안 받겠다는 거예요. 이럴 때는 일어를 알아듣는 내 가 직접 대응해야 하겠죠. "그래요? 안 받겠다고요? 한국에는 옛 관습으로 손님 은 으레 무슨 자그마한 선물이라도 손에 쥐고 오는 법이고, 또 주인은 그것이 싫 더라도 예의상 받는 법이죠. 근데 지금 당신은 주인인데 우리가 멀리서 찾아왔 으면 차라도 한잔 내놓을 것이 아니겠소." 이렇게 말했더니, 시부야 씨는 당장 종업원을 부르더니 "저쪽 편 레스토랑으로 손님들을 안내하라"고 지시를 해요. 우리 한국인들은 이렇게는 잘 못할 것 같은데, 일본인의 이런 변신은 참 특이하 게 느껴졌죠. 어쨌든 우리는 정식으로 차 대접을 받았고, 집고관 쪽에 오층석탑 의 환수를 원한다는 이천 시민의 간절한 요망을 전달했던 거죠. 그리고 이천에 돌아와서는 귀국 보고도 하고 10만 서명운동에 합류하게 된 거죠.

반 반환 신고를 하신 거죠?

박 이제 환수운동이 본궤도에 올라온 것이 조병돈 시장을 민간운동권으로 모셔가지고 행정·시민이 한 덩어리로서 움직이게 됐다는 거지. 나는 시부야 씨와 수시로 전화로 연락하던 중 상당히 친해지기까지 해서 서로의 입장을 더 같이 이해한 것 같아요. 어쨌거나, 다음 일은 서명부를 그들에게 전해야 했어. 서명부를 실버(silver, 은색) 보자기에 싸니까 3~4개나 되는 큰 짐들이었죠. 그 무렵 마침 조 시장님이 공무차 일본에 가게 되어서 동경에서 우리와 합류해서 서명부를 넘길 것을 약속했죠. 이래가지고 집고관 측에도 "우리가 전달할 것이다"라고 알리고. 딱 날짜를 정했어요. 장소하고 날짜를 정해가지고, 우리도 갔어. 시장 쪽에서 수행원이 합쳐서 셋이었어요. 우리 쪽에서 네 사람 해서, 한국 측에서 모두 한 7, 8명 갔을 거야. 자기들도 몇 사람 나오고. 진짜 원탁이었어. 내 옆에 시장님이 앉고 또 옆에, 옆에 그쪽 회장이, 회장이 또 히토쓰바시, 나보다도 1, 2년 선배더라고. 그 어느 세미나 출신이라는 것도 이야기하게 됐어요. 그거는 그땐 몰랐는데 나와가지고 회의가 끝나고서 이야기하더라고. 그래 그 시부야 씨도 물론 앉고. 우리가 인사를 하고 조 시장의 인사말 중에 오늘 서명부를 전달하고자 하는데 그 취지를 설명하고, 석탑 송환에 대해 상대 쪽에서 깊이 헤아려 송환토록 해달라고 당부했어요.

그리고 우리가 서명부를 건네려고 하는데 이사장 말이 "우리는 이걸 못 받겠다, 여기 장소가 협소해서 미안하지만 그렇게 이해해 달라"며 어처구니없는 말을 내놓는 거예요. 그 태도에 순간 흥분이 됐죠. '이사장의 이 말을 지금 조 시장에게 통역을 해서 조 시장의 회답을 내가 또 일본어로 통역해야 하나? 이렇게 되면 응답 타이밍을 놓쳐 정말 서명부라는 게 공중에 떠 있을지도 모른다'는 불안한 생각이 들어 시장에게 통역할 생각을 지우고 내가 막바로 응답했어요. "그래요? 여기는 비좁아 서명부 놔둘 장소가 없다고 하였지요? 알았어요. 우린 저것을 도로 갖고 가겠어요." 그리고 서명한 사람들 모아놓고 "일본에는 서명부 놔둘 장소가 없다 하더라, 그래서 도로 갖고 왔다. 이렇게 보고해야 하겠다"고 ……

조 시장은 얼떨결에 막 뭐가 진행되는 걸 볼 뿐이지, 내용도 모르고. 마음이 상했는지 어땠는지, 그것까지 내가 생각할 수도 없고. 아무튼 이 말이 떨어지자, 이사장은 전날 시부야 씨처럼 옆 사람에게 "저기 그곳이 비어 있었지, 아마. 그곳에 놔두면 될까 ……" 하면서 서명부를 받겠다는 거예요. 참 일본인들이란 고약한 데가 있어요. 이것도 하나의 외교 술책에 속하나? 180도 태도가 달라져. 스스로 아무렇지 않게 생각되는가 봐요, 참 이상한 사람들이야. 그런데 다음의 안이 문제인 거야. 환수운동본부에서 어떤 방안이 제시되고 있는 것도 아니고 운동 방법이라곤 현장에서 떠오르는 생각대로 나아가는 수밖에 없는 상태이니……. 시부야 씨에 따르면 "집고관 이사들이 10여 명 되는데 이 사람들의 의견이 합치해야 환송이 가능하다"는 거예요. 그동안 나는 시부야 씨와 사이에 그래도 두터운 신뢰 관계를 쌓게 되었죠. 내 생각에는 시부야 씨와 집고관 이사장의 방한이 오층석탑 문제를 푸는 데 중요한 계기가 될 것 같았어요. 마침내 두 사람이 방한할 것을 나에게 약속하게 되었죠. 그리고 일행이 서울에서 문공부 장관과의 면담을 희망해 왔습니다. 이것은 아주 좋은 일이지요. 환수 문제를, 우리 한국 내에서 대화로써 해결해 갈 수 있는 기회가 마련되었으니까. 나로서는 이러한 만남을 오층석탑 문제 해결의 최상의, 유일한 방도로서 생각하게 되었죠.

이에 이천시장, 이천문화원장도 문공부 장관의 적극적 협조가 있기만을 기대하고 있었죠. 결과적으로, 원래 방한에 주저하던 저쪽 이사장이 우리 쪽의 난조(亂調)를 엿보고는 방한을 취소하겠다고 알려왔어요. 이 전후 사정에 대해서는 더 자세한 설명이 있어야겠지만 ……. 어쨌든 이제 환수운동에서 내가 할 일이란 없게 되었죠.

반 감동을 못 준 거네요, 일본 사람들한테.

박 그 후 문화원 원장이 바뀌어서 새 원장이 나한테 전화가 왔어. 이거를 또 "어떻게 해보지 않겠느냐?"고. 나는 "더 못 합니다. 나한테는 아무 힘도 없습니다". 난 그걸 사양이라 해야 하나. 안 했죠, 안 하게 됐죠. 이천에 절이 있어요. '거기서 모실 수 있겠다'는 생각이 나한테는 있었어, 그거는 개인적인 건데. 스님은 스님대로 오층석탑과 똑같은 크기의 탑을 만들었어요. 이래 특별한 종이로 갖고 2회에 걸쳐 탑돌이를 했어, 행사로. 그것도 큰일이었었어요, 그것까지도 하고. 거기다 대장경을 넣는다 해가지고 불교 쪽에서 그만큼 노력을 했어. 아이고, 더 말 못하겠어. 그 뒤 어째 됐는지 나도 잘 모르겠어.

반　고생은 고생대로 하셨는데 ……. 선생님, 앞으로 관심 가지고 계신 것을 좀 말씀해 주시죠?

12. 민족의식과 실천 2

박　저는 민족이 자기 형성하는 걸로 석사논문을 썼는데, 박사학위 논문 때는 민족이라는 것은 고려시대의 이규보의 사상은 아니다. '그거는 국가의식에 속하는 거다' 하는 것을 나 스스로 깨닫게 됐고. 내가 80년대 들어와 가지고 외대에서 역사, 이쪽을 교양으로 다루었거든요. 그러할 때, 학생들에게 흑판에서 가르쳐야 되는 것 중에 실학사상이라는 것도 있어. 근데 실학사상이라는 것은 이게 역사 사상으로, 응당 실학사상으로써 제 일을 해야 되는데 못 했던 거죠. 실학사상의 원래 의미라는 것은 실천적인·실제적인 문제에 부딪혀 이루어지는 그 사상일 텐데, 이게 250년 동안의 실학사상가들 하면 몇몇을 제외하고는 관념이라는 것만 있지, 실제성이 없다 이 말이야. 저 19세기 말에 실학사상으로 상업자본이 축적되거나 움직여져야 되는 한국 사회가 아무것도 없게 됐다. 그 사회가 실학 사상의 글은 나왔어도 실제 사회는 아무것도 바뀐 게 없는 거야. 이론은 그렇지 않다고 들었어. 농기구를 바꾼다든지, 종자를 어떻게 한다든지, 새 기계를 뭐 한다든지. 한국은 그게 없었다.

실학자 같으면 현실 사회에 뛰어 들어가 현장에서, 백성들을 돕고, 마을을 개조해 가야 하는데 ……. 서재에서 독서하고 저술하는 것으로 끝나고. 실학자들과 같은 지식인으로서, 그런 생활태도에 대해 비판적이고, 내 스스로가 직접 농촌에 내려가는 실천성을 갖지 못하는 나 자신에 대해서 항상 불만이었어요. 그래서 나는 대학 강의에서 우리나라 실학사상 강의를 해야 하는데, 그때마다 자신이 없고, 그걸 피하고 싶은, 실학사상 기피증 비슷한 병을 앓고 있었어요. 학생들 스스로가 사상이 뭔가 하는 건, 책 보면 아는 거니까.

이런 문제의식에서 나로서는 그러면 '실학사상은 이런 거다' 하는 것을 보일 수 있지 않는가 해서 80년대 초에 도립리 산수유마을에 내려가려고 작정을 했죠. 왜 산수유냐 하는 문제는 있습니다만 그거는 두고, '산수유로 해가지고 내가 농촌에 활동을 해보니까 이런 문제가 있더라 하는 걸 내놓으면 현대적 실제 실학사상에 문제 제기로서 안 되겠나' 이런 생각으로 혼자. 그래서 1000만 원으로 산수유 밭과 집 지을 대지를 구입하고, 산수유를 가지고 와인을 만들어서 마을 소득도 높이기 위해서 산수유 와인 특허를 받았어요. 이래 되면 나는 '이사하는 의미도 있겠다' 이래 싶어서, 그리고 마을 잔치도 해보고. 또 '외대 용인 캠퍼스 탈춤반들, 민속반들로 하여금 한번 농악을 두들기면, 농민들이 아 이거 우리 악기인데 우리가 이래 해야지' 하는 의미도 있지 않겠나, 이렇게 해서 활성화되지 않겠나, 이게 불붙이는 의미가 있지 않겠나 해가지고.

그래서 이 학생들 찬조로 농악을 하는 그런 노력을 몇 년간 기울였어요. 학생들을 일부러 그 차를 대절해 가지고요, 마을 사람들은 그거 술, 막걸리 만들고 또 그러니까 돼지 국 끓이고. 이래 해가지고 외대 탈반이, 민속반이 와가지고 마을 잔치를 벌였죠. 그래 시작했는데, 그 과정은 다 말할 수 없고 결과만 말하자면, 실패했어요. 무엇보다 마을 사람들은 내 입촌(入村)을 대수롭지 않게 보고, 자기들 나름대로 행정 당국과 협조해 가면서 마을을 잘 가꾸고 있다고 자신하고 있었거든. 그래도 한 1, 2년 더 지나니까 마을 한 할머니가 나한테, 내가 산수유 따고 있었는데, 옆에 와가지고 "참, 그때 미안했습니다"라고 하더군요. 마을 사람들 중에 또 그래 생각하는 사람들이. 아무튼 실학자들의 비실천성에 비판적이던 내가 실천성을 보이려고 노력은 했으나 그걸 더는 진전시키지 못한 거지요. 어쨌든 한 발자국은 내디딘 셈이나, 제가 문제를 일면적으로만 보고, 자기 주관에 치우쳐서 사회실천성을 시도하려 했던 바는, 냉철히 자기비판을 해야 했습니다.

13. 민족의식과 세종

박 80년대 들어와서 우리 현실 사회가 격변해 가면서 민족에 대한 사회과학적 인식이 절실하게 필요해졌어요. 나는 나대로 80년대 들어서 민족사상의 문제, 역사를 제대로 살펴보고 싶다, 역사. 특히 실감상으로는 김구 선생이 독립운동 하는 데 있어가지고 "민족사상이 뭔가를 찾는데 참 찾기 어려웠다" 하는 이런 구절이 있어요. 그게 저한테는 아주 실감이 나, 우리한테 민족사상이. 그래 신채호, 전봉준, 정다산(정약용) 또 이퇴계(이황), 물론 부분적이겠지만, 나름대로 이게 민족사상이 어떤가라는 기준에서 보았는데, 아닌 거 같았어요. 민족사상이 있기는 하지만 전체성을 띠고 체계적인 사상으로 민족사상은 없단 말이지요. 그래, 쭉 더 올라가니까 『용비어천가』 그리고 『훈민정음』이 나와. 그래 '『훈민정음』하고 『용비어천가』 이거 민족사상하고 관계가 깊은 거 아닌가' 이렇게 돼 갔어요. 그때 1980년에 처음으로 카우츠키(Kautsky)[26] 생각이 났어요. 카우츠키가 언어야말로 민족을 식별하는 데 가장 중요한 지표라고. 카우츠키 다음에 스탈린도 레닌도 그래 했지만, 이게 민족사상과 민족주의의 문제라는 거는 일반 학파가 잘 다루지 않고, 마르크시즘 계통의 사람들이 그거를 해온 거예요. 그래 이 카우츠키의 문제가 제게는 있어가지고 『훈민정음』을 생각하고, 『용비어천가』를 살펴보게 되었죠.

그래서 나로서는 전체적 범위에서의 세종사상과 정책이 이 원리와 연계되고 합치되는 것을 보게 된 겁니다. 처음, 『용비어천가』가 바로 국가의 이념을 노래한 거다. 그래서 여기에 '세종의 무엇이 있지 않겠나' 해가지고 『용비어천가』를 나대로 읽고, 한 8학기 될까. 그 을유문고의 김성철 초역의 『용비어천가』를 학생들에게 읽어보라 했지요. 리포트를 많이 받았죠. 할 때마다 나도 읽고 자기들도 읽고. 그러니까 내 느낌에, 아 이거는 가설로 해왔지마는 바로 민족사상이다. 여러 가지 요소가 합쳐진 데서 합리적인 설명이 될 때 사상이지 않겠어요.

그래서 그런 전제에서 『용비어천가』를 읽었어요. 그동안 나는 『용비어천가』에서의 '천(天)'과 '민(民)'의 관념에 대하여 『천관우 선생 회갑 기념논문집』에 소논문을 발표하였죠. 이때까지는 가설로 대하였지만 합리성에서나 실감상으로도 『용비어천가』는 민족사상의 결정(結晶)이라고 판단했죠. 국립국악원에서의 〈용비어천가〉 공연은 『용가』에 대한 인식을 올바르게 해주는 것 같아요. 그래 '누군가 이 번역을 해주겠지' 하고 기다렸어요. 그런데 안 나와요.

반　시간을 내서 할 사람이 없었죠?

박　이게 1년 기다려도 안 되고 2년 기다려도 안 되고. 제가 한문을 뒤늦게 공부해서 …… "해야겠다" 이렇게 돼버린 거예요. 또 번역의 사연이 있지마는, 그래 가지고 하다 보니까 하고 또 하고 이러니까, 그렇게 됐어요. 번역을 좀 했다 싶어 가지고 한 출판사에 가져가서 "이거 출판할 수 있습니까?" 했는데 비용상 어림없었어요.

필경에, 한국학중앙연구원에서 받아주어서 대역식으로 번역과 원문을 대조해 가지고 내게끔. 독자들이 비판할 거 하고 수용할 거 하면 좋지. 그래서 좌우간 그게 나왔어요. 그렇게 번역을 해 나오면 당연히 해제문(解題文)을 실려 있어야 돼요 번역이라는 것은, 그건 상식이라. 해제는 가설로 있는 거를 엮으면 되리라 싶었는데, 막상 해제문을 쓰려니까 도저히 안 되는 거예요. 주어진 시간 안엔 어림도 없더라고요. 어쩔 수 없이 '서문'만 간단히 쓰고 해제는 별도로 정리하여 후일에 발표하기로 작정했죠.

반　또 시간상 큰 작업이니까요.

박　자료가 많고 그렇다고 출판을 미뤄 해제 쓰고 이래 하려면 내 능력에 또 얼마나 시간이 걸릴지도 모르겠고. 그래서 해제는 내가 따로 그 연구한 것을 내놔야 되겠다. 그다음에는 하루 이틀의 시간문제보다도 『조선왕조실록』을 정독하기로 한 것이죠.

반　번역은 됐으니까요.

박　좋은 방법이 아닐지 몰라도 처음부터 태조를 읽은 게 아니라, 세종 읽고 그다음 태종 읽고 이렇게. 그렇게 3대에 걸쳐서 민족 문제는 어떠하냐 하는 것인데, 그렇게 하니까, 그것도 1년, 2년 지나대요. 그래 지금도 그 작업을 계속하고 있는 거예요. 지금까지 드러나고 있는 바는 우리가 말하는 사회과학상의 민족, 민족국가를 세종은 이미 세워놓고 있었다는 것입니다. 문제가 아 세종이 우리가 말하는 민족, 민족국가 이것을 이미 세워놓고 있었다, 세종은.

그게 '19세기 말기에, 절대주의 말기에, 자본주의 초창기에 민족의 형성이 어떻다'는 이런 문제가 아니고 세종 대는 세종 대대로, 민족의 형성을 해낸 거예요, 세종은 32년 동안에. 보통 학계에서는 절대주의 말기, 자본주의 초창기를 민족의 형성 및 발전과 연결 짓고 있죠. 그런데 저는 『조선왕조실록』으로 실증적 연구를 충실히 하고 거기서 역사의 합법칙성을 찾게 되면, 그것으로 사회과학적 역사관이 성립될 수 있다고 믿고 있죠. 세종대에 세종은 나라를 자강·자존으로 명나라와의 책봉 체제를 형해화(形骸化)하고 『훈민정음』으로 모든 신분·계급을 초월한 통일적 문화공동체를 만들어갔지요. 세종은 군사주권을 튼튼히 장악하여 영토를 보존하고 국가를 당시의 세계사의 보편국가로 승화시키고, 사람의 생명을 중시하는 사상 원리로서의 불교를 가치로 삼았죠. 세종의 하늘, 조상에의 숭배, 백성·유교에의 포용 등 세종사상과 그 정책들을 민족사상의 자기 전개라고 생각해요.

반 민족 문제의 답을 세종에서 찾으신 거네요. 네, 감사합니다. 선생님께서 대부분 다 말씀하셔서요, 마무리 좀 됐으니까. 고생하셨습니다.

박 고생했습니다.

1 밀양군 무안면 웅동리에 있던 구 표충사는 지금은 없고, 그 자리에 새 절이 들어서 있다. 현재의 표충사는 654년 원효대사가 밀양군 단장면에 터를 잡아 세운 통도사의 말사로 사명대사, 서산대사, 영규대사(騎虛堂)의 영정을 모시고 있다.

2 사명대사 유정(惟政)의 속명이 임응규(任應奎)라 임 대장으로 불렸다.

3 10·1 사건은 1946년 10월 1일 대구에서 시작해 남한 전역으로 확산된 시위 사건이다. 대구 10월 항쟁이라고도 부른다.

4 1946년 대구노동평의회와 경찰의 충돌로 시작된 시위가 전국적으로 확산되었다.

5 우에하라 센로쿠(上原專祿, 1899~1975)는 일본의 역사학자이자 사상가, 교육론자다. 일본의 전후의식을 지닌 비판적 지식인으로 평가받는다.

6 하타다 다카시(旗田巍, 1908~1994)는 일본의 역사학자로, 일본의 전쟁 범죄를 자각하고 일본의 한국사 연구에 선구적인 역할을 했다.

7 니시 준조(西順藏, 1914~1984)는 일본 히토쓰바시 대학에서 중국 사상을 가르치며 후학을 양성했다.

8 「오적」은 시인 김지하가 1970년 《사상계》에 발표한 풍자시이다. 재벌, 국회의원, 고위공무원, 장군, 장관 등을 을사오적에 빗대어 당시 한국 사회에 만연한 부정부패와 비리를 풍자했다.

9 이우성(李佑成, 1925~2017)은 유학자로, 조선 유림의 마지막 선비라고 평가받는 인물이다. 전통 한학, 문학, 역사, 철학을 통섭한 국학의 대가이다.

10 이기백(李基白, 1924~2004)은 역사학자로, 대한민국 초기 사학계에 큰 영향을 미쳤다. 민족사학을 개척하고 한국사의 대중화에 힘썼다는 평가를 받는다.

11 변태섭(邊太燮, 1925~2009)은 역사학자로, 서울대학교 교수, 역사교육회장, 국사편찬위원회 위원 등을 역임했다.

12 고마쓰카와 살인사건(小松川事件)은 1958년 8월 17일, 일본에서 일어난 살인사건이다.

13 총련은 재일본조선인총연합회를 줄여 부르는 말로, 대개는 조총련으로 불린다.

14 민단은 재일본대한민국민단을 일컫는다.

15 조덕송(1926~1997)은 언론인으로, 조선통신사, 국제신문사, 자유신문사, 조선일보사 등에서 재직했다.

16 박수남(朴壽南, 1935~)은 재일 한국인 2세로, 다큐멘터리 감독이다.

17 인재근(印在謹, 1953~)은 노동운동가, 민주주의 운동가로 활동했으며, 김근태 의장의 아
    내로 19대, 20대, 21대 국회의원에 당선되었다.

18 김근태(金槿泰, 1947~2011)는 한국의 민주화운동가이자 정치인이었다. 민주화운동 당시
    심한 고문으로 평생 후유증에 시달려야 했다. 그는 운동권의 대부로 평가받는다.

19 아타라시이 무라스쿠리 운동(新村作り運動, 새마을 만들기 운동)은 일본의 농촌 진흥 운동
    이다.

20 칸텔라(kandelaar)는 휴대용 석유 등을 뜻하는 네덜란드어이다.

21 일본에서는 더글러스 맥아더(Douglas MacArthur)를 맛카사(マッカーサー)라고 부른다.

22 안병만(安秉萬, 1941~)은 2021년 현재 한미교육문화재단 이사장으로 있으며, 교육과학기
    술부 장관을 지냈다.

23 이천 오층석탑은 고려 초기 석탑으로 본래 2기였으며, 현재 이천시에 삼층석탑 1기가 남아
    있다. 다른 1기의 석탑은 일본 오쿠라 박물관에 있는 이천 오층석탑다.

24 오쿠라 기하치로(大倉喜八郎, 1837~1928)는 오쿠라 재벌의 창업자다.

25 시부야 후미토시(澁谷文敏)는 당시 오쿠라 문화재단 이사였다.

26 카를 카우츠키(Karl Kautsky, 1854~1938)는 독일의 마르크스주의 이론가이자 경제학자다.

기획·면담

반병률　한국외국어대학교 사학과 명예교수

구술

이만열　전 국사편찬위원회 위원장
박성래　한국외국어대학교 사학과 명예교수
박창희　전 한국외국어대학교 사학과 교수

한울아카데미 2347
한국외대 디지털인문한국학연구소 연구총서 05

원로 역사학자들의 학문과 기억

ⓒ 한국외국어대학교 디지털인문한국학연구소, 2021

기획 반병률 ┊ **펴낸이** 김종수 ┊ **펴낸곳** 한울엠플러스 (주)
편집 이동규·최진희 ┊ **초판 1쇄 인쇄** 2021년 12월 15일 ┊ **초판 1쇄 발행** 2021년 12월 31일
주소 10881 경기도 파주시 광인사길 153 한울시소빌딩 3층
전화 031-955-0655 ┊ **팩스** 031-955-0656 ┊ **홈페이지** www.hanulmplus.kr
등록번호 제406-2015-000143호

Printed in Korea.
ISBN　978-89-460-7347-0 93910 (양장)
　　　　978-89-460-8149-9 93910 (무선)